明清《正蒙》思想詮釋研究：
以理氣心性論爲中心

陳政揚　著

臺灣學生書局印行

自 序

　　本書為作者近年執行科技部專題計畫成果的改寫與延伸。全書以「理氣心性論」為主軸，探究北宋張載所撰的《正蒙》，在明清理學發展史中的詮釋思想發展。並分析明清理學家如何藉張載哲學另闢思想視域，使他們在程朱理學與陸王心學之外，重新以氣論反思儒家合天人之道。依此，本書篇章架構共分兩編，約四十萬字。除「緒論」與「結論」兩章外，在「第壹編　明清《正蒙》思想詮釋辨析」中，共有七章，皆為作者近年計畫成果所發表的期刊論文，並經改寫而成。在論述形式上，每章皆以單一論題，探究明清理學家如何透過詮釋《正蒙》，回應當時的理學爭議。各章並援引當代理學研究之豐富成果，以期更全面呈現目前學界在此研究領域的開拓。「第貳編　明清《正蒙》十注思想述評」，約七萬八千餘字，曾以上下兩期的形式，發表於《經學研究集刊》。相較於「第壹編」以概念澄清的形式呈現反思視角；在「第貳編」中，則是以思想詮釋的動態發展為視角，經探討十本明清學者詮釋《正蒙》之作品，分析其思想特色。並以張載之「天地之性／氣質之性」等影響理學至深的思想架構，對比明清注釋《正蒙》者之思想交鋒與差異。

　　本書原預訂以專書撰寫的形式呈現近年研究成果。但國內高等教育近年對大小評鑑日趨重視，而作者因緣際會轉至國立高雄師範

大學經學研究所服務時，又正適逢本校面臨第二次的高教評鑑，加上有幸擔任舉辦本所主辦之各場國際與國內學術研討會，以及本校教學卓越計畫所推行的多項「師生 MIX 共學」或「跨校（系）教師」的研究社群。使得原預計的整體性研究活動，往往得在現實的工作中，硬擠出瑣碎而切割的研究時段，而難以一氣呵成。所幸本所蔡根祥、鄭卜五，以及黃忠天三位師長十分體諒，而本所前後任助理青妏、玫君的行政支援，以及多位研究生同學的傾力協助，才能使作者儘管駑鈍，也在這些有限的時間內，得以陸續發表單篇論文，呈現研究所得。然而為顧及研究品質，作者藉由具嚴格審查機制的期刊，檢視這些研究成果。本書「第壹編」與「第貳編」所收的九篇論文，即是通過多位匿名審查人的審視與寶貴修改建議下，所呈現的成果。在此九篇論文中，四篇分別發表於《臺大文史哲學報》、《東吳哲學學報》，以及《揭諦》學報等屬於國內「THCI CORE」級的期刊，《清華中文學報》嚴謹的審查與編校機制，也是學界有目共睹。至於發表在「第四屆宋代學術國際研討會」的作品，則是先通過主辦單位的審核機制，並接受同場林樂昌教授的寶貴建議，再歷經作者審慎修改，最後收錄於《嘉大中文學報》第 11 期。各篇作品雖有發表先後，但卻實歸於同一問題意識所發展出的不同反思面向。基於此，本書以「明清《正蒙》思想詮釋」為主軸，藉由「第壹編」與「第貳編」的架構，呈現「核心概念之澄清」與「明清思想詮釋發展之分析」的交互反思歷程，對顯出明清《正蒙》詮釋者間的思想交鋒。

　　此外，本書能順利付梓，必須感謝臺灣學生書局全力協助，以及本書兩位匿名審查人給予許多寶貴的建議。再者，陳德和老師不僅是指導敝人學術研究的明師，更是指引人生方向的恩師。對他的

感謝，無法以言語表達。最後，本書的完成還必須感謝我的父母。近年由於種種偶因，年近七十的家母得全日看護年邁的外婆。但她卻從未遺忘對家中獨子的關懷。因此謹以這本書，獻給我的母親，以及數年前過世的父親，感謝他們所給予的一切關愛與包容。

凡 例

一、本書所引《正蒙》原文，皆依據北京中華書局所點校出版的
《張載集》（2006 年重印本）。凡衍誤的字句以圓括號「（ ）」
標示，而補脫與改正之字句，則以方括號「〔 〕」標示。

二、本書以明清《正蒙注》之哲思為研究主題，但不以專書注釋為
限。以期在拓寬研究視域的前提下，能更廣泛地呈現詮釋者援
引《正蒙》時的思想交鋒。故王廷相、黃宗羲等明清大儒，雖
未有專書注釋《正蒙》，本書亦依其詮釋《正蒙》之開創性與
影響性，收入討論範圍內。

三、本書為使各編各章論述主軸明晰，故以「理氣心性論」為副
標，聚焦各編章討論議題，使全書各研究環節相扣。

四、本書除「緒論」與「結論」外，正文共分「辨析編」與「述評
編」。前者收錄作者近五年內，在海內外學術期刊發表論文七
篇。各篇皆以專題論述形式，探討明清《正蒙》詮釋者之思想
創見與交鋒。後者則參考林樂昌教授所著《正蒙合校集釋》，
擇以該書所收明清十家《正蒙》詮釋為例，述評各家思想要
旨。本編近七萬八千餘字，遠超過學術期刊字數限制。幸蒙
《經學研究集刊》編輯委員會不棄，經通過嚴謹的審查流程，
刊登於第 17、18 兩期（2014/11-2015/05）。作者在此特表感謝。
本書藉兩種撰述形式，旨在以「專題」聚焦所論在當代研究中

　　的重要性，而由「述評」使讀者更深入掌握古注之梗概，期能更全面地呈現明清詮釋《正蒙》者，在理氣心性論上的思想特色。

五、本書「辨析編」採專題論析形式，為使讀者掌握所討論諸問題，本書每於論述前，先以「問題澄清」說明該篇研究動機、方法與步驟，再進行考釋辨析工作。

六、本書「述評編」採注本述評形式，探討明清《正蒙》注本八種，以及匯輯類注本一種。前者屬傳世注本，包含：《正蒙會稿》、《新刊正蒙解》、《正蒙釋》、《橫渠張子釋》、《注解正蒙》、《張橫渠文集》、《正蒙集說》、《正蒙分目解按》。後者屬匯輯類注本，即原無專書，但就其學術價值且能由其他相關典籍中採錄成編者。本書參考林樂昌教授所匯輯之《正蒙案語》，輯選《宋元學案‧橫渠學案》中，黃宗羲對《正蒙》之「案語」，為之述評。由於上述九種注本中，《正蒙釋》包含高攀龍之《集註》、徐必達之《發明》，故本編以「明清《正蒙》十注思想述評」為題，分別探究各本之思想特色。

七、限於學殖，書中闕誤疏漏者，尚祈四方博學君子不吝指正，是幸！

明清《正蒙》思想詮釋研究：
以理氣心性論爲中心

目　次

緒　論

一、研究動機與議題

（一）研究背景

　　《正蒙》一書素以難讀著稱。這非僅出於張載（橫渠，1020-1077）用字艱澀而語帶窒詞，也源於《正蒙》既以正德利用厚生之實學自許，所包羅的內容自也貫天地而穿古今。然而，如此難讀之書，卻是明清身處程朱、陸王兩大主流的理學家，在思想夾縫中走出第三條路的可能性。因此，明清詮釋《正蒙》者，有以《正蒙》羽翼程朱子理學者，有以《正蒙》修正朱子學而批判陽明學者，更有藉《正蒙》之重氣而駁斥朱子理先氣後論者。換言之，明清《正蒙》詮釋的多樣性，也呈現儒者從理學內部反思理學，檢視核心論述與概念，嘗試解決學門與學理爭議的努力。由於這些思想家徵引《正蒙》，闡發己論的形式不一。本書為了更全面地勾勒出這些思想交鋒的輪廓，並不以《正蒙》「注釋」體例為限。相對者，在揀選研究素材時，是以明清《正蒙》注釋為主軸，兼涉雖非《正蒙》注釋，但在詮釋《正蒙》哲思上具有代表性的著作。依此，本書首以「明清《正蒙》詮釋」標明研究範域。其次，「德合天人」是張載思想的核心。《正蒙》以第七篇〈大心〉為樞紐，上由〈太和〉

以至〈誠明〉，泛論天道性命之源；下則從〈中正〉而及〈乾稱〉，廣引《五經》《論》《孟》，暢議正德利用厚生之事。順此，若要掌握《正蒙》哲思，所首當追問的議題即是：天之道如何向吾人呈顯？吾人又何以能得知天道之全幅意蘊？依法天道，吾人又當如何開展人間事業（「人之道」），以呼應天命之召喚？凡此提問的解答關鍵，又分別奠基在釐清《正蒙》中的核心概念，如：「太虛」、「氣」、「性」與「心」。所以，明清詮釋《正蒙》者所呈現的思想多樣性，也正見於他們在省察理氣論與心性論時，對《正蒙》核心概念的界定與新詮。基於前賢已然指出，理學家闡述理氣論與心性論時，總是一貫相連的論述，而非相互割裂的思想區塊。故本書以「理氣心性論」聚焦，探究明清《正蒙》諸詮的思想交鋒與差異。並將書名定為「明清《正蒙》思想詮釋研究：以理氣心性論為中心」。

　　本書是作者在 2010-2015 年間，執行四項科技部（原國科會）專題研究計畫的基礎上，所作的成果延伸與改寫[1]。近 20 年海內外相關的研究概況，請參見「（四）文獻評述」。在下一點中，先分點說明本書所探討之哲學問題及其重要性。

---

[1]　四項計畫分別為：(01)「張載與王廷相理氣心性論比較」（執行日期：2010/08/01-2011/07/31，專題編號：NSC 99-2410-H-017-039），(02)「明清《正蒙》注的氣論類型：以《正蒙初義》為中心（III-I）」（執行日期：2011/08/01-2012/07/31，專題編號：NSC 99-2410-H-017-039），(03)「明清《正蒙》注的氣論類型：以《正蒙初義》為中心」（執行日期：2012/08/01-2014/07/31，專題編號：101-2410-H-017-004-MY2），以及(04)「王廷相與王夫之氣論視域中的合天人之道」（執行日期：2014/08/01-2015/07/31，專題編號：104-2410-H-017-024）。

（二）本書之問題意識與重要性

1.問題意識之形成

　　辨析明清《正蒙》諸詮之異同，是本書的主要工作。但在問題意識上，卻是作者連續執行四項科技部專題計畫期間，對理學史與當代研究的交互反省與觸發所形成。現依 2010 至 2015 年所執行計畫中的反思歷程，呈現全書的問題意識，以及貫穿四項計畫的問題脈絡。

　　(1)在執行「張載與王廷相理氣心性論比較」（2010 年）的計畫中，本書作者探究的是：身為明代最為推崇橫渠思想的儒者之一，王廷相。他曾在〈橫渠理氣辯中〉，明白表示自己是援引張載理氣論以「明人性之源」。但是，從《慎言》、《雅述》等著作中可發現，在討論心性論議題時，他不僅認為橫渠「心貴靜定」的修養工夫「似欠會通」（《雅述·上篇》），並批判橫渠「讀書以維持此心」之論「與維摩詰數念珠何異？」。在論及人性之究竟真實上，他亦反對橫渠以來，將人性分為「氣質之性」與「本然之性」（「天地之性」）的論調，而認同以「生之謂性」詮解人性的觀點[2]。

---

[2]　對此，作者另有專文指出：王廷相雖為明代最為推崇張載氣論的思想家之一，但在人性論上，他卻屢屢引證程顥的言論，而與張載意見相左。王廷相反對「離氣言性」的論性進路。他認為，自張載以來，宋明儒者將人性分為「義理之性」和「氣質之性」，是一種背離孔子哲學的觀點。他認為，人性即是人的「氣質之性」，根本不存在著一種不同於人之氣質的「本然之性」。因此，王廷相不僅主張「生之謂性」說，強調人性兼具善惡，而且他認為這些論點都可以直接從程顥的思想中找到支持的證據。如此一來，彷彿二者在人性論上見解相通、立場相同。但在晚近宋明理學研究成果中，則是將前者歸屬於明代「氣本論」的代表者之一，而把後者視

他更有別於橫渠對孟子性善論的推崇，而主張「惡亦不可不謂之性」（《慎言‧問成性篇》）。若說張載與王廷相在理氣論上有通同的論述，又何以兩人在心性論上卻形成如此顯著的分歧？這究竟是張載本身即在氣論與心性論上產生某種相互獨立？甚至是割裂的理論傾向？或者是王廷相對張載理氣心性論實有所誤解或誤詮？再者，當吾人將此一衝突置於思想家對於前人理論的詮釋脈絡中檢視時，理當追問：此一衝突究竟是源於王廷相在承繼張載理氣心性論時，他自陷於理氣論與心性論上的相互矛盾而不自知？抑或者是他有刻意誤導讀者之嫌呢？更有甚者，設若追問整體理論是否首尾一貫，本即是吾人探究哲學家思想的重要進路。並且在比較哲學的研究活動中，吾人責無旁貸的應當檢視所欲比較的研究對象間，彼此是否存在理論上的衝突或詮釋上的不一致。那麼，任何嘗試探討張載與王廷相思想異同的比較研究，則顯然都不能、也不應忽視二者在理氣論與心性論上的承繼和衝突關係。澄清上述提問，此亦即是本書第一項研究關懷與價值。

為「圓頓的一本論」的代表者。在此區分中，王廷相與程顥的思想卻呈現出明顯的差異。作者嘗試通過當代宋明理學的研究成果，並進一步指出，王廷相與程顥在人性論上的差異，不僅是前者以分解的方式，而後者以圓頓的方式探討人性。更重要的是，由於王廷相在探討人性時不同於程顥的圓頓一本論。因此，兩人雖都肯定不當離開氣質之性而探討人性，但是程顥雖持圓頓一本論，仍接受「義理之性」和「氣質之性」的區分，而王廷相卻是根本的排除了人具有「義理之性」的可能。基於此，作者由「何謂人性？」、「人性是善？是惡？抑或二者兼具？」，以及「如何使人去惡從善？」三組議題，探討程顥與王廷相人性論的異同。陳政揚，〈程明道與王浚川人性論比較〉，《臺大哲學論評》第 39 期，2010 年 3 月，頁 95-148。

　　(2)在執行「明清《正蒙》注的氣論類型：以《正蒙初義》為中心（III-I）」（2011 年），以及「明清《正蒙》注的氣論類型：以《正蒙初義》為中心」（2012-2014 年）的計畫中，作者探究的是：在理學發展史上，宋儒張載的氣學無疑是在象山心學與程朱理學之外，另一項廣泛影響明清哲學家的思想源頭。近年來，隨著宋明理學研究日趨轉精，海內外張載學的相關研究不論在質與量上均有可觀的發展。但令人遺憾的是當代學界仍缺乏以專書或專題的方式，梳理明清《正蒙》各注解本的發展脈絡。若說吾人用以探究哲學家思想全貌的依據正在於其代表著作，則明清思想家逐字注釋《正蒙》的研究成果，豈不是最能呈現張載氣論在明清兩代之發展者？相對的，如果張載確為明清氣學源頭，而《正蒙》實為橫渠氣論之代表，則忽略明清《正蒙》各注解本對橫渠氣論的詮釋，吾人是否採取了一種割裂且零碎的方式以理解明清氣學的動態發展？換言之，除非吾人斷然宣稱張載氣論對明清哲學發展無足輕重。否則辨析明清《正蒙》各注對張載氣論的批判與新詮，理當為吾人研究明清氣學所必須進行的研究工作。此為本書的研究價值之二。

　　(3)在執行「王廷相與王夫之氣論視域中的合天人之道」（2014 年）的計畫中，所探究的是：從王廷相（浚川，1474-1544）與王夫之（船山，1619-1692）的氣論異同，辨析二人的合天人之道。二王不僅同將萬有之實存推本於「氣」。在氣學理論的啟發與建構上，二者亦皆推崇北宋張載的氣學。在〈橫渠理氣辯中〉，王廷相曾明白表示自己是援引張載理氣論以「明人性之源」。但是，從前述(1)可知，王廷相雖援引橫渠氣論，但浚川與橫渠的理氣心性論，實屬兩種不同型態的氣論。至於船山，不僅自題墓石曰：「希張橫渠之正學」，晚年所著《張子正蒙注》，更為其思想總結之作。所以，

當代學界不僅重視船山與橫渠氣論異同，更已留意浚川與船山氣論之語多相似處。然而，若說王廷相與王夫之在理氣關係上有通同的論述，則兩人在人性論與心性工夫、教育論，甚至是治道觀上，卻又有著極其顯著的分歧。這究竟是意味二王雖屬同一種氣論型態，但由於王夫之或王廷相本自在建立理論時，已存有將天之道與人之道相互獨立，甚至是割裂的理論傾向？或者是王廷相與王夫之雖語多相似，但在本質上，二者的氣論型態並不相同？以致於二者在論氣時，所採的僅是宋明氣學共通的語言概念，氣論上貌似的類通性，卻在氣論拓展至整體理論體系時，方呈現人性論、工夫論、治道觀等思想各部的論述落差？更有甚者，設若追問整體理論是否首尾一貫，本即是吾人探究哲學家思想的重要進路。並且在比較哲學的研究活動中，吾人責無旁貸的應當檢視所欲比較的研究對象間，彼此是否存在理論上的衝突或詮釋上的不一致。那麼，任何嘗試探討王廷相與王夫之思想異同的比較研究，則顯然都不能、也不應忽視二者在氣論的通同，卻在人性論等思想各部間的衝突關係。此亦即是本書第三項研究關懷與價值。

　　基於前述可知，本書問題意識之發想與形成，是經辨析明清《正蒙》諸詮於理氣心性論之異同中產生。全書以「盡心何以知性知天？」為發問之主軸，共分為三項研究環節：

　　其一，「天人合一」是張載哲思的核心。至於人如何能通過儒學得與天合？張載則是以氣論為基礎，藉由對《孟子・盡心上》「盡其心者，知其性也。知其性，則知天矣」之發問，所形成。

　　其二，就《正蒙》一書之篇章架構，全書以第七篇〈大心〉為中樞，上由〈太和〉以迄〈誠明〉，從氣論闡發萬物性命之源何以推本於天，至第八篇以下〈中正〉至〈乾稱〉諸篇，則泛論人事之

理與天道理序何以本然無間。〈大心〉首段即藉重新詮釋《孟子》心性天之關係，而破題式的指出：「大其心」的心性工夫，正是儒者德合天人之道的實踐進路。

　　其三，基於前述兩點，凡透過徵引與注釋《正蒙》，而反思理學與心學之爭，探究儒家天道性命之學的明清學者，無不留意張載對《孟子》「『盡心』何以『知性知天』」的新詮。本書亦依此為全書問題意識之主軸，探究明清《正蒙》諸詮之理氣心性論異同。

　　基於此，本書將九篇論文，在形式上分為「兩編」，嘗試呈現作者總以「核心概念澄清」與「思想動態發展」相互對顯的視角，反思上述問題意識。「第壹編」所收七篇論文，即是作者以當代學者研究成果為基礎，澄清明清《正蒙》諸注家雖通用，但又各有表述的核心概念。至於本書「第貳編」約七萬餘字的「明清《正蒙》十注思想述評」，則是作者期許在「焦點性」（以「概念分析」為主）的呈現明清儒者間之思想交鋒外，另以「明清《正蒙》注本」為據，拓寬研究視域，在回歸第一手古籍文獻中，梳理出貫穿明清《正蒙》詮釋者間的「反思脈絡」。基於此，本書以兩編為正文架構，透過「焦點」與「脈絡」的兩種呈現形式，省察明清《正蒙》諸詮的思想異同。

2.本書研究議題之特色

　　依據前述問題意識，本書在推拓明清《正蒙》詮釋之研究範圍上，至少具有以下三項特色：

　　其一，在研究論域的縱深上，本書以概念分析與澄清為主題。但所選概念不僅是明清《正蒙》詮釋中的核心概念，更是辨析宋明理學家思想異同的關鍵概念。例如：「太虛」、「氣」、「心」與「性」等。透過「哲學概念」必反扣「哲學提問」的追問形式，跳

脫僅白話解析古籍，或對幾本文獻作論點化約的窠臼，由此深化哲學反思。因此，本書不以明清《正蒙》「注釋」為限，還導入王廷相、黃宗羲等明清氣學，或理學的重要開創者及承繼者，期能更全面地呈現明清理學論氣的多樣型態。

其二，在研究論域的廣度上，本書不僅橫向比對明清《正蒙》諸詮的理氣心性論，更側重學界較少處理的明清理學家論點與文本。例如，就理學家而言，本書以高攀龍、徐必達、王植，與李光地諸儒為討論對象；就議題而言，則探討「氣質之外是否別有本然之性？」，「《張子正蒙注》對橫渠五行觀有哪些承繼與開創？」等論題。輔以理學發展史為縱軸，探究這些相異詮釋者所採用的論述，在理學史上，觸發或回應哪些爭議？這些回應，又與其前後的《正蒙》詮釋，有哪些論點上的承繼或差異？期能更動態的檢視《正蒙》在明清理學發展中的影響與異詮。

其三，在研究論域的現代性上，本書雖以古籍為第一手分析文獻，但更導入當代學者的研究成果，例如，在探究虛氣關係的議題上，即藉當代學者辨析張載「太虛即氣」之思想交鋒，將當代學者所採中西理論論述模型與研究方法，作為開拓本書研究視域的基礎。

二、研究方法與步驟

研究方法旨在使研究者於研究之初，即可依據方法的合理性與一致性，檢視整體研究的有效論域。不同的研究方法，也使相近的主題獲得新的研究視域，以及發展出不同的研究創見。在探究張載哲學，以及明清《正蒙》諸詮的研究活動中，前輩學者所提之研究

方法，往往使作者深受啟發。例如，唐君毅「即哲學史以論哲學」的論述方式，引領本書從宏觀的角度，探究宋元明清儒學中，哲學義理之發展脈絡與型態同異。並在理學家相類似之哲學概念與論述中，能藉義理流行方向之開合交會，對各家義理同中觀異，且能於異見同[3]。避免迷失在諸儒浩瀚的哲學專著、語錄，以及往來書信中[4]。至於在理學發展史的洪流中，如何再聚焦掌握《正蒙》哲學的歷史定位與影響，則是受益於牟宗三的「宋明理學三系」說，以及勞思光之「宋明理學一系（三型）」說與「基源問題研究法」。前者啟發作者以「天道性命通而為一」為主軸，對比張載與明清《正蒙》注釋者，在義理間架上之異同[5]。後者，則不僅提醒作者更加審慎地參考「三系說」的成果。並且當論及明清《正蒙》詮釋者以「天道觀」或「本性論」肯定世界之真實無妄時，留意明清《正蒙》詮釋者如何解釋世間萬有既承受天命以生成，又何以有不順「天道」而發展的現象[6]？以及各據天理以為性之萬物，當各實

---

[3]　唐君毅表示，所謂「即哲學史以論哲學」，乃是「就哲學義理之表現于哲人之言之歷史秩序，以見永恆的哲學義理之不同型態，而合以論述此哲學義理之流行之謂」。此論述方式的要點之一，在於先掌握哲學家思想雖各有所異，但可就哲學義理之流行，見「古今慧命之相續」，並能在辨析各家義理型態之異同時，避免「只為一機械排比之魯莽滅裂之論」。詳見唐君毅，《中國哲學原論・原教篇》（臺北：臺灣學生書局，2004 年），頁 9-12；《中國哲學原論・原道篇》（臺北：臺灣學生書局，1992 年），頁 24-26。

[4]　詳見本書「第壹編」之〈壹、張載與王廷相理氣心性論比較〉。

[5]　詳見本書「第壹編」之〈貳、《正蒙釋》中的氣有生滅之爭〉。

[6]　詳見本書「第壹編」之〈參、《張子正蒙注》對張載人性論的承繼與新詮〉。

現其性時，所產生的「本性實現中之衝突問題」[7]。至於使本書判析明清《正蒙》諸詮之氣論型態時，能留意各家天道觀是否含蘊「終極目的義」之關鍵性[8]。本書則是得力於鄭宗義對明清儒學轉型之探究[9]，以及戴景賢從「系統哲學」（systematic philosophy）建立船山哲學體系時，對《張子正蒙注》的分析[10]。此外，在分析古籍

---

[7]　所謂「本性實現中之衝突問題」，乃指實際世界中「生」與「生之破壞」常相依而立。某一存有之「生」，常同時依另一存有之生之破壞而立。若說萬有之生皆是源自於本性之實現，則單就個別存有之性的實現而言，似無問題。但一當拓展為萬有皆以實現本性而生時，則產生在個別之有間，彼此以破壞他者之生方得以維生的衝突。例如，有生之物皆須得食而生，而所食又多以他類生物為主，當獅、虎、羊類，皆以實現各自本性而「全生」時，則獅、虎與羊，則產生相互競生的衝突。詳見勞思光，《新編中國哲學史（三上）》（臺北：三民書局，1997 年），頁 39-76；以及《新編中國哲學史（一）》（臺北：三民書局，1997 年），頁 1-20。

[8]　詳見本書「第壹編」之〈陸、李光地《注解正蒙》太虛概念辨析〉。

[9]　鄭宗義，《明清儒學轉型探析：從劉蕺山到戴東原（增訂版）》（香港：香港中文大學出版社，2000 年）

[10]　戴景賢在反思考論船山思想，應採何種方法較為適宜時，指出：先依船山撰述著作之先後，以「傳述時間可據之三書——《周易外傳》、《讀四書大全說》、《周易內傳》為依準」，由此「發掘船山一生所意欲解決之問題」，並考察「與其對此問題探索之大體歷程」，再「以此為基礎，查考其餘未有年月可詳之重要著作，而以思想發展所宜有之順序，校訂各書成稿之先後，求能納入先前所建構之詮釋框架內，圓融成說」。依此，戴文所獲的兩項結論，使本書獲益良多：(01)判析船山與張載哲學體系不同，前者屬「動態的兩重體用」論，後者仍為「靜態之形而上學」。故船山雖宣稱「希張橫渠之正學」，但在哲學體系上，不應為橫渠學之後繼。(02)將船山哲學分為五期，以《張子正蒙注》為船山晚年哲學體系終成之作。再依此對比《周易內傳》與《張子正蒙注》的天道觀，由此指出在船山動態哲學中，「目的性」思惟由「取消」而轉至「消滅」，並表示《正蒙

時，對於如何避免以西化的哲學概念框限古籍文本？袁保新對中國
哲學步入「新格義」時代的反省，及其在方法論上對「創造性之詮
釋」的應用，皆使本書深受啟發[11]。杜保瑞以「四方架構」為中心
的中國哲學史方法論，則是敦促本書在採用「天道觀」、「形上
學」與「心性論」等範疇分類時，皆當從嚴格意義的方法論省察，
審慎釐清本文所用以分類之範疇是否屬於有效論域？避免陷入範疇
錯置的困境[12]。又由於明清《正蒙》詮釋者皆是對同一文本作詮
釋，因此其註文不僅呈現氣論上語多相近，而心性論卻又彼此相異
的狀況。啟發本書從工夫論辨析氣論型態的研究方式，則是受益於
楊儒賓的兩本專書[13]。此外，在論及宋明儒學的心性哲學問題時，

注》存有論中仍有「弱化之目的義」，故其氣論並非僅僅只是宇宙構成論
　架構式的「只是氣」，而是帶有價值義的存在之流行，並依此開展出以氣
　化流行所形塑之倫理學。戴景賢，〈緒論〉，《王船山學術思想總綱與其
　道器論之發展（下編）》（香港：香港中文大學出版社，2012 年），頁
　2-3；戴景賢《王船山學術思想總綱與其道器論之發展（上編）》（香
　港：香港中文大學出版社，2012 年），頁 178，頁 327。

[11]　袁保新，《從海德格、老子、孟子到當代新儒學》（臺北：臺灣學生書
　　　局，2008 年），頁 1-28。

[12]　所謂「四方架構」法，杜保瑞表示，乃是以「宇宙論、本體論、工夫論、
　　　境界論為哲學基本問題所組成的四方詮釋架構」，其目的即在於「建立對
　　　文本詮釋之工具」。杜文依此研究方法解析宋明理學之實際用例，可參見
　　　其《北宋儒學》與《南宋儒學》。杜保瑞，《中國哲學方法論》（臺北：
　　　臺灣商務印書館，2013 年），頁 27；《北宋儒學》（臺北：臺灣商務印
　　　書館，2005 年）；《南宋儒學》（臺北：臺灣商務印書館，2010 年）。

[13]　楊儒賓，〈檢證氣學——理學史脈絡下的觀點〉，《異議的意義——近世
　　　東亞的反理學思潮》（臺北：國立臺灣大學出版中心，2012 年），頁 85-
　　　172；《從《五經》到《新五經》》（臺北：國立臺灣大學出版中心，
　　　2013 年），頁 17-58。

馮耀明對「天德良知」與「見聞之知」是否適宜以「能知－所知」架構詮解的反思[14]。啟發本書撰寫「第壹編」之〈肆、《張子正蒙注》「心」概念論析〉。本書之完成，實得助於前輩學者在研究方法上的諸多創見，在此不能一一詳舉，僅能藉此機會，略表感謝之意[15]。

　　由於本書為專題研究計畫成果（2010-2015 年）的改寫與延伸。所以，在下述研究方法與步驟上，主要呈現作者連續執行專題研究計畫時，所採取的方法與進路。

（一）研究方法

　　本書所採用的研究方法有二：一是針對文獻、資料之收集與整理；二是針對文獻內容之解讀與詮釋。現分述如下：

1.文獻、資料之收集與整理

　　對此，本書之研究方法又可分為以下兩方面：

　　其一，以古籍類為主的研究工作。本項研究工作主要是整理宋、元、明、清以來，傳世的《正蒙》注解本。並以《正蒙初義》為對照主軸，歸納明清注解與詮釋《正蒙》者，對張載思想的詮釋

14　馮耀明，《中國哲學的方法論問題》（臺北：允晨文化事業公司，1989年），頁 1-117。

15　本書匿名審查人即指出：「對於牟先生的橫渠詮釋，當代學者中以朱建民教授，了解得最好，而且又提出了與牟先生不同的說法」，並建議作者應「多留意並仔細參考」。對此，作者不僅十分感謝審查人提出寶貴建議。並懇請讀者可參閱另一本拙作，《張載思想的哲學詮釋》（臺北：文史哲出版社，2007 年），其中「附錄：當代張載研究專書要述」，作者對近五十年內海內外重要的當代張載學研究，提出扼要的論點分析與探討。

異同。依此，一方面整理出明清《正蒙》注家間，共通接受的氣論觀點；另一方面，則是藉由整理歸類《正蒙》各注對張載氣論不同的詮釋，為辨析不同的氣論類型，建立文獻上的依據。關於這個部分主要是以《正蒙初義》、《正蒙集解》、《正蒙補訓》、《正蒙補注》、《正蒙集註》、《正蒙發明》、《正蒙華注》、《張子正蒙注》、《正蒙集釋》等注解本為研究依據，並且參照《張子全書》、《張載集》，《宋元學案》，《明儒學案》、《清儒學案》等文獻資料。此外，也針對宋、元、明、清四朝理學家（如，二程、朱子、王廷相、吳廷翰、王夫之，以及戴震等人）的著作中，論及張載哲學與《正蒙》氣論思想的文獻資料，一併綜合整理。

其二，以當代研究成果為主的研究工作。本項研究工作主要是蒐集、複印，並且閱讀以《正蒙》注解或詮釋為題的相關期刊論文和書籍。由於經作者查詢，在近三十年內的各項研究成果中，以「明清《正蒙》詮釋」為題的期刊論文或專書、專章，仍屬相對罕見。因此，作者除了全面地收集、整理與歸納國內外學者對《正蒙》各注解本中所提出的分析與詮釋。更進一步將研究參考資料的範圍擴大，從學界近年在理學研究的相關成果中，梳理出明清《正蒙》諸詮在理氣心性論上之異同。

2.文獻內容之解讀與詮釋

由於在《正蒙初義》及其所收錄明清《正蒙》各注中，雖可見明清《正蒙》各注對張載氣論的徵引、詮釋與批判。但在呈現形式上，《正蒙》注解者仍採取隨文注釋的方式，闡述各自對於張載氣論的理解，而尚未能明確的標示出各自氣論的輪廓。所以，吾人又可針對「哲學問題之關懷」，以及「理氣心性論之詮釋架構與論述交鋒」，由兩條進路分別展開以下研究：

其一，在**哲學問題之關懷上**，儘管王植等人均已指出，張載氣論所面對的哲學問題，是針對佛老崇虛尚無之論而發。但是，從《正蒙》各注家在氣論論述上的爭議與交鋒來看，他們對佛老的批判是大同小異。所爭議的「焦點」，反而是貫穿宋、元、明、清各朝理學家，所共同關心的「理氣關係」議題。這顯示出《正蒙》注家所關懷的哲學問題，已經與張載氣論原先所欲解決的課題不同。且明清《正蒙》各注所關懷的哲學問題，亦各有出入。然而，除了某些散見於《正蒙》注解中的文字片段，《正蒙》各注均未明確的交代注解者，各自透過氣論所欲解決的「哲學問題」為何？這些哲學問題與張載氣論原本所關懷的議題，有何轉換的歷程與差異？這些哲學問題的轉換，是出於對《正蒙》哲學本身所呈現的不足而調整？補正？抑或者是出於時代課題之不同，而轉變為不同的哲學關懷？這些差異是否形成「《正蒙》各注」與「張載哲學原論」間，在理氣心性論上的歧義？甚至是詮釋上的衝突或曲解？而《正蒙》各注之間所關懷的哲學問題，又有哪些交集與差異？針對彼此哲學問題的交集與差異，是否也形成明清《正蒙》各注發展出不同型態的理氣心性論？這些提問又可促使吾人在研究方法上，採取下述策略，亦即吾人：可依據「哲學問題」在「哲學史」上的動態發展，而梳理出「《正蒙》各注之理氣心性論」在哲學史上的發展脈絡與思想同異。

其二，在**理氣心性論之詮釋架構上**，由於明清《正蒙》各注均受限於以「注釋形式」行文。所以，不僅未有專章、專節，明確交代其「哲學問題」。每一注本各自的氣論與心性論架構，亦散見於注文各處。若吾人僅是隨文梳理字句文義，或許無礙。但是本書旨在探究「明清《正蒙》各注之理氣心性論」之同異。所以，在研

究方法上，無法僅從章節文句的逐一閱讀、整理，達至全書的撰寫目標。必須從散見於注文各處，所有相關於「理氣心性論」的「文句」中，先梳理出《正蒙》各注的思想脈絡，並且依此重新構築「《正蒙》各注的理氣心性論架構」。依此，本書之研究策略，是由下述提問所貫穿，亦即：明清《正蒙》注解與詮釋者，對《正蒙》所採取的詮釋進路與詮釋原則為何？依據此詮釋進路，他們如何詮釋張載理氣心性論？又各自發展出哪些不同型態的氣論類型？各自論述「理氣－心性」的貫穿關係時，其思想架構有何異同之處？而明清《正蒙》各注間，又對其他《正蒙》注之理氣心性論，有哪些援引與批判？由前述種種提問又可知，在研究方法上，本書不僅涉及對《正蒙》詮釋與各注的字義解讀，或文句整理，更深入至對前述各《正蒙》注之詮釋原則，與理氣心性論架構的重探與重構。並逐步在明清《正蒙》諸詮與各注中，梳理出各詮釋者論述間的異同與交鋒。

　　由以上兩點可知，本書不僅必須從現有文獻中，掌握明清《正蒙》詮釋者的哲學問題，理氣心性論架構，以及各自在思想論述上的異同與交鋒。並且在對前述文本之哲學思想，作進一步詮釋時，必須從散見於各注本的不同章節中，釐析出各自的理氣心性論脈絡。並且基於明清《正蒙》注總將理氣論與心性論視為一貫的論述。所以，首當釐清《正蒙》各注之理氣論與心性論「應有」的關聯。換言之，本書在研究的進程中，已然涉及了對明清《正蒙》各注之「理氣心性論」，「重新詮釋」的工作。基於此，本書採用「創造性詮釋」（Creative Hermeneutics），作為研究方法[16]。所謂「創

---

[16]　「創造性的詮釋學研究法」首先由傅偉勳所提出。此研究法不僅重視古典

造性詮釋」，亦即詮釋者依據已定的詮釋原則，不僅陳構思想家（原典）所實際表達的內容，並且試圖進一步追問思想家所「應當」陳述的內容，以及從思想家理論自身回應思想家所尚未解決的問題。然而，為了避免詮釋者依據己意解析文本內容，此研究法亦要求詮釋者的詮釋前提或原則，不僅在解析文本時應當維持詮釋的一致性，並且透過多個詮釋系統的對比反省，務求詮釋時的周延客觀。也因此，本書雖以「創造性詮釋」為基礎，卻並非任意發揮《正蒙》諸詮的理氣心性論思想，而是嘗試依據前述文獻，以及當代對各詮釋者的研究成果，作為基礎及規限，使本書能獲得客觀周延的研究成果。

（二）研究步驟

由於本書為連續執行科技部專題計畫的成果改寫與延伸，故全書研究步驟首分為二：

1.研究成果之整理與改寫

這項工作之內容，主要是將作者近五年撰寫的期刊、會議論文，以及專書論文，重新統整各論文間的論述，編輯與校對各論文之內容文字，並且統一發表於不同期刊的論文格式。故工作項目又

文獻的內容解析，在其「必謂（創謂）」層次，還主張發源作者之所未發的旨意，作為重建思想家理論的基礎。本書之研究方法受其啟發甚多。唯本書在實際研究步驟的論述上，亦參考袁保新依此探究當代老學的具體用例，並略有更張，故文責亦應由本書自負。可參見：傅偉勳，《從創造的詮釋學到大乘佛學》（臺北：東大圖書公司，1990 年），頁 10；袁保新，《老子哲學之詮釋與重建》（臺北：文津出版社，1997 年），頁 10-13。

可細分如下：

　　其一，統整分期研究的一致論述。儘管在連續執行計畫時，各計畫的主要問題意識是相互連貫，且有連續性的反思脈絡。但由於每階段關注的焦點仍有殊別，各時期所發表的期刊或會議論文，又可能依據期刊或會議要求，而有不同的論述焦點。因此，再次將各階段所發表的成果並列時，就必須重新統整各期刊論文中的論述，刪除重覆的推論，補充當時尚未收入的新文獻、證據或推證。此外，在論文發表時，原有的論述可能超過三萬字，該篇期刊投稿作品的字數限制，則必須精簡在兩萬字內。若有些當時刪除，但卻必須在全書中呈現的論證與文獻證據，則必須在此時補足。依此，本書整體成果雖有發表先後之異，但在問題脈絡與論證邏輯上，卻能回歸首尾一貫，相互串連。

　　其二，統一論文格式與概念述語。由於分期研究成果所投稿的期刊有異，而各期刊各有規定的用字限制與格式。因此，在重新集結近五年連續性研究成果時，就必須重新統一本書各章節的格式。至於各期研究階段中，作者在行文用字或概念術語上，有前後發表的些微不同。也在重新歸結為新書各章時，統一概念用法，以及行文方式。此外，對於各期刊引述的資料，可能前後期略有古籍版本上的差異，或是當時未見或未有資源或得的資料，皆在此工作項目中進一步完成。

2.研究成果的延伸與發展

　　由於前述研究成果主要是以單一議題的形式，探究明清《正蒙》理氣心性論的異同。在所發表的各期刊中，作者為拓寬研究視角，透過導入學界最新研究動態，使本書論述所依據的理論模型，及參考資料，能更加充分。然而在此項研究環節中，本書則是聚焦

於明清《正蒙》注的思想述評。依此，又包含：

其一，述評明清十家《正蒙》注。由於在作者所見資料中，至今尚未有專書或專題，全面地探究明清《正蒙》注的思想內容，或是以「理氣論與心性論之異同」為主題，對比多本《正蒙》注，在。因此，在前述採以單一議題，辨析《正蒙》各注的思想交鋒後。作者認為，實有必要對所徵引或參考的明清《正蒙》注，提出清晰且扼要的述評。此項工作有別於前項以「議題」為「全書章節」，而是以「每一《正蒙》注本」為分析項目。依此，述評的內容包含：所列《正蒙》注的收錄情況、編輯體例、注釋原則、詮釋與論述架構，以及對《正蒙》核心概念的詮釋與界定。期經整體述評，能使讀者對相對陌生的明清《正蒙》注，能有更多元的理解與認識。

其二，梳理明清十家《正蒙》注在理學史上的發展。在前述「研究方法與步驟」中已指出，本書不僅止於對明清《正蒙》諸詮各注，採取橫向的思想議題比對。更嘗試從理學史的動態發展中，藉由「明清《正蒙》注」，這項過往學者較少採用的研究進路，探究張載哲學對明清理學的關鍵性影響。因此，在述評範圍上，本書以林樂昌《正蒙合校集釋》中，所收錄的明清《正蒙》注為主，旁涉雖未完整注解《正蒙》，但其詮釋具有典型性的著作。必須說明的是，本書雖以《正蒙合校集釋》所列注釋為述評對象，但並非以《正蒙合校集釋》為資料來源，而是回溯至第一手的古籍注本，參照林教授的集校成果，再進一步分析明清《正蒙》諸詮各注的思想。以求符合學界要求引證資料應回歸第一手資料的原則。這十本明清《正蒙》注，分別包含：劉璣《正蒙會稿》、呂柟《張子抄釋‧正蒙》、劉儓《新刊正蒙解》、王夫之《張子正蒙注》，及王

植《正蒙初義》等，共計 10 本（詳見本書之「參考書目」）。此外，以林教授所選諸注為本書分析之對象，主要理由有三：一者，《正蒙合校集釋》是近十年張載研究中，最具代表性的成果之一。依其考據校釋為分析明清《正蒙》的參考，能在扣緊嚴謹文本校釋的基礎上，進一步聚焦於分析不同文本間的思想異同。二者，這十本注解雖非窮盡明清《正蒙》各注。但誠如林教授所言，卻是明清注解《正蒙》者中，最具代表性的作品。三者，林教授所舉《正蒙》注本，原共有 15 筆。由於本書是以「《正蒙》思想詮釋」為分析主題，基於使全書論述更為聚焦，作者再於《正蒙合校集釋》所列 15 本注本中，擇取註解較詳，或探究思想層面較多的 10 本注本，列為首要分析探究的文獻。特此說明。

三、篇章架構

在篇章架構上，全書除首、末列「緒論」與「結論」外，並將正文分為兩部分，分別為：「第壹編　明清《正蒙》思想詮釋辨析」，以及「第貳編　明清《正蒙》十注思想述評」。在「第壹編」中，為作者近五年內的研究成果集結與改寫，共有九篇期刊論文，其中四篇發表於 Thci-Core 級期刊，五篇發表於 Thci 級期刊[17]。此次統整成書，各篇文字與格式皆多有修正。現依各篇主題扼

---

[17] 本書兩篇作品原發表於《臺大文史哲學報》，並各有一篇成果發表於《揭諦學報》，以及《東吳哲學學報》，皆屬 Thci-Core 級核心期刊。本書另有三篇作品發表於《經學研究集刊》，並各有一篇發表於《清華中文學報》，以及《嘉大中文學報》。以上學報皆在學界素享盛名。作者得蒙各學報匿名審查委員不棄，不僅提供發表機會，且給予許多寶貴的建議，特

要陳述如下：

在〈壹、張載與王廷相理氣心性論比較〉[18]中，作者首先指出：隨著當代宋明理學研究日益深化，學界逐漸發現在程朱理學與陸王心學的思想交鋒裡，可再梳理出另一群以氣論闡發儒學要義的明清思想家。王廷相的氣論思想，正是近年學界關懷的主題之一。然而，儘管王廷相本人即宣稱是援引橫渠理氣心性論，並依此批判朱子「性即理也」。但作者亦指出，王廷相與張載在人性論及工夫論上，實有根本歧異[19]。設若宋明理學家的理氣心性論，本是一貫論述，則張載與王廷相在人性論、工夫論上的南轅北轍，是否意味二者氣論僅是貌似相同？實屬兩套氣論型態[20]？依此，本章旨在辨析張載與王廷相理氣心性論之同異。在研究進路上，共分為五項環節展開：一者，澄清王廷相所徵引《正蒙》中的論點，在橫渠之原論為何？二者，探討王廷相對朱子性即理之批判，未見公允處。並

此感謝。此外，本書第壹編之〈伍、《張子正蒙注》五行觀論析〉，原發表於「第四屆宋代學術國際研討會」（嘉義大學中文系主辦，會議日期：2015 年 10 月 16 日），後收入《嘉大中文學報》第 11 期，亦於此一併說明。

18　原發表於《清華中文學報》第 12 期，2014 年 12 月，頁 103-151。

19　陳政揚，〈程明道與王浚川人性論比較〉，《國立臺灣大學哲學論評》第 39 期，2010 年 3 月，頁 95-148。

20　儘管當代不少學者早已留意，王廷相與張載在氣論上雖語多相似，但在思想陣營上，應分屬不同的氣論型態。但仍有另一項主流論述認為，王廷相實為明代橫渠學的真正承繼者。例如，葛榮晉、樂愛國、高令印，以及龔杰等人，皆持此類觀點。詳見葛榮晉，《王廷相》（臺北：東大圖書公司，1992 年）；樂愛國、高令印，《王廷相評傳》（南京：南京大學出版社，1998 年）；龔杰，《張載評傳》（南京：南京大學出版社，2011 年）。

指出當朱子詮釋《正蒙》時，雖未依張載哲學闡明造化之真，但並非出於對橫渠氣論之陌生。三者，援引當代學者的研究成果，歸納出評斷張載與王廷相理氣同異的三種觀點。四者，參照前輩學者檢證氣學的方法進路，依照橫渠與浚川在人性論上之異，向上追問此相異之處是如何連貫於二人理氣心性論的基本假定？辨析二者在氣論型態上之異同。五者，探究在已知的三種觀點外，若將《正蒙》「太虛即氣」中的虛氣關係列入考慮，是否可再細分出第四種辨析張載與王廷相理氣同異的觀點。

　　在〈貳、《正蒙釋》中的氣有生滅之爭〉中，作者旨在藉由「張載氣論是否是箇大輪迴？」這項論題，探討自朱熹、高攀龍、徐必達，以迄王夫之對《正蒙》虛氣關係的不同解釋，在明清《正蒙》詮釋發展中的影響與意義[21]。本文以為，儘管朱子並未完整地注解《正蒙》全書，但由於他在理學史上的關鍵地位，廣泛地影響明清《正蒙》注解者詮釋張載思想的觀點。其中至為關鍵的影響之一，即是朱子從理氣不離不雜的架構，詮釋張載虛氣一體的關係。這可由早期《正蒙》詮釋者接受朱子以周張並提，至李光地辨析太極非太虛，而王植在《正蒙初義》中總結性地指出朱子以理氣論詮釋張載虛氣論之不當，卻又以太虛之三層義分別安立朱、張二子之學中得見。相較於朱子下開明清《正蒙》諸詮之源的關鍵意義，王夫之晚年所著的《張子正蒙注》獨具慧眼，既上提氣之形上義，重新由虛氣一體的詮釋觀點，反思朱子詮釋橫渠氣論啟人疑議之處，更對顯自身氣論與張載氣學的相異之處。基於此，本文在研究步驟上，先探討朱子如何依「理在氣先」重詮《正蒙》，由此帶出朱子

21　原發表於《揭諦學報》第 40 期，2016 年 1 月。

批判橫渠氣論是個大輪迴的理據。其次，闡明王夫之如何以「理在氣中」詮釋《正蒙》，並依此進路批判朱注之不宜。最後，本文從存在世界之根源、理序與終極歸趨，指出船山如在理氣之辨的主軸中，闡明張載氣論並未陷入輪迴困境，以及辨明此議題在詮釋《正蒙》時的必要性。

　　在〈參、《張子正蒙注》對張載人性論的承繼與新詮〉中，作者藉由「本然之性外，是否別有氣質之性？」這項提問，探討船山對橫渠人性論的承繼與開展。在問題意識上，作者所關懷的是：如果天地之性才是人的本然之性，義理之性才為人性的究竟真實，則人所獨有的氣質之性是否弔詭地不能代表人性之真？吾人依此而有的氣稟形軀，是否反而成為體道者所當對治的「欲望主體」，或有志成德者所需超克的對象？這是船山對張載以迄程頤、朱熹論性架構的反省。依此，本篇要旨有三：一者，釐清船山對「本然之性－氣質之性」架構的批判。二者，辨析船山與橫渠對「氣質之性」所言異同。三者，設若船山根本否認人有「天地之性」，他如何順通《正蒙》相關文句，維繫注解詮釋的一致性？就哲學概念與問題間的必然連結而言，他又如何處理張載原藉「天地之性」所欲解決的哲學問題？在研究步驟上，則從三項環節展開：首先，儘管張載從未使用「本然之性」，本文指出《正蒙》中的「天地之性」，即是人根源於天地的本然之性。其次，從字義方法與儒學義理上，呈現船山辨析「天地之性」一語乖謬的方法進路。依此指出，船山實以「天命之性」詮解《正蒙》「天地之性」，並主張「氣質之性仍是一本然之性」。最後，本文依據船山之概念界定，逐一檢視《正蒙注》對張載人性論提出哪些新詮？是否能前後呼應？以及船山如何

獲得「非本然之性外，別有一氣質之性」的論斷[22]。

　　在〈肆、《張子正蒙注》「心」概念論析〉中，作者旨在論析船山《正蒙注》對橫渠「心」概念的承繼與新詮[23]。在研究方法上，兼攝「概念澄清」與「脈絡研究」兩條進路。依此，全文共分四節，依序是：首先，論船山對〈太和〉「合性與知覺，有心之名」之承繼。其次，探究船山對朱子詮解橫渠「心統性情」說的批判與新詮。復次，藉由船山批判陽明空言「致良知」與「心即理」，指出船山闡發橫渠以「心」當合「內外之德」而言「知」，肯定「良知」必不廢經驗見聞之積累，方見儒家言知的篤實之功。最後，從「心純乎道」闡發「人心即天」的實踐工夫。並依此四點論析，獲得以下結論：船山與橫渠雖皆將「心」概念，視為儒家「合天人之道」的關鍵。但橫渠氣論是從形而上貫通形而下，由客觀天道保障「大其心」的真實無妄。船山則側重「人」是創造價值的主體，由「心」不僅本然具權衡價值的自主性與能動性，且「心」所呈顯之「良知」實已含蘊「良能」，故「價值之判斷」當兼攝「實現價值之實績」，由此闡發由「人之道」以「合天」的儒家正德利用厚生之學。

　　在〈伍、《張子正蒙注》五行觀論析〉中，作者旨在探討王夫之（船山，1619-1692）對張載五行觀的闡發與新詮[24]。在研究方法上，以概念澄清法為主，脈絡研究法為輔。依此，在全文研究步驟

---

[22]　原發表於《臺大文史哲學報》第 82 期，2015 年 5 月，頁 83-117。

[23]　原題目為〈王夫之對張載「心」論的承繼與新詮──以《張子正蒙注》為例〉，發表於《陝西師範大學學報》第 215 期，2017 年 3 月，頁 103-118。

[24]　原發表於《嘉大中文學報》第 11 期，2016 年 11 月，頁 69-103。

上，首論「船山會通《太極圖說》詮解《正蒙》五行觀之詮釋進路」，以《太極圖說》層層敲開《正蒙》五行觀所依據的氣本體論與氣化宇宙論，以及釐清五行說的理論有效界域。其次，則探討「《張子正蒙注》對張載五行觀之開展」，並指出船山如何立基氣論，分別就「五行之序」，「五行八卦之比配」，以及「中央土寄王說」等子議題，拓展《正蒙》五行觀。最後，則藉古思今，以船山面對科學新知的研究態度，呈現理學家如何在詮釋《尚書》等儒家經典的傳統中，以氣化五行說融攝經驗科學的新成果，讓儒者解經之學能跳脫章句訓詁的框架，改採為經典注入新資訊的形式，活化經典之所以能貫古穿今，而持續能用以「利用」、「厚生」的淑世精神。

在〈陸、李光地《注解正蒙》太虛概念辨析〉中，作者指出，由於在明清《正蒙》諸注中，李光地（榕村，1642-1718）不僅是首先將「太虛是否等同於太極？」顯題化的詮釋者，而且《注解正蒙》更是清代《正蒙》諸注中的官學代表[25]。因此，本篇以李光地的詮釋為論述主軸，共分三項環節展開討論：一者，以「太虛即氣」這項論題，指出《注解正蒙》中的虛氣關係。二者，通過釐清「太極」、「太虛」與「氣」在《注解正蒙》中的關係，指出李光地嘗試調和程朱理學與張載氣論的詮釋進路。三者，指出李光地有進於前賢之注解者，在於他明確辨析「太虛」與「太極」之異。但也由於在《注解正蒙》所設想的氣論架構中，「太極」是「形而上的理體」，「太虛」與陰陽二氣仍皆歸屬氣化層。所以，在詮解《正蒙》的形上思想時，他會批判橫渠見道體未明，陷入「三角底太

25　原發表於《東吳哲學學報》第 31 期，2015 年 2 月，頁 1-20。

極」的困境。然而，此項批判是否確當？作者以為，吾人正可依此為契機，在明清《正蒙》思想詮釋史中，檢視《注解正蒙》的洞見與侷限。

在〈柒、王植對明清《正蒙》注之反思〉中，作者指出，《正蒙初義》是歷來收錄《正蒙》注釋最為完整的作品之一[26]。王植（懋思，1682-1767）不僅以集釋的形式，大量保留了多家明清《正蒙》注釋的重要成果，並且嘗試走出朱子學的詮釋框架，重新探索張載寫作《正蒙》時的哲學問題脈絡。故為吾人研究明清《正蒙》學所不可忽略的文獻。又由於王植表示，「太虛」正是掌握《正蒙》哲思的入手關頭。因此在研究步驟上，從三方面展開討論：一者，嘗試釐清「太虛」三層義的各自意義，以及太虛各層義間的相互串言之關係。二者，依據「太虛」之三層義，辨析王植對明清《正蒙》注的反思；三者，則在於探討王植如何以「太虛」三層義，回應伊川、朱子對《正蒙》的批判，並開展出有別於程朱的詮釋進路。

在「第貳編　明清《正蒙》十注思想述評」中，是以明清《正蒙》十本注釋之思想述評為主[27]。若說在「第壹編」中，本書主要是採取「焦點議題」的形式，呈現明清《正蒙》詮釋者的思想交鋒。在「第貳編」中，則是從「理學發展的動態視角」，檢視靜列於桌前的各注本中，不同的《正蒙》詮釋者，是如何藉由橫渠氣

---

[26] 原發表於《臺大文史哲學報》第 75 期，2011 年 11 月，頁 87-120。

[27] 本篇由於篇幅過長（共計七萬八千餘字），故分為兩期，依序發表於《經學研究集刊》第 17 及 18 期，2014 年 11 月，2015 年 5 月，頁 73-103；頁 79-112。

論，重新反思明清理學中的核心議題。基於此，本編以「述評」之
形式，針對明清詮解《正蒙》的文獻，依序探究注本如下：明儒劉
璣之《正蒙會稿》、明儒劉儓《新刊正蒙解》、明儒高攀龍之《正
蒙集註》與徐必達作之《正蒙發明》（今兩書合收於《正蒙釋》中）、
明儒呂柟之《橫渠張子釋》、清儒李光地之《注解正蒙》、清儒張
伯行之《張橫渠文集》、清儒楊方達之《正蒙集說》、清儒方潛之
《正蒙分目解按》，以及黃宗羲之《宋元學案·橫渠學案》等。此
外，藉由述評所得之反思成果，又不僅僅於本書第貳編中呈現，同
時也與本書第壹編中的論點相互參見，以期能更全面地對顯明清
《正蒙》詮釋者間的思想異同。

　　在「結論」中，作者扼要回顧全書之研究主題、所提論點，與
所獲結論，以期就教於學者先賢。

四、文獻回顧

　　以明清《正蒙》注為專題的研究，在國內相對少見。相關成
果，多收攝在對某個明清理學家整體思想的研究架構中，其中又多
以王夫之《張子正蒙注》為主。因此，在擇要探討與本書相關的當
代重要研究成果時，作者首以《張子正蒙注》為主軸，扼要回顧如
下：

　　曾昭旭雖未以專書的形式探究《張子正蒙注》，但其巨著《王
船山哲學》，是學界最具影響性的相關研究成果之一[28]。他不僅在
「第二章　船山之諸子學」中，以「船山之張子學」為該章首要主

---

[28]　曾昭旭，《王船山哲學》（臺北：遠景出版事業公司，2008年）。

題，更藉疏解船山《正蒙注》之〈序論〉要旨，點明船山何以視橫
渠為正學，及其在學術史上的意義。全書架構共分三編，分別就
「王船山之生平」、「船山學述析論」，以及「船山思想綜論」，
全面探討船山之學思歷程與當代研究成果。書中不僅針對船山著
作，以「經學」、「諸子學」，「史學及其他」為題，一一扼要介
紹船山的研究洞見。在綜觀船山思想時，他更以「船山義理之根本
方向」、「論船山之即氣言體」、「船山之天化論」、「船山之人
道論」，以及「船山之人文化成論」等五方面，層層釐析船山哲學
架構，並徵引探討當代學界對船山哲學詮釋的通同與差異。針對船
山的氣論，曾文先以宋明儒學論「體」之諸義破題。並由「即氣言
體言天」，帶出「亦是氣」與「只是氣」之別。順此，他指出船山
之重言氣，並非唯物論式的「只是氣」，而是「即氣以顯體」式的
「亦是氣」。故船山所言之氣，並非物質式的蠢然地存在。其言
「氣化」亦並非僅是機括性地運行。船山乃是先以「氣」標示「存
在」之意，其次，基於重宇宙真實無妄之存在性，將分殊個體之存
在與宇宙全體之存在，皆統攝於「氣」（即以「存在」概念收攝之）。
復次，則從本體之靜存與動用上，分解地指出宇宙全體之存在，從
存在根源義而言，即是以氣為本體的無限密藏。基於體非空寂之體
而必含生生創化之用，故以氣為本根必連帶從生化處言本體之用，
言氣本體含蘊氣化之無限活動歷程。由此，曾文不僅指出船山有進
於橫渠氣論之處，在於「以橫渠雖重氣，猶是重在從化處言氣而未
能自覺地以氣為體」，「而船山之實意，則必直以氣為體也」[29]，
他並針對當代學界對「船山哲學所言之氣是否為物質？」之論爭，

---

[29]　曾昭旭，《王船山哲學》，頁 331-332。

提出詳盡之剖析與反駁。至於對船山如何闡明「合天人之道」上？曾文不僅從概念澄清上，扼要地解析船山哲學所謂「天大性小」、「道大善小」之義，更從船山對儒學義理之開創上指明：「故云以德言，天待人以顯，以量言則必定是天大性小也。以是人當自知其份，不可自恃其心而『欲妄同於天』（《周易內傳》卷五）」。由此彰顯「就道德創生之性而言，人即與天同等」[30]。並舉要指出船山對儒家經典的新詮，例如對船山詮解《論語‧子罕》之「子在川上」，曾文徵引船山之言曰：「君子以自強不息是用天德，不是法水」[31]，強調人之為道德主動者，不是被動的順應天理，而是以天理為據，而創化道德價值。同樣的，在解釋《孟子‧離婁下》所謂「人禽之辨」時，曾文亦指出：「物只能為化理之工具，而不堪與化理合一」，「人不只是天地化理之工具，人同時可以是與天地之化理合一同體者也」[32]。依此，人之所以為人的道德尊嚴義，由是挺立。凡此皆見曾教授此書對船山哲學剖析之明，無怪乎海內外研究船山學者，亦多將此書視為重要參考文獻之一。

戴景賢的《王船山學術思想總綱與其道器論之發展》，是近年船山學研究的重量級著作[33]。全書共分兩冊（上下編），《上編》論「王船山學術思想總綱」，共計五章，依序探討：「論王船山性理思想之建構與其內部轉化」、「論王船山哲學之系統性及其基本預設」、「論王船山之文明史觀及其歷史哲學」、「論王船山思想之

---

30 曾昭旭，《王船山哲學》，頁 403，註 40。

31 曾昭旭，《王船山哲學》，頁 402。

32 曾昭旭，《王船山哲學》，頁 520。

33 戴景賢，《王船山學術思想總綱與其道器論之發展（上下編）》。

時代性與其內涵之近代特質」，以及「論王船山動態哲學中『目的性』思惟之削減及其所形塑之倫理學與美學觀點」。在《下編》中，則是以「道器論」為題，統攝六篇專文，依次探討：「船山《周易外傳》中有關道器論之建設」、「船山《讀四書大全說》所提出之氣、質、性、命之辨」、「船山《周易內傳》對其道器論所作成之初步結論」、「船山論學由尊朱而改宗橫渠之轉變」、「船山思想先後轉變與其治《老》《莊》之關係」、「船山道器論思想先後轉變對於其心性論之影響」等六篇。《下編》書末並附「人名與書名篇名索引」。無論在所論題材，內容質量，以及專書之工具性與學術性上，皆嚴謹詳實。尤其作者以其對船山學豐富之底蘊，提出許多創見。例如，他以哲學體系之動態發展，分為五階段詳論船山各期思想變化，甚至依此釐判船山著作之先後爭議，將《讀四書大全說》列為船山哲學承先啟後的第三期發展階段，而非如陳來僅將此書列為船山早期思想代表著作[34]。更值得注意的是，作者留意到「目的性」思惟之減化，與其論「變－合」議題間之關係，及其在船山哲學發展歷程中的關鍵性。實為當代其他學者少有論及。此外，在判析船山與橫渠哲學之本質異同時，他創立「二重體用說」，以船山實屬「動態哲學」，而與橫渠之「靜態之形而上學」相異。故戴文主張，船山雖最終推尊橫渠，但在哲學型態上，並非橫渠學之後繼[35]。在論「合天人之道」上，作者以二重體用之動態

---

[34]　戴景賢，《王船山學術思想總綱與其道器論之發展（上編）》，頁134-151。

[35]　由於船山曾自題「希張橫渠之正學，而力不能企」，不少研究船山思想者，雖多已辨析船山與橫渠思想之同異。但仍順此詮釋進路，視船山為橫渠思想的承繼與開展者。例如，曾昭旭即持此論。勞思光則從思想概念的承繼關係指出，船山依實在論詮釋《正蒙》天道性命之學，雖屢屢呈現

哲學，一方面指出船山以「變合」逐步取代氣化流行中的「目的性」。另方面則指出，隨著「道」不再是「貞定」氣化流行之歸趨，「道」則為一日衍日的純粹之「動體」。由於「道」乃是在「器」已然形而後有中，方呈顯形而上，故「道」必在「成其全體之用」中而為「體」，由此不僅顯示「道」具有形而上學中所指稱的內在性，也於「萬物之『存在秩序』之論域中，否定『道』之超越性」，由此構築出船山以「道」為「天、人合用」之大義（頁109）。順此，作者認為船山有別於橫渠之一氣論，乃以「陰、陽決然為二氣」，釋其所主之「乾坤竝建」論[36]。並由重新定義「太和」，超越橫渠氣論，弱化太和本體所含蘊之存有論的目的性與秩序性，闡述氣化流行所成形的世事流變中，何以仍能有「偶然」中之「必然」？由此從「目的性」思惟之弱化，開展出對《正蒙》心性論與知識論的新詮。一改橫渠以「天地之性與氣質之性」解人之道德普遍性與差異性的架構，指出人如何可能立基於氣質之性上，建立普遍道德性[37]？由於本書涵蓋廣泛，論理精實，非本文有限篇

《正蒙注》與橫渠本意不合之處（頁 691），但船山依「乾坤竝建」所呈現的世界圖像，則「實與橫渠所見極為相似」（頁 697-698），故其學立論雖紛雜，但大旨無外「易傳與橫渠之觀念，故其病端亦可由其根本模形看出」（頁 724）。詳見〔明〕王夫之，〈自題墓石〉，收入《船山全書》第 15 冊，頁 229；勞思光，《新編中國哲學史（三下）》（臺北：三民書局，1998 年）；戴景賢，《王船山學術思想總綱與其道器論之發展（上編）》，頁 178。

36　戴景賢，《王船山學術思想總綱與其道器論之發展（下編）》，頁 188-189。

37　戴景賢，《王船山學術思想總綱與其道器論之發展（上編）》，頁 341-357。

幅所能一一探討。但戴教授此書與其視為研究船山學的專書，毋寧說已然建立起自身的船山學詮釋體系。

　　劉榮賢的《王船山《張子正蒙注》研究》，是較早以專書形式處理此項主題的研究成果[38]。本書原為作者於東海大學中文研究所之碩士論文（1983 年）。2008 年由花木蘭文化出版社出版時，作者將原論文中所徵引的船山引文，從自由出版社的《船山遺書全集》，更改為 1998 年嶽麓書院所重新標點排本的《船山全書》，是較為根本性的變動。全書除「緒論」與「結論」外，正文共分四章，分別為「第二章　《正蒙注》成書時代之考察」，「第三章　《正蒙注》中的幾個重要問題」，「第四章　船山《正蒙注》與橫渠思想之異同」，以及「第五章　船山推尊橫渠在理學發展上的意義」。書末另有兩篇「附錄」，分別為「從心物關係看宋明理學本體論思想的演進模式」，以及「橫渠『太虛即氣』的思想結構及其所受之誤讀」。在問題意識上，劉文指出，綜觀船山一生學問的演變，「理氣分合」實為其思想主題，而其最後歸宗於橫渠，也是緊扣此問題發展的結果。依此，劉文嘗試通過《張子正蒙注》這本船山晚年代表作，逐步探究「船山對朱子理氣論之反思與批判」，「船山納濂溪於橫渠所形成兩大理學系統的衝突與調解之道」，以及「船山何以最終獨契橫渠的學問歸向」等議題。劉文不僅辨理明晰，指出「陰陽是『一氣』？或『二氣』」的差別，是船山與橫渠的根本歧異所在。更能動態的對比船山《周易內傳》與《正蒙注》的思想發展異同，判析《正蒙注》較《內傳》為晚出。並依此在

---

[38]　劉榮賢，《王船山《張子正蒙注》研究》（臺北：花木蘭文化出版社，2008 年）。

「結論」中推導出，船山思想演進是由解決理學日漸偏離孔孟舊轍的問題出發。在哲學思想之建構上，期走出與超越《讀四書大全說》中的朱子。然而或許是在船山意料之外者，是他在反對與批判陽明中，由論「人心感應之幾」處，發展出與陽明相契的論「心」進路。至於船山之「歸宗橫渠」，實僅是在解決自身思想體系的核心問題處，橫渠思想曾給予關鍵性的啟發。所以，在《正蒙注》中，二人的歧異亦隨處可見。凡此，都充分展現出本書之價值，不僅是國內較早聚焦處理船山《正蒙注》的專書，更已相對地能從理學發展史的宏觀視野，浮顯出理學家意圖超越程朱與陸王之格局時，藉重新詮釋《正蒙》以返視自身思想體系間的動態關係。

　　此外，近 10 年內，以期刊論文形式發表的研究成果，則有施盈佑的〈王船山經典詮釋的歷史性與創造性──析論《張子正蒙注・序論》中的「正之惟其始」與「不得不異」〉[39]，以及蔡家和的〈船山《正蒙注》中對性的詮釋〉[40]等篇，皆屬於此。施文從經典詮釋的視角切入，以《張子正蒙注》之〈序〉文為依據，緊扣「正之惟其始」與「不得不異」大旨，一方面承繼前賢研究所著眼之船山歷史哲學，探究船山詮釋經典與論析歷史所呈現的「歷史性對話」；另方面，則從「創造性的詮釋」更轉進一層，直探「為何『與歷史對話』是『必要的』？」[41]，並順此推導出船山經典詮釋

---

[39]　施盈佑，〈王船山經典詮釋的歷史性與創造性──析論《張子正蒙注・序論》中的「正之惟其始」與「不得不異」〉，《鵝湖月刊》第 428 期，2011 年 2 月，頁 11-25。

[40]　蔡家和，〈船山《正蒙注》中對性的詮釋〉，《東海大學文學院學報》第 51 期，2010 年 7 月，頁 85-111。

[41]　施盈佑，〈王船山經典詮釋的歷史性與創造性──析論《張子正蒙注・序

之原則有二：一者，由歷史對話溯源「始」之「正」，再以「正」釐清「不正」；二者，則由創造性詮釋反省經典詮釋的今義，重新探究活化經典精神的可能。由於施文論理詳明，且本篇藉釐析明清《正蒙》詮釋之多樣性，所貫穿的主旨之一，正在於以古注新詮為借鑑，反思《正蒙》經典活化的可能性。所以，此篇研究使本書獲益甚多。蔡家和對船山哲學用力甚深，近年更有《王船山《讀孟子大全說》研究》發表[42]。本書第壹編之〈參、《張子正蒙注》對張載人性論的承繼與新詮〉，即有多項論點受蔡教授研究成果所啟發，不敢掠美，皆於文中另立注文標示。

　　除上述以「《正蒙注》」為專書、專題的研究外，以「《正蒙》詮釋史」為專題的研究，在臺灣學界則更形罕見。胡元玲在《張載易學與道學》中的兩篇附錄，〈張載著作及版本考〉與〈《正蒙》注本考〉，應是兩項最具代表性的成果[43]。在〈張載著作及版本考〉中，胡文將現存目錄所記之張載著作，依照著作名稱分為十七項，扼要陳述其收藏與版本狀況。其中包含：《橫渠易說》、《橫渠張氏祭禮》、《禮記說》、《橫渠經學理窟》、《正蒙》、《張子西銘》、《橫渠語錄》，以及《張橫渠文集》等。值得注意的是，針對《張子全書》最早由何人所編？編於何時？在本篇中，胡文提出有別於張岱年的見解。在〈關於張載的思想和著作〉中，張岱年認為《張子全書》最早的版本應為明萬曆四十六年

論》中的「正之惟其始」與「不得不異」〉，頁 12。

[42]　蔡家和，《王船山《讀孟子大全說》研究》（臺北：臺灣學生書局，2013年）。

[43]　胡元玲，《張載易學與道學——以《橫渠易說》及《正蒙》為主之探討》（臺北：臺灣學生書局，2004 年），頁 225-252。

（1618 年），鳳翔府沈自彰的刻本[44]。但胡文則藉版本目驗與考證，指出明萬曆三十四年的徐必達刻本（1606 年），才是《張子全書》最早刻本[45]。經文獻考驗，此說獲得現今多數張載研究者的支持[46]。至於在〈《正蒙》注本考中〉，胡文則分為兩部分：「現存有關《正蒙》注釋」與「已佚或未見的《正蒙》注本」。前者扼要介紹宋至清代《正蒙》注本的流傳與現藏狀況，共計 24 種。其中包含宋代朱熹《西銘解》、明代劉璣《正蒙會稿》等。後者，則僅列出《正蒙》注本作者與書目，共計 25 種，其中包含宋代熊禾《正蒙句解》，元代沈貴珤《正蒙疑解》，以及清代王植《西銘集釋》等。

　　相較之下，中國大陸學者對明清《正蒙》注的研究，則明顯投注較多關懷。但多數成果仍是採專章或專節的形式，隨附於以「張載哲學研究」，或是以「明清理學（家）研究」為題的研究專書中。例如，陳俊民指出自橫渠逝世後，「關學」有「洛學化」的發展傾向。並以《西銘》聚焦，指出朱子對《正蒙》思想的新詮。丁為祥在《虛氣相即——張載哲學體系及其定位》的第八與第九章中，則是從哲學發展史的宏觀視野，探討王廷相的《橫渠理氣辯》、王陽明的《傳習錄》，以及王夫之《張子正蒙注》等著作，

44　張岱年，〈關於張載的思想和著作〉，收入《張載集》（北京：中華書局，1978 年），頁 1-18。

45　胡文並繪出《張子全書》版本源流圖，以利研究者參考。胡元玲，〈張載著作及版本考〉，《張載易學與道學》，頁 242。

46　林樂昌，〈通行本《張載集》整理方法得失論——兼擬《張載集》訂補方案〉，國立嘉義大學中文系主辦，「第四屆宋代學術國際研討會」，2015年 10 月 16-17 日，頁 5。

對橫渠思想的承繼與新詮[47]。至於陳來不僅在《宋明理學》一書中，有專章介紹張載哲學，更在《詮釋與重建：王船山的哲學精神》中，以專章探討《張子正蒙注》對張載思想的承繼與新詮。

　　陳來的《詮釋與重建：王船山的哲學精神》，是近年學界廣為引用的資料之一。在該書第十至十三章中，陳來不僅以「存神盡性，全而歸之」總攝《張子正蒙注》的思想宗旨[48]，更主張「明清學者為《正蒙》作注者多是朱子學者」[49]。此說引發不少研究明清《正蒙》注的學者正反不一的迴響。全書除「緒言」、「概說」外，共分：「讀《大學》」、「讀《中庸》」、「讀《論語》」、「讀《孟子》」、「《思問錄》」，以及「《正蒙注》」等六個討論區塊，文末並附「元明理學的『去實體化』轉向及其理論後果」一文。陳文表示：「我對船山的研究和認識，在大的結論上比較接近嵇文甫。」，在研究取徑上，則是「從道學的問題意識和道學史

47　在《超越與實踐──王陽明哲學的詮釋、解析與評價》中，丁為祥對陽明與橫渠思想異同，則有探究更深入而廣泛的探究。丁為祥，《虛氣相即──張載哲學體系及其定位》（北京：人民出版社，2000 年），頁 285-343；《超越與實踐──王陽明哲學的詮釋、解析與評價》（西安：陝西人民出版社，1994 年），頁 151-171。

48　陳來表示，該書最有貢獻之處，即在於從「存神盡性，全而歸之」闡發《正蒙注》中的合天人之道。他自陳在他之前，僅嵇文甫與唐君毅約略提及此觀點。他指出：「『全而歸之』的論述，顯示出船山思想中的一種根深蒂固的意識，即人對於宇宙的責任意識，而所有的意義都是建構在這一責任意識上的：即人對於宇宙的原生生態的保持和淨化，是一件具有根本意義的事情，人要以善生善死來承擔起他對宇宙的這種責任」。陳來，《詮釋與重建：王船山的哲學精神》（北京：北京大學出版社，2004 年），頁 326-328。

49　陳來，《詮釋與重建：王船山的哲學精神》，頁 290-291。

的視野重讀王船山」[50]。由「詮釋與重建」這一標題與章節目錄架構可知，陳來對船山的研究，既立基於探究船山對《四書》之經典詮釋方法，與發揚《正蒙》哲學之旨趣，也奠立在自身對船山經典與思想發展之分期、形成的梳理上。他不僅將《讀四書大全說》斷為船山早期思想代表之作，而以全書前四章篇幅，廣泛探討「四書學」在船山哲學中的關鍵地位。更以《正蒙注》與《思問錄內篇》，為船山晚年最重要的思想作品，據此探究船山哲學最終之歸趣。並在寫作形式上，採取以「問題分章」的方式，探究船山哲理[51]。因此他提醒讀者，切不可忽略船山哲思的動態性與發展性，而妄以靜態的、定型的概念，分析船山哲學。例如，在「人性論」上，他便指出船山在《正蒙注》中，採取了「天命－氣質」二元論的人性論，與其在《讀孟子大全說》的一元論不同[52]。但在宇宙論上，他則表示：「《正蒙注》雖在船山晚年寫成，但其中年《讀書說》中的宇宙論與其晚年《正蒙注》中的宇宙論基本相同」[53]。在氣論上，他依據全書分章架構，不僅在不同的問題脈絡中，嘗試以問題導向，呈現船山以「氣」所探究的「哲學問題為何？」；所獲得的「答案」，又形成哪些重要的「主張」？更能依照船山分期著作，呈現其思想發展與異同。此為該書有別於前賢，更能引領讀者掌握船山哲學動態發展之處。至於他以「實體」而非「物質」，詮解船山所言之「氣」，也呈現出作者有意跳脫「唯物－唯心」的框

---

[50]　陳來，《詮釋與重建：王船山的哲學精神》，頁 17。

[51]　陳來，《詮釋與重建：王船山的哲學精神》，頁 17-18。

[52]　陳來，《詮釋與重建：王船山的哲學精神》，頁 35-36。

[53]　陳來，《詮釋與重建：王船山的哲學精神》，頁 27。

架以言「氣」。尤其他將此論點導入宋明氣學研究的發展中,指出明代氣論有一種「去實體化」的趨勢。可惜的是,在此專文中,他雖分別提及「王廷相的『性出乎氣』說」與「王夫之的『氣質中之性』說」,但並未比較二王思想之異同。這也正是本書「第壹編」之〈壹、張載與王廷相理氣心性論比較〉,與〈參、《張子正蒙注》對張載人性論的承繼與新詮〉,所嘗試對比辨析之處。

20 世紀中晚期,北京中華書局所重新編校的《張載集》,由於是海內外不少學者作為徵引《正蒙》時的依據。因此,由張岱年所作,收錄於該書篇首的〈關於張載的思想和著作〉,對不少學者都有明顯的啟發或影響。張文不僅扼要介紹張載著作的收錄狀況,並指出通行本《張子全書》的多項缺點。更以言簡意賅的方式梳理明清《正蒙》注的流傳過程,並斷定《張子全書》是明萬曆年間沈自彰所編纂,而將徐必達之刊本視為後出之作[54]。胡元玲、林樂昌則對此說提出不一樣的見解。

2012 年由北京中華書局所刊行的《正蒙合校集釋(上下)》兩卷本,是近年明清《正蒙》研究中,最引人關注的成果之一。林樂昌對張載研究用力甚深,而成果豐碩。除在文獻校勘的領域為學界貢獻良多,更由於其哲學系所的學養背景,在張載思想研究領域中,提出許多精關深入的著作[55]。該書對拓展現今張載學研究的貢

---

[54] 張岱年,〈關於張載的思想和著作〉,收錄於《張載集》,頁 1-18。

[55] 例如,在單篇期刊論文類,有〈張載「心統性情」說的基本意涵和歷史定位——在張載工夫論演變背景下的考察〉,《哲學研究》2003 年第 12 期,頁 35-41;〈張載成性論及其哲理基礎研究〉,《中國哲學史》第 1 期,2005 年 7 月。在專書專章中,由姜廣輝所主編的《中國經學思想史(第三卷上下)》(北京:中國社會科學出版社,2010 年)中,關於

獻，已有不少書評與期刊論文以專題方式表陳，本書不再贅言[56]。
但該書對明清《正蒙》詮釋之研究，至少包含以下四項重要意義：
其一，由合校提高研究者徵引《正蒙》原文的正確性。據作者〈例
言〉所述，全書以南宋《諸儒鳴道》所收《橫渠正蒙書》八卷為底
本，並以包含明代胡廣等纂修《性理大全書》所收《正蒙》、《西
銘》，明代徐必達《張子全書》所收《正蒙》，明沈自彰刊刻《張
子全書》中之《正蒙》，以及清代賀瑞麟《張子全書》所收《正
蒙》等六個版本，作為通校本。再輔以現今學界的校勘成果，參考
《張載集》、《全宋文》所收《正蒙》，以及中華書局本王夫之
《張子正蒙注》，和嶽麓書社《船山全書》所收的王夫之《張子正
蒙注》等四種，作為參校本。總計共匯合與校勘十一個南宋以來的
《正蒙》版本。故全書以「合校」為題名。其二，嚴選具代表性的
《正蒙》注本，使本書雖非《正蒙》注解史，卻已然具歷史性地勾
勒出宋元明清《正蒙》詮釋的動態發展過程。在選擇校勘版本與注
本的原則上，誠如作者所言：「本書對《正蒙》之版本不求其全，
但求其精，精在有代表性，有校勘價值，而且源流有序」[57]。全書
所收南宋以來共十九種《正蒙》舊注，又可概分為兩類：一為傳世

〈第六十二章　張載理學化的經學思想體系〉（頁 523-573），亦由林教
授所主筆。

[56] 例如，魏濤，〈推動張載理學研究的奠基性學術成果——《正蒙合校集
釋》評介〉，《孔子研究》第 23 期，2013 年 6 月；徐儀明，〈書評：林
樂昌，《正蒙合校集釋》〉，《哲學與文化》第 490 期，2015 年 3 月；
寧新昌，〈二十年磨出來的學術精品——《正蒙合校集釋》漫評〉，《鵝
湖月刊》第 456 期，2013 年 6 月。

[57] 林樂昌，《正蒙合校集釋（上）》（北京：中華書局，2012 年），頁 2。

注本，包含明劉璣《正蒙會稿》，清李光地《注解正蒙》等，共十五種。另一為匯集注本，即原書雖已散佚，但可由其他相關典籍中采錄復原者，或原無其書，但據學術價值而可從其他相關典籍中采錄成編者，包含朱熹《正蒙解說匯錄》，吳訥《正蒙補注》，余本《正蒙集解》，以及黃百家《正蒙案語》等，共計四種。其三，由於《正蒙》徵引古籍混用明引與暗引，對於不明張載所言出處的讀者，增加不少閱讀困難。針對於此，《正蒙合校集釋》專列「徵引」項，明確指出《正蒙》引典的出處與原文。其四，本書「按語」明確精煉，對全書所收各注，能辨析前人誤校之失，判斷異文是非，並澄清義理歧解。使讀者無論是否同意本書編纂者之論點，皆能具體掌握全書校注之原則。本書亦由此避免集釋體的龐雜無章，而既能兼容並蓄《正蒙》諸注，又呈現本書梳理《正蒙》原文及舊注的客觀性與公信力。例如，針對〈太和〉「聚亦吾體，散亦吾體，知死之不亡者，可與言性矣」段，清王植《正蒙初義》中引宋瑞臣之言曰「張子亦是以虛空為性，而異在以天道為用」。但林按即指出：「宋瑞臣未看出張載『合虛與氣』言性，故稱其『以虛空為性』，不確」，並又能於宋氏之失中，指出其優點，而緊接著說：「宋氏揭示張載與佛道二氏學說『異在以天道為用』，則甚有見地」[58]。依此在形式架構上，全書分別以「解題」、「合校」、「徵引」、「集釋」，以及「按語」等五種形式，呈現明清《正蒙》注對橫渠思想的承繼與新詮。書末並有「附錄」，搜集了《正蒙》和《西銘》、《東銘》有關的序跋及提要資料等。綜上四點可知，該書雖以「合校集釋」為書名，但實為學界至今最廣泛且深入

---

[58]　林樂昌，《正蒙合校集釋（上）》，頁 40。

收集與辨析明清《正蒙》注的著作，並在內容上，全書已建構足以深入論析張載哲學體系的詮釋架構。

　　以單篇期刊論文形式所發表的研究成果，則呈現出近年海峽對岸學者對《正蒙》詮釋研究的多樣性。例如，有以「斷代史」為切入面，探討明清《正蒙》注釋的思想發展。例如，魏濤有〈明代《正蒙》詮釋考略〉[59]與〈清代《正蒙》詮釋發微〉[60]。另有以「地方學」為著眼點，探究「關學」與《正蒙》注解的發展概況。例如，邱忠堂有〈明代關中《正蒙》三注略述〉[61]。甚至有從「地域分部」與「科舉考試」等外緣因素間的互動性，探究清代《正蒙》詮釋的多元發展者。例如，張瑞元有〈科舉理學化視域中的《正蒙》清代十六注簡論〉[62]。凡此皆顯示以「明清《正蒙》詮釋」為主題的研究，已然成為當今學界所日漸關懷的研究趨勢之一。

　　此外，考慮近年學界對明清氣學的重視，而明儒王廷相對橫渠氣學的承繼與差異，又是學者力圖辨析的主題之一。故亦針對近30年內王廷相研究的專書，扼要述評如下：

　　1980年代以後，由大陸學界開始興起一股研究明儒王廷相的

---

[59]　魏濤，〈明代《正蒙》詮釋考略〉，《華夏文化》第3期，2012年9月。

[60]　魏濤，〈清代《正蒙》詮釋發微〉，《河北師範大學學報（哲學社會科學版）》第2期，2013年3月。

[61]　邱忠堂，〈明代關中《正蒙》三注略述〉，《陝西社會主義學院學報》第3期，2012年7月。

[62]　張瑞元，〈科舉理學化視域中的《正蒙》清代十六注簡論〉，《華夏文化》第3期，2013年5月。

風氣。其後隨著海內外宋明理學研究日趨多元，學者嘗試跳脫「陸王心學」與「程朱理學」的研究故路，而對明清氣學投入更多關注。張載與王廷相氣學思想的比較，則是核心議題之一。葛榮晉是華語世界研究王廷相哲學的先驅。其所著《王廷相》，不僅嘗試從王廷相文獻資料的廣泛收集與文本解析入手，條理分明的為世人勾勒出王廷相的思想面貌。更試圖將其思想體系放在明清哲學與中國哲學發展的總鏈條中，進行縱向和橫向的比較研究，力求如實地恢復王浚川在中國哲學史上應有的歷史地位和作用。並在〈第十三章對王廷相歷史地位的評估〉中，專列一節指出「王廷相是從張載到王夫之的界碑式人物」，拉開論辯張載、王廷相與王夫之三者氣論型態異同的戰局[63]。

　　在《張載評傳》一書中，龔杰特列專章，分別探討〈王廷相對張載思想的繼承與發展〉，以及〈王夫之的《張子正蒙注》〉[64]。在文中，龔杰指出，王廷相在四方面繼承並發展了張載的思想：其一，關於「太虛」、「太極」與「氣」的關係。王廷相依據張載「太虛不能無氣」的思想，重新申明無形的氣是產生天地萬物的物質實體，而「太虛」與「太極」是「氣」的兩種不同的「象狀」。其二，王廷相發展了張載的氣化思想，並第一次明確地提出「氣本」的想法。他反對程、朱只承認「氣化」而否認「氣本」的觀點，堅持「氣本」與「氣化」的統一關係。其三，王廷相將張載所理是氣之條理的理氣觀，發展為「氣載乎理、理出於氣」的系統理論，並以此批判程、朱「理能生氣」的觀點。其四，王廷相反對張

63　葛榮晉，《王廷相》，頁 301-324。

64　龔杰，《張載評傳》，頁 273-319。

載的性善論述，不認同在氣質之外而言人性的進路。

　　至於在《王廷相與明代氣學》一書中，王俊彥則從四方面論及王廷相對張載氣論的承襲：首先，王廷相以氣散為無形，無形之氣又順理而日生，因而循環不已之觀點，應來自張載。其次，張載以理聚氣則為形氣，形氣雖有生滅，形氣之理即元氣之理則無生滅。王廷相亦贊同之。再者，張載以本體說太虛之氣，太虛具有本體義、生生義、價值義。此說既能表示出「重氣化實有」之特色，又不違背儒家道德主體之本旨。最後，王廷相對於成性之問題，亦是由張載從氣質論性之角度詮釋[65]。然而，龔杰與王俊彥雖均以專文的方式，論及張載與王廷相思想之承繼關係，並嘗試辨明二者之異同。但龔杰仍將焦點集中於張載與王廷相在氣論上的通同關係。因此，雖然指出王廷相在人性論、知識論上，出現與張載不同的觀點，但未更進一步辨明何以二者在相近的氣論模型上，卻發展出立場迥異的人性論與心性工夫。王文亦由於專書主題不在於探討張載與王廷相思想之異同，故僅言及王廷相對張載之承繼，尚未辨明二者之異。這也正是本書在「第壹編」之〈壹〉中，所欲嘗試辨明之處。

　　此外，亦有學者從更為廣泛的視角檢視張載與王廷相一系的氣學論述。例如，在《儒學的氣論與工夫論》中，陳榮灼以〈氣與力：「唯氣論」新詮〉一文，藉對比中國氣論與萊布尼茲的自然哲學，替張載與王夫之的氣論，開啟了另一種「非唯物論式」的詮釋

---

[65]　王俊彥，《王廷相與明代氣學》（臺北：秀威資訊圖書公司，2005年）。

視角[66]。何乏筆〈何謂「兼體無累」的工夫——論牟宗三與創造性的問題化〉，從生命能量，以及美學的視角，重新反思「氣」如何貫通形而上下？以及如何闡發道德創造性的問題。無論是就張載及王夫之氣學本身，或當代新儒學，如牟宗三對張載的詮釋，皆提出不一樣的反思向度[67]。至於第七篇〈論儒學中『氣性』一路之建立〉，鄭宗義比較的對象是董仲舒、王廷相與戴震三者，但全文不僅先梳理儒學史上「氣性」與「心性」兩派哲學的異同，更以「氣性一路如何安頓道德？」這項主題，層層剖析王廷相的氣論與道德哲學，並帶入牟宗三與勞思光的論點，深入辨析此項議題[68]。他指出在天人關係上，王廷相雖「順生之理、生之價值來安立道德，卻非直以生之價值即善」，天之生化價值本無所謂善惡，所謂「善惡」乃是「落於人事活動」，屬「人應當如何作的意識或標準」，故氣性一路論者所謂「天人合一」，是以人之道德創造「比配」天的生化大德，而非將人間之善的推本於人本有先驗的、超越的道德能力[69]。凡此深論，皆讓本書獲益良多。

　　在《異議的意義——近世東亞的反理學思潮》的第三章中，楊儒賓以〈檢證氣學——理學史脈絡下的觀點〉為題，先列舉晚近學界對「氣學」更進一步的分類成果：例如，劉又銘將氣學又分為

66　本書是「儒學的氣論與工夫論國際研討會」（中研院文哲所主辦，會議日期：2004.11.27-28）的會後論文集，共收入 13 篇會議論文。學者從不同的中西哲學專長，為氣學提供新的研究視角外。楊儒賓，祝平次編，《儒學的氣論與工夫論》（臺北：國立臺灣大學出版中心，2005 年），頁47-78。

67　楊儒賓，祝平次編，《儒學的氣論與工夫論》，頁 79-102。

68　楊儒賓，祝平次編，《儒學的氣論與工夫論》，頁 257-270。

69　楊儒賓，祝平次編，《儒學的氣論與工夫論》，頁 270-272。

「本色氣論派」與「神聖氣論派」，王俊彥則將氣學分為「以氣為
本」、「理氣是一」、「心理氣是一」、「由易說氣」四類，而馬淵
昌也亦有「理學的氣論」、「心學的氣論」與「氣學的氣論」之
分。楊儒賓更以「先天型之氣論」與「後天型之氣論」，重新檢視
「理學的氣論」與「心學的氣論」中的代表人物，亦在此一脈絡
中，重新探討張載與王廷相等學者的理論歸屬問題。在〈第四章
兩種氣學、兩種儒學〉中，楊教授則更進一步指出：先天型的氣學
與後天型的氣學在本質上不同，二者屬貌合而神離的關係。在天道
論上，前者雖否認程朱式的理氣二分，肯定氣的首出性，而主張理
氣同一。但他們的氣論仍從超越層立論，故在天人架構上，接受
「天道性命相貫通」。在人性論上，肯定無限的人性論，而在工夫
論上，並不否認復性以合天人之道的實踐進路[70]。依此，他將張
載、王夫之，都歸屬於「先天型的氣學」陣營，並將王廷相歸屬於
「後天型的氣學」[71]。基於全書論述主軸，作者將王廷相歸屬於
「反理學的思想家」，並指出他們以氣化論建立起另類的天道性命
說[72]。他們以「自然氣化的歷程代替超越的天道」，認為「道只能
作為氣化秩序的述詞，而不可顛倒過來使用」[73]。且立基在氣化論
基礎上的「有限人性論」，使他們以「性」只是「氣質之性」，故
反對理學家「天道性命相貫通」的天人架構。在工夫論上，批判
「復其初」的復性觀，故無論靜坐或主敬等工夫，都失去實踐的理

---

[70]　楊儒賓，《異議的意義──近世東亞的反理學思潮》，頁 128-129。

[71]　楊儒賓，《異議的意義──近世東亞的反理學思潮》，頁 137。

[72]　楊儒賓，《異議的意義──近世東亞的反理學思潮》，頁 21。

[73]　楊儒賓，《異議的意義──近世東亞的反理學思潮》，頁 29。

論基礎。由此儒者所著重的成德工夫，只能落在氣質之性的經營上，隨此從重視身心強化，而開展儒學肯定氣質形軀與知識化的成德之途。值得注意的是，楊教授認為，張載、王夫之等先天型氣學家的思想可以「涵攝」王廷相、吳廷翰等後天型氣學家的論點，但反之則不然。二者不一定衝突，更不宜等同。依此，他從氣論型態上，對比了浚川與船山氣學之異。替後續研究者辨析二王論天人之道，提供了寶貴的研究視角[74]。

　　前賢優異及豐碩的研究成果，礙於本書有限的篇幅，無法一一詳加討論。但凡徵引與參考之作，皆另於各篇章註明出處。期能以「明清《正蒙》思想詮釋研究：以理氣心性論為中心」為主軸，進一步在前輩學者們的研究基礎上，推拓探討張載思想對明清理學發展之影響。

---

[74]　楊儒賓，《異議的意義──近世東亞的反理學思潮》，頁85-172。

第壹編　明清《正蒙》思想詮釋辨析

壹、張載與王廷相理氣心性論比較

一、問題澄清

　　明儒王廷相（浚川，1474-1544）字子衡，河南儀封（今河南省蘭考縣）人。弘治十五年（1502）進士。其人不僅學識淵博，且能實際在任官政務中，推動儒家政治理念。正德五年（1510）曾任御史，出按陝西。嘉慶十三年（1534），更升任兵部尚書。任官期間，勇於揭發貪腐，嚴懲姦吏。因此屢屢得罪宦官、權臣，如劉瑾、廖鵬、嚴嵩等人。故雖政績卓越，卻屢遭誣陷貶謫，甚至入獄。嘉慶二十年（1541），遭誣指為黨附郭勛，以「徇私慢上」獲罪，乃罷歸田里。自此專心著述，閉門謝客。嘉慶二十二年，病逝家中。享年71 歲[1]。王氏著作弘富，主要以《王氏家藏集》與《王浚川所著

---

[1]　有關王廷相生平要略，可參見《明儒學案・諸儒學案》。〔清〕黃宗羲，

書》傳世。現北京中華書局編校《王廷相集》均有收入，並附錄葛
榮晉的〈王廷相著作考〉，及傳記資料選輯，是學界研究王廷相思
想最常徵引的資料之一。王廷相以元氣為萬物之源，在人性論上主
張人是善惡兼具，故在天理人欲的關係上，他主張以「養心寡欲」
取代「存理滅欲」。在倫理思想上，則主張聖人取人性中之善者以
立教，而後人文社會之善方立，天下倫常方興。又由於他反對在實
存世界之上另存超然的理體世界，因此不僅有強烈批判形上本體論
的傾向，而且重視自然哲學，並在知識論上，強調以經驗事實檢證
知識的真確性。對於王廷相之思想體系，葛榮晉是以專書作全面性
研究的先驅之一。其後，港臺學者論述漸豐。礙於篇幅與題旨，本
文不再贅述。但高令印與樂愛國以「經世致用之學的開拓者」與
「明代氣學的重要代表」，總結王廷相之思想價值與歷史地位，大
體代表學界對王氏的一般性評論[2]。至於王廷相是否真能承繼張載
天道性命之學？《明儒學案》曾評論：「主張橫渠之論理氣，以為
『氣外無性』，此定論也。但因此而遂言『性有善有不善』，並不
信孟子之性善，則仍未知性也」[3]。《學案》作者雖洞見王廷相與
張載泛論天道雖語多相似，但在人性論上已有根本性的落差。但仍
未直究二者氣論之異同，進一步探究其因。此所以促發本文研究之
契機。以下將分點說明本文之研究動機、方法、章節架構，以及研
究之學術貢獻與必要性。

《明儒學案》，收入《黃宗羲全集》第 8 冊（杭州：浙江古籍出版社，
2005 年），頁 486-487。

[2] 高令印，樂愛國，《王廷相評傳》（南京：南京大學出版社，2003
年），頁 293-323。

[3] 〔清〕黃宗羲，《明儒學案》，頁 487。

　　首先，本文的研究意識如下：在〈橫渠理氣辯〉中，王廷相（浚川，1474-1544）明確宣稱是藉《正蒙》「闡造化之秘，明人性之源」，並批判朱熹（晦庵，1130-1200）「性即理」顛倒因果，不識造化[4]。然而，張載（橫渠，1120-1177）是如何以氣論闡明造化之秘、人性之源？或更精確的說：如何以氣論為基礎，闡發儒家天人合一的義理進路？王廷相對橫渠氣論的理解是否合於《正蒙》原本的論述？設若理氣人性本為一貫論述，王廷相與張載在人性論上卻存在著根本分歧，則浚川對橫渠氣論的理解與徵引是否確當？二者是否實為兩種型態的氣論？這是本文第一項欲辨析的議題。其次，朱子對橫渠氣論並不陌生。他不僅曾注釋〈西銘〉，《朱子語類》更顯示他熟知《正蒙》論述。所以，若朱子最終未與橫渠同調，那值得追問的即是：就朱子觀之，橫渠氣論有哪些不足？他又是如何以其「理氣不離不雜」之架構，重新詮釋《正蒙》？這都當為浚川理應先辨析，卻未於相關論著完整呈現之處。故也是吾人檢視〈橫渠理氣辯〉之批判是否周延？所欲辨析的第二項議題。

　　其次，在研究方法上，由於王廷相徵引《正蒙》批判朱子，是以浚川與橫渠氣論語多相似，難以單就文獻比對與字義釐析，即可澄清二者是論述上的貌似？或是理論上的一致？因此，本文分為三道程序：一者，援引當代學者的研究成果，歸納出衡斷橫渠浚川氣論異同的三種觀點。二者，參照前輩學者檢證氣學的方法進路[5]，

4　引文依據《王廷相集》，凡衍誤的字句以圓括號「（　）」標示，而補脫與改正之字句以方括號「〔　〕」標示。〔明〕王廷相，〈橫渠理氣辯〉，《王廷相集》第二冊（北京：中華書局，1989年），頁602。

5　本文在研究方法上，深受楊儒賓之《異議的意義：近世東亞的反理學思潮》與《從《五經》到《新五經》》兩本專書所啟發，不敢掠美，特此標

依照橫渠浚川在人性論上之異，向上追問此相異之處是如何連貫於二人氣論的基本假定，辨析二者在氣論型態上之異同[6]。三者，探究在已知的三種觀點外，若將《正蒙》「太虛即氣」中的虛氣關係列入考慮，是否能進一步細分出第四種辨析橫渠浚川氣論同異的觀點。

再者，本文章節架構之內在邏輯與研究之重要性上，本文共分七節：除前言與結論外，第二節旨在奠立全文釐判「王廷相徵引張載氣論是否確當？」之基礎，故先闡明張載是如何以氣論貫穿天道性命之學。又由於〈橫渠理氣辯〉之論旨，在於徵引橫渠氣論以批判朱子對天道性命之學的所見之狹。故在第三節中，本文指出朱子實對橫渠氣論有全面性之省察，而非如王廷相所言，朱子由於所見狹隘，而最終未與張載天道性命論同調[7]。由此一方面回應本文問題意識中的第二項議題，另方面則澄清〈橫渠理氣辯〉所承接的哲學問題發展史脈絡。然而，辨析〈橫渠理氣辯〉所論是否確當，必

註。但本文研究方法上若有疏漏，皆為本文作者辨理未明，由本文全權負責。

6　例如，僅管橫渠與浚川皆以氣化言道，且語多相似。但橫渠以人性之善本於天道至善，故〈神化〉不僅以氣化之行程義言道體，更以神化闡明氣化發用之功，即天道生物之德，氣化本即蘊含天道生生之價值義。浚川則以人性善惡兼具，可見證於氣化亦兼有善惡，故批判持性即理說者，將人性之善推本為天道之善，乃不明造化與人性。基於理氣人性本為一貫之論，則二者氣論是否以天道為至善本體之根本差異，即得以顯明。

7　王廷相對朱子人性之批判是否確當，陳德和曾以專文詳盡分析《慎言》《雅述》二書的論證。本文在分析〈橫渠理氣辯〉之論證謬誤時，受益甚豐，不敢掠美，特此註明感謝。詳見陳德和，〈王廷相對朱子人性論之批判與侷限〉，《淡江中文學報》第 28 期，2013 年 6 月，頁 65-101。

得先完整檢視王廷相之論點。故在第四節中，本文逐條檢視王廷相對《正蒙》氣論之徵引，並廣引《慎言》、《雅述》等文獻，盡可能完整呈現王廷相對橫渠氣論之理解，以及對朱子天道性命之學的批判。又由於無論是對張載虛氣關係之釐定，或是王廷相與張載論氣是「語似」？或本質相同？在當代學界均仍有爭議。所以在第五節中，本文不僅扼要呈現當代學界比較張載與王廷相氣論異同的三種論點，更嘗試透過澄清張載哲學中的虛氣關係，進一步從儒家哲學的論域指出：辨析張載與王廷相論氣之異的意義，並非止於突顯前者所言之氣具形上性格，而後者僅是平鋪的實然之氣。本文藉當代研究所逼顯的是：正由於橫渠「太虛」具形而上之終極目的義，故氣化流行之所呈現的理序義，才同時是價值理序[8]。自孔子所開展儒學最關懷的人倫之常與「禮之本」等議題，在張載氣論中，藉氣之貫通形而上下的一體性與連續性，可由個體生命推本於天道本源。每個人生於此世，皆有實現人之所以為人的存在目的，以及此存在目的所蘊含的道德使命與責任[9]。但在王廷相的氣論中，由於

---

[8] 從思想家之氣論中是否蘊含「目的義」？作為辨析「語多相似」之思想家間之氣論型態異同，本書得益於鄭宗義之啟發。他不僅依此辨析戴震與王廷相的氣論型態相異，更肯定倪文孫（David S. Nivison）視戴東原的宇宙觀為「目的論的自然主義」，是「相當準確的論斷」。鄭宗義，《明清儒學轉型探析——從劉蕺山到戴東原（增訂版）》，頁 328；David S Nivison, *The Ways of Confucianism: Investigations of Chinese Philosophy*, ed. By Bryan W. Van Norden (Chicago: The University of Chicago Press, 1996), p.328。

[9] 明儒王夫之（船山，1619-1692）在其晚年代表作《張子正蒙注》中，正以「貞生死以盡人道」詮釋〈太和〉「太虛不能無氣」段，並指出此章不僅為〈太和〉之「一篇大指」，而且是「張載之絕學」。（明）王夫之，

徹底掃除氣之終極目的義，故其氣化之理序僅顯示自然的規律性，而無從解釋人間價值的必然性與定然性。換言之，王廷相的氣論即便解釋了世界之真實性與秩序性，而可反駁佛老崇虛尚無之論。但在其氣論中，人之存在並不蘊含主動創造道德價值之目的性。如此一來，吾人能否認同王廷相之論調，接受「人之為道德主體並無存有論之基礎」？。王廷相又能否如其在〈橫渠理氣辯〉中所宣稱，可揭「造化之秘」與「人性之源」？答案當是明顯的。基於此，本文以正文五節推論，統體回應本文問題意識的主軸（第一項議題）。此即本文章節的推論邏輯，以及本文立基於前賢研究成果上的學術貢獻[10]。

　　最後，在研究資料上，由於〈橫渠理氣辯〉語雖精要，但王廷相不僅明確宣稱是以橫渠氣論為論據，而批判朱子理氣人性論。並且由於該文所論要旨，皆貫穿於《慎言》、《雅述》，以及〈太極辯〉、〈答薛君采論性書〉等論著中，清楚呈現浚川詮釋橫渠氣論的思想輪廓。歷來探究王廷相與張載哲學異同，以及辨析王廷相對朱子人性論批判是否合宜之研究，幾乎皆以本文為重要參考資料。

　　《張子正蒙注》，收入《船山全書》第 12 冊（長沙：嶽麓書社，2011年），頁 20-21。

[10]　例如，下述研究成果，皆讓本文作者獲益良多。王昌偉，〈求同與存異：張載與王廷相氣論之比較〉，《漢學研究》第 23 卷第 2 期，2005 年 12月，頁 133-159；唐君毅，《中國哲學原論（原教篇）》（臺北：臺灣學生書局，1990 年），頁 72-120；陳榮灼，〈氣與力：「唯氣論」新詮〉，收入楊儒賓、祝平次主編，《儒學的氣論與工夫論》（臺北：國立臺灣大學出版中心，2005 年），頁 47-78；何乏筆，〈能量本體論的美學解讀：從德語的張載研究談起〉，《中國文哲研究通訊》第 66 期，2007年 6 月，頁 29-41。

這可見於當代以王廷相哲學為主題之專書，無不徵引本篇文獻作為核心證據。所以在第一序文獻上，本文以此篇為中心，並隨文徵引《慎言》、《雅述》等資料，澄清王廷相的理氣關係與人性論。在第二序資料上，則依據本文前述研究方法中的三道程序，在當代學者的成果上，進一步釐清張載與王廷相應歸屬兩種氣論型態，並依此回應本文問題意識所提及的議題，佐證浚川對橫渠氣論的理解與徵引並不確當。此所以本文以「〈橫渠理氣辯〉論析」為題，但所論不以〈橫渠理氣辯〉文字為限。

全文共分七節，以下依次展開討論。

二、橫渠氣論中的造化之秘與人性之源

當張載以《正蒙》闡發天道性命之學時，主要論辯的對象，是佛老等儒學外部的理論。面對老釋崇虛尚無之論，張載的主要課題在於辨說天道性命之真實無妄。在此論述脈絡中，張載以「太虛－氣化－太虛」的架構指出，清通無礙之「太虛」即「氣」之本然，而「氣」之出入「太虛」，即意謂太虛既是氣化所成之世界的出處，也是萬物萬化的最終歸趨。張載將世界的存有根源、理序、動因與最終歸趨，皆統合於「氣」之內。所以，就理論自身的簡潔性而言，並無須在氣之外另立超越的形上本體，用以保障萬有之存在，貞定存在世界之發展與秩序。依此，在〈太和〉中，張載曰：

> 太虛無形，氣之本體，其聚其散，變化之客形爾；至靜無感，性之淵源，有識有知，物交之客感爾。客感客形與無感無形，惟盡性者一之。

> 天地之氣，雖聚散、攻取百塗，然其為理也順而不妄。氣之
> 為物，散入無形，適得吾體；聚為有象，不失吾常。太虛不
> 能無氣，氣不能不聚而為萬物，萬物不能不散而為太虛。循
> 是出入，是皆不得已而然也。
>
> 聚亦吾體，散亦吾體，知死之不亡者，可與言性矣[11]。

張載氣論從兩面闡發「造化之秘」與「人性之源」：其一，〈太
和〉以「知太虛即氣，則無無」闡明世間萬象本於恆存之「氣」。
氣化聚散攻取，形成萬物之死生變化。故天地萬物自有其真實性
[12]。不可如佛家，將有形之物的生滅視為幻化[13]。也不當如老氏，

11　引文依據《張載集》，凡衍誤的字句以圓括號「（ ）」標示，而補脫與
　　改正之字句以方括號「〔 〕」標示。〔宋〕張載，《張載集》（北京：
　　中華書局，2006 年）。

12　由《正蒙・乾稱》曰：「凡可狀，皆有也；凡有，皆象也；凡象，皆氣
　　也」（〈乾稱〉，頁 63）可知，張載不僅將一切具有固定形貌的具體個
　　物視為一氣之所化生；且進一步指出，一切現象亦屬於氣之化生。因此，
　　〈神化〉曰：「所謂氣也者，非待其蒸郁凝聚，接於目而後知之；苟健、
　　順、動、止、浩然、湛然之得言，皆可名之象爾」（〈神化〉，頁
　　16），他認為：有固定形體者（可為視覺所察視之物），與不具固定形體
　　的各類現象（健、順、動、止等），皆屬於氣。他以氣為實有，並依此證
　　成由氣所化生的物、象亦屬於實有，藉此駁斥佛老崇虛尚無之說。

13　由〈乾稱〉曰：「浮屠明鬼，謂有識之死受生循環，遂厭苦求免，可謂知
　　鬼乎？以人生為妄（見），可謂知人乎？天人一物，輒生取捨，可謂知天
　　乎？」（〈乾稱〉，頁 64）可知，張載批判佛家將人生視為妄見，而以
　　輪迴之說解釋人生所遭逢的苦惡困頓，遂有解脫輪迴之心法。然而，若將
　　天地變化之理收攝於個人之心識中（「以心法起滅天地」，〈太和〉，頁
　　26），則只是以一己之見度量天地之大；若以萬物為幻象，則墮入永恆輪
　　迴中之人與轉瞬消亡的萬物間，乃各有其生生之理，如此則分天人為二。

將萬有之根源推至於「無」[14]。世人所謂的「虛空」或「太虛」，皆是由一氣所遍潤盈滿，而非相對於「實有」而言之「虛無」。一切具體存在於天地之間的有形個物與無形，皆是經由氣化流行之聚散歷程，所凝聚成暫時性的「客形」而已[15]。他以「太虛無形，氣之本體」指出，萬物之生死皆是依據氣化之理出入於氣之本體。

故無論是氣聚有形而物生，或物死散入無形而復歸於太虛，皆是「適得吾體（氣之本體）」且「不失吾常（氣化之常理）」。此氣化之理之所以遍常有序，是由於氣之運化不僅非人力可干涉介入。甚至也沒有絕對的主宰者（神），可任意或依據私意的決定氣之聚散。故他不僅以「其為理也順而不妄」稱氣化之常，更以「皆不得已而然也」指明氣化生生之永續性與非任意性。又由於張載以氣化言道體，故他又以「太和」描述氣化之順而不妄，正是實現百物生生不絕之理序與理境。

其二，從性氣關係發揮存順歿寧之旨。張載以「萬物不能不散而為太虛」指出，天地之間無一物能恆存的持有具體形貌而不毀朽，因此「有生必有死」乃稟氣有生的萬物所「不得已而然」的必

因此，他批判佛家之說是不明人鬼，將天人分判為二。

14　《正蒙・大易》曰：「大易不言有無，言有無，諸子之陋也」（〈大易〉，頁 48），張載認為，大易生生之理只言隱顯、幽明，而不言有無。他指出，老子「有生於無」的根本問題是：若將天地萬有之根本歸諸空無（即以「無」為形上本體），而「無」與「有」又是在本質上彼此相異，則形上本體與具體個物之間至多是「相隨」而非「相通」的存有論關係。如此一來，則不僅使萬有之存在價值導向於「無」，更在萬有及其根源之間劃下一道難以跨越的存有論鴻溝，形成天人二判、體用殊絕的困境。

15　〈太和〉，頁 7。

經歷程。但儒者明《易》之「原始反終」大義，雖秉持身體髮膚受之父母不敢輕易毀傷的孝道，卻不強求形軀生命之延續或不死，而應當更重視德性生命之不朽[16]。依此，他先從氣化論說明道德生命何以不朽，主張：「道德性命是常在不死之物也，己身則死，此則常在。」[17]。其次，則由「德不勝氣，性命於氣；德勝其氣，性命於德」[18]，批判告子「生之謂性」說，闡發孟學以君子之德才是學者性分所在的義理[19]。〈太和〉即依此批評道家追求「久生不死」者，乃是「徇生執有者物而不化」。至於對佛教視人生為虛幻，嘗試以輪迴說闡發滅盡無餘的涅槃境界者。他則批評：「彼語寂滅者

---

[16]　〈乾稱〉徵引《周易・繫辭上傳》曰：「《易》謂：『原始反終故知死生之說』者，謂原始而知生，則求其終而知死必矣」。張載以氣論發揮《易傳》要旨，並以「冰水之喻」舉例，曰：「海水凝則冰，浮則漚，然冰之才，漚之性，其存其亡，海不得而與焉。推是足以究死生之說」（〈動物〉，頁 19），由此指出死亡乃有生命者無可逃脫的必然現象。在論述德性修養時，他甚至以「變化氣質」的氣論主軸，不僅提醒有志於儒家聖人之學者，曰：「為學大益，在自（能）〔求〕變化氣質」（《經學理窟・義理》，頁 274），更指出：「氣之不可變者，獨死生修夭而已」（〈誠明〉，頁 23）。

[17]　《經學理窟・義理》，頁 273。

[18]　《正蒙・誠明》，頁 23。

[19]　張載的推論可以分為以下三個步驟：(1)人之道德活動源自於內在的道德根源，即「天地之性」；(2)天地之性與天道是同質的存在真實；(3)由於天道必是不朽之存在，則與天道同質的天地之性也是不朽的存在。此所以〈誠明〉曰：「形而後有氣質之性，善反之則天地之性存焉。故氣質之性，君子有弗性者焉」（〈誠明〉，頁 23），而《經學理窟・氣質》有言曰：「學者本以道為生，道息則死也」（《經學理窟・義理》，頁 267）。

往而不反」[20]。正由於君子當以道德生命之實現即是天地之性的全幅展現，故體道證德者不僅當以「存，吾順事，沒，吾寧也」[21]坦然處世，以明「盡性然後知生無所得則死無所喪」[22]。故曰：「知死之不亡者，可與言性」[23]。

張載合以上兩面，由氣論一體闡明儒家天人合一之大義，此即王廷相所言《正蒙》氣論足以「闡造化之秘，明人性之源」。然而，橫渠氣論此處卻留下兩項關鍵的詮釋空間：

(1)當張載言「太虛即氣」或「太虛無形，氣之本體」，其太虛與氣究竟是一？是異？太虛是主導氣化流行之超然本體？或是氣之本然樣態而已？

(2)當張載言「萬物不能不散而為太虛」，是否陷入另一種輪迴觀呢？下文將以朱子的詮釋展開討論。

三、朱子對橫渠氣論之省察與新詮

張載以太虛為萬物之源是否確當？程顥（明道，1032-1085）與程頤（伊川，1033-1107）曾從兩面提出懷疑[24]。其一，設若道體本是形而上，而張載又以「清、虛、一、大」指稱太虛，則將太虛視為道體，是否陷入以偏概全的困境？其二，設若氣之聚散皆出入於太虛

20　〈太和〉，頁 7；〈乾稱〉，頁 63-65。

21　〈乾稱〉，頁 63。

22　〈誠明〉，頁 21。

23　〈太和〉，頁 7。

24　〔宋〕程顥、程頤著，《二程集》（北京：中華書局，1981 年），頁 21、118。

乃是氣化之順而不妄的基礎，則橫渠氣論是否淪為釋氏輪迴說的變形？朱熹（晦庵，1130-1200）承繼二程的批判，認為張載以太虛指稱道體的觀點確有未當。他指出，由於「虛實」、「清濁」都屬於形而下的相對性概念，故「太虛」一詞尚不足以擔負道體兼攝清濁虛實的無限意蘊。故〈太和〉以太虛為氣之本體的說法，實只能將太虛指向氣之本然樣態，而非以太虛具有貞定氣之發用流行之本體義。依此可知，朱子不僅以「太虛」不適宜指稱存有根源，而且氣化流行之規律與秩序也不當由太虛所貞定。

　　在詮釋《正蒙》氣論時，朱子顯然早已留意「太虛」與「氣」的曖昧關係，以及後人在解讀《正蒙》時所可能產生的爭議。因此對於朱子回應門人的提問，《朱子語類》有如下記載：

> 問《正蒙》說「道體」處。「如『太和』、『太虛』、『虛空』云者，止是說氣。說聚散處，其流乃是箇大輪迴」。
>
> 問：「橫渠云：『太虛即氣。』太虛何所指？」曰：「他亦指理，說得不分曉。」[25]

從引文至少可知三項要點：首先，朱子認為「太虛」在《正蒙》氣論中具有形而上的本體地位[26]。若順著《正蒙》的思想脈絡，探究

---

[25]　〔宋〕朱熹，《朱子語類·張子之書二》，收入朱傑人等人主編，《朱子全書》第 17 冊（上海：上海古籍出版社，合肥：安徽教育出版社，2002年），卷 99，頁 3329；3331。

[26]　〔宋〕朱熹，《朱子全書》第 17 冊，卷 99，頁 3329-3330。

萬有存在的所以然之故，追問的活動應當逼顯出太虛的本體義，而非僅止於形而下的氣。其次，朱子認為「太虛即氣」說的缺失，即在於張載未能釐清道體與萬象間在存有論上的必然區分。所以，當張載苦心竭力的從氣化之實然中，指出造化之所以然，卻由於在闡明道體時，誤用了帶有氣化姿態的「太虛」概念。終導致《正蒙》雖能由氣化見道，卻始終是落於一偏之言，而無法由氣化直顯道體[27]。最後，朱子掃除「太虛」概念兼涉道體與氣化的模糊性，嘗試以「理」或「太極」取代「太虛」概念，並藉由「理氣不離不雜」的存有論架構，詮釋與批判《正蒙》對存在世界之實然與所以然的論述。

乍看之下，朱子在詮釋《正蒙》氣論時，似乎僅是導入「理」概念，並嘗試釐清「太虛」在本體與氣化間遊盪的雙重性。但正是在這項轉變中，朱子開啟了從形上理體解讀批判《正蒙》氣論的詮釋進路。在朱子思想中，萬有之根源不僅是保障萬物之真實無妄的恆常本體，並且必須能貞定存在流行之方向。因此，在存有論的「體／用」議題上，變化不居的「氣」僅能是道體的發用，而不能成為超越動靜相對相的恆常本體。再者，在存有論的「常／變」議

27　例如，《朱子語類・張子之書二》即記載曰：「《正蒙》所論道體，覺得源頭有未是處，故伊川云：『過處乃在《正蒙》。』答書之中云：『非明睿所照，而考索至此。』蓋橫渠卻只一向苦思求將向前去，卻欠涵泳以待其義理自形見處。如云：『由氣化有道之名』，說得是好；終是生受辛苦，聖賢便不如此說。試教明道說，便不同。如以太虛太和為道體，卻只是說得形而下者」。在詮釋橫渠氣論時，朱子不僅接受二程對張載的批判，而且認為吾人對張載以形而下的語詞情狀道體之失，或可採取一種同情性的理解。〔宋〕朱熹，《朱子全書》第 17 冊，頁 3328。

題上，變動者恆為變動，而非規範變動之律則。氣化活動雖呈現有序性，但使氣化之得以有序，當是有一超越氣化變動之外的恆常不動的律則，方能確保氣化聚散之有序是必然，而非氣偶然隨機的聚散屈伸。三者，在存有論的「一／多」議題上，氣化聚散雖能解釋萬有之殊異，但氣化萬殊之上，當有一超越萬殊之理，才能使各自分別的萬物統合為和諧有序的存在整體，而非陷入彼此隔閡、衝突的混亂世界。依此三點可知，由於帶有氣化色彩的「太虛」概念本即蘊含著變動性。若以太虛為第一序的存有，在解釋存有論中的體與用，常與變，或一與多等議題時，勢必陷入一言道體即滑入氣化的理論困境。所以在詮釋《正蒙》氣論時，朱子藉由批判張載使用「太虛」描述道體的模糊性，實則是反對橫渠從氣化活動內部尋覓造化根源的論點。也依此朱子主張應當在氣化活動之外，另立恆存不變之「理」，既作為解釋萬有存在的「所以然之故」，並且也用以說明世間萬象生成變化所遵循的「所當然之則」[28]。朱子以「理」雖藉氣落實於世間，故不離於氣化流行，但理必超然於動靜相對之上，方足以為貞定變化不已之氣的常則、理序[29]。故主張以「理」為恆常不變，駕馭氣之聚散變動，理之宰氣如同人駕馭馬[30]。並由此提出「理先氣後」、「理體氣用」，「理常氣變」與

---

[28]　例如，《大學或問・上》曰：「至於天下之物，則必各有所以然之故，與其所當然之則，所謂理也」。（宋）朱熹，《四書或問》，收入《朱子全書》第 6 冊，頁 512。

[29]　朱子曰：「天地之間，有理有氣，理常不移而氣不常定」。〔宋〕朱熹，〈答鄭子上〉，《晦庵朱文公文集》，收入《朱子全書》第 32 冊，頁 2690。

[30]　例如，在解釋周敦頤（濂溪，1017-1073）〈太極圖說〉中的太極與陰陽

「理能宰氣」之說。

基於此可知，在張載氣論中，「太虛即氣」本是指向太虛直接參與氣化生物活動，太虛不僅是萬有之所以存在的實現之理，而且即為創化萬物之本體。但經由朱子對《正蒙》氣論的批判與轉化，「太虛即氣」意味「太虛」立於「氣化」之上，作為指導主宰氣化活動方向的超越根據。太虛雖仍是萬物之所以存在的存在之理與實現之理，但太虛失去創生義，而太虛與氣已然分為「形而上／形而下」兩截關係。至此，張載依「太虛即氣」所開展的氣論思想，在朱子「理氣不離不雜」的詮釋進路中，雖獲得另一種理解的可能，卻也使世界之所以真實無妄與本然有序的根源，由形器世界之內（形而上下本一的虛氣論），推向了形器世界之外（淨潔空闊的形上之理）。

四、王廷相對朱子新詮之批判

若說朱子批判張載虛氣論欲言形而上反落形而下，王廷相則是借重橫渠虛氣一體的論調，批判朱子理氣論反陷入體用殊絕的困境。王文徵引橫渠三項論點，皆語出〈太和〉，但在引文順序上，與原文略有出入，今依〈橫渠理氣辯〉所引順序分點標示如下：

二氣之動靜時，朱子曰：「太極只是理，理不可以動靜言，惟『動而生陽，靜而生陰』，理寓於氣，不能無動靜所乘之機」，他不僅解釋：「乘，如乘載之『乘』，其動靜者，乃乘載在氣上」，更取喻曰：「理搭在陰陽上，如人跨馬相似」。〔宋〕朱熹，《朱子全書》第 17 冊，卷 94，頁 3121；3126。

(1)太虛不能無氣，氣不能不聚而為萬物，萬物不能不散而為太虛；循是出入，皆不得已而然也。

(2)氣之為物，散入無形，適得吾體；聚而有象，不失吾常。

(3)聚亦吾體，散亦吾體。知死之不亡者，可與言性矣。

依張載原文，此三句本為一段，第(1)與(2)所論順序應互換，第(3)則可自成一句，視為小結。依〈太和〉順序，實先以「太虛無形，氣之本體」立論，於此即隱含兩種詮釋可能：一者，氣以太虛為本體，太虛與氣屬相即不離的關係。二者，太虛為氣之本然樣態，太虛即是氣。在徵引張載此三句時，王廷相採第二種詮釋進路。從三方面批判朱子理氣觀與人性論：

其一，從「元氣之上無物」批判朱子「理體氣用」說。王廷相引「太虛不能無氣」，揭舉「氣」才是存有之本源。「太虛」乃氣尚未分化為天地前的存有原初樣態。在此樣態中，氣為整一未分的恆存大有，由於其為萬物之始，故名之為「元氣」。基於元氣未分化而渾然本一，其存有性即遍在、整全而無有終始。但其樣態也因尚未分化而「清虛不可為象」，且「清虛無間」（「無間」亦指存有之連續性與整體性），故以「太虛」情狀之。王廷相認為，橫渠所言之「太虛」，並非包裹萬物的空間場域，而是清通無礙的元氣。元氣自含生物不息的內在動力，而為「造化之元機」。故在兼論元氣本體與氣化生物之大用時，以「太虛」一詞包括氣之本體義、恆存義與生生義。並非意指在氣之上，另有一物「太虛」，可為氣之本體。在《慎言・道體篇》中，他甚至批判宋儒之失，正在於誤將道體視為一物，反使得「道體」與「氣」變成本質互異的存在。他認

為，所謂「道體」，僅是氣之狀詞，用以描述氣化不息的生物歷程。「道」如通達無礙的氣化流行之道路，「理」是氣化順而不妄所呈現的秩序性。又由於世間有形與無形之萬有皆歸本於恆存之實有：「氣」。故形而上下之界分，亦是立基於以氣為實有本體。所謂「形而上者為道」，並非指在氣之上，另有超然的獨存者，其名為「道」。他認為《周易・繫辭上傳》是以氣化言道體，基於氣化實貫穿有形與無形，道體不可由「形」之「有／無」侷限之，故以「道」為「形而上者」。相對者，凡可稱之為「器」者，皆具特定功能、形態或屬性，故以「形而下者」名之[31]。他以「氣也者，道之體也」，批判老莊以道體為萬有之本根，陷入倒果為因的謬誤。後儒不假思辨地襲取老莊故智，將「道能生氣」一轉為「理能生氣」，更顯「識道不明」。至於後儒推舉「太極」為獨立於陰陽之上的造化本源，王廷相亦從氣化論駁斥其非。他認為，基於氣之實有義與遍在義，凡天地四極皆為氣所遍滿。若就存有之場域皆無外於「氣」，氣實「不可知其所至」，故名之曰：「太極」[32]。所以他主張「元氣之上無物」，理根於氣，而非能生氣[33]。氣才是存有之本源，理僅是氣化活動所呈現的條理秩序，屬於第二序的存有。

---

[31]　〈道體篇〉曰：「氣，物之原也；理，氣之具也；器，氣之成也。《易》曰：『形而上者為道，形而下者為器。』然謂之形，以氣言之矣。故曰『神與性乃氣所固有者』，此也。」〔明〕王廷相，〈橫渠理氣辯〉，《王廷相集》第 3 冊，頁 751-752。

[32]　〈道體篇〉，頁 751。（明）王廷相，〈橫渠理氣辯〉，《王廷相集》第 2 冊，頁 602。

[33]　《雅述・上篇》曰：「天地之先，元氣而已矣。元氣之上無物，故元氣為道之本」。〔明〕王廷相，〈太極辯〉，收入《王廷相集》，第 3 冊，頁 835。

依此，他批判朱子「理體氣用」之誤有二：一者，將理氣強分為二物，陷入體用殊絕的困境[34]。二者，是將「理」視為能生「氣」之本源，倒果以為因[35]。

其二，從「理載於氣」批判朱子「理能宰氣」之說[36]。王廷相引「氣不能不聚而為萬物」，揭舉世間萬物之生成壞滅，皆是氣化所為。他以體用關係區分「氣」與「氣化」，「氣」為存有本體，

---

[34] 在答何瑭（柏齋，1474-1543）論造化之要時，王廷相表示：「愚謂道體本有本實，以元氣而言也」。他批判朱子在氣化之道上另立卓然不變之理（或太極）為本體，不僅使道體孤懸於淨潔高閣之地，而且一成無變的本體世界何足以涵蓋變化不已之器用世界？如此一來，理本體與氣化之用終將割裂為不可彌絕之「二」，陷入體用殊絕之困境。〈答何柏齋造化論十四首〉，頁964。

[35] 〈太極辯〉曰：「太極之說，始於『《易》有太極』之論。推極造化之源，不可名言，故曰太極。求其實，即天地未判之前，大始渾沌清虛之氣是也。」，他依據「理出於氣」，批判性的指出：「南宋以來，儒者獨以理言太極而惡涉于氣」，實是「支離顛倒」、「不通之論」。此外，〈道體篇〉亦曰：「世儒謂理能生氣，即老氏道生天地矣；謂理可離氣而論，是形性不相待而立，即佛氏以山河大地為病，而別有所謂真性矣」。必須留意的是，在《慎言》、《雅述》等著作中，當王廷相批判「宋儒」時，多暗指朱子，而批判「世儒」時，則多指向持朱子之學者。當他批判世儒持「理能生氣」與「離氣言理」者，實近乎老釋之言時，應是指向何瑭等朱子學者。然而，朱子是從存有論上，將「理」視為萬有之所以存在的形上依據，無「理」則「氣」不具存在的必要條件，卻並未從宇宙論上指「氣」是由「理」所生化而來。故僅能將「理能生氣」視為朱子後學之主張，而非朱子本人的觀點。〔明〕王廷相，〈太極辯〉，收入《王廷相集》，第 2 冊，頁 596-597；〈道體篇〉，《王廷相集》，第 3 冊，頁 753。

[36] 〈道體篇〉曰：「理載於氣，非能始氣」。《王廷相集》，第 3 冊，頁 753。

「氣化」則是元氣本體自分陰陽以發用流行的化生歷程。他又以「氣化」言「造化」，「理」則標示氣化之「順而有常」。「氣」才具實有義，「理」僅是氣化流行所呈現的恆常性與秩序性，理須依附氣方得以實存。但氣雖具實有義，如不言「理」，則既不能彰顯氣化本有之順而無妄的秩序性（「常」），也無從辨析世間雖有混亂失常卻僅是暫時現象，並非氣化之本然。又由於萬物之生成壞滅，是以氣之聚散為生成原理。太虛之氣既是萬物生生不息的源頭，也是生滅聚散的場域。從氣化流行之整體歷程（道體）觀之，萬物之生死，皆是萬物以氣化聚散之形式，於太虛之氣中出入而已。他藉「循是出入，皆不得已而然也」，指出既未有獨立於氣化之上的造物者（例如，理體、道體或太極），氣化所成的具體個物也並非隨死亡即幻滅殆盡，而是以氣化的不同形態重新融入氣化生生歷程中。依此，他不僅批判老莊以有生於無，釋氏以世間為幻化之論。對於朱子曰：「氣之已散者，既散而無有焉矣，其根於理而日之生者，則固浩然而無窮」[37]，他批判其誤將氣化之常所呈現的理序性，先視為獨立自存於氣化的某物，而名之為「理」，又反以「理」為可生化、主宰氣的造化根源[38]。他徵引橫渠「萬物不能不

---

[37] 伊川朱子所採「氣日生日新」論，主張氣化雖無止息，但其生生不已之氣，並非原初之氣的不斷往復回歸，而是舊氣消亡而新氣又生。〔宋〕程顥、程頤著，《二程集》，頁 163；〔宋〕朱熹，《朱子全書》第 16 冊，頁 2084。

[38] 在〈答薛君采論性書〉中，王廷相即批判此論點：「又曰：『氣化終古不忒，必有主宰其間者』，不知所謂主宰是何物事？有形色耶？有機軸耶？抑《緯書》所云十二神人弄丸耶？不然，幾於談虛駕空無著之論矣」。他甚至批判持此論之儒者，實是與「老子曰：『道生天地』，亦同此論，皆過矣！皆過矣！」因此，他再次以元氣論批判「理能宰氣」，

曰：「余嘗以為元氣之上無物，有元氣即有元神，有元神即能運行而為陰陽，有陰陽則天地萬物之性理備矣；非元氣之外又有物以主宰之也」。然而王廷相以「元神」為陰陽運行之主宰，是否掃除虛立實體未盡？前門剛將「理」逐出氣化之外，又另立一個元神主宰元氣造化呢？答案顯然是否定的。他承繼《正蒙・參兩篇》所謂：「凡圜轉之物，動必有機；既謂之機，則動非自外也」（《正蒙・參兩》，頁 11），認為氣本體即蘊含自發自為的動力因，無須在氣化之外另立動因。此氣化活動之內部動因，他即稱之為「機」或「氣機」。又依據〈問成性篇〉對《慎言》所用概念的界定，曰：「天者，言乎其冒物也。帝者，言乎其宰化也。神者，言乎化機之不可測也」（《慎言・問成性篇》，頁 767），所謂「元神」亦指「元氣」而言，亦即氣化之氣機始發與氣化活動全面影響，本非人之思慮知辨所可能全然窮盡測度，故以元神描述元氣之化機。再者，〈道體篇〉曰：「陰陽，氣也；變化，機也。機則神，是天地者萬物之大圜也」（《慎言・道體篇》，頁 755）。若說，「陰陽」是氣之兩種相反相成的作用力，「機」則是促成陰陽發生互動變化之動因。但他並非認為，在一氣陰陽之外，另立氣機為第三者，推動陰陽變化。否則極可能陷入「第三者無限後退」的困境。他是以氣化中之陰陽本具偏勝賓主之比例差異，說明氣化整體通過陰陽自主平衡比例的調整機制，故能生生不已。但此說僅能解釋氣化何以循環不已，卻難以說明：既然「元氣」本渾全而未分，「氣化」屬元氣已判後的事；此時陰陽既尚僅是潛存未轉為氣化活動，則最初的氣化又是何以產生？一個可能的解讀進路是，導入「存有論上之先」與「時間上之先」的區分，將元氣之渾全未判視為存有論之先於陰陽氣化，亦即存有必先於存有活動。但在王廷相氣化宇宙論中，存有本即為實有，並無氣化實存歷程之前的形上本體世界。因此，若從時間上之先後而言，元氣本始即因陰陽偏勝的自發機制而為活動本體，並非元氣先獨存某段時間後，才產生氣化活動，促發生物歷程。但又引發下述問題：由於王廷相將元氣自化之動因（自發之機），設立為依陰陽偏勝所自發的互動均衡基制。因此，將導致若非元氣渾一而無法自啟動靜，則是「未判之元氣」本為「陰陽互異之二體」的矛盾。引文見〈答薛君采論性書〉，收入《王廷相集》第 2 冊，頁 517-518。

散而為太虛」，主張造化若為生生不已的實有，亦無外於氣化一體流行。萬物不僅皆由氣聚而個體化，其亡逝亦是暫時性的個體形氣，由凝聚而散歸清虛無礙的整體氣化流行中。由於天地兩間雖仍是盈滿清虛之氣的實有，卻貌似與實有相異的虛空。故不識造化之妙運者，會誤以為個體之氣的消散即是舊氣之滅盡。但王廷相指出：「氣雖有散，仍於兩間，不能滅也」，氣本為恆存之實有，氣有聚散僅是意指氣之用乃自發自為，並不意味氣有生滅。更不是說，舊氣在氣化活動中會自行消滅，而於氣化整體之外，另有新氣補入氣化流行中。再者，他又引〈太和〉之「神與性皆氣所固有」，批判朱子「氣根於理而生」之論，乃是不明「理根於氣，不能獨存」之理。至此，他徵引橫渠虛氣一體論中的理氣關係，從存有論上批判朱子「性即理」說，乃屬「窺測造化之不盡者」的「談虛駕空之論」。

其三，從性氣一貫批判朱子「性即理」說。王廷相引「知死之不亡者，可與言性」，揭舉「人之性」即人之形氣所呈現的「氣化之理」。人既為萬物之一，自當無外於氣化生物之理。設若「性」所標示的是人這類存有者的「生之理」，則「人之性」亦僅是指向人的氣質之性，亦即：凡具有人類之形氣者，依凝氣成質所共有的生命機能，以及協調這些機能流暢的運作原則。「性」並非超然於形氣之上而可獨存者。依此，他對朱子「性即理」說又提出兩點批判：(01)，以「氣者，生之理」，批判朱子誤將「性理」實體化與本體化。他先引朱子之言：「性者，理而已矣，不可以聚散言；其聚而生、散而死者，氣而已矣。所謂精神魂魄、有知有覺者，皆氣

所為也，故聚則有，散則無。若理則初不為聚散而有無也」[39]。他認為朱子之誤有三：首先，誤將「性」與「氣」離析為本質互異的二物。其次，則誤將「體用」割裂為「二」，不僅誤將氣化聚散視為氣有生滅，更以本體無有變動，變動皆屬形而下之事。依此論調，則本為普遍恆存的氣，反而因自發自為的氣化運動，被貶抑為第二序的存有。原本依附氣化才得以實存的條理秩序，反而被實體化為卓然自立的本體。最後，誤將依附人之形氣而存的性理，顛倒為使人之形氣之所以存在的超然本體。(02)，他以「人有生則有性可言，無生則性滅矣」，批判持「性即理」說者，誤將人之仁義禮智等德目，割裂為可獨立於人之生存活動而自存者[40]。他指出，依照儒學義理，仁、義、禮、智皆是從人之德行而言。例如，「仁」出於「心之愛」，「義」出於「心之宜」，皆屬於「人之知覺運動為之而後成」者。所以孟子以「仁義禮智」為「性」，實指向人心對價值秩序具有理解與實踐的能力，並以「良知良能」彰顯人之心知所呈現的「生之理」。但朱子以「仁義禮智」為「性」，又將「性」視為獨立於人之形氣而卓然自存之「理」。如此一來，本屬於人之德行的四德，反而成為「可」脫離人之行為而無關的謬幽之物。依此，王廷相反諷地批判「性即理」說，不僅背離孔門「相近」、「習遠」之說，更陷入釋氏「四大之外，別有真性」的謬

---

[39] 王廷相所徵引者，與朱子原文略有出入。《朱子語類·鬼神》曰：「性即是理，不可以聚散言。聚而生，散而死者，氣而已。所謂精神魂魄，有知有覺者，氣也。故聚則有，散則無。若理則亙古今常存，不復有聚散消長也」。〔宋〕朱熹，《朱子全書》第 14 冊，頁 169。

[40] 《雅述·上篇》則曰：「人有生氣則性存，無生氣則性滅矣」。〔明〕王廷相，《雅述·上篇》，《王廷相集》第 3 冊，頁 851。

論。

　　基於上述，〈橫渠理氣辯〉旨在藉橫渠氣論主張「理根於氣」。設若萬有之本源為恆存之實有，吾人即名之為「氣」或「元氣」。氣為實有之本體。此本體又發用為氣化流行，以聚散不已的形式生化萬物。「理」只是氣化順而無妄所呈現的秩序性。故曰：「理只是氣之理」。萬物之生成壞滅皆出於且回歸氣化流行。故就本體與生成而言，元氣本體恆存而無「有／無」可言，萬物之生成皆屬於「氣化」後之事。萬物雖有生死，但既非由無中生有，也不會隨死亡而消滅於虛幻無物。人既為萬物之一，自當服膺氣化之理。設若「理」所標彰的是「秩序義」，人之性亦僅是依附於人之形氣所呈現的各種秩序性。持「性即理」說者，以理為超然獨立的形上本源，人之性即此理墮於人之形氣中。因此，王廷相藉《正蒙》批判朱熹「性即理」不識造化。由上述可知，王廷相批判朱子未必公允。但礙於篇幅，作者將另以專文處理。下文將藉當代學者的研究成果，辨析橫渠浚川的氣論同異。

五、辨析橫渠與浚川氣論型態的三種觀點

　　儘管王廷相宣稱與橫渠氣論同調，但當代學者對此卻有不同見解。學者詮釋之異，除可依據是否肯定二者屬同類氣論型態，而區分為「相同說」與「相異說」。肯定二者屬同類氣論型態者，又可依是否反對將「氣」視為「物質」，再區分為「唯物說」與「非唯物說」兩類見解。下文即依此三種觀點展開討論。

（一）張載與王廷相屬相同氣論型態之論點

持此立場者，又可分為兩種立論進路。其一，以唯物論為基礎，指出王廷相與張載均以「氣」為萬有本體，而兩人所言之氣皆為物質性的實體。持此說者，多以海峽對岸學者為主，代表者有張岱年、葛榮晉、樂愛國等。由於早期留意王廷相在理學史中的地位，以及對比其與張載哲學的研究，多是由此論立說。故將橫渠、浚川統歸為唯物論之先驅，一時蔚為主流[41]。

其二，以氣本體論為基礎，肯定二者皆以「氣」為生化本體，屬同一型態氣論。但反對將此「氣」等同於物質性的存在，也不認為氣化只是將自然造化視為產物機械。氣化生生乃是蘊含價值義的天之用德，而非僅是中性義的自然主義式的二氣聚散流行。持此論者，不僅已留意唯物論架構與儒學論氣以價值哲學為本的衝突。並發現將二者視為同一型態氣論，與肯定二者氣論同具超越向度，並無衝突。王俊彥可為此論之代表。以下分述之。

1.由唯物觀論張載與王廷相氣論型態之通同

持此說者雖隨關懷的主題有異，而在辨析張王氣論時有細部的論述差異。但均依據以下四點，肯定二者屬相同氣論型態：

其一，就存有本源上，持論者均認為，張、王皆以氣為本體，殊別之萬象皆由氣化所成。在氣化之外，並沒有超越的形上理體，可作為萬有之所以存在的本根。對於以心體統攝宇宙萬象的心學，也是誤入釋氏萬法唯心之途，而非儒學以至誠無妄為天道之真。依

---

[41]　例如，卡索夫（Kasoff, Ira Ethan）以英文寫作的《張載思想（1020-1077）》，即是採取這種觀點。Kasoff, Ira Ethan. *The Thought of Chang Tsai (1020-1077)*. Cambridge: Cambridge University Press, 1984.

此，持此論者皆試圖從哲學史上構化出張載與王廷相的思想承繼關係。所論之別，在於以唯氣論[42]、氣本根論[43]、氣本論[44]、氣一元論，或元氣實體論，歸結張王氣論內涵。例如，張岱年在辨析中國哲學的本根論時，即指出在宋明道學中，除了程朱的唯理論，陸王的主觀唯心論，另有以氣為究竟真實的唯氣論。他不僅表示此說以張載為代表，主張橫渠之太虛乃氣之本體，且認為此氣之原始即物質之本原[45]。更重要的是，他將當時學界尚少人提及的王廷相，歸為張載思想在明代哲學中的發揚者[46]。張立文則表示，王廷相的「元氣實體論」彌補了張載「元氣本體論」中的太虛與氣之存有論縫隙[47]。

　　其二，在理氣關係上，持論者均認為，張、王哲學中的「氣」為第一序存有，「理」不能生「氣」。依此，對程朱理學中的重要論斷：「理根於氣」、「理先氣後」、「理本氣末」、「理能宰氣」、「理常氣變」，以及「理無動靜，氣有動靜」等，王廷相實是發揮張載氣學而提出批判或反論。例如，葛榮晉即認為，張載尚未將理氣問題當作哲學核心論析，但王廷相則據其說以反駁程朱理

42　張岱年，《中國哲學大綱》（臺北：藍燈文化事業公司，1992 年），頁151。

43　例如，張岱年從「本根論」範疇，將橫渠與濬川皆視為「唯氣論」。張岱年，《中國哲學大綱》，頁 111；137-139。

44　葛榮晉即言：「他們二人都主張氣本論，反對理本論和心本論」。葛榮晉，《王廷相》（臺北：東大圖書公司，1992 年），頁 318。

45　張岱年，《中國哲學大綱》，頁 111。

46　張岱年，《中國哲學大綱》，頁 137。

47　張立文，《中國哲學範疇發展史（天道篇）》（臺北：五南圖書公司，1996 年），頁 169-175。

氣觀。浚川不僅將橫渠「氣中有理」的思想，發揮為「氣為理之本，理乃氣之載」，更批判程朱「理為氣本」、「理一分殊」，是老莊「道生天地」、佛教「別有真性」的翻版[48]。

其三，由「氣有變化，道亦有變」批判程朱「理常氣變」、「理無動靜，氣有動靜」之說。例如，馮友蘭即指出，王廷相的唯物主義氣一元論，不僅是張載氣學的繼續和發展，王廷相以「理」是「因時制宜」批判朱熹誤以「理為不變」，其誤有二：第一，氣非根於理而生；第二，氣是不可歸於「無有」。正由於「氣與道不可以離合論」，若說「氣有變，道一而不變」，顯然是使「氣自氣，道自道」，背離儒者天道人事之理實為一本之妙[49]。

其四，就氣化之動因上，持論者皆認為，張載「一物兩體」說以陰陽二氣之對立統一闡明氣化之動因源自於氣內，王廷相則是以「動靜互涵」、「陰陽相待」的命題，從辯證法上將氣化運動由相對推向絕對，從哲學思辨作了科學性的總結[50]。郭齊勇也指出，橫渠、浚川皆批判程、朱誤以「理」墮入「氣」中解釋氣的運動變化如何產生，是倒果為因。他並表示，在王廷相看來，「理」即是

---

[48] 他還認為，浚川「以心循理」之說，更根本否定了陸王「以心主理」的思想。葛榮晉，《王廷相》（臺北：東大圖書公司，1992 年），頁 318-323。

[49] 馮友蘭，《中國哲學史新編（第五冊）》（臺北：藍燈文化事業公司，1991 年），頁 267-275。

[50] 但也有學者認為，王廷相雖以「元氣」中自含「氣機」，為氣化生發之潛能與動因，不過對氣機的論述卻不如張載深刻。浚川有進於橫渠者，在於將氣分為「元氣」與「生氣」兩階段，以「元氣即未形成物體而處於太虛狀態的氣，生氣則指處於有形之物生化不息狀態的元氣」。張學智，《明代哲學史》（北京：北京大學出版社，2003 年），頁 344-345。

「氣機生化的具體條理」，「理」因氣實存而為「實理」，理本論離氣以談理，所得之理論，皆是「談虛架空之論」[51]。

　　基於此四點，持論者主張，王廷相實以張載為宗，二者屬同型態氣論，皆是唯物思想之先軀。

2.由本體義論張載與王廷相氣論型態之通同

　　儘管在宋明理學分系議題中，從唯物觀指出張、王屬同一氣論類型，一時蔚為主流。但討論交流間，不少學者已警覺，張王雖語多相似，可是張載氣論所隱含的超越向度，卻正是王廷相所極力批判的成分[52]。持唯物觀者認為，徹底掃除一氣之上另有卓然實體存在的可能性，彌補太虛與氣間的形上縫隙，不啻為王廷相替張載氣學「除魅」的重大發展。但反對者卻據此佐證張、王實屬不同氣論型態，王廷相所言之氣僅有材質義，屬平鋪的、自然的氣化宇宙論，與張載貫通形而上下兩層的本體宇宙論相異。相較此互異觀點外，另有學者反思：既然橫渠、浚川在氣論上有如此多相近的觀

51　馮達文，郭齊勇，《新編中國哲學史》下冊（臺北：洪葉文化事業公司，2005 年），頁 164-166。

52　本文在此所謂「超越向度」一詞，乃是參照牟宗三對張載「太虛」義之闡釋。所謂「超越」有二義：一者，就形上本體之遍常性而言，意指形上之本體雖遍潤萬物而不離萬物，卻非為萬物之一。故「超越」有「不離且不雜」之義。二者，就萬有存在之「然」與「所以然」而言，若推本一切萬有存在之「然」，則此形上本體即是使萬有得以存在的「所以然」。所以，形上本體不僅絕對真實，且具有使萬物之所以得以存在的根源義。故「超越」的第二義，旨在辨明理體的實現義與宗主義。詳見牟宗三，《心體與性體》第 1 冊（臺北：正中書局，1990 年），頁 419；438-439。牟宗三，《智的直覺與中國哲學》（臺北：臺灣商務印書館，2000 年），頁 185。

點，是否二者仍屬共同的氣論型態，但不宜以唯物觀統歸二者之同呢？在研究辨析之策略上，橫渠氣論具有本體論的向度已多為學者接受，張王氣論型態之辯的爭鋒交點，在於王廷相之氣論究竟僅具自然流行的行程義，屬氣化宇宙論？或是實含有本體論的向度呢？對此，王俊彥即先從「本體義」之「實體」，詮解張、王所言之「氣」，進而從元氣無息論指出：二者皆屬「以氣為本體」的氣本論者[53]。然而，為佐證此觀點，則勢必得先澄清以下三點：

其一，橫渠、浚川所言之氣，皆具本體義的超越向度。王文認為，二人氣學之基本觀點，即首在以「氣」為渾全為一之整體、實體與本體，且因各具形貌的有限個體皆由「元氣凝為形氣」，故形氣（個體）與元氣（本體）之「本質是一」[54]。依此論調，不僅可藉

53　在《王廷相與明代氣學》中，王俊彥不僅從氣為本體義的實體，歸結張、王屬同屬「氣本論」（或「純粹氣本論」），更從「以氣為本」、「理氣是一」、「心理氣是一」，以及「由易說氣」四點，辨析王廷相與吳廷翰等明代十四位思想家氣論之異同。王俊彥，《王廷相與明代氣學》（臺北：秀威資訊科技公司，2005 年），頁 35；頁 222。

54　王俊彥表示：「當注意者是此實有非形下的，而是上下、內外是一的實有」。對於一氣「貫穿」形而上下，則說：「『貫穿』是既屬於凝結，也屬於回歸的觀念」，而「貫穿之所以可能是因本質相同」。「元氣」（本體）與「形氣」（客形）彼此能穿透，是因為「氣會凝結成無限多有限之形器，而形器和元氣之本質仍然是一」。所以由陰陽不得離之神用，形氣之凝結與復歸於元氣，正可視為「元氣能生化的體性」，如此可「打破形上下內外有無的分別，而只是一個無限時空的氣」（頁 43）。依此界定「貫穿」之義，王文指出，太虛即氣本體，此本體落於實存世界中，依據氣之凝聚而創化出具體個物，亦即個別之客形，但「太虛本體乃是一無限大時間與空間之總合」（頁 29），客形個體與無形本體並非「形上形下截然二分」，天地萬有皆與太虛本然地為「一」。

一氣貫通「有／無」、「形而上／下」，加強天人的一體性，更能取代「無生有在現實上的不可行性」。由此既反駁佛老崇虛尚無之論，並避免使「氣」因強調實有義，而限於唯物觀者所主張的材質義[55]。

其二，就「理在氣中」言「道」與「理」在氣中之實有與安頓。承前點，王文有別於前賢的另項論點，在於澄清王廷相氣論中的「道」與「理」並未降階為第二序（或第二義）的存有。在〈理道實有論〉中，他指出王廷相雖言「元氣之上，無道、無理」，故以元氣為本體，但卻是「以道在氣中，理在氣中的方式，安頓道、理與氣的關係」。相對於力辨張王氣論之異者，王文認為，王廷相以氣言道體或理體，是基於「理」、「氣」、「道」本為同一實體。吾人雖可從概念所指謂的範圍或異上，可從以三個概念解析同一無限實有，但卻斷不能將本為整一的無限實有，割裂為本質互異的三個實體。故以氣化之行程義言道體，不僅並非必將道體降為第二序存有；基於氣之實有義，氣化之道正是以流行不已呈顯道體之為真實無妄之本體[56]。

其三，從元氣本體之「生生義」與「價值義」言橫渠濬川同為氣本論。王俊彥指出，由〈橫渠理氣辯〉可知，王廷相不僅承繼張載以太虛本體義，即蘊含（兼具）「元氣本體」與「形氣客形」兩體，他更由「元氣形氣」之出入往復循環不已，闡明氣化之生生義即存有之價值義。故由氣化言道體，並非必然使得王廷相得「從自然主義說人」。王文認為，若從儒家以「生生」為「大德」，元氣

55　王俊彥，〈自序〉，《王廷相與明代氣學》，頁 i。
56　王俊彥，《王廷相與明代氣學》，頁 90-91。

本體以氣化之神用所彰顯者，本即是創化生生不已的價值義，故王
廷相言人的主體義，乃是「由生生之價值義而來」[57]，其說既「不
違背儒家道德主體之本旨，又表示出重氣化實有之特色」[58]。

　　依此三點可知，王文有別於前賢之處，即是從肯定王廷相言氣
具有本體義，主張橫渠與浚川屬同類氣論。

（二）張載與王廷相屬相異論氣型態之論點

　　在前述兩種觀點間的五十年內，已有不少港臺學者對張載哲學
是否可化歸唯物論提出相異的見解[59]。更有學者指出，張王雖語多
相似，但二者實屬不同型態的論氣。持此論者認為，張載言氣具有
形而上的意義，故其論氣預設本體論的超越向度。但浚川不僅力持
氣為終極實有，而且反對將氣理解為任何型態的超越概念。依此，
張、王之論氣，實屬異質異層的兩種論氣型態。值得注意的是，牟
宗三雖未以專文探討張載與王廷相論氣異同，而且依牟對橫渠「太
虛即氣」說的闡釋，乃是以太虛為理體，並不認同將張載視為氣學
或氣本論者。由於牟對橫渠太虛義的判析，廣泛影響其後主張「張
載與王廷相屬相異論氣型態」的學者[60]。例如，鄭宗義、丁為祥等

---

[57]　王俊彥，《王廷相與明代氣學》，頁 62。

[58]　王俊彥，《王廷相與明代氣學》，頁 30-32。

[59]　例如，張岱年於 1955 年明確宣稱：「張橫渠對於唯物論的卓越貢獻，是
　　　永遠不朽的」，而王俊彥之專書則於 2005 年刊行。張岱年，〈張橫渠的
　　　哲學〉，《哲學研究》第 1 期，1955 年 1 月，頁 130。

[60]　本文接受並感謝匿名審查人對本文寶貴的提醒，由於在牟宗三宋明理學之
　　　判中，並無氣論的地位。因此對張載的詮釋，不可稱之為「氣論」。若以
　　　「氣論」統括所有接受牟詮釋論點者，過於混淪。依此，本文以「論氣」
　　　取代「氣論」，主要指出在 1990 年代以後，學界陸續出現一種深受牟論

雖各有論述，但均以張王論氣根本之別，在於是否肯定太虛具有形
而上的超越向度。本文即依此論述進路，分以下三點，辨析張、王
論氣型態之異：

　　其一，就虛氣關係而言，持論者多先提及牟宗三對張載虛氣關
係的釐判，視太虛本體之神與氣化流行之用是詭譎地為一。其次，
則指出雖然橫渠與浚川皆以「氣」為「實有」，並藉此既正面闡明
儒家天道所保障的世間，是真實無妄的有序世界，也反面批判佛老
崇虛尚無之論，或使世間倫常歸本空幻無常，或使山河大地推本於
無。然而，橫渠雖言「太虛即氣」，但此「即」屬「相即」而「不
相同」。故虛氣之為「一」，是相即地、詭譎地以為「一」[61]。且
「太虛」當為超越的本體論概念[62]。依此，張載是以氣化彰顯道之
創生義，而非指氣化即是道。他是由「太虛之神」作為保障氣化之
所以可能的超越根據，如此方能使張載不至流於唯論氣者[63]。但浚
川則是平鋪的以氣化言道體，視虛氣屬同層存在位階[64]，將宇宙視
為以氣化聚散不斷運轉的產物機器。所以，橫渠與浚川屬異質異層

　　點影響，卻更聚焦於探討張載「虛氣相即不離」之主張。持論者多接受牟
　　的觀點，以太虛之理體義保障氣化之行程義不落入平鋪式的、自然主義式
　　的唯氣論，並由此辨析張載與王廷相、吳廷翰等人論氣之差異。

[61]　牟宗三，《心體與性體》第 1 冊，頁 459。

[62]　牟主張，在橫渠氣論中，太虛才具有本體義。若僅言「氣」，則僅具氣之
　　　實有義與氣化之行程義。故在體用關係上，氣化之發用流行，必當由作為
　　　本體義之太虛所貞定。故他又常將「太虛」稱為「太虛神體」或「太虛常
　　　體」。牟宗三，《心體與性體》第 1 冊（臺北：正中書局，1990 年），
　　　頁 446、455。

[63]　牟宗三，《心體與性體》第 1 冊，頁 481-482。

[64]　〈道體篇〉，頁 751。

的兩種論氣型態。值得注意的是，牟雖未直接對舉張王論氣之異同，但他從體用圓融、相即不離辨析橫渠虛論氣中的超越向度，卻是廣泛影響其後的研究者。例如，丁為祥即先以「虛氣相即」澄清張載論氣中的虛氣關係，進而從「本體宇宙論」與「實然的氣化宇宙論」，對比橫渠與浚川論氣，由前者論氣中的超越向度為後者所無，辨析二者屬相異的論氣型態[65]

其二，就理氣關係而言，持論者主張橫渠論氣所言之「理」具有超越向度，故與浚川屬不同論氣型態。值得注意的是，持論者緊扣理氣關係立論，實源於前一點所遺留之問題：若主張在氣之上另有太虛作為本體，則太虛與氣顯非本質同一者。在此「太虛（本體）／氣（發用）」架構中，「理」當視為形而上或形而下？若「理」仍為形而上之實理，則張載論氣與程朱理學所論之理氣關係有何差異？由於持論者亦多接受牟宗三對橫渠虛氣關係的辨析。因此在對比張王理氣關係時，亦順此指出橫渠所言之「理」，屬第一序的存有義，為「存在之理」或「實現之理」[66]。有別於浚川之「理」，屬第二序的存有義，僅為依附氣而存在的「氣之條理」。例如，鄭宗義以梳理明清儒學中形上形下世界的緊張關係為軸線，指出王廷相否定有懸空獨立的形上世界，其論氣必落在實然經驗層面上講，極力「將形上世界往形下世界拉落」。但也因此有別於張載在〈太和〉言：「太虛不能無氣」一段時，著重氣化之必然需有

---

[65]　丁為祥，《虛氣相即——張載哲學體及其定位》（北京：人民出版社，2000 年），頁 310-311。

[66]　牟宗三，《心體與性體》第 1 冊，頁 87-95；439-440。

超越之理體所貞定的本義[67]。

其三，就天道人性關係而言，持論者主張，基於宋明理學總將天道性命之學視為一貫地論述，故亦可由人性論與工夫論上，辨析橫渠與浚川論氣之異。例如，楊儒賓即從檢證氣學型態的方法論上，提出以「有限人性論」與「無限人性論」，辨析橫渠與浚川論氣之異[68]。楊文認為，氣學學者對物論常具有濃厚的興趣，是以在泛論自然萬象時，其論既可發展為反對超越向度的「自然主義的自然哲學」，但也可發展為有很強自然哲學內涵，卻仍具先天學向度的「體用論的自然哲學」。他表示：「關鍵當在其氣論是否有超越義」[69]，而檢證的兩種氣學型態的方式，即是：「看他的人性論到底是持有限的或是無限的」[70]。依此楊文指出，儘管二者氣論都帶有明顯實在論的色彩，但張載肯定人性本自有根源於天的先天向度，而主張復性說，浚川卻否定此論點[71]。故由二者的天道性命觀亦可知，張王屬異質異層的氣論型態。

以上扼要陳述當代比較橫渠浚川氣論類型的三種觀點。前輩學者對此議題各有洞見，卻也反映何者更完整地澄清張王氣論異同，

67　鄭宗義，《明清儒學轉型探析：從劉蕺山到戴東原（增訂版）》（香港：香港中文大學出版社，2000 年），頁 5；35；238。

68　楊儒賓，〈檢證氣學——理學史脈絡下的觀點〉，《漢學研究》第 25 卷第 1 期，2007 年 6 月，頁 247-281。

69　楊儒賓，〈檢證氣學——理學史脈絡下的觀點〉，頁 119。

70　楊儒賓，〈檢證氣學——理學史脈絡下的觀點〉，頁 121。

71　在〈兩種氣學、兩種儒學〉一文中，他指出：「支持或反對『復性論』，此一立場可視為先天型氣學與後天型氣學的工夫論之分水嶺」。楊儒賓，〈兩種氣學、兩種儒學〉，收入《異議的意義：近世東亞的反理學思潮》（臺北：國立臺灣大學出版中心，2012 年），頁 118-120；141。

則仍待辨明。再者，橫渠「太虛即氣」之「即」字，是否表示太虛與氣為異質異層？學者仍有異議。即便以氣論是否具超越向度，辨析橫渠與浚川為相異氣論類型，也未必即接受牟對橫渠虛氣關係的釐判。因此，在上述三種觀點之外，是否存在第四種可能，亦即：

　　(01)橫渠與浚川屬異質異層的氣論類型。

　　(02)橫渠氣論中的太虛與氣並非異質異層的關係。

此即本文下節所欲探究之主題。

六、橫渠與浚川氣論型態之再檢證

　　誠如前輩學者已然指出，宋明儒者從未將天道心性視為各自孤立的範疇，亦並非出於純粹形而上學的旨趣以探究理氣關係。所以，若張載與王廷相的氣論型態相同，基於天人本為一貫論述，則二者在人性論、心性工夫，以及天人關係上，理當有相近而非互異的論調。但前文已提，張載氣論即在闡發天人合一之要旨，依「天人之本無二」（〈誠明〉）主張性善論，並接受「復性之初」為成德的關鍵工夫[72]。王廷相則批判「性即理」說，反對人性有本自於天的超越向度，並依此直指性善論與復性論為非。依此可知，王廷相既未將氣論與性論截為獨立的兩套論述，則當他徵引《正蒙》以批

---

[72]　《正蒙》雖未直接使用「復性」一詞，但就〈太和〉、〈誠明〉及〈大心〉等篇可知，張載認為人的天地之性具有無邊的道德創化性。故若將人之成德定位為：人自發地成為價值創造者的實踐歷程，且此實踐之所以可能的依據在於天所給予我的天地之性，則「復性」當為成德必要的工夫。此外，《朱子語類》亦曰：「張子云：『以心克己，即是復性，復性便是行仁義。』」〔宋〕朱熹，《朱子全書》第 17 冊，頁 3338-3339。

判「性即理」說時，實與橫渠本為兩種類型相異的氣論。下文即依此辨析之[73]。

（一）從人是否有天地之性而言，橫渠與浚川氣論型態相異

張載透過「天地之性－氣質之性」的論性架構，將人之存在與價值的依據，推本於人所固有且人人相同的天地之性。由此在解釋道德之普遍性時，不僅由天之至善指明人皆本然地為善。且由「天所命之」指出，人不僅是在「性」中蘊含「善」這項特質，而是人據此固有之知善明善的「良知良能」，理當以實現此良知良能，為人之所以為人的使命與性分[74]。此亦從人性即蘊含人之為創化價值

---

[73] 作者以「一而可分」詮釋張載虛氣關係，主要理由是：在存有本體根源處，太虛雖蘊含氣化絪縕之幾，但尚未分化為客形客感。故就存有論範疇而論，太虛本體與氣化之用雖體用一如，但就太虛本體處言，尚未提供一切存有者存在基礎的可能性，而尚未具體化為分殊的萬有，則在存在之本然狀態當是「可分」而尚未「有分」。陳政揚，〈張載「太虛即氣」說辨析〉，《東吳哲學學報》第 14 期，2006 年 8 月，頁 25-60；《張載思想的哲學詮釋》（臺北：文史哲出版社，2007 年）。

[74] 由〈誠明〉曰：「性通乎氣之外，命行乎氣之內，氣無內外，假有形而言爾。故思知人不可不知天，盡其性然後能至於命」（〈誠明〉，頁 23），以及〈乾稱〉曰「凡可狀，皆有也；凡有，皆象也；凡象，皆氣也」（〈乾稱〉，頁 63）可知，人之形質內外皆是一氣所遍滿，亦即若以「氣」即「存有」，則世間無氣所未至之處。所謂「性通乎氣之外」之「氣」，所指當是人之「氣質」、「形質」，亦即指人之天地之性與天所遍潤世間的天地之性同一，而非指性體超然獨立於一氣所成的世界之外。至於「命行乎氣之內」，亦指向人稟氣有形而受命於天，並非從形構原則標示人之形貌是以「氣」為構成基質，而是就人之有此形質，追問據此形

之主體義，闡明人何以本具道德實踐的主動性與定然性。依此可知，無論是就道德之普遍性、道德實踐的主動性與必然性，或是追問人在天地間的存在意義，張載皆可通過天地之性銜接天人。並從推本天之道的遍常有序，貞定人之道的方向與意義。故基於「天地之性」所呈現的遍常義與秩序義，天地之性不僅為人與萬物所共有，而且即是遍滿世間之天道，由氣化之不得已而然所自呈之形上理序。

　　然而，設若「天」之存在並不蘊含自為價值的至善義與目的義，則「人」亦不蘊含應然且定然地本善且創化善的性分。設若「天」僅是由元氣之遍滿，以構成氣化得以運行的存在場域，則天地兩間所呈現的世界秩序，最多只能推本為氣化自有的運轉機制，而不能說天道之理序即為價值之秩序。「天」即便仍為萬物之所由出的存在根源，但也僅是以產物機械的形式，藉氣化不息以生物不已。所謂「善」，亦僅從功能性指向此產物機械之功能正常，或以氣論而言，即氣化之順而無妄。若此，則不僅有將「天」由自為終極目的之形上根源，降格為產物之「物」的嫌疑，也使儒家所言「生生之德」喪失形而上的價值尊嚴。更有甚者，若天地之常不具目的義與價值義，則人道之常亦僅是取法天道的規範義與功能義。人不再可由人之性而言以下三點：一者，人之存在意義，即在朗現天所予我之天地之性中實現。二者，人之成德應落在主動地實現仁

而立於天地之間的人，有何存在意義？此即克就人之性分，而言人之所以為人的使命。由於此命源自天，且經由人之具體化（形質化）而得以實現之。故可知「命」是特指人包裹於氣質形軀之內的天地之性，而言人當以朗現此性為人之使命。此所以說：「形而後有氣質之性，善反之則天地之性存焉。故氣質之性，君子有弗性者焉」（〈誠明〉，頁23）。

義與創化價值處，而非消極地僅以遵守法律或倫理規範即可。三者，人應以終極價值與目的之尚未實現，闡明世間何以尚未美善，並以實現此終極目的為體道證德者不斷往進的實踐動力。依此，人何以應當以創造更美好的世界為道德價值？而非僅以維繫現有世界的規範秩序為自足？根本的取決於吾人是否將「天」視為至善之根源與終極之目的。由此可知，張載以太虛之氣為本體，不僅從現象上，將「太虛」視為氣之本然存在樣態，更從體用論上，由虛氣自為體用，顯示太虛在氣化中自為「終極目的」之本體義與超越義。

　　相對於橫渠由天地之性而言人性皆善，王廷相不但依據「性者緣乎生者也」[75]，主張「性之善與不善，人皆具之」，且批判性地表示：「誠以性善之說不足以盡天人之實蘊矣」[76]。他雖在〈橫渠理氣辯〉中宣稱是徵引張載氣論以反駁「性即理」，但卻假「本然之性」一詞，根本否定人有根源於天地的「天地之性」。他先順「生之謂性」，以字義界定的方式澄清「性」概念即連帶「有生」而言「生之理」，而曰：「人有生，斯有性可言；無生則性滅矣，惡乎取而言之？」[77]，故以在有生個體之形體外竟然尚有遍滿世間的天地之性，且此「超乎形氣之外」的本然之性竟可直指世界之所以有序的形上根源，實屬「謬幽誣怪之論」[78]。然而，當他根本否定天地之性存在，隨之而來的問題是：一者，若人無超越形質之外的天地之性，作為道德之形上依據，則道德普遍性如何可能？二

---

[75] 《慎言‧問成性篇》，頁 765。

[76] 〈答薛君采論性書〉，收入《王廷相集》第 2 冊，頁 520。

[77] 《王氏家藏集‧性辯》，頁 609。

[78] 〈道體〉，頁 753。

者，世間若無天地之性為形上理序所貞定，則氣化流行所成之萬象如何保障為善而非惡？

　　對此質疑，他可回應如下：其一，依據〈問成性篇〉「氣附於形而稱有」之原則，他可指出：性既為生之理，性當是依附氣質方得以實存。所以，氣質才是人之性（生之理）得以具體實存的必要條件。人亦須透過氣質之性方能實現善。若將「天命之性有善而無惡」視為人之為善的必要條件，將陷入倒果為因之謬誤。再者，若以「性」必附於氣質而得以實存，基於實存之人的氣稟必有清濁駁雜之差異，則其性亦當有賢智才愚、善與不善的差異。若說世間存有遍常無染的「天命之性」，則依人之氣質的有限性與差異性，或使實存之人終無法全然呈顯遍常的天命之性，或使天命之性僅虛立存在於人的氣質之外。若此，天命之性即便具有普遍性，但吾人終無法以經驗檢證其實存。在〈薛君采論性書〉中，他即批判「天命之性有善無惡」實陷入「離氣言性」之兩難，亦即：若性不得離氣，則不知天命之性「命在何所」？若天命之性「不離乎氣質之中，安得言有善而無惡」？依此，王廷相僅承認人有與生俱來得以知善與為善的能力，並不認為人之為善必須另謀道德實踐的形上依據，例如以「天命之性為至善」[79]。

　　其二，依據《雅述・上篇》「天地之化所以無心而為公」，王

79　例如，張載以「天地之性」闡發《中庸》「天命之謂性」，主張人性本善無惡，其行為之惡導源於氣質所限與經驗習成，復性之初實即德性修養工夫。但王廷相認為氣有善惡，故人性必當善惡兼具，既然人性之初本已非善，復性工夫實屬荒唐。由此可知，王廷相徵引橫渠氣性論批判朱子時，所強調的「明人性之源」，僅是肯定張載以氣論闡發「存順歿寧」的生死觀，而非人有推本於天地的至善之性。

廷相認為，天並非以超然的意志主體之姿，而生化萬物。人、物之生於造化，皆不過是「各隨氣之所稟而為生」[80]。當氣化依據自身的機制，且所需的各種條件達至和諧具足時，則人與物即得以實存[81]。所以，他不僅據此詮解《周易‧乾‧象傳》之「乾道變化，各正性命」。更指出，既然人物之生不僅不以天意之善為必要條件，甚至無須預設天意之存在，則持論者以「天命有德者以討罪」論證人之為善必以形而上之天意為準則，實屬無稽。依此，王廷相提出三項論點：一者，依據「元氣即道體」，他從「天之氣有善有惡」指出，不僅氣化所成之萬象本即有善有惡，更依此指出宋儒妄以道體（理體）為本善無惡的本體，實是不明造化之真[82]。二者，道德之普遍性無須奠基在道體或性體的超越性上[83]。他以儒聖所傳之典籍教化為例，在儒家經籍中，舉凡「天命」、「天意」等「以天言者」，皆是指所作所為之理據乃相對於「人力能於此有所作為」，

80　《雅述‧上篇》，頁 853。

81　在〈薛君采論性書〉中，他以「和氣之自生自長」反駁「天之生人生物」乃「天意為之」的觀點。〈薛君采論性書〉，頁 519。

82　《雅述‧上篇》曰：「天之氣有善有惡，觀四時風雨、霾霧、霜電之會，與夫寒暑、毒屬、瘴疫之偏，可覩矣。況人之生本於父母精血之蘊，與天地之氣又隔一層。世儒曰人稟天氣，故有善而無惡，近於不知本始」，頁 840；848。

83　對此，美籍學者義爾利（Prof. Lee Yearley）也有類似的看法。他認為，若人人皆本可從其道德天性中找到行為的正確指引，將使聖賢垂教成為多餘或無關緊要。Lee H. Yearley: "A Confucian Crisis: Mencius' Two Cosmogonies and Their Ethics", Robin W. Lovin and Frank E. Reynold ed., *Cosmogony and Ethics Order: New Studies in Comparative Ethics*, The University of Chicago Press, Chicago, 1985, p.314.

或「人有私意於其中作為」。故王廷相表示：「古聖人以天立
教」，其意皆旨在標示所為「出於至公，非一己之私也」。若執泥
於古人文句者，真以當吾人有所作為時，天竟然在吾人耳旁叨叨不
休，豈非背離經驗的怪誕之言[84]？三者，道德之理據立於聖人以至
公無私之心，所建立的仁義禮樂制度。在〈作聖篇〉中，王廷相不
僅以「聖人」為「道德之宗正，仁義禮樂之載攝」，更表示：「聖
心純一」，故能「紀綱植而萬化行」[85]。換言之，道德規範的有效
性，再次從形而上的理世界（天之道），回歸於以禮樂儀文為核心
的人文世界（人之道）。

（二）從是否以復性之初為成德工夫而言，橫渠與浚川氣論型態相異

是否肯定天地之性？意指是否將世間之有序，推本於貫穿天地
的形上理序。因此，橫渠與浚川人性論上的差異，也連帶指出二者
氣論的異質性。又基於工夫論與人性論當屬一貫論述，橫渠與浚川
氣論型態相異，也呈現在是否主張復性以成德的工夫論上。以下即
依此展開討論。

在張載思想中，成德成聖的實踐工夫，是必須置於「天人合
一」的理論架構中，才能獲得完整的說明。依其天道觀而言，天地
之性是範圍天地之化以成全體大用的太虛之體性。又基於天人之性
本無二，在人性論上，他以天地之性肯定人定然且必然地為善。人

---

[84]　例如，〈薛君采論性書〉曰：「謂之天命者，本諸氣所從出言之也，非人
　　　能之也，故曰天也」，頁 519。

[85]　《慎言·作聖篇》，頁 761-762。

之所以為不善，乃是源於人自我陷溺在氣質的限制中，而尚未超越氣質之限制以復顯其天地之性的緣故。依此在工夫論上，他以「善反」於確保人性善的天地之性，為成德成性的關鍵。故〈誠明〉曰：

> 性於人無不善，繫其善反不善反而已，過天地之化，不善反者也；命於人無不正，繫其順與不順而已，行險以儌倖，不順命者也[86]。

張載認為，人得自於天的天地之性乃是純一無雜、參和不偏的清虛之氣，是與天之體性同一的道德性。人之有賢智才愚之分，並非源於氣之本然，而是人在氣化生物的歷程中受其「形氣」所限，所產生的「氣之偏」。故君子不以形軀生命的滿足為人生終極的關懷。有德者乃是試圖透過道德實踐以超越氣質之偏，而復返天地之性參和不偏的本然面貌，此即「養其氣，反之本而不偏」[87]。在此，「善反」一指人能於日常生活中，常反省自身之行為是否違背道德

---

[86] 〈誠明〉，頁 22-23。

[87] 〈誠明〉曰：「形而後有氣質之性，善反之則天地之性存焉。故氣質之性，君子有弗性者焉」，依照氣質之性亦得自於天，張載並不以氣質之性為「惡」，而且也否定「惡」在人性中有獨立自存的地位。甚至說，吾人得以具體實存，且能具體的創化道德價值，皆因為吾人具有氣質形軀。但由於氣質之性所指向的皆是個體的形軀生命，而且他以人之道德活動乃是根源於人是否能超越氣質之性的限制，而使生命純化為與天道同質的道德存在（亦即讓天地之性全幅展現）。也因此，張載既然氣質之性並非「人之所以為人之存在價值根據」，當然不為君子視為人之成德的性分所在。

本心[88]。另一則指人能超越具體形軀的氣質之限，使自身所具的天地之性與天理流行感通無礙，由此契入天人合一的境界。所以，張載以「變化氣質」為修養工夫的總綱[89]。並強調「氣之不可變者，獨死生修夭而已」，他認為人除了無法改變生死之必然外，人人皆可透過變化氣質的工夫，使自身在成就德性生命時，超越氣質的種種限制[90]。正是在這一點上，張載承襲了孟子以來，儒學對人之道德性的積極肯定，進而認為人人都能透過道德實踐工夫，使自身生命成為即有限而可無限的存在。此亦所以說，人人皆可通過「學」而「成聖」[91]。

相對於橫渠將復性視為成德關鍵，王廷相則根本否定世間存有天地之性，主張人性即人的氣質之性，既然人之為善不可依據不存在的天地之性，則成德之工夫自然不可能奠基於「復性之初」。依此，他有別於橫渠將「成性」與「復性」視為相表裡，發展出由後天教養陶塑人之道德實踐能力的成性觀。在《慎言・問成性篇》首段，他即徵引《周易・繫辭上傳》佐證將自己的成性觀，曰：

88　〈至當〉，頁 33。

89　《經學理窟・義理》，頁 274。

90　《經學理窟・氣質》，頁 265-268。

91　由《經學理窟・學大原下》曰：「聖人設教，便是人人可以至此。『人皆可以為堯舜』，若是言且要設教，在人有所不可到，則聖人之語虛設耳。」（頁 283）可知，張載不僅認同孟子「人人皆可以為堯舜」的主張，認為凡人皆可通過「學」而成聖。他更指出，若言聖人所用以教化眾人的方式與目標卻是設在「人有所不可到」之處，那麼豈不表示聖人之教化內容並無法達至其原先所設立之目標。如此一來，聖人之語便如同虛設一般而無意義。

> 問成性，王子曰：「人之生也，性稟不齊，聖人取其性之善
> 者以立教，而後善惡準焉。故循其教而行者，皆天性之至善
> 也。極精一執中之功則成矣，成則無適而非善也，故曰『成
> 性存存，道義之門』。」

王廷相認為，人並不是生來就依其本性而被決定的成為「善」或
「惡」。相對者，人是在後天經驗生活中，由自身的努力或墮落，
而成為「善」或「惡」。依此，他首先自陳承繼孔子「相近、習
遠」之說，肯定人人雖在氣質上有清純濁駁之異，但皆能通過
「學」而改變自身氣質。其次，他主張「性成於習」，強調人之善
並非源於本性有善無惡，而是人能順應本性之可為善的一面，進而
努力以「性成」[92]。他認為《中庸》所謂「天命之性」，當是就人
與生俱來的種種能力皆是源自於天而言。若此，則不僅氣質之性亦
為天所賦命之，且人之性所指向的是人與生兼具為善與為惡的能
力，而非人與生俱來即是本然至善的實存者[93]。在〈答薛君采論性
書〉中，他甚至反駁由「羞愧之心」論證「人性本善而無惡」的觀
點，而指出人之所以會在為惡後，產生羞愧之情，並非源於人性皆
善，而是基於「聖人修道立教之功」。換言之，既然人之「性」是
指向人與生俱來的種種才能，而非人之善惡在人性中已然決定。因
此，當論及人性與人之道德行為間的相關性時，吾人所當關注者，

---

[92] 亦即發展人性中足以為善的一面，而成就善，並進而成為善的存在，人方
　　能成就人之所以為人之善。

[93] 對《中庸》首章中的「性—道—教」之關係，《慎言・問成性篇》重新詮
　　解曰：「性者緣乎生者也，道者緣乎性者也，教者緣乎道者也」，並斷
　　言：「故無生則性不見，無名教則善惡無準」，頁 765。

並非昧於事實的主張人性皆善，而應當是重視人之可塑性。最後，對於「人性」與「人之善惡」的一致性問題，他主張「性與道合則為善，性與道乖則為惡」[94]。他指出，由於人與生俱來得以為善或為惡的能力，大體而言，相去不遠。此所以說：「性相近」。然而，人之行為所呈現的善與惡卻千差萬別。故可知，使人去惡而為善的關鍵，不在於人之性具足已然決定人之所是的善或惡，而是在於人之生命歷程中的養成與教化。此所以說：「習相遠」。至此，王廷相再次將人之善或惡的議題，從人性之善或惡的論述中鬆動。並將關注的焦點轉向儒家的教化觀，從人與生俱來足以為善或為惡之能力的培養與抑制上，論述「人」之何以成為「善」（性與道合），或墮落為「惡」（性與道乖）。

（三）橫渠與浚川氣論型態相異的第四種可能觀點

　　由前述（一）與（二）可知，橫渠、浚川屬於異質異層的兩種氣論型態。判別的關鍵在於橫渠氣論必先肯定道體至善之體性與超越性，以及作為萬有生化歸趨的終極目的性。所以，在人性論上，方能由天人之本無二，闡明人性定然且必然為善。在工夫論上，人當以復性之初，作為人檢證所為（道德抉擇）是否必然為善的標準，超越氣質所限的內在動能，以及將實現天地之性的至善視為完滿自我存在價值意義的實踐工夫。依此重新檢視〈橫渠理氣辯〉所引〈太和〉中的三段文字，可知張載以「不得已而然」，描述萬物之生死流轉，即氣化之聚散出入於太虛，並非僅將「太虛與氣化」視為「本體與發用」運轉不息的產物機械。太虛之為本體，不僅是指

94　〈答薛君采論性書〉，頁 518。

氣的本然樣態，還指向太虛為存在與價值之本原，所本然蘊含的圓滿性與目的性。所以由太虛所出的每一個具體實存者，皆不是在氣化偶然具足產物條件時，被無端的拋入世間。世間萬象所呈之秩序性，也非氣化偶成的結果。相對者，太虛雖不假私意（或任意）生化萬物，但「天地位，萬物育」之秩序性，是基於太虛本為至善完滿之存在，故為一切存有的形上理序之超越性。《正蒙》篇首即言「太和所謂道」，所標示的並非氣化流行即是道體，而是氣化流行之道之所以能必然達至「太和」，乃是依據「太虛」至善完滿之體性。是以世間所有源自太虛的存有者，皆依本有的天地之性，在此形上理序中，自具不可剝奪的存在與價值意義。舉凡尚在世間存在之人，基於人之為人的性分，亦當以創化價值朗現此天地之性，證成人在天地兩間的存在目的與意義。故在橫渠氣論中，氣化流行之「聚亦吾體，散亦吾體」，以及「適得吾體」、「不失吾常」，至少包含三項意義：一者，太虛之為完滿本體，卻不以卓然孤存而自滿。故本體必由自體以發用，經氣化生成萬象。所謂「生生之德」，彰顯的是氣化生物乃源自於至善本體恆為保障一切存有價值的本體義，以及發用遍潤萬物的價值義，而非氣化運轉如常的功能義。二者，萬物之存在此世間，亦非僅是氣化流行不已的自然現象，而是以太虛為終極目的與歸趨，不斷自我開顯存在意義的往進歷程。依此，每一個體既以太虛所賦予個體自身之目的，保有獨立自存的存在意義，貞定此身在世間往進的決擇與方向。就氣化統體流行而言，依照遍常於天地萬物中的天地之性，世間最終是以形上理序所貞定的有序世界，而非如佛老將世間歸本於虛空無有的，將世間之有序導向虛妄或無根。三者，基於前述兩點，太虛之本體義即氣化歸趨之終極目的義。故氣化所呈現的實存世界雖有不善的現

象，卻僅當視為「善」之尚未實現，而非「惡」有獨立自存的可能。人之實存於世，雖未必能於此世圓成必善，卻可以通過領會太虛之本體義與終極目的義，以人之道呼應天之道，將此世無間斷地創化道德價值，作為貞定自身存在意義與往進不朽價值的終極歸趨。此所以橫渠氣論可互證著名的「為天地立志，為生民立道，為去聖繼絕學，為萬世開太平」[95]，喚醒古今學者無比的道德勇氣。

　　相對於橫渠氣論所蘊含的超越性，王廷相根本否定在經驗實然之上，另有超然獨立的道體，可作為萬有之存在與價值的形上依據。在天道觀中，他僅保留「氣」之為自然萬象之本然面貌的本體義，亦即氣僅為現象論的本體。掃除了「氣」之為萬有存在之目的與價值之歸趨的本體義，亦即否定氣為本體論的本體。依此，浚川氣論保留「氣」之實有義，氣化得以運轉不息的活動義，以及氣化自體調節運轉均衡所呈現的條理義與秩序義。他可以據此闡明世間本為真實無妄的有序世界，批判佛老以世間為幻妄或無根之說。但既然「氣」之為究竟真實，本不蘊含終極目的義與至善義，則人間價值自不以氣為理據。由此王廷相將人間之價值規範的依據，由推本於形而上的理體或道體世界，重新交還於人。他主張由氣化之生生有序，人僅是取法天道之運行有常。人間的一切價值規範，皆當是由人所創制。並非將天之秩序直接框套對應於人間。甚至荒謬地以天人感應之說，將天地自然運行之道附會於人事當然之理。再順此推論脈絡，他認為依據經驗事實，僅須接受人生而具有為善與為惡的能力，而無須假定人性本然為善。道德規範的普遍有效性，

---

[95]　《近思錄拾遺》，《宋元學案・橫渠學案上》，以及《張子語錄》文句略有差異。本文依據《張子語錄・語錄中》所載，頁320。

根本無須推本於人性之善，或形而上的至善本體。相對者，吾人至多將創制與檢視禮樂儀文是否周延的責任，推本於眾人之中最具才德兼備者，亦即由聖人所擔負。避免為了保障人文世界之美善，反將責任推卸至虛懸無稽的形上世界。同樣的，既然人之為善並非初生即決定，則教育對人之成德的關鍵性，就能避免為默坐澄心、反求自性式的修養工夫所取代。人之道德實踐與創化價值，也必然以人間為場域，以群體社會為對象，而非自身孤居避世，僅靠內觀喜怒哀樂之未發，或是遙契不知何處所的理世界，所能達至。依此可知，王廷相雖以〈橫渠理氣辨〉為題，但所徵引〈太和〉文獻，所取的僅是氣之實有義，氣化之秩序義，以及人之為氣化所成者，其生死如氣化聚散出入太虛的必然義。

　　基於此，本文認同前輩學者將橫渠與浚川視為異質異層的兩種氣論型態。但本文以為橫渠所謂「太虛即氣」，並非意指太虛與氣屬於異質異層關係。理由如下：

　　其一，就行文的一致性而言，張載著作多將「即」作為「即是」。在《正蒙》中，「即」字共出現 5 次，除「虛空即氣」與「太虛即氣」之「即」可解釋為「圓融不離義之即」外，其餘三者皆無此義。相對的，在《經學理窟》以及《橫渠易說》中，張載卻多次的使用「即是」一詞，例如，《經學理窟・禮樂》曰：「樂則得其所樂即是樂也」，〈氣質〉曰：「天德即是虛」，而《橫渠易說・上經》曰：「道，行也，所行即是道」，《橫渠易說・說卦》曰：「不窮理盡性即是戕賊」，皆是明證。若是我們接受作者在行文習慣上的一致性，而《正蒙》作品又是出自於張載本人之手，則將「太虛即氣」解釋為「太虛即是氣」，可能更合乎作者原意。

　　其二，由「太虛即氣」旨在駁斥佛老崇虛尚無之論，可知太虛

與氣同指宇宙究竟真實，而非釐析虛氣屬形而上下的互異關係。〈太和〉以「知太虛即氣，則無無」，首以「太虛」辨析世人所謂的「虛空」並非「空無」，並指出由於太虛即是由無形之氣所遍滿之實有，故世間並無相異於「實有」之「虛無」。所謂「無無」，第一個「無」乃是否定之義，亦即對「空無」之否定。張載由此否定佛家以「世界乾坤為幻化」之說。若將太虛與氣視為異質異層的關係，並主張「太虛即氣」意指「太虛就在氣化中呈顯」，那麼將推導不出關鍵的「則無無」之結論。亦無法銜接張載接著批判佛家「以山河大地為見病」的立論基礎。所以在「太虛即氣」的推論脈絡中，他是由虛氣之同為實有而駁斥虛無之存在可能，而非辨析虛氣乃分屬形而上下的兩層關係。

其三，「冰水之喻」亦表示虛氣同屬一體相連之究竟真實。張載在〈太和〉、〈動物〉，以及〈誠明〉中，都藉冰水之喻闡述儒家天人之本無二之旨。由〈太和〉曰：「氣之聚散於太虛，猶冰凝釋於水」可知，他以「冰」之凝釋比喻「氣」之聚散，以「水」比喻「太虛」，由冰與水的同質關係，闡述虛氣乃是連續而整全之實有，進而否定虛氣之間存在著割裂的「空無」。設若虛氣屬異質，則《正蒙》藉冰水之喻論述天人一體之處，皆可能需要改寫[96]。

其四，「太虛即是氣」並不會使太虛失去超越的本體義。學者反對將太虛理解為氣的一個重要理由，即是擔心這將會使張載哲學

---

[96] 由「知虛空即氣」一段可知，張載否定虛氣乃是空間包含實有的關係，故太虛與氣之間無間隔，二者乃是一連續之整體。依此，氣之聚散於太虛的活動，就並非氣在虛空中活動，而當是一氣之為實有，其自身的凝釋屈伸。〈太和〉，頁8。

墮入唯氣論，甚或唯物論的詮釋。但《正蒙》以「太虛」為不受形所侷限的「氣之本體」，以世間萬象皆為氣化所成之「客形」。「本體與客形」可視為一氣之通形而上下的同質關係，而並不必然得將虛氣詮解為「形而上／下」的異層關係。再者，張載以太虛為氣之本體，本自為氣化發用的始源與萬有最終之歸趨。太虛不僅在生生不已的氣化歷程中，即是貞定氣化萬象的終極目的，而不失根源義與宗主義。依太虛之體性所成的氣化之秩序，也成為氣化世界最終依循的理序。因此可知，將太虛視為本然之氣，並不會使橫渠氣論喪失本體義。

依據以上四點，本文認為，橫渠氣論中的虛氣並非異質異層的關係。太虛與氣之可分，並非存有論上的本質相異，而是作為思想上的可分解關係，亦即《正蒙》所謂「本體」與「客形」之分。雖然太虛即是氣，而為存有之究竟真實，屬不為形所可侷限的形上本體。但當太虛自發為氣化之用，經氣凝成形的具體存有者，其本質雖仍是氣，但基於其存在已為形所侷限，故僅能視之為形而下之器。依此，在本體與客形之架構中，氣既可指向氣之本體，亦即形而上的原初之氣，亦可指向為形氣所拘限的形而下之器。若順此「一而可分」的虛氣關係詮解橫渠氣論，則氣之含義可通形而上下，又可區分太虛與氣在《正蒙》中的區別。更重要的是，太虛之氣仍以其自為本體與終極目的，保有貞定氣化流行的超越義與形上理序義。基於此，本文主張，除前述第五節的三種觀點外，橫渠與浚川氣論有第四種詮釋可能，亦即：二者屬異質異層的氣論類型，但橫渠氣論中的太虛與氣並非異質異層的關係。

七、結論

　　王廷相雖以〈橫渠理氣辨〉為題，但所關注的焦點卻並非以理氣關係為限，而是順宋明儒所倡言的天道性命之學，將理氣人性視為一貫論述。故自陳徵引橫渠氣論，批判朱子「性即理」說不明造化與人性之真。然而朱子本自精熟張載哲學，他對張載理氣心性論的詮釋影響深遠，這可見於明清《正蒙》注解者多出於朱子學，且以朱子之詮釋為準[97]。因此他不以橫渠氣論為宗，當為不滿於張載以氣言道體，未能使道體之為存有與價值依據的遍常性得以穩固不宜。此所以他不僅以「形而上／下」的「理／氣」關係，回應天人之道中的「常／變」議題。更洞見橫渠氣論在虛氣異同關係中所留下的詮釋縫隙，將太虛與氣詮解為形而上下兩層關係。這是王廷相徵引橫渠氣論以批判朱子理氣觀時，理應先辨明卻並未提及者。本文則於二、三節中，分別處理。再者，由於橫渠浚川之氣論語多相似，單純比對二者理氣關係之論述，難以浮顯二者之異。故本文參考當代學者的研究成果，亦遵循浚川的推論脈絡，藉橫渠浚川於人性論與工夫論之異，辨析二者本屬不同的氣論型態。基於此，本文結論有四：

　　1. 就橫渠氣論而言，太虛與氣是一而可分的同質關係。

　　2. 就橫渠與浚川氣論而言，二者屬異質異層的關係，前者之氣

---

[97] 朱子是否牽張載之學以合己意？礙於本文主題與篇幅，無法逐一辨析。相關的研究成果，在肖發榮所著之《論朱熹對張載思想的繼承和發展──以朱熹對《正蒙》的詮釋為中心》（西安：陝西師範大學歷史文化學院〔學科類別：專門史〕博士論文，2007 年），已有部分論及。作者正在撰寫的〈朱子對明清《正蒙》注之影響〉一文，則有更進一步的探討與說明。

具本體義與目的義，後者則無。

3. 依據 1. 與 2.，本文以為在當代比較橫渠浚川氣論的三種觀點中，還可依據對橫渠虛氣關係的判析，而隱含第四種詮釋的可能性。此即：不以體用圓融說解讀橫渠虛氣關係，而是從虛氣屬一而可分之關係，肯定橫渠氣論具超越向度，並依此有別於否定形上本體之超越性的浚川氣論。

4. 基於以上三點，本文以為，在〈橫渠理氣辯〉中，王廷相徵引張載天道性命之學批判朱子，並不合於張載哲學。

貳、《正蒙釋》中的氣有生滅之爭
──從朱熹、高攀龍、徐必達與
王夫之詮釋論起

一、問題澄清

　　氣是否會滅盡無餘？本文以為，不僅是辨析朱子何以批判《正蒙》論氣是個大輪迴的關鍵，更是直指宋明理學的核心議題：世界之所以真實無妄與本然有序的存有根源是本在形氣世界內？或超然於形氣之外？

　　張載（橫渠，1020-1077）著《正蒙》闢佛老，其立論之基礎，即是由「太虛即氣」闡明世界本真實非虛，並以氣化之遍常有序為世界秩序的依據。世界之真實與秩序皆可推本於清通無礙的太虛之氣，且由於萬象皆由氣化所成，故一氣實通貫形而上下，而無須在氣之外另立超然絕對的形上依據。依此，張載所建立的世界觀有兩項要點：其一，太虛與氣化所成的世界，是本體與客形的關係。太虛為氣之體與本然樣態，氣化是出於太虛本體之發用。氣化發用以聚散流行的形式生物不息，凡氣凝成形者，為具體形貌的世間實存者，張載稱之為「客形」；凡氣凝成象者，雖未具特定形貌但其實

存或可為人感知，張載稱之為「客感」。所謂「客」，即暫留之義。由於氣化所成者，皆隨氣化流轉而有生死壞滅。故就形氣而言，萬物皆由生至死，由有形散歸無形。其二，氣化所成的世界，僅有恆存之氣的聚散顯隱、幽明屈伸，並不存在徹底的「空無」。故世界不當用「有／無」界分。由氣凝所成的個體形氣雖有離散，但就氣之初義即為拒斥「空無」的「實有」概念而言，氣為恆存。並非當個體死亡，其氣即無滅盡無餘。依此兩點，張載觸碰了孔孟罕言的死後世界，卻藉氣之恆存闡發《論》《孟》所主張的德性生命之不朽。所以，當《正蒙・太和》言：「聚亦吾體，散亦吾體，知死之不亡者，可與言性矣」時，實即從人向太虛本體之復歸，闡明德性生命之不朽即在於實現太虛生生之常理。並正因「太虛」含蘊氣化最終所歸的終極目的義，虛氣之循環才使自然世界與價值世界本然為一，而氣之恆存則使德性生命之不朽具論理的邏輯一致性，而非宣教式的空言。換言之，「氣無生滅」，「虛氣一體貫通形而上下」，以及「虛氣之出入循環」，是構成橫渠以「氣之神化」闡明「合天人之化」的三項要件，也是橫渠道德哲學的形上論基。

　　朱熹（晦庵，1130-1200）評《正蒙》論氣處是個大輪迴，則是對橫渠氣論刨根式的批判。此中關鍵在於朱子實將世界之所以真實無妄的基礎，推本於世界之外。依此，形上之理雖為形氣世界之所以存在的依據。但理體與氣化所成者，卻是本質互異的形而上下層關係。理雖終須透過氣化落實，而可言「理不離氣」、「理在氣中」。但「理在氣先」與「理不雜於氣」才是朱子視域中的世界本然。順此視域，世界之恆存與有序皆源於理之遍常，而非氣之恆存。相對者，若持論者以虛氣為一體，且氣聚散出入於太虛，不僅

使形上形下混淆不分，更使儒家天道觀預留理論縫隙，容納釋氏以
人死後仍藉有識主體輪迴於世之說。所以，無論是就澄清形而上下
世界的存有論界域，或是辨析儒佛之異，朱子主張氣有生滅，並批
判橫渠虛氣關係類似大輪迴，都有理論上自圓其說的必要性。

　　基於此，本文以「《正蒙釋》中的氣有生滅之爭」為發端，嘗
試釐析明清《正蒙》注解發展中所隱伏的一項議題，亦即：基於論
說世界本源時，朱子與張載各採外在超越論與內在超越論，其立論
基礎本為互斥[1]。故嘗試串言朱、張之說者，如何得以並容兩項本
相互衝突的理氣世界觀？本文主張，詮釋者皆僅能擇一家為存有論
論基。並依此重新詮釋另一家之言。未辨明此點，則無論是在理氣
之辨，或是天人合一之說上，勢必面臨理論衝突。由此亦或可建立
衡量《正蒙》注釋或詮釋，是否切合橫渠氣論的參考點。實則，朱
子即是採此方式詮釋橫渠哲學。因此，無論是就「天地之性／氣質
之性」，或「天德良知／見聞所知」，還是以「理一分殊」詮解
《西銘》，皆是對橫渠語句賦予新詮。

　　最後，在研究資料的揀擇上，本文以朱子、高攀龍（雲從，
1562-1626）、徐必達（德夫，1562-1631），以及王夫之（船山，1619-

---

[1]　誠如前輩學者已指出，作為存有之本體與萬物之關係，並非僅能由外在因
　　果關係理解。存有本體可通過敞開使萬物各安其位的場域性與秩序性，讓
　　萬有得以生生不息。依此，太虛經氣化流行所敞開的有序性，不僅呈現出
　　「秩序亦即一種動力」，也同是「使萬物得以相續相生的實現原理（動
　　力）」。參閱頁 Chung-ying Cheng, 'Model of Causality in Chinese
　　Philosophy: A Comparative Study', *Philosophy East and West*, Vol. XXVI,
　　No.1, Jan 1976, p.16；袁保新，《從海德格、老子、孟子到當代新儒學》
　　（臺北：臺灣學生書局，2008 年），頁 258-259。

1692）四家注為中心，其理由有三：一者，僅管朱子以新詮取代《正蒙》原義，但歷來注解《正蒙》者，不僅多為朱子學者[2]，即便不宗法朱子詮釋者，亦以朱注為論辯對象[3]。故朱子之說實為無可迴避的探討內容。再者，高、徐之注不僅為晚明傑出的作品，且徐氏明言以高注為撰寫《正蒙發明》時的參照與論辯對手。故《正蒙釋》將高之《集注》與徐氏之《發明》合編，正對顯重「氣」與重「理」兩種詮釋《正蒙》的進路。三者，船山《張子正蒙注》不僅是當代學界探討最廣的《正蒙》注，也是對朱子批判《正蒙》論氣似輪迴說最完整的再批判者。他不僅洞見朱子評析根本性的鬆動橫渠氣論，也從「貞生死以盡人道」闡明《正蒙》論氣之聚散與德性生命之不朽間的必要聯繫。故本文以朱注為論爭發端，以朱、徐與高、王之注，呈現《正蒙》注解史上的不同詮釋進路。以下正文共分四節討論。

二、朱子評《正蒙》論氣化聚散處是個大輪迴

在《朱子語類》中，朱子曾引證伊川所言：「橫渠之言誠有過

---

[2]　陳來先生即留意此現象，以及船山《正蒙注》在明清張載哲學發展上的關鍵意義。陳來，《詮釋與重建——王船山的哲學精神》（北京：北京大學出版社，2004 年），頁 291-304。

[3]　誠如學者已指出，朱子的官學地位在明清兩代形成一種弔詭的風潮，亦即促使欲矯正時蔽之儒者，將朱子學，甚至是宋明理學為批判對象。Benjam A. Elman, *From Philosophy to Philogy* (Cambrige and London: Harvard University Press, 1984), p.53。

者，乃在《正蒙》」，以及「以清虛一大為萬物之原，有未安」[4]
等語，指出二程對橫渠氣論的主要批判有二：一者，以清虛一大等
具形而下意象的概念指謂形而上的道體，恐使道體之本體義滑降為
氣之體狀義。二者，在於《正蒙》以「氣之聚散皆吾體」論「死而
不亡可與言性」，有陷入釋氏輪迴說之嫌。朱子並非不知張載實以
氣論破除佛家輪迴觀。他甚至認同張載以「鬼神」為「二氣之良
能」，破除世俗對鬼神能干涉人間事務的迷信[5]。同樣以陰陽對反
活動解釋鬼神不過是氣化的一環，而非人所不能理解的神祕現象。

---

[4]　〔宋〕朱熹，〈張子之書二〉，《朱子語類（肆）》，收入朱傑人等／主
編，《朱子全書》第 17 冊（上海：上海古籍出版社；合肥：安徽教育出
版社，2002 年），卷 99，頁 3329。

[5]　在《性理拾遺》中，張載對世人所謂的「鬼神」之說，提出多項質疑：
(1)世人對「鬼」之描述雖多似親眼所見，但是一旦讓說「鬼」者詳細描
述鬼之樣貌，則說者要不是以「鬼」乃無形之物逃避探問，要不就是每一
個說鬼之人對鬼的描述都不同。顯然「鬼」只是人云亦云下的產物，而非
真實的存在。(2)無形之物與有形之物可施力做為的範圍和對象並不相
同，例如，無形之天可以產生雷霆卻不能製造舟車，而有形之人可以製造
舟車卻不能產生雷霆一般，天與人各有其施力作為的範圍和對象。如果說
人和天都不能兼有對方之所長，但是人死之後所變成的鬼反而能同具「天
人之能」（鬼神之無形如天，其動作如人，故說鬼神兼天人之能），則顯
然難以讓人信服。因此，張載否認有所謂能影響人間吉凶的鬼神存在。
(3)如果真有世人所說的鬼神存在，而且死後之鬼仍保有生前之知；那麼
慈母死後必不捨仍活在世間的子女，理當日夜和人間的親人聯繫。但是實
際的情形並非如此，因此鬼神之說並不可信。(4)如果說鬼神能作用吉凶
於人間，使善有善報、惡有惡報，那麼又何以解釋世間所發生者往往是小
惡遭受重罰，或是德福並不一致的問題呢？由此可知，鬼神能賞善罰惡之
說並不可信。〔宋〕張載，《張載集》（北京：中華書局，1978 年），
頁 373。

例如，在《朱子語類》中，朱子曾就「鬼神」之字義，提出說明：

> 問：「橫渠謂：『鬼神者，往來屈伸之意，故天曰神，地曰
> 示，人曰鬼。』『示』字之義如何？」曰：「《說文》
> 『示』字，以有所示為義，故『視』字從『示』。天之氣生
> 而不息，故曰神；地這氣顯然示人，故曰示。向嘗見三舍
> 時舉子《易義》中有云：『一而大謂之天，二而小，謂之
> 地。』二而小，即『示』字也，恐是《字說》。」又曰
> 「『天曰神，地曰示』者，蓋其氣未嘗或息也。人鬼則其氣
> 有所歸矣。」[6]。

順引文可知有三：首先，在「形而上／下」的架構中，朱子認為，
不僅「鬼」屬於形而下之氣，「神」亦只是從天之氣生而不息的活
動上而言。依此，鬼神義之「神」，亦只是氣化之良能，並不等同
於形而上的理體。其次，在「本體／作用」的架構中，朱子更進一
步指出，鬼神又不可直接等同於「氣」，而當視為陰陽二氣氣化活
動中所呈現的功用。因此，他認為張載以「二氣之良能」指稱「鬼
神」，是十分精準的描述。最後，朱子將其理氣論置入對儒家經典
的詮釋中，闡明儒者如何由形而下的氣化作用，領會形而上的理
體。當黃榦（勉齋，1152-1221）請教《中庸》、《易傳》中的「鬼
神」義時，朱子表示：「鬼神視之而不見，聽之而不聞，人須是於

---

[6]　〔宋〕朱熹，《朱子語類（肆）》，收入朱傑人等編，《朱子全書》第
　　17 冊（上海：上海古籍出版社；合肥：安徽教育出版社，2002 年），卷
　　99，頁 3332。

那良能與功用上認取其德」，在此指出橫渠氣論對儒家天道觀的開
創，是由氣化作用呈顯天地生物之功，教導學者從理解氣化之良能
與天地生物之功用中，向上做一翻升式的理解，由此領會天地之大
德，進而在參贊天地之化育中發揮為實現道德價值的動能[7]。

　　值得注意的是，朱子既如此肯定張載的鬼神觀與生死觀，他又
何以批判《正蒙》沾染輪迴說的色彩？這主要是出於〈太和〉下述
這段文字，曰：

> 太虛不能無氣，氣不能不聚而為萬物，萬物不能不散而為太
> 虛。循是出入，是皆不得已而然。
> 聚亦吾體，散亦吾體，知死之不亡者，可與言性矣。

由引文可知，張載之意，本在於藉由氣之普遍恆存，指出人之死亡
並非消散於無。依此，一方面破除世俗之人對於死亡的恐懼，批判
釋氏以死生輪迴之說媚惑世人。另一方面，則指出：「道德性命是
長在不死之物也，己身則死，此則常在。」[8]，闡發儒家天道性命
通貫為一之義理。程朱對張載此說的批判，並不是由於《正蒙》以
個體之氣復歸太虛的說法，在文字表述上類似釋氏輪迴說。朱子是

---

[7]　例如，在《朱子語類・中庸二》中，即記錄直卿曰：「向讀《中庸》所謂
　　『誠之不可揜』處，竊疑謂鬼神為陰陽屈伸，則是形而下者；若《中庸》
　　之言，則是形而上者矣。」曰：「今且只就形而下者說來，但只是他皆是
　　實理處發見。故未有此氣，便有此理；既有此理，必有此氣」。〔宋〕朱
　　熹，《朱子語類（參）》，收入朱傑人等編，《朱子全書》第 16 冊，卷
　　63，頁 086-2087。

[8]　《經學理窟・義理》，頁 273。

從理論的高度，從兩方面批判張載之說：一者，朱子持新氣說而有別於張載氣論。雖然，朱子接受張載以「氣」為兼攝「虛實」之「有」的論點。但是朱子認為，由實存世界本是在日新又新中生生不息，氣之流行亦不當是由舊的氣不斷相互替換[9]。依此可知，氣之流行當是以新氣替換舊氣的方式運行。儘管順此解讀古籍難免發生牴觸，例如朱子也發現若持新氣說，則人死後之氣當不復存，如此在說明祭祀祖先的禮儀時，甚至可能動搖宗教的神聖性[10]。二

9　程頤（伊川，1033-1107），亦如此主張，曰：「凡物之散，其氣遂盡，無復歸本原之理。天地間如洪鑪，雖生物銷鑠亦盡，況既散之氣，豈有復在？天地造化又焉用此既散之氣，其造化者，自是生氣。至如海水潮，日出則水涸，是潮退也，其涸者已無也，月出則潮水生也，非卻是將已涸之水為潮，此是氣之終始」。〔宋〕程顥、程頤著，《二程集》（北京：中華書局，1981年），頁163。

10　例如，《朱子語類・中庸二》便記載如下問答：「問：『昭明、焄蒿、悽愴』，是人之死氣，此氣會消了？』曰：『是。』問：『伸底只是這既死之氣復來伸否？』曰：『這裏便難恁地說。這伸底又是別新生了。』問：『如何會別生？』曰：『祖宗氣只存在子孫身上，祭祀時只是這氣，便自然又伸。自家極其誠敬，肅然如在其上，是甚物？那得不是伸？此便是神之著也。所以古人燎以求諸陽，灌以求諸陰。謝氏謂『祖考精神，便是自家精神』，已說得是。」。由引文可知，當朱子以二氣屈伸解釋《中庸》鬼神觀時，雖能由氣之歸說明人之死氣終將消散，但當人進一步追問，既已消散之氣是否能重新復來？朱子所持的氣之新生說，則顯然陷入理論上的兩難。若說「氣之神」則是「氣之伸」，此若非由氣之神而肯定此復來之氣必存，若非則是由此氣必不復來，而貫徹氣之歸終將散去。然而，肯定前者，將使「人死氣散」說難以自圓；肯定後者，則將使祭祀之禮導向祭拜虛空無物。此所以朱子必須跳出以「氣之伸與歸」解釋「鬼神」的架構，另外以「祖宗氣只存在子孫身上，祭祀時只是這氣」回答之。在解釋《論語》時，朱子亦再次以此嘗試自圓其說。《朱子語類・論語七》記

者，朱子認為張載類似輪迴說的論點，將可能使人之性與物之性相混，反使人禽之辨不顯，儒家天道性命之學不明。朱子曾發揮伊川之言，曰：「『禪家言性，猶日下置器』，謂輪迴也，如以蟻性與牛，是傾此於彼」，認為輪迴說的困境之一，在於將每一個體本不相同之性，視為可以相互替換轉移[11]。例如，持輪迴說者主張，螞蟻可通過輪迴投胎轉世為牛，蟻之性則順此轉與牛。再者，即便吾人接受某些歷史上的特例，無須全面否認釋氏投胎之說。但朱子認為，佛家的輪迴觀仍有以偏概全的理論缺陷。更重要的是，設若肯定人之魂總在輪迴不已中常存，則天道運行、世事流變，以及歷史發展中所呈顯的盛衰、消息、聚散、有無、成虧之理，皆將因為輪迴說而動搖。人之為人所當努力的目標，也將從法天道以明人事，一轉而成關注有識主體之解脫輪迴[12]。基於以上兩點，朱子提出兩

載：「問：『祭如在』，人子固是盡誠以祭，不知真可使祖宗感格否？」曰：「上蔡言：『自家精神，即祖考精神。』這裏盡其誠敬，祖宗之氣便在這裏，只是一箇根苗來。如樹已枯朽，邊傍新根，即接續這正氣來。」。〔宋〕朱熹，《朱子語類（參）》，《朱子全書》第 16 冊，卷 63，頁 2084；〔宋〕朱熹，《朱子語類（壹）》，《朱子全書》第 14 冊，卷 25，頁 897-898。

11　所謂：「禪家言性，猶日下置器」，意指持輪迴說者主張，人死後其性可由有識主體的方式，在另一世轉為其他人或者是其他物類繼續存在，將人之性視為可以不斷更替者，如同日光下的物體會隨著受光角度不同，其影子會以不同型態不斷更替一般。引文見《朱子語類・程子之書三》。此外，在〈釋氏〉中，則是記載為：「問說禪家言性，太陽之下置器處。曰：『此便是說輪迴。』」。〔宋〕朱熹，《朱子語類（肆）》，《朱子全書》第 17 冊，卷 97，頁 3286；〔宋〕朱熹，《朱子語類（伍）》，《朱子全書》第 18 冊，卷 126，頁 3954。

12　在《宋元學案・晦翁學案（上）》中，即記載：「然則釋氏投胎之說，有

項觀點：

　　其一，張載以儒學闢佛之意本十分明確，則理當在詮釋橫渠氣論時，從旁釐清《正蒙》類通釋氏之言，才是欲闡明張載思想者所當盡力之處。

　　其二，朱子重新解讀《正蒙》陷入釋氏輪迴說之嫌的文字。他重新詮釋「二氣之良能」，認為所謂「良能」，乃是就氣本自含蘊且能充分發揮之功能而言。依此，他主張「神」乃是指「氣之伸」或「氣之盛」，而「鬼」乃是指向「氣之歸」或「氣之散」。在此詮釋脈絡中，他修改《禮記・祭義》曰：「氣也者，神之盛也；魄也者，鬼之盛也」的說法。他以「形／氣」架構說明人稟氣而有的「魂魄」當如何區分。他認為，「魂」、「魄」皆屬於「氣之神」，都是「陰陽之靈」，亦即由陰陽二氣在人身上所展現的靈動功能而言。所謂「魂」乃是「氣之神」，而「魄」乃是「形之神」。至於「鬼」乃是指氣之消散，而非指從人死後消散之氣仍以另一種型態繼續存在，或是消散之氣可返回於太虛。依此，當詮釋《中庸・第 16 章》所謂：「鬼神之為德」一段時，他即曰：「鬼是散而靜，更無形，故不必言。神是發見，此是鬼之神。如人祖考氣散為鬼矣，子孫精誠以格之，則『洋洋如在其上，如在其左

　　之乎？曰：有之，而不盡然也。史傳如羊叔子識環之事甚多，故不可謂之無。」，又說：「此在億兆分之中，有此一分，其餘皆隨氣而散；散有遲速，總之不能留也。釋氏執其一端以概萬理，以為無始以來，此魂常聚，輪迴六道，展轉無已。若是，則盛衰、消息、聚散、有無、成虧之理，一切可以抹卻矣」。〔清〕黃宗羲撰，全祖望補訂，《宋元學案》，收入沈善洪主編，《黃宗羲全集》第 4 冊（杭州：浙江古籍出版社，2005年），頁 843-845。

右』，豈非鬼之神耶？」[13]。由此既保留儒家古籍對鬼神之宗教義
的描述，維繫「禮」之宗教性與神聖性，又能發揮理氣論的解釋效
力，掃除將鬼神視為干預人間事務的神秘力量[14]。

三、高攀龍《正蒙集註》對橫渠似陷輪迴說的反駁

　　相較於當代宋明理學分系時，多將張載與程朱區分為理路相異
的兩種學說，高攀龍則以橫渠伊川朱子同承曾子學脈[15]。因此，他

---

[13] 朱子亦曾就「一氣」與「二氣」分說「鬼神」，《中庸章句・第 16 章》
曰：「以二氣言，則鬼者陰之靈也，神者陽之靈也。以一氣言，則至而伸
者為神，反而歸者為鬼，其實一物而已」。〔宋〕朱熹，《四書章句集
注》，《朱子全書》第 6 冊，頁 41。

[14] 例如，杜保瑞先生即指出：「儒學史上也有否定鬼神存在而只視之為作用
原理的，這是宋代的張載的說法」，他又說：「朱熹的作法便是將鬼神當
成人死後尚未源泉散去的魂魄中之魂，但魂魄終究是要散去的，這就一方
面解釋了日常經驗中的鬼神現象問題，另方面站穩了現世人倫關懷不需要
鬼神涉入的理論立場」。杜保瑞，《南宋儒學》（臺北：臺灣商務印書
館，2010 年），頁 472-473。

[15] 高攀龍曰：「自古以來，聖賢成就俱有一箇脈絡。濂溪、明道與顏子一
脈；陽明、子靜與孟子一脈；橫渠、伊川、朱子與曾子一脈」。然而，儘
管高攀龍與顧憲成等東林學者，多已從內聖外王兩面，將明末士風之淪
喪，歸諸王學之流弊。但由於高攀龍在形上思想上，更傾向減殺朱子學中
形上理體的超越義。所以，也有學者對高攀龍究竟是尊朱？或尊王？有不
同看法。對此時期的儒學氛圍，錢穆、李紀祥均有深入的探討，讀者可參
閱。〔明〕高攀龍，《高子遺書・會語》，卷五，收入《文淵閣四庫全書
本》（臺北：臺灣商務印書館，1983 年），頁 22；錢穆，《中國近三百
年學術史》（臺北：臺灣商務印書館，1966 年），頁 1-21；李紀祥，
《明末清初儒學之發展》（臺北：文津出版社，1992 年），頁 33-44。

並不認為張載與程朱在論理氣關係時，存在著理論型態上的根本差異。但在論及萬有之本源時，他卻堅守橫渠「虛空即氣」的論述，以氣為萬有之所以真實無妄與本然有序的基礎[16]。他採「氣能載理，理不離氣」[17]的詮釋進路，認為張載「聚散皆吾體」之說，並未沾染佛教輪迴觀色彩。這可從「天地之性」恆存，以及「真元之氣」生生不息，這兩點得知。現分述如下：

　　其一，就「天地之性」恆存而言。首先，他接受朱子對張載人性論的新詮，以「天地之性」墮入氣質，而非另有所謂氣質之性[18]。其次，他以天地之性即是天之體性，亦即是遍滿天地兩間的形上之理。由於形上之理無有生滅，基於「性即理也」[19]，人稟受於

---

[16]　例如，《高子遺書・卷三》即曰：「天地之先，惟斯一氣」（頁 368），《高子遺書・卷四》更曰：「天地間渾然一氣而已，張子所謂『虛空即氣』是也，此是至虛至靈有條有理的，以其至虛至靈在人，即為心，以其有條有理在人，即為性，澄之則清，便為理，淆之則濁便為欲」。高攀龍不僅以天地萬物之究竟真實皆推本於一氣渾然，而且發揮張載「由太虛而有天之名」之要旨，以人之心性理欲皆通歸一氣。對此，當代學者亦有專論深入分析，例如，張學智先生指出：「高攀龍接受了張載的思想，以氣為天地間惟一實體」，並表示：「高攀龍論氣，多與心性合言」。周熾成先生甚至主張，高攀龍有「氣─心─性─理」四位一體之說，用以辨析儒學與老釋之異。張學智，《明代哲學史》（北京：北京大學出版社，2003年），頁 417；周熾成，《復性收攝──高攀龍思想研究》（北京：人民出版社，2007 年），頁 162-163。

[17]　〔明〕高攀龍集註，徐必達發明，《正蒙集註・太和》，收入《正蒙釋》（明萬曆刻本）（臺北：莊嚴文化事業公司，1995 年），頁 679。

[18]　〈誠明〉，頁 702-703。

[19]　〈中正〉，頁 716。

天的天地之性，亦無生滅[20]。依此，在註解〈太和〉「聚亦吾體，
散亦吾體，知死之不亡者，可與言性矣」時，他表示：「性無生死
也，何厶之有」[21]。他承繼張載的論點，批判釋氏輪迴觀之誤在於
妄臆天性，僅知體虛空以為用，便以世間為幻妄。卻不知「虛空即
氣」[22]，天地萬象雖皆由一氣聚散所化生[23]。但「理之與氣一而
二，二而一者也」[24]，故氣化所成者，皆由天地之理氣保障其真實
無妄[25]。由此他總結性地批判曰：「釋氏之失，一言以蔽之曰，不

20　在註〈誠明〉「盡性，然後知生無所得，則死無所喪」，曰：「生死者，
　　形也。性豈有生死哉。是以君子夭壽不二，實見其無二也」（頁 700）。

21　《正蒙集註・太和》，頁 674。

22　〈太和〉，頁 674。

23　高註〈乾稱〉「太虛者，氣之體」，即曰：「天地之間一氣而已」（頁
　　772）。

24　〈太和〉，頁 672。

25　值得注意的是，高攀龍雖也將「理氣」視為「形而上下」的關係。但他高
　　看氣的存有論位階，而有別於朱子以理氣為異質異層的二者，也否定有孤
　　立於氣化之外的理體。在詮釋〈太和〉「太和所謂道」與「知虛空即氣」
　　兩段時，他接受張載以形而上下為一體的論點，所謂「形而上下」乃是從
　　「形」與「不形」上區分，亦即是否為形象所拘限，而以有形象所呈現。
　　由於「理無形而難窺，氣有象而可見」，故理為形而上，氣為形而下。依
　　此，他甚至批判羅欽順（整庵，1465-1547）對〈太和〉「聚散皆吾體」
　　與「死而不亡」的詮釋。他認為羅氏以「理無聚散，氣有聚散」分理氣為
　　形而上下，僅落在氣化發用上言。故以「常／變」關係論理氣之分。此說
　　雖非有誤，但尚未論至本原處。高氏表示：「若以本原論之，理無聚散，
　　氣亦無聚散，如人身為一物，物便有壞，只在萬殊上論」。高氏取「一本
　　萬殊，萬殊一本」的論調，不僅認為理氣之形上形下，並非以聚散、變
　　動、常與不常為根本區分。藉由他所舉之例可知，他也順此反對人死即壞
　　滅無餘的論點。這種嘗試消彌理氣隔閡，拉近形上形下之殊異的努力，實

能窮理而已」[26]，其欲以輪迴觀說明「人死為鬼」，卻僅是「棄人事以求天性也」[27]，而實不知「鬼」[28]。

其二，就「真元之氣」生生不息，而言人之死生如一。高氏以天地兩間皆一氣流行，萬象皆由氣化所成。若說透過「理（本體義、秩序義）—氣（活動義、實有義）」這組概念，可闡明萬象所呈者，皆乃真實無妄的有序世界[29]。他則是導入「真元之氣」或「元

穿於高氏的著作中。他不僅在道器論上表示：「器即是道」（672），更就天人關係曰：「吾之氣即天之氣」（〈乾稱〉，頁 766），主張理氣是可區分而不可分離的關係。因此，有學者便主張高攀龍雖自言宗法程朱，但其學更接近氣本論者。例如，王俊彥先生，便將高攀龍歸為「心性氣是一」的氣本論者。〔明〕高攀龍，《高子遺書·會語》，卷 5，收入《文淵閣四庫全書本》（臺北：臺灣商務印書館，1983 年），頁 14-15；〔明〕羅欽順，《困知記》（北京：中華書局，2013 年），頁 38-39；王俊彥，《王廷相與明代氣學》（臺北：秀威科技資訊公司，2005 年），頁 369-383。

26　對〈大心〉「釋氏妄意天性」一段，高攀龍以儒家體用觀，批判釋氏「作用是性」、「以覺為性」說，乃是以六根見聞之知而言「性」，僅能見天之化用，而不知「用」本於「體」。故不能明「六合人世皆天理之當然，即天性也」。（頁 709）。

27　《正蒙集註·乾稱》，頁 769。

28　高氏以為，儒者洞見人事本於天道實然之理。因此，人在世間雖不免遭遇艱難，但反求諸己，則能以本受於天之性分，積極承擔人倫之常。此所以說：「人之性，天之道，一也」（〈誠明〉，頁 699）。相對者，釋氏未見道體之真，遂以世間萬象皆為幻妄而不可執。故走向否定現世，改以追求人自輪迴苦難中解脫為目標。因此他批判釋氏，曰：「不知天德，則以未嘗格物窮理，而徒欲得道以免生死輪轉」（〈乾稱〉，頁 769）。

29　在註解〈誠明〉時，他指出：「生者，氣也；生之理者，性也」，又徵引葉氏之言曰：「天命流行賦予萬物純粹至善，所謂天地之性也。氣聚成形，此性墮於其中，氣質用事始有純駁偏正之異，所謂氣質之性也。人能

氣」概念，指出氣化中之「生意」，闡明天道生物不息的動因[30]。
他區分「真元之氣」與「形氣」，前者為氣之本體，後者則是萬有
由氣凝所成的客形。就形氣而言，人死形潰，形氣亦隨之消散。但
若推本人之得以生，則真元之氣恆存，人之形軀內的真元之氣並未
因人死而消亡，而是復歸於真元之氣的統體流行中。由此不難發
現，他不僅高看真元之氣的存有論意義，而且在推本人性之源時，
將「天地之性」與「真元之氣」同視為可並舉解釋生之所以然的概
念。現在的問題是，高氏在此僅指出人死形潰後，真元之氣復歸造
化，而非滅盡無餘。但復歸之氣是否仍能以魂氣的形式存在？或再
由此氣再生為人？這就關乎高攀龍是否與朱子同調，站在新氣說陣
營。然而在詮解「遊魂為變」（《周易·繫辭上傳》）時，高氏的立場
似乎與程朱有異。對於伊川所謂：「既是變，則存者亡，堅者腐，
更無物也」[31]，高氏表示：「此殆不然。只說得形質耳。遊魂如何
滅得？但其變化不可測識也」。他藉真元之氣與形氣之分，認為伊

善反，變化氣質，則天地之性不失其初矣」（頁 702-703），他以氣之活
動義闡明天地兩間何以生機不息，而非死寂世界。並以「理」解釋生之所
以然，以及造化所成之世界必為純粹至善，且井然有序。由此指出「惡」
與「失序混亂」，皆僅為暫時性的現象。

30　高攀龍曰：「真元之氣，生生無窮，一息不生，便死矣。草木至秋冬凋
　　謝，是霜雪一時壓住，彼之生生無一息之停也。不然春意一動，其芽何以
　　即萌？人之爪髮即草木之枝葉也。飲食是外氣，不過借此以養彼耳。其實
　　真元之氣何藉乎此哉！人之借飲食以養其身，即草木之滋雨露以潤其
　　根」。〔明〕高攀龍，《高子遺書·會語》，卷 5，收入《文淵閣四庫全
　　書本》（臺北：臺灣商務印書館，1983 年），頁 14。

31　高氏引伊川之言，可見於《河南程氏遺書》。〔宋〕程顥，程頤，《二程
　　集》（北京：中華書局，1981 年），卷 18，頁 190。

川所言僅達形氣，而未見真元之氣實恆存。他從三方面指出此說的
困境。一者，他認為「聖人即天地也，不可以存亡言」。由於聖人
乃是超越形氣之侷限，使全幅生命即為真元之氣的充分朗現，而與
天地同德。若說聖人之魂亦隨形氣散盡無餘，則豈非混同聖人與凡
人在德性生命上的差異，否定了聖人之德性生命可與天地同為不朽
的可能？再者，有些人雖尚未達至聖人，但仍在有生之年樹立起種
種道德功績與典範。若說這些人的德性生命也隨形氣毀朽，豈非意
味忠臣義士之氣節與精神，根本不可能縣貫古今？依此兩點，他批
判曰：「自古忠臣義士何曾亡滅？避佛氏之說，而謂賢愚善惡同歸
於盡，非所以教也」。三者，高氏曰：「況幽明之事昭昭於耳目
者，終不可掩乎」，批判人死即滅盡無餘之說，並指其與日常經驗
不相符。依此三點，他徵引橫渠之言總結曰：「大易不言有無，言
有無諸子之陋也」[32]，認為凡以人之魂氣必隨形潰而滅盡無餘者，
並未符合儒家慎終追遠、表彰氣節不朽之教。

　　基於上述，高攀龍從「一本」與「萬殊」論氣之恆存與聚散兩
面。他認為，就氣化所成之萬殊而言，其形氣會由生死而有聚散。
但就氣為萬殊之一本而言，形而上之氣則無聚散生滅。依此，若人
能以德行實踐超拔於形氣之侷限，則人之德性生命亦通同於恆存不
朽的太和元氣。故他並不否認人死後仍能以魂氣隱顯的形式存於世
間，然而，此魂氣是否能成為再生為人之資？若答案為是，則是否
又陷入有識主體轉世為人的輪迴說困境？他並未有明確的答覆。真
正將此議題顯題化，並從存有論的視域探究此議題者，則是王船山

---

[32]　〔明〕高攀龍，《高子遺書》，收入《文淵閣四庫全書本》（臺北：臺灣
　　　商務印書館，1983 年），卷 1，頁 20。

經《周易外傳》至《張子正蒙注》的反省才得見。

四、徐必達《正蒙發明》對朱子評析的承繼與開展

　　徐必達《正蒙發明》認為，橫渠氣論雖利於闡明天人合一之
學，破除佛老崇虛尚無之論。但以太虛為萬有之根源，如同將遍常
之道體立於變動之氣化上，終究未能顯明形上道體的本體義、遍常
義與理序義。朱子以形上之理開展出理氣不離不雜的格局，雖顯明
理體的本體義與遍常義，卻有將理體推向淨潔高闊的形上世界之
嫌。對此形而上下世界間對裂的緊張關係，嘗試解決的途徑之一，
即是串言張載氣論與朱子理學。依此，他一則面接納橫渠的論點，
以氣為貫穿天人的實有，肯定世間萬象真實無妄。二則承繼朱子對
橫渠論道體未為洞澈的批判，認為理氣屬不離不雜關係[33]。三則主

---

[33] 對〈太和〉所言：「知死之不亡者，可與言性矣」一段，在《正蒙釋》所
收錄徐氏的《發明》中，明儒徐必達即曰：「此章節即足上章未盡之意。
無聚不散，無散不聚，所謂死之不亡也。非如輪迴之說，亦非別有一箇不
亡的道理在也。君子通乎晝夜之道而知斯可言性矣」。他採朱子氣有生滅
說為詮釋進路，認為張載以氣之聚散說死而不亡，是指人死形潰乃氣由凝
而散釋於氣化流行中。所以是從客形復歸造化，而說人死為鬼，與聚散皆
吾體。但人死即意謂個體之氣已盡，既謂「已盡之氣」自然隨形潰而逝，
不僅不再以個體的形式存於世，而且也無法再作為生氣之資，復生為他人
或他物。故世間萬物之生生相續，不是故去之舊氣反覆流轉，而是生氣以
日新日生的形式創化不已。由於天道生生，乃是指舊氣已盡，新氣又生。
所以，人死後不可能仍以保有意識主體的形式，恆存於氣化流行中。依
此，他認為張載不僅未陷入釋氏輪迴說，而且正對佛家有識主體受生循環
說的有力批判。〔明〕高攀龍集註，徐必達發明，《正蒙發明》，收入
《正蒙釋》，頁 674。

張理不離氣，反對在形氣世界之外另有淨潔空闊的理體世界。所以，他藉「理在氣中」兼攝朱子與張載泛論世界何以真實無妄的論點。肯定唯一實存的世界，即是一氣相續的世界。世界的生成變化即是氣化流行不已。萬物之生於氣凝成形，死亡則形潰氣散，皆一氣之流行。至此，以氣之實有義保障世間萬象的實存，是橫渠與朱子皆同者。但在橫渠太虛即氣的架構中，太虛之氣不僅具保障現實世界實存的實有義，還包含恆存義與遍常義。因此，氣雖會以凝釋聚散的形式，形成個體化的「客形」，或不具特定形貌但吾人可感受的實之象的「客感」。可是當個體死亡，凝聚於客形之氣僅是散歸於整體氣化流行中，並非隨個體之氣已盡，則氣亦變成已盡之氣，或即將消逝的舊氣。換言之，氣依其實有性與恆常性，僅有氣凝為客形客感與復歸氣之本體的兩種存有狀態，而不會消逝滅盡。所以在橫渠氣論中，並無「已盡之氣」可言。

　　但當徐必達藉朱子理氣論詮解橫渠氣論時，他雖仍保留氣之實有義，卻將恆存義與遍常義歸諸於「理」。所以，他雖如橫渠以氣解釋實存世界的實有與生成，卻認同朱子以「理」方是恆存者，主張氣化中生生相繼的是理而非氣。一物之新生，乃是新氣承繼恆常之理的「生意」，使氣依理凝聚生成新物，而非過往之氣又再次以氣聚成形的方式復生為此物[34]。依此模型，他可以掃除橫渠氣論以

---

[34] 在《朱子語類·理氣上》，當有人問朱子：「大鈞播物，還是一去便休，也還有去而復來之理？」朱子明確答曰：「一去便休耳，豈有散而復聚之氣！」（頁121）。他甚至以《易·復卦》之卦義，發揮理恆存氣有盡之義，「復」不是氣之復生，而是理之生意藉氣再次由潛存而實現。所謂「生氣」並非過往之氣恆存於世，而是新氣繼理之生意而得以新生，由此新氣代舊氣，氣氣相續而生生不已。朱子又曾以穀物為喻，以穀物之生包

「氣之歸」釋「鬼」，若一氣恆存復生，恐與佛家以鬼為有識主
體，在世間輪迴不已說相結合的可能。所以在《正蒙發明》中，他
一改橫渠以一氣恆存生生，解釋造化生生不息的宇宙論模型。他改
以新氣代舊氣的形式，解釋氣化何以生生不息。並據此批判釋氏欲
以輪迴觀解釋生死，卻實屬不知天、不知人，且不明鬼之論，曰：

> 氣有聚散，氣散為鬼，非既散之氣復為方伸之氣也。佛氏以
> 覺為性，謂人雖死而覺性不散為鬼，重復受生輪迴循環，遂
> 指為苦海求免，是不知鬼也。氣聚為人，日用事物莫非實
> 理，佛氏指四大為假合，是不知人也。天性在人猶水性之在

含兩面：一者，包裹著穀物所有生命機能的外皮形體，此即穀物經氣凝而
實存的形氣；二者，則是被穀物形氣外皮所包裹蘊含的「生意」，此即穀
物何以實存的所以然之「理」。換言之，他從「氣」與「理」解釋現實之
物之「實然」與「所以然」。例如，《朱子語類‧學而上》即曰：「每箇
穀子裏，有一箇生意藏在裏面，種而後生也」（頁 690-691）；在《朱子
語類‧大學三‧釋明德》曰：「這箇物事，即是氣，便有許多道理在
裏」，又曰：「既有這物事，方始具是形以生，便有皮包裹在裏。若有這
箇，無這皮殼，亦無所包裹。如草木之生，亦是有箇生意了，便會生出芽
蘗；芽蘗出來，便有皮包裹著」，理氣在個體中的關係，亦如穀物的外皮
形質包裹著內在穀種生意的不離不雜關係。他甚至依此喻批判當時部分儒
者雖言「順性命之理」，卻僅是守著形軀生命，亦如佛老之徒，誤以形氣
為究竟真實，而忽略在形軀生命中恆存不朽者，乃是使人之為人的理。因
此，他批判曰：「佛、老也只是理會這箇物事。老氏便要常把住這氣，不
肯與他散，便會長生久視。長生久視也未見得，只是做得到，也便未會
死。佛氏也只是見箇物事，便放得下，所以死生禍福都不動。只是他去作
弄了」（頁 504）。

冰，凝釋雖異，為物一也[35]。佛氏舍人取天，是不知天也。所以然者，蓋由太虛有天之名，由氣化有道之名，孔孟所謂天，本謂道之從出，而佛氏直認太虛為道，謂萬象為太虛中所見之物，是以一切人事盡為墮洛（落），下學工夫盡可遺棄，此其所以不知天與人也[36]。

依引文值得注意有三：一者，就「不知鬼」而言，徐氏同於橫渠，以人死形潰，氣散為鬼。但他立即表示：「非既散之氣復為方伸之氣也」，此即以朱子新氣說替代橫渠一氣恆存說。其次，所謂「佛氏以覺為性」，亦即是認為佛家將人死之後仍以有意識之主體的形式存在，此「有識主體」即「鬼」，其「有識」即以一心統攝六識為內容，由於此即佛家所謂在死生輪迴中流轉恆存之真性，故徐氏順前儒之批判，認為釋氏乃以「覺」為「性」。並直指佛家雖言修

---

[35] 徐氏對橫渠氣論的新詮，也連帶影響他必須重新解讀《正蒙》中極為重要的冰水之喻。張載以冰水之喻闡明有二：一者，人性與天性屬同質關係，客形之聚散如同海水之凝釋為冰，其形態雖有不同，但本質皆是與海水一致；二者，說明人與天一體相連的關係，如同海水與冰雖乍看有形貌之隔，但當冰消融後又復歸於海水，故人之形潰氣散又復歸造化中。但由於徐氏以新氣代舊氣之說詮解橫渠氣論，故他雖接受人死後復歸造化，卻特別指出：海水再次凝結之冰（客形），絕非之前消融於海水之冰，人死後不再由已散之氣復生亦同。所以，他說：「海水凝為冰，釋為水，復凝復為冰，非海以既逝之冰又為復凝之水。所謂『海不得而有也』」，他緊接著更明確表示：「太虛之氣聚為形，散為氣，復聚為形，非太虛以既散之氣又為復聚之氣。所謂『太虛不得而有也』」。依此，他辨析張載「聚散皆吾體」與佛氏輪迴觀之異，而曰：「佛氏輪迴則其聚其散，太虛得有之矣」。《正蒙發明・太和》，頁697。

[36] 《正蒙發明》，頁769-770。

持，但工夫論之狹隘，即在於固執於使有識主體從輪迴中解脫。故
其說之終點不過是「苦海求免」，「涅槃寂靜」。但若依儒家理氣
論可知，人死形潰則已盡之氣亦不復存，所謂「有識主體受生循
環」，不過是欺騙世人信教的語辭[37]。

37　徐氏串言橫渠與朱子論點的方式之一，就是將兩人對儒家經典的詮釋並舉
　　會通，由此佐證自己的立論乃是由先秦至宋儒一脈相承的聖賢義理。例
　　如，對《易·繫辭上傳》所謂：「原始反終，故知死生之說；精氣為物，
　　遊魂為變，是故知鬼神之情狀」，他即串言張載與朱熹的詮釋，而先指
　　出：「朱子曰：『精，魄也，耳目之精為魄氣魂氣也，口鼻之噓吸為魂，
　　二者合而成物。精虛魄降，則氣散魂遊而無不之矣』。張子曰：『精氣
　　者，自無而有；遊魂者，自有而無。自無而有，神之情也。自有而無，鬼
　　之情也。自無而有，故顯而為物，神之狀也。自有而無，故隱而變，鬼之
　　狀也。』」（頁 769-770），他認為，所謂「原始反終」是即氣化而言本
　　體，是理之恆存，而非氣之不朽。氣雖有聚散流遷，但形上之理卻在氣化
　　中，以「生意」保障新氣接續流逝之舊氣。依此，人死後的形潰反原、復
　　歸本始，是就人之生原依據形上之理而實存於世，人之死亦不過遵循形上
　　理序而歸返造化流程。所以，無論是精氣或游魂，皆是從氣化上言，而非
　　從存有本體上說。否則若從存有本原處說「精氣」是「自無而有」，則橫
　　渠豈不陷入老氏「有生于無」之論。其次，他則接著辨析橫渠氣論與佛氏
　　輪迴觀之異，曰：「張子之意，是謂變是有變為無。今佛氏即以變為輪
　　迴，此所以不知鬼也」。所謂「變」是「有變為無」，即是從新氣說立
　　言。若依橫渠氣論，氣恆為有，人死後僅是不再以客形持存於世，形潰反
　　原之氣並未散滅於無有。但徐必達為根除有識主體可依附氣而復生輪迴，
　　故表示橫渠雖以二氣良能言天道不息，卻是即氣化之變以言道體之常，一
　　方面從氣之實有肯定世界雖遷流不已，卻真實無妄；另一方面，則是從已
　　盡之氣不再復生，反對輪迴說。此外，依據《朱子語類》所記：「《中庸
　　或問》取鄭氏說云：『口鼻之噓吸者為魂，耳目之精明者為魄。』」（頁
　　2981），徐氏徵引「朱子曰：『精，魄也，耳目之精為魄氣魂氣也』之
　　「魂氣」，當為衍誤字。

　　二者，就「不知人」而言，徐氏認為橫渠以人源自氣凝而生，除從氣之實有義，肯定世間萬象本真實非虛。更重要的是，當儒家法天道以明人事，由人所創制的倫理人文，亦由取法天地之理序，而獲得形而上的依據。此所以說：「日用事物莫非實理」。但釋氏僅見萬象遷流，故誤以為變化不已即是世間真象，而採因緣和合解釋世間萬象發生之所以然，一切事象產生之根源歸本於主要條件與輔助條件偶然具足即發生。由於此說未能見萬象遷流中的變中之常，因此見世界萬象不過是偶和而生。不論是自然世界或人文倫常，若推本究竟真實，皆僅有偶然性而虛幻不實，故形成以「四大為假合」的世界觀。又由於未能見人文倫常實出於根源天地的形上理序，故釋氏甚至主張出家修行，不善盡人子、人夫、人臣應有的性分責任，也可以達到體道證德之目的。這就以人倫為天下之大經的儒者觀之，自然批判釋氏「不知人」。

　　三者，就「不知天」而言，吾人當留意徐氏對「天」、「道」與「氣化」之界定。首先，他依照〈太和〉「由太虛有天之名，由氣化有道之名」，以「天」不僅是物理世界中的蒼蒼之天，而是孔孟儒學中，人經推本所從來，而具形上本體義之「天」。他認為，橫渠是將「太虛」與「天」視為造化之根源，亦即第一序的存有本體。「氣化」與「道」皆為本體之發用，屬第二序的本體活動義[38]。若以體用關係而言，天與太虛是體，天道與氣化流行是用。他

---

[38]　在註解〈太和〉「太和所謂道」一段時，徐必達曰：「此章統論氣即是道，即《易》『一陰一陽之謂道』也」。徐氏接受「道，路也」之故訓，並未將「道」視為終極本體，而是從氣化通行之路，而掌握「道」的概念意向。道始於氣化活動，氣化發用即天道流行。然而，在此還有兩種詮釋可能：(01)道與氣化互異，道僅是氣化通行之路，氣化是行駛於道路上

又將「理在氣中」與「體用一源，顯微無間」之原則串言，主張形
上之理即在氣化流行中，不離且不雜於氣[39]。依此，徐氏認為，
「天」為究竟真實，是氣化之所從出的本體與根源。又由於氣僅具
實有義，與氣凝生物的活動義，而非第一序存有的本體義與恆常
義。故在徐氏看來，氣之出入太虛，並非恆存之氣的永世循環，而
是故去新來的生生不已。在氣化中貞定氣化之理，才是保障氣化相
續不息的形上依據[40]。由此他串言張載氣化論與朱子理氣論，不僅

者。依此，則陰陽二氣與道體為本質互異關係。(02)陰陽之活動即是道，
陰陽與道是通一無二的關係。此說以為，由於世間之實有即氣，且陰陽已
窮盡氣之兩面，故不可能存在陰陽二氣之外的實有。依此，道並非超然於
陰陽二氣之外的某物，道是氣通過一陰一陽之相生互動所行出之路。對道
與氣化之關係，徐氏接受高攀龍「非陰陽之外別有所謂道」的詮解，是從
氣化之活動義，顯明天道之創化義。依此，在徐氏可言「氣即是道」，道
即是「易」（陰陽相生不已的活動），「太和」是氣化活動依照形上理序
所達至的和諧有序狀態。凡此皆可見徐氏欲藉串言朱張之言，辯明形上之
理不離氣化流行，卻終難克服理本體與形氣世界異質的疏離問題。

[39] 在註解〈太和〉「太虛無形，氣之本體」時，他即引證伊川之言曰：「程
　　子所謂：『體用一源，顯微無間』，非有二也。人知體虛空為性，又知本
　　天道為用，斯一之矣」（頁673）。

[40] 徐必達雖從氣化之行程義詮解天道之活動義與創化義，指出太虛與道在思
　　想上之可分，在於「太虛」直指保障萬有之存在的本體，「道」則是從本
　　體之發用指出造化如何生化萬有。但他並未將天道即視為活動不已的產物
　　機械。相對的，他認為氣化中必有貞定氣化之理，故氣化流行是往終極價
　　值與存在目的相續不已的妙運活動。依此，當論及氣化之形而上的基礎
　　時，他順橫渠之用語，稱之為「神化」。他認為，所謂「神化」之為「形
　　而上」者，乃是合「神」與「化」而言道體本體用一如。他從「不可象寓
　　於可象之中」為詮釋進路，指出「神」指向形而上之理，既超越動靜相對
　　而無形無跡，本不可為「象」。但由於不離於陰陽以貞定氣化，故可藉由

從氣化發用言「太和所謂道」，又以太虛即如駕馭兩儀運化不已之
太極，宣稱：「張子之意還兼太極兩儀」，而「知朱子之說即得張
子之義矣」[41]。然而，釋氏僅見世間遷流，即以萬象皆偶合，而非
出於造化之必然。此所以釋氏竟誤以為「洞見世界之真者」，當
「視世間為幻化」，甚至主張「工夫落在個體的去執」，境界僅是
「個體的離苦解脫、涅槃寂靜」。此所以徐必達批判釋氏「直認太
虛為道」，妄以本體即為氣化，乃是「不知天」。

　　基於以上三點，徐必達銜接張載「天地之性」與朱子「性即
理」之說，提出三項主張：

　　(01) 太虛即保障萬有之所以存在的形上本體，亦如《論》
　　　　《孟》《大學》《中庸》所言之「天」，或《太極圖說》
　　　　所謂之「太極」。天地之性即太虛之體性，亦即「性即理

　　氣化之跡所呈現的節次秩序，推本形而上之理。又藉「急辭／緩辭」之
　　分，既釐清神化本涵蘊形而上下兩層的體用關係。所謂「急辭」，乃是無
　　法以語言概念拘限者，當吾人方試圖藉思維界定所稱，所用之概念語辭已
　　不足以範圍所稱者之無邊意蘊，故以「急」或「疾」描述思維之速亦不足
　　以追及。所謂「緩辭」，意指可用語言概念界定與陳述者。參見《正蒙發
　　明・神化》，頁 690。

[41] 朱子從理氣二分的架構詮解〈太和〉之「遊氣紛擾，合而成質者，生人物
　　之萬殊；其陰陽兩端循環不已者，立天地之大義」（《朱子語類・張子之
　　書二》，頁 3298），以「遊氣紛擾」僅言及「氣之用」，而自「陰陽兩
　　端循環不已者」，則是論「氣之本」，屬形而上之理。徐必達徵引朱子此
　　說，以理不離氣之用，氣之發用又必以形上之理為貞定氣化流行不已之本
　　體。但警覺性地避免將理孤懸於氣化世界外，而改以理必在氣化所成的實
　　存世界中，且此世間即是唯一真實的世界，故主張朱子以「天地間只有動
　　靜兩端循環不已，更無餘事，此之謂易」（《正蒙發明》，頁 673），正
　　是掌握橫渠即氣以顯太虛本體之深義。

也」之「性」。此性常存且遍在天地兩間，為氣化流行之
所以井然有序的形上依據。

(02) 人與天地萬物皆由氣化依形上之理序而生，故萬有雖依氣
質之厚薄清濁之不同，而在形氣上有物種或賢智才愚之
異。但以萬有皆稟受相同天地之性，人與萬物不僅本然具
備相互感通為一體的基礎，而且每一個體皆有獨立自存於
世的存在意義。由於氣之實有受到理之恆存所保障，所以
時空遷流中的世間萬象，不僅源自於恆存之有而非空無，
且其真實無妄始終如一。由此可知，老氏以「有生于
無」，或釋氏以「人生為幻妄」之說，皆不可信。

(03) 人身為實存於世的有限個體，人之性本兼有「天地之性」
與「氣質之性」。然而，若推本人之所從來，探究人之存
在意義，則天地之性才是人稟受於天與天為一的性分[42]。
因此，人若欲學法儒聖，以人之道參贊天道遍潤萬物之
德，成就人之所以為人之性分，則理當在有生之年以價值
創化朗現天地之性為要務，並以形氣生命為具體實踐道德

---

[42] 在註解〈誠明〉「天所性者，通極於道」段時，徐氏曰：「清濁厚薄皆性
也。然賦予之本純粹至善，是通極於道也」（《正蒙發明》，頁 700），
他先闡明《正蒙》中的性善論立場，認為人有根於天地的純粹至善之性。
其次，他指出人之性雖因每一個人氣質的清濁厚薄，而有賢智才愚之別。
但由「性即理」與「理氣不離不雜」之原則，可知「純粹至善之性，不離
氣而不雜於氣」，天地之性即便墮入人之氣質中，天地之性也不會受到氣
質之性所染雜。因此，人之體道成德並不決定於氣質之限，而是人自身的
自覺與努力。又由天地之性正是吾人上契天道的形上依據，故凡有志於
學法聖賢之道者，不僅皆可通過自身的努力而變化氣質，更當以「天地之
性」為人之所以為人的性分。此所以說「氣質之性，君子有弗性」。

理想的必要條件。此所以儒者若得見道體之真，必感念得自天地父母之形軀生命，而善加護持不敢毀傷，卻不以追求形氣或氣質之性之不朽為志向。也因此，儒者必批判老氏長生不死之論，與釋氏棄絕肉身以為解脫之說。

五、王夫之《張子正蒙注》對朱子評析的再批判

在《周易外傳》中，船山便對人之魂魄是否在氣化中再次凝散，提出見解。他基於氣之恆存性與實有性，認為氣既無生滅，則人死後之魂氣必非滅盡無餘。但他也認為，基於「天地之以德生人物」[43]，則此世努力為德者與傷風敗德者，在死後也應在天地之理序中有公平的區別。此所以說：「聖人之利用以**貞來而善往**者，固有道矣」[44]。依此，他從三方面探討有德者死後魂氣是否持存於世？或再次轉化為新生者凝氣之資？首先，他導入「天命之性」與「形氣」概念，凡人之屬類皆稟受人之為人所共有的天命之性，人依此性之定然為善，於有生之年成就此性之善，即所謂「成其性」或成性論的德性實踐工夫。其次，基於經驗現實所呈現的個體差異性，他以「形氣」概念構築「個體生命具體化」的解釋模型。他認為，每一個體在受生之初，亦隨氣凝成形，而有各自本具的形氣，此即個體之形軀生命。人之天命之性暫存於形氣之中，且個體生命的維持雖有賴於各種條件資養形氣。但人之形氣卻理當以人之

43　〔明〕王夫之，《周易外傳》，收入《船山全書》第 1 冊（長沙：嶽麓書社，2011 年），頁 1044。

44　《周易外傳》，頁 1046。

性為主導準則，並通過變化氣質之工夫，超越形氣濁礙之限制，以
純化德性生命的形式，將個體生命轉化為清通靈明之氣象。再者，
他導入「命之正與不正」這組概念，主張當人死後，凡在現世生命
歷程中維繫或轉化生命氣象為清通靈明者，其生命即符合天所受命
於人之性，實現造化各正性命之理。此人之生命氣象即屬「正
命」，其魂氣亦可與天地常存。相對者，凡於此世拘限於形軀生
命，甚至傷風敗俗者，其死後之氣由於未得天地之正，其魂魄之氣
亦隨形氣在氣化流行中消散，而離析為無數碎裂遊蕩之氣。此所以
說：「化而往者，德歸天地」，又說：「他日之生，他人之生，或
聚或散，常以扶清而抑濁，則公諸來世與群生」[45]。值得注意的
是，船山在此以離散碎裂之氣，取代氣之已盡而消滅。前者雖不復
為原本氣聚合的樣態，但氣仍以零碎之「有」的樣態恆存，且「新
生者所資之氣」不過是零碎之氣的再度聚合。由此有別於後者是以
新氣取代舊氣的方式，主張氣有生滅，解釋新生者之氣由何來。最
後，有鑒於避免氣化論反成為有識主體在氣化中輪迴再生的佐證，
他導入天地之化「非能有心而分別之」[46]，作為氣化本體自有理數
以主持分劑的機制。由氣之聚散乃「任運自然，而互聽其化」，作
為解釋氣化聚散中的變異項，以及歷史人物雖有類同而非重覆的現
象[47]。他結合「天地之理數無心而成化」之機制，以及「一人之魂
氣可散而為零碎之氣」，主張由於「一人之『養』、『性』散而為
數人，或數人之『養』、『性』聚而為一人」，故可解釋「堯之既

45　《周易外傳》，頁 1046。

46　《周易外傳》，頁 1044。

47　《周易外傳》，頁 1042-1048。

崩，不再生而為堯；桀之既亡，不再生而為桀」[48]。另一方面，也指出儒家以氣化復有聚散闡明天地生化之理，其旨在「贊天地之德」，與異端「死此生彼」的輪迴說根本相異[49]。

　　儘管明清《正蒙》注家多已留意程朱對橫渠陷入輪迴觀之批判，並且努力為張載辯說[50]。但泰半注家或多為朱子學影響，所論雖試圖拉近理氣間的隔閡，卻仍以「理」為「氣」之存有根源與目的。所以這些詮釋者的論點，多半僅能從宇宙論的層面，指出氣本涵蘊拒斥空無的實有性，藉此闡明張載依氣無生滅論所持的「氣之聚散出入太虛」乃「不得已而然」，絕不同於釋氏輪迴說[51]。然而，船山則是從存有論的高度，直指朱、張之別的關鍵，在於橫渠實將人之所以存在的終極意義，統攝於以太虛為存有唯一本體與終極目的之氣化世界中[52]。王夫之曰：

48　《周易外傳》，頁 1045。

49　《周易外傳》，頁 1043；1046。

50　例如，清儒張伯行（敬庵，1651-1725）亦在注解此段時表示：「按《正蒙》立言之過，多在乎此。聖人但言『原始反終』，故知死生之說，已是盡頭話了。張子展衍出闊，而曰『死而不亡』，其與釋氏輪迴之說，相去有幾。然細推張子之意，與輪迴絕不相同，是不可以無辨。張子主氣化而言，謂形雖散，而還歸天地本然之理，萬古常存，萬物大公之道也。故曰：『可與言性』。釋氏主禍福果報而言，謂死而精靈不散，易形以生，一人自私之見也。究為詖淫異說，一念稍差，便有邪正天淵之隔。學者不可不知也」。〔清〕張伯行，《正蒙注》，收入《張橫渠集》（臺北：臺灣商務印書館，1965 年），卷之 2，頁 9。

51　當然，有時這些詮釋者是僅憑印象中的儒釋學術型態之異，便言張載與佛家輪迴說絕不相同。但這不在本文的討論範圍中。

52　戴景賢：〈論王船山動態哲學中「目的性」思惟之削減及其所形塑之倫理學與美學觀點〉，收入《王船山學術思想總綱與其道器論之發展（上

此章乃一篇之大指。貞生死以盡人道，乃張子之絕學，發前
聖之蘊，以闢佛老而正人心者也。朱子以其言既聚而散，散
而復聚，譏其為大輪迴，而愚以為朱子之說正近於釋氏滅盡
之言，而與聖人之言異。孔子曰：「未知生，焉知死。」則
生之散而為死，死之可復聚為生，其理一轍，明矣[53]。

　　船山指出，張載雖以氣化聚散解釋死生之理，其本旨仍在發揮
聖學以闢釋氏輪迴之說。所謂「貞生死以盡人道」之「貞」，實有
「由此立定人之存在意義」之義。儒者存順歿寧之道，乃由「立
志」而「立身」，以盡性而全然朗現「人」對「人之所以為人」的
「性分之知」。亦在「盡性知性」中，以「知命事命」之活動，證
成人對天之無邊義蘊的全然領會與承擔[54]。依此，王夫之從六方面
反駁朱子對張載的批判：

　　其一，在辨析儒釋異同上，他認為與其說橫渠之言近於釋氏輪
迴說；毋寧說，朱子以人死之氣盡數消散之論，更接近釋氏滅盡無
餘之論。反而張載以氣復歸太虛批判佛家之言是「彼語寂滅者往而
不反」[55]，更能明確辨析儒釋之異，洞見佛家之言的理論缺陷。

編）》（香港：香港中文大學出版社，2013 年），頁 330。

[53]　〔明〕王夫之，《張子正蒙注》，收入《船山全書》第 12 冊（長沙：嶽
　　麓書社，2011 年），頁 21-22。

[54]　在注〈太和〉「太虛無形，氣之本體」至「惟盡性者能一之」段時，船山
　　注曰：「性盡，則生死屈伸一貞乎道，而不撓太虛之本體，動靜語默一貞
　　乎仁，而不喪健順之良能，不以客形之來去易其心，不以客感之貞淫易其
　　志，所謂『夭壽不貳，修身以俟之』」（頁 17）。

[55]　船山對此注曰：「釋氏以滅盡無餘為大涅槃」（頁 20）。

　　其二，在承繼儒學義理脈絡上，他引證《易經‧繫辭上傳》所謂「原始反終，故知死生之說」，指出張載以氣之聚散出入太虛解釋人之生死，即是上承易學「原始反終」、「遊魂為變」之說。因此他認為，張載之學言往來、屈伸、聚散、幽明，而不說「生滅」，蓋因為散盡無餘的生滅觀，是「釋氏之陋說也」[56]。

　　其三，在辨析形而上下之別時，船山認為所謂「形而上」，並非意指在形器世界之上或之外，別有一理存在。「形而上」與「形而下」，乃是依據有形之形器為界分，前者不為形所侷限，而後者受限於特定形貌[57]。由於使器物發揮作用之「理」，雖並不可由感官觀察直接得見，但卻總是寓於「器」中，使器物發揮應有的功能。依此，若說「器物」之有形可象，故為「形而下」，則相對於器物，清通不可象之「理」，即為「形而上」[58]。器物雖有成毀，但使器物當得如此之用的理，卻並不因為此器物毀壞而消滅。所以，由「理寓於器而起用」可知，理雖因器物之成毀而有顯隱。但理卻總在氣化之實然中，保有真實無妄的存有性[59]。他批判朱子先將「形而上」視為可獨立於形器之上，再依此推導出形上之理雖恆存，而變化流行之氣會消逝無餘，此說本有誤。至於朱子順此認為

56　對〈大易篇〉「終始乎止」，其注則批判老子無為之說，曰：「彼以無為為化原者，終而不能始，屈而不能伸，死而不能生，昧於造化之理而與鬼為徒，其妄明矣」（頁298-299）。

57　〈誠明篇〉注即曰：「形而上者為形之所自生」（頁127-128）。

58　〈三十篇〉注曰：「器與道相為體用之實也；而形而上之道麗於器之中」（頁232）。

59　〈可狀篇〉即注曰：「道函神而神成乎道，易於此生焉，則以明夫聚散死生皆在道之中，而非滅盡無餘，幻妄又起，別有出離之道也」（頁376）。

人死後之氣會散盡無餘，則是依據錯誤的前提，所獲得的錯誤結論
了。

　　其四，從器物毀壞仍有所歸而言，人死之後若散盡無餘，顯然
與日常經驗不合。船山採用日常觀察為例證，認為不論是「天運物
象」或是人為構造物，舉凡在生成流轉中的萬象萬物，雖有形態上
的變易，但最終卻僅是歸為另一種型態之「有」，而非消滅於
「無」。例如，四時更替，秋冬之氣將盡時，僅是潛藏其氣，而非
當春之氣生成時，冬之氣即消滅無餘。又如枝葉雖枯，而樹根卻仍
保有新生的生機等。即便是人為構成者，例如當車薪之火在熄滅
時，亦只是轉化為煙、燼等存在形式，而非歸向於無。船山指出，
設若天地萬象消失皆不是歸本於無，又何獨以人死後之氣當消散無
餘[60]？

　　其五，由「太虛」之內並無可「翕受消歸之府」，王夫之批判
朱子以「日新又新」佐證「散盡無餘」的觀點。誠如前述，當他以
空間式的描述語稱謂「太虛」或「太極」概念時，乃是以一種存有
論中的場域觀的方式，將「太虛」視為敞開使一切存在者得以實存
的存有依據。依照朱子之言，造化生物是以日新又新的方式進行，
故萬物死後之氣亦當消散，而萬物新生時乃是新氣又生。但船山通
過喻像指出，若每一個新成之物都需要採用新的材料製作，則太虛

60　在〈參兩〉注中，船山表示，正由於天地萬象皆出於陰陽之氣循環迭至，
　　故世間萬物雖有生死，世界卻能因陰陽相生不窮而運行不息。更重要的
　　是，在〈神化篇〉與〈可狀篇〉中，他兩次徵引周敦頤（濂溪，1017-
　　1073）「唯人也得其秀而最靈」（頁 92；359）之說，指出人之躋位聖德
　　亦在於能知此神化無息之精義，故曰：「人之所以繼天立極，與日月之貞
　　明同其誠而不息；能無喪焉，斯聖矣」（頁 54-55）。

之內豈有儲備無限原料之處，可供造化以新氣又新生萬物？朱子之言，不僅必須預設「太虛」之內真有「此無盡之儲」，可以使萬物不斷新生，則否就必須意味造化終有用盡原料（新氣），而生生的創化活動終有止息之日。然而，肯定氣以不同形態恆存，則不僅能解釋朱子所欲說明的儒家造化觀，而且能避免朱子可能陷入的理論困境。何者為優？判然易見。

　　其六，就人事而言，船山與高攀龍觀點類似，皆認為人在此世所成就之德性，皆是歲月積累的成果。若是人一死則散盡無餘，則所有辛勤努力之成果亦隨之化為烏有。這豈非意味人致力於成就德性，僅有片刻暫存的意義？這顯然背離橫渠以道德為常在不死之事業的根本立場[61]。依此他認為，無論是就事天或事親而言，若人死後則散盡無餘，則人在生前是做好事或惡事將毫無區別，一如將「伯夷、盜蹠同歸一丘」。真如此論，豈非鼓勵人人皆可逞志縱欲？依據以上各點，船山不僅反對朱子的滅盡無餘論，更指出以這樣的觀點理解《正蒙》氣論，實背離張載之意。

　　值得注意的是，王夫之與朱子對張載氣論是否陷入輪迴說的爭議，正好呈現兩種「理在氣中」說的根本差異。在朱子以「理在氣先」詮釋「理在氣中」的脈絡中，形而上之理才是萬有存在的「所以然之故」與「所當然之則」。存有的根源、秩序與最終目的，皆是在氣之外。故一切存有與價值的最終依據，是超然於世界之外的形上理體。理雖透過氣化而呈顯與落實，但理終究與氣屬形而上

61　在〈動物篇〉注中，他甚至依據「性日生日成」之說，認為人若平日未善盡德行積累的工夫，則雖生猶死。此所以說：「所行之清濁善惡，與氣俱而游散於兩間」，而「未死之前為鬼者亦多矣」（頁102-103）。

下、不離不雜的異質異層關係。依此，儘管人可在道德實踐中不斷
充實朗現天所命我之性，並在成就人之所以為人之性中，體現人在
天地之間的存在意義與目的。但當人存在於世的最終目的，可推本
於氣化世界之外的超然理體時，則道德生命的不朽亦當歸根於
「理」而非「氣」。順此而言，人死後之氣是否持續存在，不僅不
影響從道德價值的實踐解釋人在此世的存在意義與目的。通過人死
氣散無餘論，更能全面維護「理在氣先」說的完整性，清除人對死
後精神常存的執迷，以及掃除輪迴說之身影。此所以從外在超越論
思考氣化生物說時，會主張人死則氣亦終散盡的理由之一。

　　但在王夫之以「理即氣之理」言「理在氣中」，避免使「理」
成為獨立於「氣化實存世界」之外的異物[62]存有的根源、秩序與
最終目的，皆是在氣之實然中呈顯其真實無妄。設若並沒有氣化之
外的超然理體可貞定人之存在意義與目的，以及保障人生努力的影
響力。除非吾人接受人死後則此生所追尋的目標，所努力的成果皆
一了百了、散盡無餘。否則當吾人肯定世間仍有普遍恆常之存在目
的可供人追尋，或認同人在此生所努力成就的道德志業並不隨人死
即消滅，則吾人當可接受人在死後仍以氣之不同形態歸本於整體氣
化中，而人為之努力亦依氣之恆存，而在歷史發展中持續保有價值
與發揮影響力[63]。換言之，從「在世界內之超越」的詮釋進路，船

---

[62]　例如，《讀四書大全說‧孟子‧告子上篇》即曰：「理即是氣之理，氣當
　　得如此便是理，理不先而氣不後」，他甚至明確表示：「氣外更無虛託孤
　　立之理也」。〔明〕王夫之，《讀四書大全說》，收入《船山全書》第 6
　　冊（長沙：嶽麓書社，2011 年），頁 1052。

[63]　《思問錄內篇》亦藉張載「冰水之喻」而曰：「君子之知生者，知良能之
　　妙也。知死者，知人道之化也」。〔明〕王夫之，《思問錄內篇》，收入

山發現朱子對橫渠氣論的改造，將使得《正蒙》所闡述的天人合一之道，在「形而上／下」的架構中將斷為兩層[64]。因此，船山再次聚焦在萬物實以氣化的形式出入太虛，而太虛即是人實現價值的唯一存有場域。由此不僅將存在世界的形上根源、發展歷程與價值歸趨，都攝收在太虛之內，掃除將形上理體推本於世界之外，所可能使存有根源與價值歸趨陷入虛懸的危機[65]。更重要的是，當船山以「理在氣中」詮釋氣之出入太虛時，他釐清「氣化」與「氣化所呈顯之理序」，本屬不可相互化約的關係[66]。

　　正由於「太虛」不僅是氣化活動之根源與歸趨，故太虛自身即是整體創化歷程的始元與終極目的。當船山從內在超越的進路發揮形而上的太極概念，並以太極與太虛可相互詮釋時，太虛以氣化活動的最終目的之姿，同時使氣化活動之內本有主持、調劑氣化的內

　　《船山全書》第 12 冊，頁 415。

64　此所以在注〈太和篇〉「鬼神者，二氣之良能」時，船山曰：「若朱子死則消散無有之說，則是有神而無鬼，與聖人所言『鬼神之德盛』者異矣」（頁 33-34）。

65　在注〈大心篇〉「釋氏妄意天性」時，船山便據此指出，佛家妄以有限的耳目見聞之知為窮究世界的依據，故以「見聞覺知所不能及為無有」，不僅以人世為夢幻，又於世界之外虛立萬象之所依的法界。因此，他批判曰：「如華藏世界等說是也。不知法界安立於何所，其愚蚩適足哂而已」，並言：「不能究所從者，不知太和絪縕之實為聚散之府，則疑無所從生而惟心法起滅，故立十二因緣之說，以無明為生死之本」（頁 154-155）。

66　《讀四書大全說・孟子・告子上篇》曰：「理只是以象二儀之妙，氣方是二儀之實」（頁 1052），又曰：「天下豈別有所謂理，氣得其理之謂理也」（頁 1058）。

在機制與目標得以自明[67]。也是基於此，船山肯定《正蒙》所言的氣化流行中仍存有形而上之理，儘管是以一種內在超越的形式存在。這也正有別於王廷相，或吳廷翰等明代氣學論者[68]。

六、結論

張載氣論當然未與釋氏輪迴觀同調。吾人也可輕看朱子評橫渠論氣處是個大輪迴。然而，若接受程朱對張載的評析，在本質上不同於儒者互斥為禪。本文主張，朱子對張載氣論的批評，實關涉：人之道能否直貫天之道？或是人必須從形氣世界之外，另覓使形氣世界之所以真實無妄的基礎，方能證成人之德性生命有其遍常不移的形上依據。

本文首先指出，若從《正蒙》注解發展史與理氣之辨相互參看，朱子以理取代太虛，將存有與價值之根源推本於氣化外，故以氣有生滅論世界之流變，雖可由形上理體之遍常保障世界之無妄，但僅能說是對《正蒙》之新詮，實與橫渠氣論有根本衝突。高攀龍藉推本氣為世界之究竟真實，指出朱子新詮與橫渠氣學間的理論衝

67　參見〈太和篇〉注「太和所謂道」段（頁 15-16），及「知虛空即氣」段（23-24），以及〈乾稱篇〉「故天地之塞，吾其體」段（頁 354）。

68　近年學界越發重視明清氣學的發展，對辨析王夫之與王廷相等人氣論類型的探討亦質量皆豐。由於此議題非本文有限篇幅所能駕馭，故筆者另以專文討論之。至於前輩學者的相關討論，可參見楊儒賓，〈檢證氣學──理學史脈絡下的觀點〉，《漢學研究》第 25 卷第 1 期，2007 年 6 月，頁 247-281；鄭宗義，《明清儒學轉型探析：從劉蕺山到戴東原（增訂版）》（香港：香港中文大學出版社，2000 年），頁 5；35；238。

突，甚至與歸宗朱學的羅整菴辨析氣有生滅論。尤其他以天之一氣通貫身之理氣心性欲，將氣之出入復歸太虛，上提至合天人之道的論述視域。實與船山《正蒙注》構成以氣論復歸橫渠哲學的詮解脈絡。相對者，徐必達則發展朱子新詮，以「理」為存有本體。雖言理不離氣，但其底線仍在理不雜於氣。故當他順朱注亦主張氣有生滅，卻未能掌握虛氣之循環復歸，實構成存有世界之本源、流變與終極存在目的間的一貫性。依此所言的天人合一之道，終究是在形氣世界之外，另立人之道的形上依據與終極歸趨，難免形而上下世界間具有存有論之異質性的緊張關係。但由於明清註解《正蒙》者，亦多為朱子學者。故此說反而是構成明清《正蒙》注解思想發展的主流。直至清儒李光地（榕村，1642-1718）與王植（慧思，1682-1767），才從朱學內部顯題化的反思朱注與橫渠氣學的根本衝突。

　　其次，本文指出船山《正蒙注》由「貞生死以定人道」為橫渠定調的洞見，即在於指明太虛不僅為造化之源，而且是存有之終極目的。橫渠以太虛為存有之本源與終極歸趨，氣之出入太虛，即是萬有在「本體－客形－復歸本體」的往進歷程中，以一氣之流行建立起世界之真實性、有序性，以及趨向終極價值的價值性。正由於太虛即為存在的終極目的，故氣化生生並非隨機、偶化的產物歷程。這也正是船山不同於王廷相元氣無息論所建立的世界觀之處。浚川雖以氣化之順而無妄為生物之「理」，但順理而生之萬有皆是中性義的、平鋪的自然氣化流行所成。相對者，船山不僅洞見《正蒙》以太虛即是生生之源，標示太虛即為至善之本體（天地之大德曰生），而且指出太虛之為存有之終極歸趨所含蘊的目的性，正是使氣化之理序具形而上之價值義。又由於氣化所成的天理，亦為人間倫理之摹本，是以人之順理與背理，亦衡定其行為是否具合理性或

合乎道德性。人在實現自我生命意義時,是否也以太虛所彰顯的至
善義與終極目的義,為貞定人生意義之歸趨,也成為人是否認同與
實現儒者參贊天地之化育的大義。基於此,無論是就理氣之辨或德
性生命之不朽而言,反對氣有生滅,並肯定太虛恆為氣化流行之終
極歸趨,正是《正蒙》合天之人化的道德形上學之關鍵。

參、《張子正蒙注》對張載人性論的承繼與新詮[1]

一、問題澄清

如果天地之性才是人的本然之性，義理之性才為人性的究竟真實，則人所獨有的氣質之性是否弔詭地不能代表人性之真？吾人依此而有的氣稟形軀，是否反而成為體道成德者所當對治的欲體、所需超克的對象？這是船山對張載以迄程頤、朱熹論性架構的反省。

從理學發展史上觀之，張載透過氣論闡發天道性命相貫通的義理間架，具有雙重意義：一方面，對於程朱理學而言，張載所提出的「天地之性／氣質之性」，「天德良知／聞見所知」，「德勝於氣／德不勝氣」，以及「天之化／人之化」等對舉概念，為「天道性命相貫通」的義理架構，提出奠基性的解析說明。甚至是他甚少關注的「心統性情」說，也通過朱子「存天理去人欲」之說，發展為逸出《正蒙》性情觀的理欲觀。另一方面，批判程朱理學者，不

1　本文為科技部補助專題研究計畫（「NSC 101-2410-H-017-004-MY2」）研究成果之一。作者感謝兩位匿名審查人對本文之肯定，以及提供許多寶貴建議。

僅反對理學以「道德」取代「倫理」的基本進路，[2]亦徵引張載氣
化一體論，直指程朱強分「理／氣」之非，批判朱子以「氣質之
性」僅是「天地之性」墮入「氣質」限制中之說。宋代的陳亮（同
甫，1143-1194），明代的吳廷翰（蘇原，1490-1559），王廷相（浚川，
1474-1544），以及清儒顏元（習齋，1635-1704），阮元（芸台，1764-
1849），戴震（東原，1723-1777）等，均吸納轉化橫渠之學，在各自學
說理論中批判程朱理學。由此可知，無論尊朱或反朱子者，多以張
載為思想重要源頭，即便他們依照自己的需要，創造性地詮釋了張
載哲學。[3]

2　設若「天道性命相貫通」是多數宋明理學家所接受的共法，在此義理架構
　　中，真正的道德價值不再是由人倫互動而建立，而是坐落在形上道體能否
　　通過吾人之生命全幅朗現。所謂「道德」，亦即指向天道之無邊義蘊，通
　　過「我」之實踐工夫（例如，復性或變化氣質），為我（道德主體）所
　　「得」（「德」）。在此脈絡中，「倫理」是體道證德者由人倫關係中，
　　洞見合宜的常理與原則，並由此建立或批判人際互動的應然規範。「倫
　　理」一詞的社會性與互動性，是依附在「道德」之超越性與必然性下。當
　　理學家由道體之超越性與遍在性保障，雖能避免社會建構之「倫理」所可
　　能陷入的或然性，卻也可能陷入以形上道體之唯一性，扼殺形器世界之多
　　元性的困境。例如，當朱子反覆申論「渾然天理便是仁，有一毫私欲便不
　　是仁了」，替「仁」提出道德形上學式的說明。在〈論語論仁論〉中，阮
　　元即順「仁者，人也」之故訓指出：「相人偶者，謂人之偶之也。凡仁必
　　於身所行者驗之而始見，亦必有二人而仁乃見，若一人閉戶齋居，瞑目靜
　　坐，雖有德理在心，終不得指為聖門所謂之仁矣」。〔宋〕朱熹，《朱子
　　語類·論語十》，收入朱傑人等／主編，《朱子全書》第 15 冊，卷 28，
　　頁 1029。〔清〕阮元，《揅經室一集》，《揅經室全集》，卷 8，頁 1-
　　2。
3　例如，葉適即據此批判張載天道性命之學。在〈正蒙序〉中，范育曰：
　　「夫子之為此書也，有六經之所未載，聖人之所不言」，水心則批判曰：

　　王夫之為明清之際理學的關鍵人物，其《張子正蒙注》不僅為晚年的代表作，更清晰呈現他用以反思程朱理學的核心理論。當明清《正蒙》詮解者與當代研究者，多從天道觀或氣論探究張載哲學時，船山更是另闢蹊徑，從人道之尊與人性之真闡揚《正蒙》所洞見的哲學義理。[4]面對宋明儒者對「氣質之性」在成德議題中的定位之爭，船山直探程朱以「形而上／下」區分「本然之性／氣質之性」的理論困境，並推本溯源至張載人性論，企圖表明《正蒙》從未另立一種與本然之性本質互異的氣質之性。若說本然之性直指人性的究竟真實，則吾人所稟受的氣質之性，即是吾人根源於天地的人性本真。[5]

「范育序《正蒙》，謂：『此書以《六經》所未載，聖人所不言者』，與浮屠、老子辯，豈非以病為藥，而與寇盜設郛郭，助之捍禦乎」。〔清〕黃宗羲，《宋元學案‧水心學案上》，《黃宗羲全集》（杭州：浙江古籍出版社，2005 年），第 5 冊，頁 118。

[4] 誠如陳來先生所指出，今人多從天道的宇宙論或自然哲學的進路閱讀《正蒙》，但船山則是以「貞生死以盡人道」貫穿《張子正蒙注》的詮解。林安梧先生亦主張：「船山學實是一套人性史的哲學」。陳來，《詮釋與重建：王船山的哲學精神》（北京：北京大學出版社，2004 年），頁 291-293；林安梧，《王船山人性史哲學之研究》（臺北：東大圖書公司，1991 年），頁 133。

[5] 當代船山研究亦以關注船山此項洞見。例如，楊儒賓先生即指出：「程朱設定一種理氣不離不雜的世界，事實上，這種理論卻使得『理』昇華到超越界去了，它遂與人的具體生命有種斷層的隔閡」。陳贇亦表示，宋明理學家的「復性說」多是以「性現成論」呈現，依照這種觀點，人的存在本質是在人出生那刻即被天所授與，且一次性給定。船山以「性日生日成」批判「性現成論」反而使真正的人性隱匿了。楊儒賓，〈回歸《論語》《孟子》或回歸六經〉，收入《異議的意義：近世東亞的反理學思潮》（臺北：國立臺灣大學出版中心，2012 年），頁 208；陳贇，《回歸

　　基於此，本文旨在探討如下三點：其一，釐清船山對「本然之性－氣質之性」架構的批判。其二，辨析船山與橫渠對「氣質之性」所言異同。其三，設若船山根本否認人有「天地之性」，就注解詮釋的一致性而言，他如何順通《正蒙》相關文句？就哲學概念與哲學問題的必然連結而言，他又如何處理張載原藉「天地之性」所欲解決的哲學議題？在研究步驟上，則從三項環節展開：首先，本文將指出儘管張載從未使用「本然之性」這項概念，但在《正蒙》中，「天地之性」即是人根源於天地的本然之性。其次，從字義方法與儒學義理上，呈現船山辨析「天地之性」一語乖謬的方法進路。[6]依此指出，船山實以「天命之性」詮解《正蒙》「天地之性」，並主張「氣質之性仍是一本然之性」。最後，本文則依據船山對「天地之性」與「氣質之性」的概念界定，重新置入《正蒙》相關文句，逐一檢視《張子正蒙注》對張載人性論提出哪些新詮？是否能前後呼應？以及船山如何獲得「非本然之性外，別有一氣質之性」的論斷。全文探討如下。

二、「本然之性」、「天地之性」與「天命之性」

　　何謂「本然之性」？「本然之性」與「天地之性」是「一」是

真實的存在——王船山哲學的闡釋》（上海：復旦大學出版社，2002年），頁290-302。

[6]　船山曾採用釐定字義的方式指出，批判：「雙峰錯處，在看理作一物事」。同樣的，凡人之性即是指人之形所範圍的生之理，若將天地之性視為在吾人形氣中，卻與吾人之形質本質互異的他物，不僅誤將本非人性者歸諸人性，而且也陷入將「天地之性」視為一「物事」的謬誤。

「異」？在注解《正蒙》時，船山如何詮解張載所謂之「天地之性」？以及「人是否本具此『天地之性』？」，是澄清船山與張載人性論是義理相承？或貌合神離的第一項關鍵。依此，本節將先澄清《正蒙》所謂「天地之性」是否即為「本然之性」；次論船山如何批判「天地之性」之用詞不當，以及本然之性與天地之性在概念意涵上的同異關係；最後，基於經典詮釋的一貫性，船山又當如何在批判「天地之性」之不精當後，為《正蒙》已然使用的「天地之性」概念，提出首尾一貫的新詮釋。

（一）《正蒙》之「天地之性」即「本然之性」

儘管《正蒙》並未使用「本然之性」一詞，但從以下三點可知，在張載思想中，「本然之性」即是「天地之性」。其一，由〈誠明〉所謂：「性者萬物之一源」可知，萬物各殊的「氣質之性」，皆可推本溯源於同一「天地之性」。此「天地之性」，即是萬有的「本然之性」。在〈太和〉中，則是以「本體」與「客形」之存在結構，闡明「天地之性」如何「分化」為個體殊異的氣質之性。張載以「太虛」為萬有之存在根源，以「氣」之凝聚流散解釋萬物之生成變化。依此，他是以「本體⇆客形」，闡釋「太虛」與「氣化所成者」之關係。[7]在此所謂「客形」之「客」，即取其「暫存義」。[8]萬物既然皆是由氣凝所成者，其稟氣而有的形質體性（氣質之性），亦皆僅具暫存義或客形義。在《正蒙》以一切物象

7　〈太和〉：「太虛無形，氣之本體。其聚其散，變化之客形爾」，頁7。

8　船山即注曰：「有去有來謂之『客』」。〔明〕王夫之，《張子正蒙注》，頁18。

皆具「天地之性」與「氣質之性」的架構中，僅有「天地之性」是源自於太虛（本體）的「本然之性」。

其二，由「冰水之喻」可知，造化之天與萬物在本質上的同一性。依此，萬物實非有本質互異的二性。個體的氣質之性與天地之性，在本質上同一。「天地之性」即「天」的「本然之性」。《正蒙》三次提及「冰水之喻」，其喻旨皆在表示：在本質上，「人之性」（或泛指萬物之性）與「天之性」的關係，如同「冰」與「水」的關係。儘管以「冰」為名的結晶物，具有千萬種不同的體態形貌。但「冰」仍是「水」遇「冷」凝結所成，型態殊異的冰體結晶，在本質上仍與「水」之「性」同「一」。張載認為，人與萬物雖皆由「氣凝」而成形貌殊異的個體，但任一個體之性皆在本質上通同於「清通不可象之氣」（太虛）的「本然之性」。故可知，太虛所呈顯的天地之性，即是萬有的本然之性。

其三，由〈誠明〉所謂：「性與天道不見乎小大之別也」可知，人之性與天道所呈顯的天地之性實通一無二，並未有大小、區量上之分別。順此論述脈絡，張載不僅再次強調天道所呈顯的天地之性，即是吾人所稟受於天的「本然之性」。更依此詮解孟子所謂「知其性，則知天矣」（〈盡心上〉），正是指人的本然之性並非某種靜態的、隸屬於物的生物屬性，而是人能知善、明善且創化善的道德創造性。孟子以「良知良能」名之，橫渠則以「天地之性」標示出：「人」本然地即是在參贊天地之化育中，呼應人之所以為人的存在意義。所以，無論是「自明誠」或「自誠明」的實踐工夫，皆是在「盡性」、「窮理」中，闡述「明天人之本無二」。

基於以上三點可知，在張載思想中，雖然氣凝所成者，皆應由「天地之性」與「氣質之性」兩面論說其「性」。但無論是就「本

體／客形」之存有論架構，或由道德實踐的形上基礎而言，人的本然之性都應當推本於與太虛本體同一的天地之性。此所以他總結性地表示：「形而後有氣質之性，善反之則天地之性存焉。故氣質之性，君子有弗性者焉」。

（二）船山論「天地之性」一語之乖謬

當《尚書引義》曰：「夫性者生理也」[9]，船山已就「字義」揭露「性」概念所含蘊的意義範圍，以及使用此概念的有效界域。在《讀四書大全說》中，他更以「性」之字義指出，「天地之性」在概念用語上的不精當。由於「性」字本即指向萬物「生之所以然者」。依此，「性」指向氣凝而有生者，故「性」字的概念範圍並非包含「無限者／有限者」。嚴格意義上，「性」僅應用於稟形氣而有限者，不當用於無形體無方所的造化根源。故他以宋儒陳櫟（壽翁，1252-1334）「有天地之性」的論點為例，批判「天地之性」在概念界定上的謬誤。船山曰：

> 新安又云有「天地之性」，一語乖謬。在天地直不可謂之性，故曰天道，曰天德。緣天地無未生與死，則亦無生。其化無形埒，無方體，如何得謂之性！「天命之謂性」，亦就人物上見得。天道雖不息，天德雖無閒，而無人物處則無命也，況得有性！[10]

---

9 〔明〕王夫之，《尚書引義》，頁299。
10 〔明〕王夫之，《讀四書大全說》，頁863-865。

吾人可從三方面分析船山論據：其一，就「普遍恆存」與「有限存在」之別而言，不可言「天地之性」。「性」既得之於「有生」以後，凡稟生而有性的存在個體必有生前死後。但由於「天」、「地」皆為普遍恆存，既無所謂「有生之後」或「未生以前」，則以「性」指稱「天」、「地」，顯然是以不當指而指。

其二，就「非受形質所限」與「受形質所限」之別而言，不可言「天地之性」。「性」既屬氣凝所成者方有，且在概念限定已然涵蘊「生之理」，則凡可言「有性」者，嚴格上僅能指向「有生」者。例如，在〈誠明篇〉篇首釋該文總旨時，船山即曰：「草木，無性者也」。或稍微寬略的涵蓋具有特定具體形貌者；例如，指向牛、馬、羊之性。或更為寬泛的指向型態雖有流變卻仍受此物類之形質屬性所限制者；例如，水雖有固、液、氣三態，卻仍為水之形質屬性所規範。但是天與地既無定體，也非為受形質所限者。若以「性」指稱「天地」，則不僅是就不具形質者追問其形質屬性，而且是將本屬形而上之存在，硬是歸屬於形而下的存在者。在存有論上，陷入範疇誤用的謬誤。

其三，「天地之性」說與儒學經典相乖離。船山徵引《中庸》「天命之謂性」為例，在天地化育萬物的生生歷程中，「性」之定義是針對人、物而言。「天」作為萬有存在的本源，雖不安於僅為空晶虛寂的本體，而必自化為生生不已的流行之用。但天道之發用流行，實無須以所創化的人、物，為存在的必要條件。依此，在存有之可能性上，並不排斥天道恆存且人物未生的存在狀態。當此之時，既然未有稟受天所授命而生的人與物，又何曾有「性」可言？設若《中庸》由「命」而言「性」的義理無誤，則凡言「天地之性」者，即可能陷入倒果為因的謬誤。亦即索問「未有天命之前的

「性」究竟何物？」。

此外，船山又以「天」與「地」並非存有論之同層位階，從三方面批判「天地之性」在概念界定的不當：首先，如「以體言之」，「天」與「地」乃是創化萬物的始源與終成，二者皆非由「氣化」而「形化」之「物」，均不具形質體貌或不可由形質體貌所範限。故吾人實不可將「天」由「存有根源」降格為「存在之物」，以物、象所獨有的形質體貌概念，誤將「天地之性」視為天地所具之形質體性。其次，若「以化言之」，天地創化萬物的生生歷程中，「天」才是萬物之所以得以存在的最終根源。「地」雖為生物之終成原則，但「地」之所以存在與成物，仍是以「天」所展現的存在理序為依歸。故於「存在」之「所以然」與「實然」架構中，「地」為倚天得存的存在實然，「天」才是具第一序的絕對存在義，為無形無跡的存在之所以然。再就「體用關係」而言，「天」為存有之本體與本然。依此，天是以不安於僅為「空晶之體」而展開「生物之用」[11]，並非以生物不息作為自身存在的必要條件。「地」則是在此創化生物活動中才得以存在，故僅具第二序的存在義，而已屬「氣化之跡」。合此兩點，故船山認為，不得將天視為與地相對之存在。「天地之性」概念既然蘊含「天」與「地」為相對性的存在，而違背此前提，其概念之不精當可說是不言可喻。最後，「若就人性而言之」，人據以存在的「性」（生存之理據）、「氣」（生長發育之動能）與「質」（身體實存之形質），前二者皆直接得自於「天」。至於人之形質雖得自於「地」。但這是天

11　例如，〈誠明篇〉注曰：「蓋天地以神化運行為德，非但恃其空晶之體」，頁 120-121。

在氣化生人的活動中，將「地」視為凝氣成人之形的輔助原則。「天」才是人之生存發育的最終根源。若言人有「天地之性」，則混淆了天地並非對等存在之關係。正可與船山於《周易外傳》所言：「人物有性，天地非有性」相互呼應。[12]

（三）船山以「天命之性」詮解「天地之性」

由前述（一）可知，「天地之性」是《正蒙》闡發天道性命之學的核心概念。但由（二）亦可知，在船山看來，「天地之性」在字義上即呈現自我矛盾，更遑論順此概念設定在推論上所可能形成的乖離。合此兩點，在注解《正蒙》時，船山所面對的詮釋難題即是：應當基於批判「天地之性」概念為非，質疑《正蒙》涉及此概念的所有論述？或是在不更動《正蒙》文字的前提下，重新賦予此概念新義，由此維繫張載氣論的正確性與概念用語的一致性？對此，他顯然選擇後一條詮釋進路。

在《正蒙注》中，「天地之性」共出現「四」次。[13]本文以為其概念意義可由兩方面掌握之：(01)由天或太虛本體對吾人所呈顯之「體性」，詮解「天地之性」。由於船山以「氣」為本體之「實」，故「天之體性」亦即本「虛」而「神」的「氣之性」。[14](02)由「天地之性」串言「天命之性」。以「天地之性」為稟氣

12　〔明〕王夫之，〈易繫辭上傳〉，《周易外傳》，頁 1006。

13　在注〈乾稱篇〉「予茲藐焉，乃混然中處」的「混然」一詞時，船山雖以「即合天地之性情於一心也」（頁 353）詮釋之。但此與「天地之性」做為專有名詞的概念意義理當區隔。

14　船山注曰：「性，謂其自然之良能，未聚則虛，虛而能有，故神」（頁 359）。他以「良能」詮解「性」之蘊義，在此值得注意有二：(01)意味

有性者的「性之淵源」，由此帶出「人之性」乃是「天命之性」。舉凡張載在「天地之性／氣質之性」的架構中，論及人性之道德本源，天人合一的形上根基，以及萬物一體的依據，船山皆以此「天命之性」詮解發揮之。下述即依此兩面展開討論：

1.「天地之性」與「天之性」

就形上本源而言，「天地之性」之「天地」，乃是泛指「造化之本體」。[15]又由於儒家慣以「天」統攝天地間一切造化活動。所以，「天地之性」的第一層義涵，可意指「天之性」或「太虛絪縕之本體的體性」。[16]例如，〈誠明篇〉之「天地之性，久大而已

「性」是創化的動能，而非靜止的死理。(02)「氣」雖以聚散化生萬物而不息，卻並非中性的「產物機器」。由於氣化之「性」即氣化之「理」，依此氣化本有之性，不僅使萬物得以實存，更是使世間呈現多樣卻有序的「所以然之故」與「所當然之則」。故「氣化」之「生生」，本即是價值創造活動。又由於此氣化之活動實即以氣為本體，而非另有孤立高懸於氣之外的本體（形上之理）所主導，故以其源自於自生而言「自然之良能」。

15　例如，〈太和篇〉曰：「天地生生之神化」，頁38。

16　在《正蒙注》中，「天」與「太虛」仍可依照體用關係有所區別。船山以「太虛」為「氣之本體」，以「天」為「氣化」之「始動」（氣之用）後方可言之有者，故不當以「天」直接指稱太虛本體。例如，在〈太和〉之「由太虛而有天之名」中，船山即曰：「太虛即氣，絪縕之本體，陰陽合於太和，雖其實氣也，而未可名之為氣；其升降飛揚，莫之為而為萬物之資始者，於此言之則謂之天」，由引文可知有四：(01)「太虛」是清通不可象，又真實無妄的氣之本體。此氣初指渾淪無間、未曾分化的恆存之「有」，為一切萬有的存在根源，船山以為此即《太極圖說》之「太極」。(02)「太和」是指氣本蘊含陰順陽健之德，但在氣化發用之始，此二氣雖各有對反相生之體，但仍僅以潛存的形式，處於至和的狀態。故「太和」乃是對二氣合和之存在樣態的描述。(03)「天」有二義：一者，

矣」，船山注曰：「性，體性也；太虛之體，絪縕太和，是以聚散無恒而不窮於運」。至於「天之性」或「太虛之體性」的實際內容，船山以張載「太虛即氣」當指「太虛即是氣」，故太虛之體性即是氣本初呈顯之性。[17]故在注〈可狀篇〉「氣之性本虛而神」時，他不僅以「虛」而「神」為氣性之本，[18]更表示：「虛則入萬象之中而不礙，神則生萬變之質而不窮」。由此說明太虛本體之氣化活動，何以自依本性則生生不息，且生物之德能遍潤萬物。順此，船山亦屢屢以「健順之性」或「健順之理」，動態地描述氣之性即是普遍恆常，且動而有序的生物之理。[19]但在注〈太和篇〉之

順吾人感官經驗，由空間意向取意，指明世人誤以為無物的「天空」，實際並非虛無，而是清通之氣遍滿太虛所致。二者，由造化生物本無偏無私，故名之為「天」。此所以說：「莫之為而為萬物之資始者」。(04)船山又以「氣化」言「道」，氣化之發用流行即是「道之體」。一氣自為「體」「用」，故並無超越虛托於氣化之上，主宰氣化的形上道體。

17　例如，在〈可狀篇〉注「太虛者，氣之體」一段時，表示：「太虛之為體，氣也」。〈太和篇〉注：「知虛空即氣」，即以空間意象為思維進路，將世人視為虛空無形的天空，擬象為清通不可象之「氣」遍滿於天地之間，而為天之實體（實際內容）。由此駁斥釋氏以天地為虛空幻妄之言，闡明天與天道之化雖無方無體，卻是以氣為實質，且真實無妄之過常恆存。他更從造化活動即造化本體，指出太虛本然之氣實以健順為其體性。由此順承「性」字所本含的生化義與理序義。

18　例如，〈神化篇〉曰：「陰陽實有之性，名不能施，象不能別，則所謂神也」，〈可狀篇〉更指出老釋以無為本、以世間為幻化，皆源於以「見聞之知」窺探天道之實，卻不明「天德良知」方能見道體之真。

19　例如，〈神化篇〉注曰：「氣，其所有之實也。其絪縕而含健順之性。」（頁76）。隨文脈不同，船山也會稱之以「健順五常之體」（〈誠明篇〉）、「健順之理氣」（〈至當篇〉）、「健順之化」（〈乾稱篇〉），或「陰陽健順之二端」（〈可狀篇〉）。由此或可說，船山最常

「氣本之虛則湛（本）【一】無形」[20]時，船山表示：

> 言太和絪縕為太虛，以有體無形為性，可以資廣生大生而無
> 所倚，道之本體也。二氣之動，交感而生，凝滯而成物我之
> 萬象，雖即太和不容已之大用，而與本體之虛湛異矣。

引文有三點值得注意：首先，「太和」、「天」或「道」，皆是從氣自為地始生創化活動而得「名」。故此三名所指之實，雖皆與自本自根的存有本體「同實異名」。但若由「體用關係」解之，「用」必依「體」而有，且「氣」既初僅指向「存有」，本體之「體」與「用」，亦可視為「氣」（元初只是渾一）與「氣化」（一氣分化為陰陽二體之發用流行）的關係。依此，則此三名所指皆「始」於氣化之「用」，而與「存有本體」，自可（當）分別言之。此所以說：「太和不容已之大用，而與本體之虛湛異矣」。其次，承前可知，存有本體既不能為特定形象方所能拘限，理當「無方無體」。又基於「性即理也」，凡言「性」，必含攝條理義與分理義，則不可以「性」言渾一無分的本體。依此，船山雖已將「天地之性」滑轉為「天性」或「天之體性」（〈太和篇〉），但「天地之性」一詞

用以詮解「天地之性」的第一層義者，即是「健順」一詞。例如，在解〈天道篇〉「天不言而信」一段時，船山曰：「天惟健順之理，充足於太虛而氣無妄動」，頁 67-68。

[20] 在《張載集》與《張子正蒙注》中，皆加註指出「『本』字涉上文而誤，依《誠明篇》『湛一氣之本』句改『一』」，本文亦依此更動，並加註說明之。〔宋〕張載，《張載集》，頁 10；〔明〕王夫之，《張子正蒙注》，頁 18。

若要能成立，則僅能從「氣化之用」而言。此所以船山不僅言「天無體，用即其體」（〈大心篇〉），更指出：「天以太虛為體，而太和之絪縕充滿焉，故無物不體之以為性命」（〈天道篇〉）。最後，船山以「天地之性」當於氣化之用始能言之，且以陰陽異撰為氣化之始。故所謂「天地之性」，吾人可依「氣」之「靜存與動用」的架構析解為二：一者，就「氣之靜存」而言，陰陽雖已然絪縕遍滿於太虛。但當此之時，太虛本體僅含蘊氣化之動，二氣尚未始動化生。[21]二氣對反相生之性僅潛存，此即〈太和篇〉所謂：「（太和）中涵浮沈、升降、動靜、相感之性」。二者，就「氣之動用」而言，船山以「氣之幾」描述「氣之初」。並表示陰陽二氣初僅以「陽健」、「陰順」各為體性，並通過「一之一之」的「兩一」之理勢，對反相生出天地萬物萬象。所以當船山從「氣化」而言「道」，並指道之本體即「以有體無形為性」，正是由氣化之發用流行即為道體之本然。所謂「無形」，正是標示「有體」並非指「道」具有特定體貌。由氣之動用所呈顯的天之體性，即便清通無形，非人之感官視覺所能察視，但陰陽異撰之發用流行必真實無妄。[22]順此，則氣化所成之世間亦非釋氏所謂虛幻非真。

　　依上述可知，船山雖認為「天地之性」並非用詞精準的概念。但他仍順張載用語詮解《正蒙》文字，並在「『地』不得與『天』對」的前提下，將「天地之性」一轉而為「天之體性」。嚴格來說，「天」既為不為特定形象方所拘限的存有本源，理當「無方無

---

[21]　船山即以「太和未分之本然」注解「絪縕」，頁 15。

[22]　例如，〈可狀篇〉曰：「象未著，形未成，人但見太虛之同於一色，而不知其有陰陽自有無窮之應」，頁 378。

體」，自無「性」可言。但人由天之所垂象，推本萬象所以然之理，又立基「凡可狀，皆有」及「性即理」兩項原則，以「人」之有「性」（性即生之理也），類比「天之情性」。[23]依此新詮，船山不僅在無須改字的情況下，重新賦予《正蒙》概念的一貫性，更據此批判誤解《太極圖說》者，正是不明太極未有動靜之前，渾淪無間之本體（絪縕太和之氣），已然蘊含陽健陰順之性。[24]

2.「天地之性」與「天命之性」

　　若說船山詮解「天地之性」的第一層義，在於指明「天之性」即是「宇宙全體之性」。他在「天地之性」的第二層義中，則專指「人之性」本於「天」，且基於「性即理也」，「人」之為「人」的「所以然之故」與「所當然之則」，皆可推本於天人相繼之「理」。不難發現，在「天地之性－氣質之性」中，張載藉「天地之性」概念所欲處理的哲學問題，在船山則是就此第二層義探討之。故已有學者表示，船山實以「天命之性」解釋《正蒙》中的「天地之性」。[25]

　　在注解〈誠明篇〉「形而後有氣質之性，善反之則天地之性存焉」，船山即率先通過重新界定「氣質」與「氣質之性」，從四方

---

[23] 例如，〈太和篇〉注：「動而趨行者動，動而赴止者靜，皆陰陽和合之氣所必有之幾，而成乎情之固然，猶人之有性也」，頁15。

[24] 對〈太和篇〉之「若謂虛能生氣」段時，船山即注曰：「誤解《太極圖說》者，謂太極本未有陰陽，因動而始生陽，靜而始生陰。不知動靜所生之陰陽，……乃（太虛）固有之蘊，其絪縕充滿在動靜之先」，頁24。

[25] 戴景賢先生所言：「而依余之所見，橫渠書中所指言之所謂『天地之性』，船山之註。實際乃以『天命之性』之概念解之」。戴景賢，《王船山學術思想總綱與其道器論之發展（上編）》，頁188-189。

面重新釐定「天地之性」的意義：

(1)就「氣質者，氣成質而質還生氣也」言，船山承繼張子以氣化凝滯以成物形解釋「氣質」。但他有別於橫渠，並非將「氣聚成形（質）」視為有形跡者的個體化原則，寬泛地指向所有具體個物。他更將「氣質」所成之「形」與「類」概念串言，一方面從存有論上指出人與牛、馬、羊之異，首先源於氣凝所成之形，本有屬「類」的差異。另一方面，他更採以「性」的字義詮釋，指出屬「類」的差異決定了各「物類」間「生之理」的本然差異。例如，雖然人類與牛、羊、馬類之形皆是氣凝所成，但吾人實不可依此即謂人與牛羊馬之性相同。因為人有人類所獨屬的生理。所謂「氣質之性」，首先當視為「在此氣凝所成之形中的物類，所與生俱來種種生之理」。他不僅將「氣質之性」詮解為「氣質中之性」。[26]更依氣論所建立的物類之別，重新解讀「人禽之辨」，由此有別於孟子與張載的論點。[27]

(2)就「蓋性者，生之理也。均是人也，則此與生俱有之理，未嘗或異」言，船山不僅從不同物類的氣質之性，辨析人與禽獸之性本有不同，重新詮解孟子人性論之要旨。他更就此發揮《論語・

26　在《讀四書大全說》中，船山對此有詳盡的探討，其言曰：「所謂『氣質之性』者，猶言氣質中之性也。質是人之形質，範圍著者生理在內；形質之內，則氣充之。而盈天地間，人身以內人身以外，無非氣者，故亦無非理者。」，頁857-858。

27　船山此說並非孤明獨發，明清反對「天地之性」說的儒家學者中，亦不少採取類似的辨析進路。例如，顏元即表示：「人之氣也，雖蠢，猶異於物也；故曰：『人為萬物之靈』，故曰：『人皆可以為堯、舜』。其靈而能為者，即氣質也。非氣質無以為性，非氣質無以見性也」。〔清〕顏元，〈存性編〉，《顏元集（上）》，卷1，頁15。

陽貨》之「性相近」說，闡述人類之性的共性與差異。船山指出，既然凡「人」皆有「人之形」，且氣凝所成的人類之形大體相近，則稟此人類之形中的個體之人，顯然皆具通同的「生之理」（氣質之性）。例如，無論男女老少、賢智才愚，凡是人皆有眼耳鼻舌身之形，而理當皆具備色聽嗅聞觸之生理機能。但由於人之氣稟會隨後天環境發展變化，故人的形色之性（資形起用之性），會因人而異，此孔子所以說：「性相近」。

(3)基於以上兩點，船山更從 5 項環節辨析「性／才」之異：其一，「性」全然是就天所授於人者而言，故「性」獨立於人為之事，屬不可變者。另方面，因為人性指的是人類普遍共通的生之理，因此人與他人間的個體差異性，顯然不會是源自於「氣質之性」。船山認為，每個人或有殊異的才能表現，是屬於「才」。「才」的決定項又可分解為二：首先，就天所與之而言，「才」是個體受生之初所獨受的形氣本有之差異。例如，雖就整體而言，凡人之有生皆是皆經氣凝成形而為人，但由世界的多樣複雜性可知，任一氣化成具體之人的活動，亦均有氣化屈伸升降的變化差異。依此，每個人在受氣成形的時機差異，形成個體形氣各有開通閉塞的本然差異，此即「才」源自「氣之偏」者。其次，就人所為之而言，「才」是人在生長過程中所接受的外物影響，例如，飲食、作息、居住環境，甚至是教育程度等，皆會影響人的才能發展。其二，「性」是天在氣凝成形的生物活動中，授與各物類的生之理。「人」之「性」，亦是人依此天所與我的「形色」，所獨有屬於人類的生之理。由於「天」是以健順之理（德）授人以性，故氣質之

性應本善無惡。[28]順此，船山不僅一反將氣質僅視為人之成德的消極限定的論調，他更藉「厚生」與「傷生」之別，主張「氣質之性」既然為人類得以生存的生之理，自然屬於「厚生」理當視為「正德」。[29]其三，相較於「性」非人力所為，「才」因包含「天所與之」及「人所為之」兩面，故「才」（而非「性」）才是人所「應當」且「能夠」施力改變者。所謂「變化氣質」，亦是就人之才有未盡善之處，而通過人為之努力，使「才」成為「繼善成性」的助力而非阻力。其四，由於性出於天而無本惡之可能，且「才」包含「人各有異」與「人可為之」的變因，故當「才」成為人之成性的阻力時，人之行為則有「不善」甚或為「惡」。但「才」雖是影響人為善的變項，卻非人之所以為「惡」的根源。此所以孟子對人之為不善，亦曰：「非才之罪」（〈告子上〉）。其五，因氣質之性是屬「類」間的差異性，而非指向個體的差異性。故過往持論者屢屢以個人的氣質尚有昏明強弱之別，由此區分人之賢智才愚，甚至是將人之善與不善歸諸氣質之性者。船山批判此即犯了以「才」

---

28 例如，〈誠明篇〉注：「人生莫不有性，皆天道也，故仁義禮智與元亨利貞無二道」。船山亦依氣論發揮「乾道變化，各正性命」原則：從本源處言，萬物乃是「各有所合於天，無非善也」；但就一物而言，唯人全具「健順五常之理」。故船山曰：「善者，人之獨也」。他甚至據此表示「善」獨屬於「人」，禽獸草木皆未全具此理，故僅有人類本然地具有承天道以開創人道的使命與性分。人與禽獸之辨則正由此為始。例如，《讀四書大全說・孟子・告子上》即曰：「人之凝氣也善，故其成性也善；犬牛之凝氣也不善，故其成性也不善。」，頁1054。

29 例如，在注〈誠明篇〉之「性其總，合兩也」一段時，船山即曰：「極總之要者，知聲色臭味之則與仁義禮智之體合一於當然之理。當然而然，則正德非以傷生，而厚生者期於正德」，頁121-122。

為「性」的謬誤。[30]例如，荀悅、韓愈的「性三品說」，所指之「性」皆是「才」而非「性」。承上五點，船山新詮〈誠明〉：「人之剛柔、緩急、有才與不才，氣之偏也」。若依文脈，張載本欲闡明氣質之性既連屬於人之個別才能，自不當為人能否成聖成德的必要條件。但船山轉化此句之焦點與文義，直指張載在此是辨析人的「氣之偏」應視之為「才」而非「性」。由此言張載論性不僅比伊川更為精詳，且其說更貼近孟子。故曰：「張子辨性之功大矣哉！」。

（4）新詮「形而後有氣質之性」，既批判將「天地之性」與「氣質之性」視為本質相異之二者，陷入「人有二性」說的謬誤。更據此點明過往「理欲之辨」的盲點之一，在於論者以「天地之性」屬「理」（「形而上」），以「氣質之性」屬「欲」（「形而下」）。在「形上／形下」分作兩層的存有論架構中，竟以壓抑甚至是消除「氣質之性」為道德。不知所謂「人之性」者，既然指向凡人類皆與生共具互通的生之理，則「性」僅當就人稟氣初生時方可立言。且凡人類所屬的道德性與生物性，皆是有人之形貌者，得自於「天」，領受自天命的天性。故他徵引「形色，天性」（〈盡心上〉），指出人性雖兼具「理／欲」兩面，但一人身上並非兼有「二性」，人性即是人在氣質中的性。自此不難發現，船山一轉張載的論性架構，將「天地之性」先詮解為「天」所命於「人」之

30　船山甚至認為以「推己及人」辨析「人禽之異」，也是陷入以「才」為「性」的謬誤。他即批判朱子：「朱子說人能推，禽獸不能推，亦但就才上見得末流異處，而未及於性。禽獸之似仁似義者，當下已差了。虎狼之父子，只是姑息之愛；蜂蟻之君臣，則以威相制而利相從耳。推得來又成甚倫理？」（〈離婁下篇〉，頁1025）。

「性」，次藉人之有性必通過氣凝成形，而此氣滯所成之形所涵蘊的生之理即是人性的全部內容，至此則將「天地之性」經「天命之性」消融入「人在氣質中之性」中。人之性不再是依「形而上／下」層所區分的「天地之性／氣質之性」。[31] 人之「道德性」與「生物性」亦皆當同歸屬於「人之性」，亦即是由人類形軀所範限的「生之理」。船山為「形而後有氣質之性」賦予新義，將《正蒙》人性論轉化為「形而始有者（形而上）➡資形起用而後有者（形而下）」的連續性關係。依此架構，他將「形而上之性」理解為「人初獲生命而得自於天的人類共同生理」（「氣成質」），並將「形而後有之性」視為「個人」資形而起用之性。[32] 所謂「資形起

31　依此詮釋脈絡，若將人之道德性歸屬於天地之性，其困境有二：(01)「天地之性」為萬物所共有，且不受人之形軀所範限。若人依此為人性之根本內容，則不僅無法由此性區分人與其他物類之別，形成「人性」（人的生之理）之究竟真實竟與人之形氣無涉，現實所存的每一個人都僅是「客形」所成的次級存有。原欲保障人之真實性的天地之性，反成為使人「非人化（虛妄化）」的論基。(02)由於道德的根源是萬物皆有的天地之性，也導致人之倫理道德竟非人所獨有的怪論。先儒原欲以人之德性區別人禽之異，卻在此論調中，形成人向萬物行為裡尋倫理道德。在《讀四書大全說·孟子·離婁下》中，船山即藉真德秀（西山，1178-1235）為例，批判持此論調者曰：「鯤魚警夜，鵝鳴夜半，雞鳴將旦，布穀知春，鶗鳴知寒，蟋蟀吟秋，明駝測水，靈巖三喚主人翁，只是此物，此則與禽獸均有之心也。孟、朱兩夫子力爭人以異禽，西山死向釋氏腳跟討個存去，以求佛性於狗子。考亭沒而聖學充塞，西山且然，況其他乎！」，頁1022。

32　在《讀四書大全說·孟子·滕文公上篇》中，船山則以「先天之性」與「後天之性」這組概念闡述其理，但或許是這組概念容易引起誤解，當代學者在解析船山此理時，多不採用此概念。頁960-965。

用」，亦即指人在生長過程中，個體形軀接受各類非己身本有的外物資養（「質還生氣」），故每一個體的生之理，亦隨生長條件與環境的差別而有異。例如，同為人類，世界各國的人都共有眼耳鼻舌之官能（生之理），但各國地理風貌條件的差異，使各國人民在身高體態上各有差別，而在飲食習慣、視覺色調上，亦都各形成偏好差異。此就個人與他人間亦然。此所以說：「質生氣，則同異攻取各從其類」。

至此，船山提出三項關鍵論斷：一者，由「天地之性，太和絪縕之神，健順合而無倚者也」可知，在《正蒙注》中，「天地之性」所指的是「天」或「造化」之體性，而非由人之形體所範限的人之性。二者，由「理與欲皆自然而非繇人為」可知，「理／欲」之辨不當立基於人有「二性」（「天地之性／氣質之性」）之論。人性的全部內容，既然即是人的生之理，則人之理欲兩面皆源自天所自然成化。人之欲有時雖會阻撓人之行德，但吾人實無理由否定，甚或主張滅除人的感官欲求。船山認為孟子「形色，天性」一語，正道破人之全部生命內容本包含「大體」（仁義禮智之良能）與「小體」（感官欲求）。因此告子以「食色為性」的謬誤，並非「食色欲求」不當歸屬於人的生之理，而在於誤將「食色欲求」即視為人性的全部內容。三者，由「天地之性原存而未去，氣質之性亦初不相悖害」可知，有志於修德者可藉反思人之初生為契機。因為在此天人相繼之初，人即獲得人類共通的生之理，但個體資形起用後之性則影響尚微。當此時際，由於人性中的理欲兩面還判然明晰（所謂「理欲分馳」）。因此，當人充盡仁義禮智之良能，則為成德的君子。相對者，若人僅安於具備人的生之理，卻未有善盡道德仁義之行，則此良能畢竟只是潛存，故船山以「不據為己性而安之也」詮

釋「氣質之性，君子有弗性者焉」。一轉〈誠明〉原指君子當以「天地之性」為性的文義。

　　所謂「形而上之性」並非在氣質之外的他物，而是指人初生時所本具，並尚未受到後天影響的人類共通生之理。因此，人之性雖因形質範限著理氣，而有別於不受任何形質所侷限且盈滿天地的天地之理氣。但由於此生之理（性）是天所授予，凡人皆本然所具備者。故氣質之性若就其尚未受到後天條件影響遮蔽時，亦當歸屬於得自於天的本然之性。此所以船山解「氣質之性」，而曰：「是氣質中之性，依然一本然之性也」。

三、「非本然之性以外，別有一氣質之性」

　　前述指出，船山從「在天者」與「天人相繼而在人者」兩面，賦予「天地之性」概念新義。本節將進一步指出，他不僅肯認「氣質之性仍是一本然之性」，而且更主張：「非本然之性以外，別有一氣質之性」。以下分三點論之：

（一）從「天命之性」論人與天的通一無二

　　「冰水之喻」和「性與天道不見小大之別」，是《正蒙》闡明天人之本無二的重要文獻。張載原以「天地之性」貫徹推論的解釋效力。但船山既以「天命之性」詮解「天地之性」，則他是否能依此詮解貫串張載原有的推論？經此新詮，他又試圖證明哪些新論點？下文分兩點檢視之。

1.「冰水之喻」與「性公命私」

　　在冰水之喻中，張載所欲呈現的是儘管人有形貌氣質的差異，

但基於「本體／客形」的架構，人皆是一氣凝聚所生，人人亦皆稟受同等的「天地之性」。所以，人人在本質上，都是與天同一的存在者。這就如同水雖有三態，但固態之冰、氣態之氣，在本質上仍同於水一般。人的氣質之性差異僅屬「客形」，而非人性的究竟真實。人之天地之性，才是人推本於天的本真。順此，由於人人皆與生具備同等超越氣質侷限的形上依據（天地之性），則「人人皆可為堯舜」必非虛言。

　　然而前述已提及，船山實以「天命之性」解消「天地之性」在《正蒙》中原有的概念意涵。依此所衍伸的關鍵議題則為：「船山是否仍接受人與天在本質上的同一關係？」在注解〈誠明篇〉「冰水之喻」段時，船山曰：

> 未生則此理氣[33]在太虛為天之體性，已生則此理氣聚於形中為人之性，死則此理氣仍返於太虛，形有凝釋，氣不損益，理亦不雜，此所謂通極於道也。[34]

乍看之下，當天以氣凝而成人之形，人與天之間，似乎已因「氣質」（「形」）而有不可逆的隔閡。但由引文可知，船山在此仍援引張載「本體／客形」的架構，解釋人與天在本質上的連續性與同一性。太虛之「理氣」與人之「形宇氣質內的理氣」（人之性），

---

[33] 依據《船山全書》所收《張子正蒙注》，於此有注曰：「『理氣』：各本此二處均無『氣』字，按下文理氣並舉再三，則各本似誤。」參照船山〈太和篇〉與本篇前後注文推論脈絡，本文對船山此段注文之詮釋，以《全書》為依據。

[34] 〈誠明篇〉，頁120。

並無本質上的差異。依此，在注解「性通乎氣之外，命行乎氣之內，氣無內外，假有形而言爾」時，他更進一步主張：

> 人各有形，形以內為吾氣之區宇，形以外吾之氣不至焉，故可立內外之名。性命乎神，天地萬物函之於虛靈而皆備，仁可以無不達，義可以無不行，氣域於形，吉凶禍福止乎其身爾。然則命者私也，性者公也，性本無蔽，而命之戕性，惟不知其通極於性也。

在冰水之喻中，他以人與天間的「形」之區隔，如同「冰」與「水」間的「凝⇆釋」關係，「人之氣質」為「氣之客形」，「天」則為「氣之本體」，天與人本質上是一氣貫穿的同質關係。現在的問題是，當張載以「變化氣質」為成德工夫之入手處，其意將人的氣質之性，視為人成德所當超克的消極限定。船山是否也一併接受此論點呢？承前可知，船山以「形」為立人禽之辨、明天人之分的核心概念，由此上衡孟子「形色天性」之說。顯然他不僅未將「人之形」視為人之成德的消極限定項，更認為人道之尊，當可由此天所命我的「在氣質中之性」而立。順此，他提出三項有別於《正蒙》的新詮：

其一，從人承天命而非天以命治人言「性命之辨」。相較於張載慣於從天道而言人道，更傾向於由人道之自立以承天道。依此，他雖以「天命之性」而言人的氣質之性。但對《中庸章句》以「命猶令也」，解釋「天命之謂性」之「命」，他並不滿意。船山先指出，朱子的注解原出於董仲舒之「天令之謂命」。然而，他認為「董語尤精」。這是由於天之生化萬物既然無私無偏，其本來便無

為此人此物而設之「命」。天之化初只是「自行其政令」。依此所解之「命」字，並非「天」對某人諄諄然命之，「命」僅有形式義，故尚未落入下述第二點「命私性公」之「命」。所謂「天命之謂性」，乃是從人自願承此「令」而受之為「命」而言。[35]依此，他在會通《中庸》與孟子之性命觀時，主張：「蓋天命不息，而人性有恆。有恆者受之於不息，故曰『天命之謂性』。不息者用之繁而成之廣，非徒為一人，而非必為一理，故命不可謂性，性不可謂命也。」

　　其二，從「命私性公」駁斥「以命為性」說。當船山言人之「性」時，是以「類」概念泛指凡人類所共有的生之理，此所以說：「性者公也」。但人之凝氣成形，受命於天，卻是每個人都各因其凝氣時位之不同，由此而有氣稟變合之個體差異性，此所以說：「命者私也」。正由於人與他人間的個體差異性，容易由具體形貌所呈現，人往往據此以為人性之異如同形質之異。誠不知此正陷入以「命」（私）為「性」（公）的謬誤。船山此論意義有二：一者，正可呼應前述對學者「視才為性」的批判。例如，在解「率性之謂道」時，他先指出：「使氣稟之偏亦得為命，則命有非道者矣，而何以云：『率性之謂道』哉！」，並進而言：「蓋才生於氣，性依於道。氣之塞乎兩閒者，即以配道而無不足；而才言性即是人之性，才言道即是人之道。氣外無性，亦無道也」。二者，他串言《西銘》「存順歿寧」與孟子「正命／非正命」之說，闡發「氣域於形，吉凶禍福止乎其身」的立身成德思想。船山首先界定「命」之字義，而曰：「謂之曰『命』，則須有予奪。若無所予而

35　《讀四書大全說・中庸・第1章》，頁454。

亦未嘗奪，則不得曰命」。[36]其次，依此而言吉凶禍福由於出於天之予奪，故可謂之「命」。最後，他話鋒一轉而指出：「繇富貴而貧賤，命也；其未嘗富貴而貧賤，非命也」，人之「貧賤」與否，原來非全由命所決定。因為天無法從人生來的「貧賤」中再奪走什麼，所以如果人始終「貧賤」，則非命所決定，而是人自安於貧賤。至此，人是否由貧賤逆境中立身超克之，其取決權全交回了人的手上。同樣的，船山亦先接受張載氣質說的基本預設，以吾人之「形」為理氣的範限。但他話鋒再轉，正由於人之形僅能範限形內之理氣，所以吾身之外的氣化流行之變合，僅能視之吾人所之遭逢偶遇，不能歸諸我有此命限。我的吉凶禍福，僅止於吾身。原本被視為限制項的人之「形」，在此反而成為人是否自覺立身修德，自我向上提升的起點。船山以為，此方為孟子所謂之「正命」。[37]人

---

[36]　《讀四書大全說・孟子・盡心上》，頁1113。

[37]　船山認為讀〈盡心上〉這段義理不可糾執於文字上見。他舉例指出，孟子說：「桎梏死者，非正命也」，但「盜跖之終其天年，直不得謂之曰命」，既不得曰：「命」，自然也就無「正命」與「非正命」之分。然而，正是在這一點上，船山再次藉「正命／非正命」之區分，將「命」由氣化之凝成義，上提至「正命」在價值論與人道論上的意義。他指出：「總以孟子之言正命，原為向上人說，不與小人較量，而況於盜跖！」（頁1113）。所謂「正命」，乃是人自覺地依天理與公理而行，使我受天而有之命，向上契合天道之化理，向群則依人之道，創造人文化成之事業與公義。「命」之「正」與「不正」，取決於我之所行是否放諸四海皆準。故「正命」之意蘊，自不能以「命私」含括。此所以他不僅以孟子言「正命」，乃是就自覺超拔於一己之私的「向上人」而言，更徵引朱子之言，以為「在天言之，皆是正命」（頁1114）。依此可知，在船山哲學中，前論「天之化」自行政令之「命」，以及此處所言之「正命」，皆非「命私性公」之「命」。關於此點，本文十分感謝匿名審查人細心提供的

與天之通一無二，不僅是由於「形」本非天人之間無可消解的隔閡；更重要的是，吾人之形即是吾人立人之道以提挈萬物，上承天道生物之德的必要條件。順此推論脈絡，吾人便不難理解船山為何會以「天人合轍，理氣同體」詮解《西銘》「貧賤憂戚，庸玉女於成」之言。[38]

其三，從「理一分殊」批判「物我共命」及「物我為一」之謬。[39]船山認為，張載雖推本神化而主張萬物一源，卻只是表示萬物在本源上的同一，並非意味萬物共有天地之性。[40]一者，天地之性屬天之體性，天既然不為形質所範限，則天之性在區量上亦屬無限。但萬物之性本為形質所範圍的理氣，而形成各自所屬的生之理，故萬物之性在區量範圍上，必小於不可為形所拘的天之體性。依此，吾人僅可說：若推本萬物之性之所從來，則萬物之性皆歸本

寶貴建議，不敢掠美，特此加注說明。

[38] 《讀四書大全說・孟子・盡心上篇》原句為：「張子云：『富貴福澤，將厚吾之生；貧賤憂戚，庸玉女於成。』到此方看得天人合轍，理氣同體，渾大精深處。」，頁1115。

[39] 誠如林月惠先生所指出，《西銘》雖未曾提及「理一分殊」，但由伊川與龜山的答問，開啟了以《西銘》為主要文本的儒家一體觀，這種觀點顯出一個重要問題：「儒家的一體觀必須安立個體的差異性（分殊），也要證成存有上的普遍性與實踐上的整體性（理一）」。林月惠，《詮釋與工夫：宋明理學的超越蘄嚮與內在辯證》（臺北：中央研究院中國文哲研究所，2008年），頁9。

[40] 蔡家和先生亦以《讀中庸大全說》的義理，順通船山對孟子「萬物皆備」章的詮解。其文指出：「船山認為這裡所謂的物，指的是『事』，而不是動物、植物等等」。依此，則君子所關注的是接事應物，且只能「人備萬物，而萬物不能備我」。蔡家和，《王船山《讀孟子大全說》研究》（臺北：臺灣學生書局，2013年），頁348-350。

於「天地之性」。[41]萬物各有天所命於此物類的「天命之性」，或「在氣質中之性」。但不可說物類的「天命之性」（依形之範限而獨有）等同「天地之性」。或言之，在性之區量上，物類之性的有限本與天地之性的無限形成相互排斥概念。二者，正由於天命之性是每個物類所獨有的生之理，故人之性方能與牛、馬、羊類之性相互區別。設若儒家以「性」概念所欲處理的哲學問題，本即標示：人在天地間的獨有性分，以有別於禽獸僅以滿足生物性（生命本能與欲求）為存在目的。持論者藉推本萬物一源，而推導出人與萬物都有天地之性，往往僅見萬物之同，卻未見萬物之異。若此則不僅使人與禽獸無從區別，人在天地之間的性分也隨之混淆難明。[42]這顯然違逆「性」概念用以解決哲學問題的本來目的。順此推論脈絡，船山一轉張載藉「天地之性」發揮「物我一體」的論調，由此避免《正蒙》陷入「天地與我同根，萬物與我共命」的異端之說。[43]

2.「性與天道不見乎小大之別」與「道大善小，善大性小」

由「天地之性」與「氣質之性」論述人性的架構，是《正蒙‧誠明》影響儒學發展最為深遠的主張之一。但承前可知，船山不僅認為「性」實非精準稱說「天」之概念，而且藉「形色天性」之

---

[41] 天以氣化為用而生萬物，天雖無體，但氣之發用流行所呈顯之理序與創化活動，即是天之理氣所呈顯之體性。

[42] 〈誠明篇〉注曰「蓋自天命以來，秩敘分焉，知其一源，則必知其分流。故窮理盡性，交相為功，異於墨、釋之漫滅天理之節文而謂會萬物於一己也。」，頁116-117。

[43] 《讀四書大全說‧論語‧公冶長》曰：「張子《西銘》一篇，顯得理一分殊，才與天道聖性相為合符。終不可說會萬物為一己者，其唯聖人也」，頁661。

說，根本否定人有與天同等區量的「天地之性」。然而順此推論，船山又當如何詮解〈誠明〉之「所謂誠明者，性與天道不見乎小大之別也」？在〈誠明篇〉注文中，船山曰：

> 通事物之理、聞見之知與所性合符，達所性之德與天合德，則物無小大，一性中皆備之理。性雖在人而小，道雖在天而大，以人知天，休天於人，則天在我而無小大之別矣。

在《周易外傳》中，船山有「道大而善小，善大而性小」之論。[44]他以「道」純為無偏無私之生生創化，本不可以善惡言之。但人以天道有生我育我之恩，故稱頌道之無心創化為善，並從人之觀點，將天之化的無私無覆即視為天地生物之心。由此可知，「善」實為有限之人，嘗試稱說無限之天的妙運發用的描述語。故船山以「道大而善小」，表示道體之絕對與先存。再者，「性」概念僅應指向具有生命活動機能，而有生之理的「人」與「物」而言。依此，人與禽獸皆為具有生之理的能動者，故皆可言之為有「性」，而草木則雖能說是造化之產物而有「命」，不可說有「性」。同理，「天」本為無形體無方所的遍常恆存，依其既非有生之物，則無所謂「生之理」，故不可言之有「性」。然而，道之生化不僅包含人與動物類，也包含植物類。若以道之生生不息為至誠至善之大德，則「善」概念實包含人與動植物，故又大於僅能言及人與禽獸的性概念。此所以說：「善大而性小」。上引所謂：「性雖在人而小，

44　《周易外傳》曰：「道大而善小，善大而性小；道生善，善生性。」，頁1006。

道雖在天而大」，其推論脈絡與之相通。由於人之性雖可推本於道體，且依據前述討論可知，人初所稟受之理氣在質上亦通同於天，均本然為健順五常之理氣。但人以形宇氣質範限一身之內的理氣，究竟在區量上，屬於有限之存在者。易言之，人之個體性即是人之有限性。人即便欲通過道德實踐與天為一，有限個體與無限恆存間，所能創化之價值，畢竟相去甚遠。天人通一無二僅可視為期望，而無實現可能。又或可說，吾人就冰水之喻，指人與天之「通一」，是在質上同為一氣，而在道德創造之本心本性上，是與天地生物之心「無二」。但此又回歸張載原以人與天同有之「天地之性」，進而闡明「天人本無二」的進路。承前可知，船山有別於此論述進路。他更有進於橫渠者有二：

　　一者，在於上提人之形色的能動性，透顯人道之尊。在船山思想中，「人」不僅是天之化理的載具，人之良能即意指人更可依據天理之當然，而自創人間價值事業。此所以船山在詮釋「君子以自彊不息」時，特別強調「是『用天德』，不是法水」。這是由於君子實以天德之剛健，主動地以人道之創建呼應天道之化，但若僅言效法水德，則僅是被動如水之不舍晝夜，安於所處所受，而人創建價值之主動性難以透顯。[45]此不僅可見證於船山的「笛身之喻」，[46]更可見於他以「天地之仁」與「天地之義」辨析人禽之異中。[47]

---

[45]　《讀四書大全說・論語・子罕》：「『君子以自強不息』，是用天德，不是法水。」，頁737。

[46]　《讀四書大全說・論語・陽貨》，頁858-859。

[47]　《讀四書大全說・孟子・告子上》曰：「天地以義異人，而人恃天地之仁以同於物，則高語知化，而實自陷於禽獸。此異端之病根，以滅性瀆命而有餘惡也。」，頁1072-1073。

　　二者，提醒有志於成聖成德之道者，不可妄自尊大，誤將聖人等同於天。船山從兩方面闡述此說：一方面，他反對持論者自將「聖人之心」等同「天地生物之心」，既容易忽略聖人參贊天地之化育，本是出於「裁成輔相，順天理之當然」，是順成之，而非同等之。故他引《中庸》「配天」之說為證，表示：「聖人只是聖人，天地只是天地」，更可能由於武斷地同視為一，而陷入「無端將聖人體用，一並與天地合符，此佛、老放蕩僭誣之詞，不知而妄作」。[48]在另方面，船山則指出，不可將聖人直接等同天道，其理「非謂聖人之不能如天道，亦以天道之不盡於聖人也」。他以聖賢本有境界工夫之異指出，聖人以人道之極致創化道德事業，其「不思不勉」的境界非賢人所能本有，聖人成聖之工夫，亦非君子全然照學即必達聖境。故聖人之工夫境界，僅為聖人獨得之。但是天無私，萬物皆由天道所成，天道對世人所昭顯之常理無異，非天道所獨得之。所以船山徵引《中庸章句》曰：「故章句云『則亦天之道』，語意自有分寸，不得竟以天道言聖人審矣」。[49]至此，《正蒙》原以「天地之性」解釋道德主動性的理論地位，船山藉「天命之性」概念轉承之。依此，他既無需更動《正蒙》字句，仍從人性論上指出人與天何以通一無二，更可明辨天人之分際，透顯人道之尊正立基於人之道德主動性與創造性中。[50]

---

[48]　《讀四書大全說‧論語‧述而》，頁 709。

[49]　《讀四書大全說‧中庸‧第 20 章》，頁 532-533。

[50]　正視船山學在闡明人道之尊上的努力，是當代學者的洞見與共識。例如，曾昭旭先生即指出，船山「天人之辨」實可歸結二語：「以量言，天大性小，故尊天；以德言，人有心而天德待人以顯，故尊人。於是天人異用而同功，天大人亦不小矣」。曾昭旭，《王船山哲學》，頁 381。

（二）從「氣質之性」再論人何以為不善

在「天地之性與氣質之性」的架構中，張載不僅以「天地之性」闡明人之道德實踐的本有依據，也由氣質之有限性，解釋人何以流於惡。但船山不僅以天命之性轉化天地之性的意義，也反對將人之為惡歸咎於氣質。前述已提，船山依據「先天本有」與「後天養成」，主張「在氣質中之性」尚可區分為「初生始有之性」與「生長中而資形起用之性」。前者解釋人性為人人共通的生之理，後者則呼應孔子「性相近，習相遠」之說。在說明人之何以為不善時，船山對〈誠明〉「形而後有氣質之性」的新詮，則再顯關鍵意義。首先，以「氣質之性」為天所給予人類，人人共通的「生之理」，不可能為「惡之源」。其次，人受後天環境所影響，故個體發展亦隨後天養成有所不同。當人長時間接受不良的影響以成習慣，則人往往據此不良之習接事應物。一旦當人在不適宜的時機場合，順應不良之習而行為，則人與物事授受之際所產生的不當變合，則「不善生矣」。下文依此分點討論之。

1. 從「氣稟非惡」至「不善起於物我往來之幾不相應以正」

在船山思想中，凡存在世界之萬象萬物皆是天道之化跡，故本應無有不善。但就現實經驗可見，人之作為畢竟有善惡之別。船山既否定有獨立自存之「惡」，則對於人之何以有惡行？吾人可從三方面掌握：

其一，由「心之放失」論「性」必非「不善之源」。在注解〈誠明篇〉「心能盡性」段時，船山先將「人之性」即視為「天理之自然」，由此析離將「惡」歸咎於「性」的可能。其次藉天人之分，指出天道既然不可能為不善，則將人之為不善，理當由人之道

探究之。順此，他藉「心統性情」之架構指出，若以具體實質者而言，「心」才是吾人形宇之內的血肉生命，「情」是心之動用，「性」則為節情之理。故「性」屬「天道」，而「心」才屬於人道。「心」為「思之官」，雖依「性」（生之理）故本有知善明善之能。但若人未能讓「心」之動用知覺充分發揮其應有之良能，則「心」如同失其官守，而放失於吾人形宇之外。當人以如斯存在樣態應物接事，自不能使行為皆出自於理。人之不善或為惡，亦由此而生。[51]

　　其二，由「情之離性」解釋不善之所自來。由於橫渠與伊川等人，多從氣質之性解釋個體差異性，容易將「惡」或「為不善」，導向屬於個人氣稟之事。船山既然以「性」為人類之共通的生之理，則若將「行為之不善」歸咎於「性」，則等同肯定人人皆有為惡之人性論依據。因此，他在論述人為不善之源時，便破題式的直指：「大抵不善之所自來，於情始有而性則無」。他以「性」為「理」，情之發用若合於「性」，則合乎人之所以為人的通理通則，則情之動用自無不善。但若情離性而自發為情，則情之失序，喜怒哀樂之無節，則可流於不善。換言之，「性」本為節情之理，而非相異於「心」或「情」的另一存在物。亦如「理」本為「氣之理」，而非相對於「氣」之外，另有一物可稱之為「理」。但「理」無形無質，不易由感官知覺所察見，「情」卻能由人之行為

51　〈誠明篇〉注曰：「性者天道，心者人道，天道隱而人道顯；顯，故充惻隱之心而仁盡，推羞惡之心而義盡。弘道者，資心以效其能也。性則與天同其無為，不知制其心也；故心放而不存，不可以咎性之不善。」，頁124。

中易見。故世人常誤以「情」為「性」，誤將情之失節誤以為性有不善，或可為不善。至此，船山似以排除法，已將人之為不善之源，從「天」、「性」、「才」層層剝離。在解孟子「非才之罪」時，他甚至反駁《孟子集注》以「物欲」為人之所以陷溺為「惡」的論點。他認為，「物之可欲者」亦屬於「天地自然之產也」。若將人之為惡歸咎於「物」會引發人之欲望，則同樣是將人為不善的罪責歸咎於創化此物，並給予人對此物有欲之「天」。這不僅陷入「猶舍盜罪而以罪主人之多藏」的錯誤歸因謬誤，更容易使人找到遁辭逃避自身行為應有的承擔。因此當他先自問：「不善非才罪，罪將安歸耶？」，隨即便表示：「然則才不任罪，性尤不任罪，物欲亦不任罪。其能使為不善者，罪不在情而何在哉！」。[52]

　　其三，從氣稟與物相授受之交，人與物之互動不得其「正」，而言「不善」。橫渠「兩端一致，由兩立一」的分析方法，在船山思想中更發揚光大。誠如前輩學者已然留意，船山善長從兩端論事物發生之源。在此，船山則由人與物相交接應之變合處，而言人之為不善的起源。船山反對簡單歸因的推論方式，他不認為人之為惡可單純地歸咎於人或物，他甚至反對折衷式的將不善歸咎於人物雙方。或由於《周易》哲學的底蘊，他引入「時－位」這組概念，而主張「不善」起於人與物在「不適宜的時位」相往來、授受。[53]此所以船山曰：「天地無不善之物，而物有不善之幾。非相值之位則

52　《讀四書大全說‧孟子‧告子上》，頁 1070-1071。

53　唐君毅先生即指出：「故不善之源，不在內之氣稟與情欲本身，亦不在外務本失；唯在外物與氣稟與情欲互相感應一往一來之際，所構成之關係之不當之中」。唐君毅，《中國哲學原論‧原教篇》，頁 577。

不善。物亦非必有不善之幾，吾之動幾有不善於物之幾。吾之動幾亦非有不善之幾，物之來幾與吾之往幾不相應以其正，而不善之幾以成」。由此可知，人有口腹之欲非為不善，食物能引發口腹之欲亦非不善，甚至在應當用餐時，人以食物滿足口腹之欲，也屬順天理應物事而非不善。所謂不善之幾，依此例，則起於人在不當用餐時（例如上課中）吃食，以滿足口腹之欲。

　　綜合上述，船山層層釐清凡存在者皆非惡之起源，以呼應天道至誠無惡，所生之物亦無不善。他甚至認為，人與物交之幾，其變合之不得時位所產生的不善，亦屬於人未能依理而顯發「善」。故「不善」或可視為善之尚未實現，而非有獨立自存之惡則明。

2.從「理欲之辨」至「矯習以復性」

　　在《正蒙》或伊川朱子的詮釋中，「氣質之性」本有解釋不善之緣起的理論意義。順此，則人之成德工夫不僅可落在「變化氣質」上，將氣質之性視為吾人成德所欲對治的對象。更基於氣稟所含蘊之人欲，正往往是影響吾人成德的關鍵之一。故在純化吾人道德生命的脈絡中，伊川朱子亦藉「存天理，滅人欲」的架構，詮釋〈誠明〉：「故氣質之性，君子有弗性者焉」所代表的義理。[54]但由前論已明，船山認為不善不可歸咎於氣稟。在詮釋《正蒙》時，船山不僅重新面對「理欲之辨」，也在肯定氣質之性的基礎上，闡

54　程朱藉「義理之性／氣質之性」架構，旨在調和人性的理欲兩面，而非將理欲視為必然排斥的關係。例如，杜保瑞先生即指出：「一方面由氣存在而讓惡的現象有一存在上的可能性，另方面由理存在而保住人之必然可以為善的條件，這種做為德性生活的形上學依據的討論，才是朱熹建構理氣概念進路的存有論哲學的真正目的」。杜保瑞，《南宋儒學》，頁273-274。

明吾人成德之工夫入手處。在闡發《論語·雍也篇》「三月不違仁」時，他先指出「朱子所謂『仁為主，私欲為客』，亦擇張子之語有所未精」，更順此力陳：「孔顏之學，見於六經、四書者，大要在存天理。何曾只把這人欲做蛇蠍來治，必要與他一刀兩段，千死千休？」。[55]由此闡明儒學一貫之義理旨在「存天理」，而非將「天理／人欲」視為彼此排斥的兩端。依此，在詮解〈誠明〉之「滅理窮欲，人為之招也」時，他先指出：「性命之理本無不正，順之，則當其伸而自天佑之，當其屈而不媿於天。若滅理窮欲以徼幸者，非其性之本然，命之當受，為利害之感所搖惑而致爾」。[56]再次表明，若人欲本於氣質之性，而氣質之性既為人所得自於天，並且為人人所共有的生之理，則「人欲」與「天理」本非相悖之理甚明。至於人若有「滅理窮欲以徼幸」的行為，皆不可歸咎於人性之本然。復次，船山更從《周易》義理闡明天理人欲在成德中的應有關係，曰：「若《易》之全體，乾、坤合德，君子小人同歸於道，天理人欲，從心不踰，則為理之大宗，無所容其亢抑矣」。[57]

　　承前可知，船山認為，天理人欲並非本然排斥的關係，至於人有「滅理窮欲」的行為，他則以「習與性成」之說，串言「不善」起於「人與物接之幾的不得其正」。由此說明，人之不良習慣，則是影響人有此不得其正的關鍵之一。也即是吾人成德所欲對治者。順此，船山則從「矯習以復性」與「日習於理」兩面論述吾人成德之工夫進路：

55　《讀四書大全說·論語·雍也篇》，頁673。

56　〈誠明篇〉，頁141。

57　〈大易篇〉，頁278。

　　其一，就矯習以復性而言。在釋〈中正篇〉「不正必矯」時，船山即曰：「得中道之一實以體天德，然後可備萬物之理。才既偏矣，不矯而欲弘，則窮大失居，弘非其弘矣。蓋才與習相狎，則性不可得而見，習之所以溺人者，皆乘其才之相近而遂相得。故矯習以復性者，必矯其才之所利；不然，陷於一曲之知能，雖善而隘，不但人欲之局促也」。[58]船山認為，人之性雖通同，但人之「才」卻有殊異。就理而論，人均能體天德、備物理，其行以合天地中正之道。但當人之才本有所偏，並長時間受後天環境的不良薰習，則人往往陷入「才與習相狎」的窘境，而難以依據本性所含蘊的良知良能而行。順此，復性成德的工夫，首先需要清楚掌握人有所偏之才，以及影響其才的不良積習，並依此提出相應於其才的矯正方式。如此才能逐步矯正其不良積習，使人有能力自知自明人本有的生之理。

　　其二，就日習於理則欲自遠而言。在〈誠明篇〉中，船山藉反向詮解《中庸》「尊德性而道問學」一語，闡發張載所謂：「莫非天也，陽明勝則德性用，陰濁勝則物欲行」，並順此而曰：「好善惡惡，德性也；領者，順其理而挈之也。陽明之德，剛健而和樂，陰濁則荏苒而賊害以攻取於物，欲澄其濁而動以清剛，則不可以不學。學者用神而以忘形之累，日習於理而欲自遠，此道問學之所以尊德性也」。[59]船山指出，「學」乃以「德性」為本，為學成德並非僅從外在型塑吾人之行為，設若人無本受於天之德性，亦無從自發為創建價值的道德主體。但也正因為人以「德性」為「德行」之

58　〈中正篇〉，頁 163。
59　〈誠明篇〉，頁 137-138。

本，故無須刻意遏抑人欲，僅需使人本有之德性能於人倫日用中呈顯，則人欲之發用亦是順天理之所當然。此正可呼應前述之「天理人欲，從心不踰，則為理之大宗」的境界。

由上述兩點，船山闡明天命之性本無不善，「天理－人欲」不應視為相互排斥的關係。他並從「性成於習」指出，人之善與不善不應歸咎於天命之性。因為人受之於天的生之理雖人人皆同，但後天環境的影響，以及人自身的自覺與努力，更是人陷溺於離善悖德或立身成德的關鍵。至此，船山已澄清之論點，在於人之不善不可單方面歸咎於「天」、「性」、「情」、「才」、「欲」，或「習」等，而必當由人與物事相應之幾是否得正，方可言「善」與「不善」之所起。但若順此推論脈絡，且基於船山哲學對建立人道之尊的重視，則吾人或可說，人之為不善正在於人尚未自覺地實現人應然且定然為善的性分。

（三）從「繼善成性」論人何以當然且定然地為善

在張載論性架構中，是將人之道德性歸諸「天地之性」，而將個體差異性以及感官嗜欲歸於「氣質之性」。依此理路，凡「人」根源於天地的道德性不僅普遍一致，且人人本具。但當船山以「天命之性」取代「天地之性」，他又該如何說明道德的普遍性、恆常性與超越性？以及更重要的是：人何以應然且定然地為善呢？

1.以「才從性而純善之體現且不息」言人「一於善而性定」

船山以人初生之性為人類共有的生之理，是本有而不可易者。但反對將「氣稟」視為「一受之成侀而莫能或易」者。因此他藉「形而始有之性」（常）與「資形起用之性」（變），既解釋人的身體氣稟實逐日發展變化，又可說明人何以隨時都能依據形而始有的

人類共性，自覺地使行為成為凡人皆能認可的道德決斷。若說船山以人是萬物中唯一全具建順五常之理，推導出：人性本善，且也唯有人類是獨能創造善之道德主體（「善者，人之獨也」），萬物僅能依造其性所制約而純為生物性的存在。在此，他發揮「踐形」說，主張人當使德行無愧於人之形所應為，善用人之形所含蘊的生理良能，此即是從「形色天性」的人性論，一轉而為「踐形以踐性」的成性觀。故船山重詮〈誠明篇〉之「性未成則善惡混，故亹亹而繼善者，斯為善矣」，曰：

> 成，猶定也，謂一以性為體而達其用也。善端見而繼之不息，則終始一於善而性定矣。蓋才雖或偏，而性之善者不能盡揜，有時而自見；惟不能分別善者以歸性，而以偏者歸才，則善惡混之說所以疑性之雜而迷其真。繼善者，因性之不容揜者察識而擴充之，才從性而純善之體現矣，何善惡混之有乎？

承前可知，船山先立才性之辨，次批判凡以個人氣稟殊異而主張性善惡混論者，性三品說者，或將人行為之不善歸咎於氣稟的持論者，皆是誤以才為性。在此，他則發揮「繼善成性」之說，先從人性本有之善而言「繼天」，指出人初生即承繼於天的生之理與天理相通，故必為善且能為善（良知良能）。次則由人必當不僅承繼此人性潛存的本善，且須不斷實現此善而言「繼善」。故所謂「繼善成性」之「繼」，實有二義，而所謂「成性」必非「本無今有」的「成」。所謂「善惡混」者，僅是就人之行為面而非本性處言。當人尚未由具體創化善，自證自己無愧於人之形與生之理，則人之所

以為人的所以然之故與所當然之理，皆尚未由自身已然存在的生命證成。順此，當人自覺地自定方向，在人生中使良知良能持續化為創造善的具體行動，則人之本善不再僅是潛存地善，人已然以道德主體的身分確立人之所以為人之性，此之為「繼善成性」。船山哲學由此可說明：人性之尊即在人道可成，人道之成則在人以繼善成性闡明人之本善且定然地為善。

2.從「氣日生，性日成」論「變化氣質」之成性工夫

　　「變化氣質」是張載工夫論的總綱。在《經學理窟・義理》中，張載曰：「為學大益，在自（能）〔求〕變化氣質」，[60]同時指出致學成聖的兩項關鍵：一者，先天氣質之未臻完善，可由後天之「學」變化彌補之；二者，儒者之實學是以氣質變化完善為入路。依此，氣質之限雖是吾人體道修德所需超克的對象，氣質之性卻是吾人成德成聖的必要條件。設若張載「氣質之性」說的貢獻，在於以氣質之異解釋個體差異性，並試圖將人之為不善視為氣質之所限，則伊川朱子即是藉「形而上／下」、「天理／人欲」等架構，指明吾人純化道德生命必當克服的人性困境。然而氣質之說在儒學史上的發展，卻並非僅建立辨性之功，也引發「理／欲」之間的緊張關係。經程朱轉化後的氣質之性說，不僅提點吾人：凡人皆有生物面與道德面，君子成德即在以純化道德生命，為人之所以為人的性分所在。更在「存天理，滅人欲」的論斷中，經後人斷章取義，一轉而為對形軀生命的否定。清儒以「禮教殺人」歸咎於「理欲之辨」未明，亦可說對氣質之性在道德議題中的定位之爭。船山介於程朱與戴震等清儒間，其論亦可見「存理遏欲」與「達情遂欲」間

60　《經學理窟・義理》，《張載集》，頁274。

的關鍵過轉。船山肯定氣質之性在道德實踐中的積極義，甚至主張：「天下之公欲，即理也」，[61]並徵引孔子以蠻貊之邦可行，孟子從貨色之欲中找到人人共有的受教之基，皆是正面肯定人之有欲在道德實踐中的必要性。但他同樣正視人在生物面的限制，不僅主張「遏欲以存理」，[62]甚至表示：「惟遏欲可以養親，可以奉天」。[63]

　　至此所浮顯的關鍵問題是：船山對人性的分析可能更貼近吾人的日常經驗，但若氣質之性本無需變，他是否必須繞過張載工夫論，捨棄以「變化氣質」作為吾人修身成德的工夫綱領？若此，當詮釋《正蒙》道德工夫時，他又當如何首尾一貫的順通文句義理？若不然，則船山又當如何詮釋「變化氣質」以服膺其氣論與人性論呢？

　　當船山從氣化生成論解析人性時，他緊扣「氣」之連續性與能動性，指出：設若世界本是氣化流行不已，則氣凝所成之人豈是一受其形則僵固不變？設若人之形貌知能皆在時序流轉中，有生老病死之變，則人依形而有、資形起用的生之理，又豈能全然無涉形軀生命的成長發展，而在主持分劑時有相應的調整？依此，「氣」在時序中的流動變化實與人在道德實踐中的日盡其功相互貫穿，船山曰：

　　　氣日生，故性亦日生。生者氣中之理。性本氣之理而即存乎

61　〈中正篇〉，頁191。
62　〈樂器篇〉，頁319。
63　〈乾稱篇〉，頁356。

氣，故言性必言氣而始得其所藏。[64]

承前可知，船山是以「先天之性／後天之性」的架構，重新詮釋張載所謂「形而後有氣質之性」。若吾人將「氣日生，故性亦日生」導入此詮釋脈絡，則可從三方面拓展其論述要點：

其一，就人之性為人類之通理而言，凡人類共有的生之理，皆在每一個體受生之初（氣凝成形），隨氣稟而確立不移。由此船山既可從氣化生物之功本於天理純善無私，捍衛天命之性本善無惡的論點，又可解釋人之個體殊異不可歸於氣質之性。更順此導入「公是」思想，闡發張載「志公意私」說。[65]首先，他由「性」為人人生即本有之公理，指出人類本共有可衡斷是非的通同標準，亦即從人性論掘發道德的普遍性。其次，他以私欲私意能遮蔽人心之靈明，妨害人依此性之公理而行。[66]最後，他推論人若不為私意私欲所蔽，則在面對相同情境事件時，皆當可依此性理（心所具當然之則），判斷事理之當然，作出人人皆能「許之為是」（公是）的決斷。[67]此所謂「苟有志，自合天下之公是」。他甚至徵引〈大學〉「誠意」、「正心」之說，主張教育的重要功能之一，即是「養其

64　《讀四書大全說・陽貨篇》，頁 860。

65　〈中正篇〉，頁 189。

66　〈大心篇〉曰：「人欲者，為耳目口體所蔽而窒其天理者也」（頁152）。

67　清儒戴震所謂：「以情絜情而無爽失」，亦就人人共有之「情理」上，由肯定氣質之性建立道德的普遍性。〔清〕戴震，《孟子字義疏證》（「理」字條），卷上，頁 8。

虛公之心」，使人知「志意公私之別」[68]。

其二，就資形起用之性而言，性既然是人之形宇內的理氣，則當人日受新氣，其性亦當隨此新氣而涵蘊新生之義[69]。尤其在船山思想中，「氣」之能動義必含蘊「理」的調節義。人以形宇所範限者，並非一團盲動失序的生氣，而是生機盎然卻受生之理所調節之氣。此所以船山有時以「理氣」概念，強調此「氣」之動而有序。正由於未有離理之氣，亦未有離氣獨存之理。「理」總是先行以「氣」為實存的必要條件而含蘊其中，並成為主持分劑氣化的調節機制。當人總隨形宇之外的理氣（天之生化不已）而成長作息，並以天地之氣所生養的萬物滋養形宇之內的形軀生命。人資形起用之性，不僅亦隨個體後天所處的種種生存條件，同時亦由於獨屬於每一個體，成為貞定個人行為表現與生命方向的關鍵指引。

其三，由於隨氣日生之性，是人自覺超克或自限沉淪的關鍵，船山導入「凝命」觀再次闡明：人之盡性成德當是日進不已的動態歷程，日成其性同樣也是人日承天命。更重要的是，人於初生所受之命，是天對所有人類所降之命，設若每一個人皆當視為是能自創道德的主體，則獨屬於每個個人的日生之性，更是人立身成德的關鍵。更何況人在有生之初，還是襁褓中的新生命，既無權決定自己

68　〈中正篇〉，頁 189。〈大心篇〉亦曰：「學者當知志意之分」，頁 150。

69　此處所言之「新氣」並非前章所說朱子新氣論之義。在前章中，作者以朱子新氣論，乃是指在「理氣不離不雜」的架構中，氣乃是存有之質，氣化則是在時序中不斷以新代舊的生化歷程。但在本章所言之「新氣」，乃是指每個人每日所吸收吐納於身體（形體）內的「氣」皆非昨日已吸入之氣，故謂之「新氣」。

所受之命，也無力承擔此命而有作為。[70]他甚至批判，持論者糾結於性三品說、性無善惡說，正是陷入「已縣一性於初生之頃」，誤將人性等同於「一成不易之例」的謬誤而不自知。[71]

　　基於上述三點，船山再次從形而後有之性，將人之行為從「天命之」轉為「人自為之」，並說明人當對所為之不善自承擔後果。他沿襲「變化氣質」一詞，但從兩面伸展其義：一，「在氣質中之性」為人類共通的生之理，以其本自於天，既無需變，也無從變，則「變化氣質」顯然並非以人初生稟受的「氣質之性」為對治的目標。二，船山另以「氣質之偏」，作為「學」以變化氣質的入手處[72]。值得注意的是，船山既以「氣質之性」為人性通理，則「氣質之偏」所指當是個體之「才」，亦即人之智愚等個體差異性。但變化氣質雖以「才」為入手，卻非意味吾人應將人之不善歸咎於「才」，或遽自將「才」即視為應對治的病根。船山發揮橫渠「由兩見一」的論事方法，先肯認源自於天者必非本惡；其次，則考察不善之所生，實包含：「才之偏」，「不良之習」對才之影響，以

70　例如，船山曰：「生之初，人未有權也，不能自取而自用也。惟天所授，則皆其純粹以精者矣。天用其化以與人，則固謂之命矣」，人初生所受之性雖使人人本善，但此屬於天之德，人是「未有權」參與天之化（用）。但「已生以後，人既有權也，能自取而自用也」（《尚書引義》，頁300-301），依此則人當明瞭：「天無一日而息其命，人無一日而不承命於天，故曰『凝命』，曰『受命』。若在有生之初，則亦知識未開，人事未起，誰為凝之，而又何大德之必受哉？」（《讀四書大全說·盡心下篇》，頁677）。

71　《尚書引義·卷3》，頁302。

72　例如，《禮記章句·禮運》曰：「人無不可用之材，而皆變化其氣質之偏。君之所以立於無過之地，以為天下寡過者也」，頁558。

及當人順此後天積習所產生的行為習慣（習與性成），並且在不合宜的時機應物接事等要件匯聚。最後，則依此推導出這項以「氣質之偏」為名，所總攝的因果序列，並將其視為變化氣質之入手處。在詮解〈中正篇〉之「子而孚化之」，船山即以「變化氣質」如同禽鳥孵卵，是從「導習以正，成性於習」的連續實踐活動中，使人復返受生之初，天所命我，人皆有之的固有之性。[73]基於此，吾人不難再次發現船山哲學在宋儒與清儒間的中際性。[74]在面對氣質之性的議題時，船山雖通同清儒戴震等人，否定以天地之性為人之性，但他卻採取了復性說的進路，上承張載「變化氣質」之說。然而，他又將「天地之性」一轉而為「天命之性」，由此所復之性，已然不同於張載、程朱等人在「天地之性／氣質之性」架構中的復性說。

四、結論

在「天地之性－氣質之性」的人性論架構中，對照天地之性的至善、無限與恆常，氣質之性所擔負的理論意義，在於解釋人的有

73　〈中正篇〉曰：「禽鳥卵也；孚，抱也。有其質而未成者，養之以和以變其氣質，猶鳥之伏子。」，頁191。

74　當然不是所有宋明儒者都接受「復性說」，或採取「性現成論」的觀點。例如，葉適（水心，1150-1223）即批判理學家曰：「至後世之學，乃以充備盛德為聖人，廢其材，更其質，一施天下之智，愚賢不肖必至於道而後用之，是何其與皋陶異指耶？」，以「廢材更質」直言「變化氣質」工夫之不當，即是顯例。〔宋〕葉適，〈六安縣新學記〉，《葉適集》，頁146-147。

限性、差異性與未完滿性。若順此而言成德工夫，無論是就「人何以有惡行？」、「成德入手關鍵處？」，或「人人如何皆可為堯舜？」等議題。氣質之性或被視為人之流於惡的不良影響，或為人未能實踐善的消極限制，皆是吾人成德所欲對治的首要對象。然而船山指出，若回歸《五經》、《論》、《孟》等儒學經典，吾人的身體髮膚源自於父母生育之恩，人之生命活動更是具體呼應天地生生之德。無論是從形而上的高度俯視人的有限性，或是將人的氣稟形質視為欲望的載體，或理當對治的客（病）體。這種出於負面觀察人類氣質生命的視角，從來都不是重言孝道，強調身體髮膚不可毀傷的儒學真傳。反而是在以真君、真宰或佛性為修證目標的道佛經典中，諸種以肉身為臭皮囊，強調離形忘形的工夫論，可以俯拾皆是。依此，當船山表示：「『形色，天性也』，故身體髮膚不敢毀傷，毀則滅性，以戕天矣」，[75]不僅是從儒家以孝推本天親合一，直指佛老人性論之非，更是從儒學內部批判那些倡言「復性說」者，反而是誤入佛老歧途，遮蔽了人性之究竟真實。並由此深刻反思理學家「以『道德』取代『倫理』」的基本進路。基於此，本文從分三項環節展開討論：首先，本文指出，船山主張「人之本然之性，即是人在氣質中之性」。他反對人有二性說，批判伊川離析「天命之性」與「氣質之性」為「二」。對《正蒙》原「天地之性－氣質之性」架構，他表示「天地之性」勉強僅能指向天之體性，人並無天地之性可言。其次，本文則依船山新解，將《正蒙》論及人有「天地之性」處，皆以「天命之性」取代「天地之性」。探討《正蒙》與《正蒙注》在人性論上之轉折與同異。最後，本文

75　〔明〕王夫之，《思問錄・內篇》，頁 424-425。

指出，船山不僅以人之氣質本得自於天，故氣質之性亦屬本然之性。他更主張，所謂「天命之性」即是人之形宇氣質所範限的天之理氣，亦即是在人的氣質中之性（理氣）。由此順成：吾人無須另立天地之性為人的本然之性。氣質之性即本然之性，亦即天所命於人類的共通之性。更非本然之性外，別有一氣質之性。

肆、《張子正蒙注》「心」概念論析

一、問題澄清

　　《正蒙》不僅是北宋張載（橫渠，1020-1077）的代表作，其「天地之性－氣質之性」，「德性之知－見聞之知」，以及「心統性情」諸論，更廣泛影響其後的宋明理學家。但或因張載逝世後，關學轉向洛學化[1]。在現今所見的文獻資料中，橫渠門人並未對《正蒙》作更完整的注解詮釋。反而是在南宋朱熹（晦翁，1130-1200）與門人弟子的論答中，《正蒙》哲學才有更深入而廣泛的發展。故雖自明代以後，儒者對《正蒙》之詮釋約可分為三條進路[2]。在明清《正蒙》諸注中，以朱子學詮釋《正蒙》，卻佔有七成之多。相較

---

[1]　陳俊民，《張載哲學與關學學派》（臺北：臺灣學生書局，1990 年），頁 15-20。

[2]　本文作者認為，在明清注解與詮釋《正蒙》的著作中，可分為三條進路，分別為：其一，承繼與開展朱子學的詮釋進路，例如，清儒李光地的《注解正蒙》，王植的《正蒙初義》等。其二，批判而反駁朱子學的詮釋進路，例如，王廷相在《慎言》、《雅述》中，通過廣泛徵引詮釋《正蒙》氣論，作為反駁朱子理氣論的論據。其三，批判而超越朱子學的進路，此即《張子正蒙注》的走向。船山以橫渠為正學，力批陸王心學之非，但對朱子則採取反省、批判，但卻不否定的態度。甚至在張載與朱子有異的論點上，都可見他試圖調和的努力。

於朱熹（晦翁，1130-1200）以理氣不離不雜的架構詮解《正蒙》，王夫之（船山 1619-1692）的《張子正蒙注》不僅更能從歸本於氣上呼應橫渠哲學，而且此書亦為船山晚年最具創見的哲學著作。這由當代船山學研究幾乎無一不提及此書，而現今對《正蒙》注之研究亦多集中於此書，可窺見一二。

船山雖以張載為正學，但《張子正蒙注》卻非紹述橫渠哲學的作品。最鮮明的例子是，二者雖皆以「氣」言究竟真實，且所言之氣又均是「由用顯體」，而非「僅只是氣」。有別於明儒吳廷翰（蘇原，1491-1559）、王廷相（浚川，1474-1544）等人之氣論[3]。但是，張載以「太虛即氣」開展其論，仍以太虛為總提氣化流行之本體。泛言天道時的本體論之姿態仍鮮明。但是船山藉反思《周易》，以「器」先於「道」，發展出以「理在氣中，氣無非理」詮解虛氣關係的進路。所以在《張子正蒙注》中，太虛的本體之姿明顯淡化。在論述「心」概念時，更有相對於橫渠原論的調整。

由「天人合一」在張載哲學的核心地位，更顯「心」概念在《正蒙》中的關鍵性。誠如唐君毅所指出，〈大心〉不僅是在《正蒙》十七篇中，位居全書中段的一篇，也是上承天道下開人道的樞紐[4]。有別於張載從客觀天道保障人間價值理序的真實無妄，船山從「人」作為價值創化的實踐者上，主張儒學下學上達之路，當以

3　王昌偉，〈求同與存異：張載與王廷相氣論之比較〉，《漢學研究》第23卷第2期，2005年12月，頁133-159。

4　唐君毅，《中國哲學原論・原教篇》，頁72-120。

兩端一致為原則，由人之道以合天[5]。又由於「性」雖是人奉為行動歸準之「理」。但「心」方為決斷與帶動行為的「思之官」。所以，當張載以「盡心知性」詮釋《論語·衛靈公》「人能弘道，非道弘人」時，他不僅承繼橫渠以心性論闡發孔子道學的進路，更注明：「弘道者，資心以效其能也。性則與天同其無為」[6]。由此聚焦「心」在人具體行動中的活動義與關鍵性。但船山並非無條件的重述張載哲思，而是帶著反思批判的視域注解《正蒙》。因此《正蒙》所提的核心架構，在《正蒙注》中，幾經船山檢別、修改或新詮。例如，張載以「天地之性與氣質之性」，闡明人之普遍道德性與個體差異性。船山則有鑑於此論性架構在宋明理學發展中，雖有功於聖門，卻也開啟「人有二性」、「存天理去人欲」等爭議。所以，既由概念澄清的方法，直指「性」概念僅當用於「有生者」，故「天地之性」用語未精。並且在《張子正蒙注》中，將「氣質之性」轉化為人類「共有」的「生之理」。由「才」取代「氣質之性」，解釋人之差異性。現在的問題是：設若吾人接受哲學架構是一體相貫的連動關係，賦予某概念以新詮，則必當連動調整其他相關概念。當船山轉化《正蒙》的論性架構時，吾人是否理當檢視《張子正蒙注》如何調整「心」的概念意涵？甚至在張載哲學中，正是由盡心以知性知天，闡明天人合一之道。當船山不再以天地之性解釋人之何以有根源於天地的道德普遍性時，他又如何論述人性

5　〔明〕王夫之，〈三十篇〉，《張子正蒙注》，收入《船山全書》第 12 冊，頁 232。本文引述船山注文皆依此本。未免贅述，以下引文皆僅標示篇名與頁碼。

6　〈誠明篇〉，頁 124。

之善？德行之理據？以及心性工夫的實踐進路？此即為本文的研究動機。

在研究方法上，本文除以概念澄清的方式，探討船山《正蒙注》「心」概念的意涵。也基於「哲學概念」總以回應「哲學問題」敞開其意義，而追問心概念在船山與張載論「道心人心」，「心統性情」，「天德良知－見聞所知」等議題時的通同與差異。此外，本文亦參考蔡家和所提的「脈絡研究法」，留意即便同是心概念，在船山不同著作中，亦隨不同論述脈絡，而有相異的概念意涵。

基於此，在研究步驟上，正文共分四節，依序是：其一，論「合性與知覺，有心之名」；其二，對「心統性情」說之承繼與新詮；其三，批判「致良知」與「心即理」；及其四，從「心純乎道」闡發「人心即天」的實踐功夫。

二、論「合性與知覺，有心之名」

如欲辨析船山對張載「心」概念之承繼與開拓，首先當須指明他如何理解心概念，以及如何以氣論為基礎，闡明「心」、「性」、「天」與「理」之關係。在釐清船山「理」、「氣」「心」、「性」、「情」、「才」等核心概念間的關係時，唐君毅指出：

> 船山之言心，取橫渠心統性情之說，以氣載理，而為心；氣所具理，為性；氣具理而知之，為思；顯此理于外，為情；行此理，以顯此理之能，為才。于此理具之，而能思之、顯

之、行之者，亦即所謂載理之心也[7]。

唐先生辨理明晰、言簡意賅，但「心統性情」雖語出張載，而朱子才是真正發揮此架構者。朱子以理氣論統攝心性情之間架，將心視為形下之氣，僅能「具」形上之理以為「性」。使心、性區分為形而上下兩層。在理論型態上，顯然不同於張載以心能貫通形而上下之氣。船山於此已有警覺，故以張載釋「心」並非歸本於「心統性情」，而實歸本於《正蒙》所謂「合性與知覺，有心之名」[8]。依此他對張載之心概念，至少包含兩點澄清與開拓：

（一）從「形而上者為形之所自生」澄清「心」、「性」與「理」之關係

依據張載「天地之性－氣質之性」的論性架構，「合性與知覺，有心之名」中的心之知，亦包含天德良知與聞見之知。天地之性不僅是心根源天地的存有論保障，更是吾人覺知天道無邊義蘊的大本。順此，張載闡明人性何以本然地為善，且人心能依性之善，而具備知善與實現善的良知良能[9]。但是船山既批判「天地之性」一語有欠精準，更極力縫合天地之性說可能導致人有二性的理論縫隙。因此他主張在氣質之外，並無「本然之性」[10]。然而，虛化天

---

[7]　唐君毅，《中國哲學原論‧原教篇》，頁564。

[8]　〔宋〕張載，《張載集》，頁9。

[9]　林永勝，〈惡之來源、個體化與下手工夫——有關張載變化氣質說的幾個思考〉，《漢學研究》第28卷3期，2010年9月，頁1-34。

[10]　詳見本書〈第一編〉之〈參、《張子正蒙注》對張載人性論的承繼與新詮〉。

地之性的理論位置。就必須補充說明人心的存有論基礎，以及此心何以能有普遍的道德之知？對此，可從三點掌握船山之推論：

　　首先，他轉化張載以氣質之性解釋個體差異性的進路，將氣質之性視為稟氣而有生者的「物類之性」。故在張載人性論中，氣質之性指向人的個體差異性。在船山人性論中，氣質之性反而為人類共通的「生之理」，而非用以解釋人與人的相互差異性。凡人皆依氣質之性，而共有相近的知慮思辨等生命機能。故他以氣質之性辨析人類之性與馬類、鳥類之性間的差異[11]。當他詮解「形而後有氣

---

[11]　他在張載以氣貫通天人的義理進路中，又另立「天之天」、「在人之天」，以及「在物之天」，論析「天人一物」與「天人之分」。《尚書引義‧皋陶謨》即曰：「故人之所知，人之天；物之所知，物之天也。若夫天之為天者，肆應無極，隨時無常，人以為人之天，物以為物之天，統人物之合以敦化，各正性命而不可齊也」。他以天之無邊義蘊本非量有限者所能全然知曉，此就人與物皆然。又以物與人雖各依天理而有生，在推本同源上可言人物一本。但就各自生之理而言，當明物與我必有分。所以，他雖以仁者當取法天道生德之遍潤萬物，通過德性心自為駕馭行動的實踐主體（「心者，思之官也」與「心為身之主宰」），在德性之知的範疇中，可言「感通物我」。但若就知性層而言，人與物各有其性，其生之理各有殊異，人之見聞所能知與飛潛動植不同。依性之理，人與其他物類並非在見聞之知上，達至相互感通無隔。持論者若誤以孟子「萬物皆備於我」屬知性層，則是混淆德性與見聞之知，落入道家「萬物與我為一」的齊物之說。再者，他以人依生之理所能覺知的「天」之義蘊，為「人之天」。又以物之知覺能力所能察知的天道運行規律，為「物之天」。例如，鳥獸雖皆可察知天道以四時運行的規律，但各自所知的認知形式與所知內容又各自依其生之理而有別。至於「天之天」，則是天所自呈顯的天道流行，其全幅義蘊與發展，屬人與物皆無法全然窮盡。故他「以理限天」之批判，即立足於反駁持論者以人之有限知能所可理解的理論，竟妄以為可範限天理之全幅義蘊。此所以船山藉「德性之知—見聞之知」的架

質之性」，不僅表示：「舊說以氣質之性為昏明強柔不齊之品，與程子之說合。今按張子以昏明強柔得氣之偏者，繫之才而不繫之性」，更明言：「蓋性者，生之理也。均是人也，則此與生俱有之理，未嘗或異」[12]。順此，他又以「才」而非氣質之性，解釋人類間的個體差異[13]。氣質之性反上提至解釋人類共通之性的普遍義，以及超越個體與個體間之差異的超越義。

其次，從「形而上者為形之所自生」闡明：「人與他人之心如何基於氣質之性，能本然地互知，達成普遍的共識」。船山指出，氣質之性既然是人共有的生之理，則人與他人不僅依此性，在感官知覺上有相近的感受，也由於思慮知辨的能力相似。故人可以基於共有的理性思辨能力與相通的同理心，接受相互覺得合理的理由，達成普遍共識，建立可共同遵守的道德規準。又由於此共識或共通規準是本於人性，而人性又是根源於天之理。所以，人依此性所建立的道德規準，就不僅是社會建構的產物。道德的普遍性更本然地是基於天之理，而具形而上的依據[14]。他不僅由此推論：「故仁義禮知之理，下愚所不能滅，而聲色臭味之欲，上智所不能廢，俱可謂之為性」，更直指宋明理學的大議題：「理欲之辨」。他表示：「理與欲皆自然而非繇人為」，一方面還予人之生理欲求（形軀生

構，力辨「人禽之異」、「天人之分」。〔明〕王夫之，《尚書引義》，收入《船山全書》第2冊，卷1，頁270-272。

12　〈誠明篇〉，頁127-128。

13　例如，若張載以氣質之性相異，表示李四與王五在形貌知能等個體差異性。在船山的新詮中，氣質之性既然是人類共有的形氣之性，李四與王五的個體差異，就不當歸因於氣質，而屬「才」之異。

14　〈誠明篇〉，頁136。

命）合理的價值評斷。使道德之理與生理之欲間，不再依「形而上／下」的異質異層分割架構，而劍拔弩張。另方面，則重新顯豁儒者以「身體髮膚受之父母」所開展的道德實踐進路[15]。

值得注意者是，船山此推論所開啟的另項反思：從氣質之性確立人性之道德普遍性，不僅意在取代天地之性的理論位置，解消「人欲不去，天理不存」的緊張關係。更能依此澄清人之性與天之理間，僅是從推本溯源上，具有「本源」上的直承一致關係，而非「區量」上的等同關係。所以，由此辨明「天人本一」僅在此意義脈絡中有效。駁斥持論者以「性即理」為基礎，竟由「心具理」而將心量內容無限上綱，誤將「天人合一」視為「人心之知」與天道的全幅內容為同一。此所以注〈參兩篇〉論天道運化之理時，他批判曰：「愚謂在天者即為理，不可執理以限天」[16]。

最後，依據以上兩點，船山反對將「心」等同於「理」。他接受「性即理也」、「心具眾理」之說。但無論是就「生之理」、「物之理」或「天之理」，皆不可將「心」混同於「理」。

15　在詮釋〈西銘〉時，可明顯對比朱子與船山之異。船山在〈乾稱篇上〉曰：「張子此篇，補周子天人相繼之理，以孝道盡窮神知化之致」（頁353）。但朱子承繼程頤（伊川，1033-1107）「理一分殊」的詮釋進路，認為〈西銘〉並非闡發孝道的著作，其要旨在闡明人間倫常正是依據「理」而可言「天人本一」。人事之理雖有殊異，親親與尊賢雖有別，但人之價值決斷的「宜」與「不宜」，皆可推本於同一形上之理，獲得貞定。至於文中所以舉仁孝之事，乃是基於使人易知，故舉例譬喻之。所以，《朱子語類・張子之書一》曰：「《西銘》本不是說孝，只是說事天，但推事親之心以事天耳」。〔宋〕朱熹，《朱子語類（肆）》，《朱子全書》第 17 冊，頁 3314-3315。

16　〈參兩篇〉，頁 45。

（二）由「形」、「神」、「物」之「交」闡明「心 之知覺」的構成條件

　　若說「由太虛，有天之名」，旨在以氣為究竟真實的存有論基礎上，闡明「人」與「天地萬化」（包含具體存在物與各類存在現象），皆可由推本於氣，而獲得真實無妄之存在理據[17]。並且「由氣化，有道之名」不是指氣、天、道為本質互異的三者。相對的，此三者是以一「實」多「名」的形式，描述氣作為存在之本然的本體義，以及氣以氣化之名，所呈現的作用義、行程義與秩序義。在「合虛與氣，有性之名」中，則是指出人作為具體實存的萬物之一，其存在不僅是本於天道生物之德，而藉氣化凝成以得其受生之形。更重要的是，人之有生，乃是天所呈現自為「理序」的成果。所以，人在受生之初所得之性，不僅自證人性本善，也涵蘊「人之道」屬於人類獨行，既有別於飛潛動植之類，各依其生之理所行之道（如鳥之道、馬之道），也無法等同於萬物共行的「氣化之道」（天之道）[18]。依此，人亦應當通過人類共有的生之理，而制定人人皆可遵守的普遍規範[19]。但人何以能體察天理，覺知物理，建立人之所以為

17　陳贇，〈王船山理氣之辨的哲學闡釋〉，《漢學研究》第 20 卷第 2 期，2002 年 12 月，頁 254。

18　例如，注〈可狀篇〉：「性通極於無，氣其一物爾」段時，曰：「天命之以生，即命之以性，性善而無惡，命亦吉而無凶」（頁 368）。他指出，天之生人與萬物雖本於無心而成化，故無天意之私參雜其生生活動中。但天之本體自為理序而本然為善，天之作用無違自身之本然而無不善。依此，人之性既為本於天之理序而有的生之理，人性亦當本然地為善。

19　他不僅承繼《正蒙》以「氣」貫穿天人之要旨。更有進於張載而指出：正由於人之性與飛潛動植等物類之性本然有異；所以，人不當混淆自然物象

人之道？他認為這正是〈太和〉言「合性與知覺，有心之名」所揭露的義旨，曰：

> 人之有性，函之於心而感物以通，象著而數陳，名立而義起，習其故而心喻之，形也，神也，物也，三相遇而知覺乃發[20]。

由注文可知有三：其一，就心為人依生之理而得以「啟知」之要而言：在取喻意向上，他接受前人將心類比為「性（理）」之載具，當感官知覺經由「刺激－反應」接收訊息，人能於心中匯集為「心象」。另方面，無論是從認知主體或道德主體而言，他都反對將心僅視為知覺的被動者。就認知活動而言，人不僅是被動的接受各類資訊，而且能依心所具之性（理），感物以通、判斷資訊。甚至透過概念思維的能力，建立起對應心象與物象的概念。就道德之知而言，人之心不僅具有體察天理的良知，更有據此良知衡斷是非。並在此價值決斷中，主宰身體力行。將「知」化為「具體實行」的「良能」。故可知，「心」所擔負之名與責任，正是人之所以能知覺五常百行之理的關鍵。此所以注〈誠明〉「心能盡性」時，不僅

所呈現的秩序性與人類世界的規範性，而應當辨明「物有物之道，人有人之道，鬼神有鬼神之道」（〈太和篇〉，頁 32-33）。「人之道」僅是就推本溯上本於天道氣化之理序義，人類世界所暢達的規範原則，乃是人依據人類之理所建立的「當然之則」。依此新詮既承繼張載以氣論闡發孟子人禽之辨之大義，更反駁持論者妄以氣化之理倡言「天人感應」、「人副天數」的主張。

20　〈太和篇〉，頁 33。

界定心乃是「凝之於人而函於形中，因形發用以起知能者為心」[21]。更指出《正蒙》論「心」之「知覺」不是取生物官能義，而是從人之所以為人之性理義中，突顯心能自知此性，朗現此性的價值決斷義。故〈太和篇〉注曰：「故絪縕性生知，以知知性，交涵於聚而有間之中，統於一心，絪縕此言之則謂之心」[22]。

其二，就「性」與「心」之「知覺」關係而言：船山轉化橫渠以「天地之性－氣質之性」串言「天德良知－見聞所知」的架構，又順氣質之外無本然之性的論斷，將天地之性虛位化，並透過將氣質之性新詮為人類共有的「生之理」，將「天德良知」歸本於「氣質之性」。

其三，就心之知覺能力與內容而言：他承繼橫渠以心之知覺能力，包含：天德良知與見聞之知。但在見聞之知所獲之知識內容上，他則更進於橫渠，主張「心」之「知覺內容」的構成條件，既非僅歸諸「認知主體」具有此「認知能力」（心之形），或此心之知能發揮應有之「認知功能」（心知之神），也非歸諸於引發吾人心知的「認知對象」（心知之對象物）。人是通過「形」、「神」與「物」三項能知條件的聚合，而產生對於物象之知（「心象」）。吾人雖以「心」統稱此管攝形軀知覺之官（「思之官」）。但心之形構條件，卻是源於人類共有的生之理。見聞可知的能力範圍，以及所知的知覺內容，皆受限於此性之能知條件範圍內。人以心之能知而知自身的生理功能與結構，也因據此生理方有能知的能力[23]。

---

[21] 〈誠明篇〉，頁124。

[22] 〈太和篇〉，頁33。

[23] 〈太和篇〉，頁32-33。

　　依此三點，若說《正蒙》是從天道論進路，以氣之一體性與聯繫性闡明「天人合一」之旨。《張子正蒙注》則是立足於人道論，既以人之形氣區量與天之無限有異，以明二者在存有論上的天人之分[24]。又以體用工夫之進路，彰顯人之知天必得兼具盡心知性的道德實踐之實績。不可妄以己心即為天，僅將德行工夫限縮在靜坐澄心、明心見性。由此重新顯豁儒學篤實的本質[25]。至於人如何善盡心之知能，踐履其性，以朗現天德？這可從他對心統性情說之闡發得見，此即下文所欲探討之主題。

---

[24] 這並非說張載與王夫之處於價值觀對立的兩方。實則，對自然世界採取價值性的理解，多為闡揚「天人合一」的理學家之共見。例如，朱子在《中庸章句》解「致中和，天地位焉，萬物育焉」時，曰：「中者，不偏不倚，無過與不及之名」。但「無過與不及」並非從數理上，僅是中性地指，就二者之間截斷取半之義，而是帶有價值決斷義的表示，人作為價值主體在此的價值評判。黃忠天即指出：「設若不偏不倚即謂之『中』，那麼就人子對父母的孝道言，是否亦宜處乎孝與不孝之間？」，因此他認為，此處之所謂「中」，當依《廣韻》訓解為「宜」。《中庸》由「致中和」而能言「天地位，萬物育」，乃是以「天地本為宇宙間最大的和諧」。依此詮解，本文以為，從人之價值決斷推本於天之統體流行，則「天地位，萬物育」所呈顯的天地之有秩有序，由吾人對存在世界作一價值性地理解而言，即是天地之「至和」，此即《張子正蒙注》由「心」之能「權」，解「太和所謂道」的詮釋視域。黃忠天，《中庸釋疑》（臺北：萬卷樓圖書公司，2015年），頁32-33。

[25] 他注「合性與知覺，有心之名」時，即以〈西銘〉「存順；歿寧」之精神，總結本段章旨，而陳來特指出，「貞生死以盡人道」是船山此處闡發橫渠氣論的洞見。陳來，《詮釋與重建：王船山的哲學精神》，頁291-293。

三、對「心統性情」說之承繼與新詮

「心統性情」造端於橫渠，新詮與發揚卻成於朱子[26]。船山雖主張〈太和〉「合性與知覺」才是橫渠對「心」的確切定義。但認為「心統性情」有助吾人了解心性情三者之關係。下述分三點展開論析。

（一）釋「心統性情」之「統」字只為「兼」之義

釐清「心統性情」之「統」究竟何義？是澄清此「心性情」架構的關鍵之一。船山曰：

> 「心統性情」，「統」字只作「兼」字看。其不言兼而言統者，性情有先後之序而非並立者也。實則所云「統」者，自

---

[26] 杜保瑞即主張，朱子將「心統性情」詮解為「道德實踐主體的存有論架構」。林樂昌則不僅將「心統性情」視為張載思想未成熟期的產物，更指出張載與朱熹有以下所言之異：(01)在張載哲學系統中，「心統性情」，僅能定位為工夫修養，而非本體論。但在朱子哲學中，雖經過不同時期的發展，但「終於用心統性情的模式建構起完備的心性理論」（頁 37）。(02)張載並未以「知覺」即是「心」，而是將「知覺」與「性體」合而言「心」。所以張載所謂「心」，當是指「主體以性為宇宙本體論根據的精神結構及其能力」（頁 36）。但朱子則將「心統性情」之「心」，視為「『虛靈不昧，何有不正』的『未發』之心」（頁 37）。(03)張載「心統性情」乃屬「克己復禮」的防檢工夫，與「程朱以『涵養』為主的工夫屬於不同的系統」（頁 38）。杜保瑞，《南宋儒學》，頁 407；林樂昌，〈張載「心統性情」說的基本意涵和歷史定位——在張載工夫論演變背景下的考察〉，《哲學研究》2003 年第 12 期，頁 35-41。

> 其函受而言。若說個「主」字，則是性情顯而心藏矣，此又
> 不成義理。性自是心之主，心但為情之主，心不能主性也
> [27]。

引文要旨有三：其一，「心統性情」之「統」字，乃是指心「兼」
含「性」與「情」。「統」取統受義，而非統領義。故並非意味心
為性與情之「統領」或「主宰」。其二，對於為何不直言「心
『兼』性情」？這是由於性情在心「有先後之序而非並立者」。依
此，心統性情是從心的動用處描述心與性情的關連，而非用以界定
心的概念意涵[28]。然而，此「先後之序」又可分指兩面：首先，若
就心之動用所呈現的時序先後，則性無形而情易見[29]。人是從心之
發用為情時，由情上見性。其次，若就心之動用所依據的主從先後
而言，他分兩點辨析「心」、「性」、「情」的主從關係：一者，
由「性即理也」可知，心之活動是奉「性之理」而「得其正」，故
「性」是「心」決斷的客觀依據。依此，心雖有決斷的自由，但若

---

[27] 《讀四書大全說》，頁 946，另可參看頁 964。

[28] 「若張子所謂『心統性情』者，則又概言心而非可用釋此『心』字。此所
言心，乃自性情相介之幾上說」。由此可知，他並不認為張載是以「心統
性情」界定「心」概念，而只從描述義指出，心之動用必有「奉」與「不
奉」性之理，以及由「用顯發為情」的先後連慣的活動環節。這顯然相異
於朱子的觀點。朱子曰：「橫渠『心統性情』語極好。又曰：『合性與知
覺有心之名』，則恐不能無病，便似性外別有一箇知覺了！」。朱子反而
認為，「心統性情」比「合性與知覺」更適合用以定義「心」概念。
〔宋〕朱熹，《朱子語類（壹）》，收入《朱子全書》，第 14 冊，頁
230-231。

[29] 故船山有「性隱於無形」之說。《讀四書大全說》，頁 1028-1029。

以決斷的「宜」與「不宜」，「性」是「主」而「心」是「從」。
二者，基於體用關係中，有體方有發用可言。故由「情」為「心之
用」可知，心為主而情為從。其三，他指出「心統性情」之「統」
字，尤其不可解釋為「主」字。這除了在行為決斷的優位順序上，
「性自是心之主」，而不可言「心『主』性情」。另方面，若言
「心主性情」，則是以「心」為第一序之體，而「性」與「情」反
同降為第二序的「心之用」。在心的整體活動中，心體如君主般退
藏於幕後主導一切，而性情則如同實際出面執行活動的臣子。這顯
然既不合於「性為體，心為用」之理[30]，又背離「性不可聞，而情
可驗也」之實[31]。

　　依此三點，他以「心統性情」意指：心之活動兼具「所依據之
理（性）」與「所呈現之用（情）」兩項要件。心以性為客觀依據之
理，而情則顯現心之動用。

（二）從「心統性情」論「人心統性」與「道心統情」

　　船山合「道心人心」以界定「心」概念，又以「心統性情」闡
述心之發用與性情之互動關係。但他並非將一心分割為二，而是發
揮張載「由兩見一」的論道方法，兩面論述：人雖為道德價值的主
動創化者，卻不當對人亦為生物個體這面，採取捨離或否定的態
度。

　　然而，這是否意味人之心是由本質相異的「道心」與「人心」

---

[30]　船山曰：「心性固非有二，而性為體，心為用，心涵性，性麗心」。《讀
　　四書大全說》，頁555。
[31]　《尚書引義·大禹謨》，頁262。

所構成呢？他以為不然。他順「形色，天性」指出心亦受天命而生，故「人之心」初亦只是「道心」。當「心之幾」（「心之動用」）初離其天命之性，由心不奉理而行，則人之心才違離「道心」落入「人心」。船山曰：

> 心，統性情者也。但言心而皆統性情，則人心亦統性，道心亦統情矣。

所謂「人心統性」實有二義：一者，「人心」亦本於「生之理」（「性」）。唯當「心」的決斷受官能知覺牽引，而傾向生物面，或僅關心個人日常瑣務，其心才由於未有依道奉理之實，而僅可視為「人心」，未可稱為「道心」。但此心仍是以人類共有的「氣質之性」為「都府」。由氣質之性本是人稟受天命而有，故人之決斷雖非奉性而行，卻不可視心之內涵全然虛空（如老釋之說）。心雖危而不安，但性之眾理卻仍潛藏具存於心，此之謂「原於天命，故危而不亡」。二者，心雖含括喜怒哀樂之情，且人之決斷似乎亦由於受到情緒之影響，未能奉性之理而背離君子之行。但人既由人類共有的生之理而有其情。故「情」雖可能影響或阻礙人實現價值創化，卻斷不可視「情」為人之所以為惡的根源。甚或主張必將使人絕情去欲才能實現道德[32]。故又由「情未有非其性者」，而言「人心統性」。

至於「道心統情」，亦有二義：首先，就道心必存於形宇氣質

---

[32] 有學者認為應正視「情」觸發行動的影響力。張立文，《正學與開新——王船山哲學思想》（北京：人民出版社，2001年），頁11。

之中，且與氣質之性所代表的生之理本非互斥之關係。由氣質之性必涵蘊喜怒哀樂之情，故可知人之道心亦先行兼具連動四情的存在結構。其次，道心之發用亦是通過喜怒哀樂而呈顯。只是當情順理而呈顯心之動用，其情皆能中節而無過與不及。所以言「道心統情」。

　　船山依兩面論析，不僅駁斥了「道心必排除情」與「人心不具存性」的觀點[33]。更從體用關係指出：「惟性生情，情以顯性，故人心原以資道心之用。道心之中有人心，非人心之中有道心也。」[34]。最後，由《尚書引義》對「心統性情」之釐清，可再論《正蒙注》三處詮解：

　　其一，〈中正篇〉所謂「擇道心於人心之中」[35]，並非意味道心本在人心之外，修德亦非把道心安置於人心之中。他以此說有三項困境：一者，誤以為心並非本然地即具道德性，而是初僅有知覺

---

[33] 英國學者葛瑞漢（A. C. Graham, 1919-1991）曾表示，漢代以前典籍中所見的「情」字，並非指情感或欲望，而是類似希哲亞理斯多德（Aristotle, 384-322 B. C.）所謂的「本質」，亦即「使一物之所以為一物者」。至於將「情」視為情感、情才，而與作為人之「本性」的「性」字形成尖銳相對，則是至宋明儒學興起後的發展。葛瑞漢此說是否正確？學者已有不少辨析。鄭宗義即對葛氏後半段的論斷，提出批判。詳見 A. C. Graham, *Later Mohist Logic, Ethics and Science* (Hong Kong: The Chinese University Press, 1978), p. 179-182; A. C. Graham, *Studies in Chinese Philosophy and Philosophical Literature* (Albany, N. Y.: State University of New York Press, 1990), p59-65；鄭宗義，《明清儒學轉型探析——從劉蕺山到戴東原（增訂版）》，頁 271-272。

[34] 《讀四書大全說》曰：「喜、怒、哀、樂固人心，而其未發者，則雖有四情之根，而實為道心也」（頁 473）。

[35] 〈中正篇〉，頁 162。

作用的官能載體。忽略心本是天道所成、具存性之理的「心之體」。二者，誤以心僅是虛靈明覺，而忽略良知必兼良能之實績。三者，誤以心於受生之初，僅是如空空無物的房舍，為修德者本欲對治的病體或對象。忽略人本是由此心之有權作道德決斷，成為不僅是「法天德」，而是「用天德」的道德主體。此三點又可統歸為「離心之體而言心之用」的理論困境。依此，他從「不以見聞之人為雜天理之自然」指出，若心不再僅侷限於見聞之狹，不再任知覺官能牽引，則依據心性本有的體用結構而言，心是本然且有定向的以天命之性為依歸，所謂「擇道心」之「擇」，即是前述「心之思」發揮本然且應有的功能。

　　其二，〈大心篇〉兩面批判釋氏「妄意天性，不知『道心』」[36]。一者，直指釋氏「人心見性」，是誤以心之動用即等同於性，忽略心性本是體用關係。「以心為性」即是捨離「心之體」而言「心之用」，實「以惟危之人心為性也」。故釋氏之學，心即虛浮無根的知覺作用，隨時可受外物牽引而乍起乍滅。所謂「作用是性」、「即心即佛」，或「明心見性」的工夫，都是斷了本體一截的末段工夫。二者，他承繼張載論點，批判釋氏以見聞之知窺探天道，而非由天德良知體證天理。故限於感官知能的侷限性，誤將「天之清通無形」視為天本空虛非實，甚至以天道所化生的萬物亦依此而虛妄非真。這均是釋氏不知「天無體，用即其體」。人須通過大其心以超越見聞之狹的工夫，方能全然領會天是由用以顯體，天之用適足以呈顯天之健順動止的「天性」。

　　其三，從「合氣質攻取之性，一為道用」詮解「大其心」則

---

[36]　〈大心篇〉，頁154。

「知性知天」。他反對心即理，故面對張載以「大其心」反思「盡心何以知性知天？」時，並不直言心、性、天理通而為一。但他別出慧見，從「天之道」乃經「人之道」朗現，而人之道又必不可在貶抑形軀生命的前提下伸張。故提出「以天體身，以身體道」[37]。〈中正篇〉注曰：「身者道之用，性者道之體。合氣質攻取之性，一為道用，則以道體身而身成；大其心以盡性，熟而安焉，則性成」。所謂「盡心知性知天」，並非人自我膨脹式的以心為天，而是人善用得自於天的各項稟賦，由人之道闡揚天之道，創化出人文價值世界。依此，心、性與身不僅絕非「天理／人欲」的本然對立關係，形軀反而是人之所以能創化價值的必要條件項。甚至當人之所欲通同於天下人之公欲，人之欲亦成為人之道德實踐的動力，公欲之展現亦可成為道德實踐的表現。由〈中正篇〉注可知，這種視身心為一體的天人合一論，方為「作聖之實功」[38]。

依此三點，他以論心是否離體言用為標準，不僅從儒學外部批判老莊、釋氏之陋，或在於「言體之無」，或在於「言用之無」，其「教雖異而實同」，終導致「毀人倫，滅天理，而同於盜賊禽獸」。更從儒學內部批判誤解孟子所謂「不失其赤子之心」者，竟然以為赤子啼笑的天真爛漫即同於大人之工夫境界，已然誤入老莊、釋氏視情為性的歧途[39]。

---

[37] 〈中正篇〉，頁173。

[38] 陳贇則從「交互性體用論」詮釋之。陳贇，《回歸真實的存在——王船山哲學的闡釋》（上海：復旦大學出版社，2007年），頁169。

[39] 依橫渠心性論，心之天德良知乃對應天地之性，故「盡心知性」可指心復顯對已然完滿的天地之性的體知。但此說留有理論空間，使學者可依「良知不萌於見聞」與「天地之性本然具足」，進而從復性說之工夫路徑，將

德性修養落於閉門靜坐、反心自求已足。但船山則以人之知識與德行皆是不斷發展的歷程。雖亦肯定「良知」不萌於「見聞」，但更著眼於橫渠以「見聞」為啟知之要，由「知合內外」上契《中庸》「合外內之道」的工夫進路。在此成性觀脈絡中，「性理」是人類一切知性結構所能知（知慮思辨），與價值決斷之理據。人之價值決斷（良知）並非以天地之性為本然已足的知識對象與內容。相對者，人雖於初生時已經潛存日後成長時，可作價值決斷與知識增累的生理機能與可能性。但人之形軀既然是「資形而起用」的有機體。當形軀生命（形氣）不斷通過身體飲食、運動，及受周遭環境之影響等交互作用，而成長為屬於個人特有的性理表徵。人之道德生命亦隨一次次的價值決斷而有所發展。故成人之生物性與道德性，既是本於氣質之性（而非人有二性），但又不全同於初生時的氣質之性，他稱之以「形而後有」之「性」。再者，他又以「形─神─物」三者之交而有「心之知」的架構，將人之良知與人之實際成長相互結合，使道德決斷必是在道德情境脈絡中落實，而不至於陷入反心自求已足的踏空式修行。所以對〈誠明篇〉「大人盡性，不以天能為能而以人謀為能」，注曰：「大人不失其赤子之心，而非孤守其惻隱、羞惡、恭敬、自然之覺，必擴而充之以盡其致，一如天之陰陽有實，而必於闔闢動止神運以成化，則道弘而性之量盡矣，葢盡心為盡性之實功也」，指出大人與赤子之心雖在為善之可能性上，同本於人之所以為人之性理。但大人之形軀長成、知識閱歷，以及最為重要的道德之實績，皆有別於赤子。故可知，大人與赤子之心絕非等同。由此貫穿孟子以「心之四端」為「善之端」，而仁義禮智是必待學者實踐方能顯豁的「性之德」。凡此皆船山以實績實用方為儒者之學，闡明「希張橫渠之正學」的努力。至於在《讀四書大全說‧離婁下篇》中，他更從語意澄清的方法進路，批判朱子從復性觀詮解孟子之失，指出：「凡看古人文字，有顛倒讀皆順理者，有只如此順直說倒不得者」，並據此澄清孟子此章不可「倒說」，故曰：「『不失其赤子之心』，未便即是大人，特謂大人者雖其篤實光輝，而要不失其赤子之心也」。蔡家和則以現代邏輯學指出，「不失其赤子之心」只是成為「大人」的「必要條件」，而非「充足條件」；並且以「脈絡研究法」提醒讀者，船山詮解《正蒙》與《讀四書大全說》，分別有順成張載與修正朱子

四、批判「致良知」與「心即理」

　　依前述，《正蒙注》論心要旨有三：一者，以心為實，闡發〈大心〉「由象識心，徇象喪心」，辨析「心之用」是依附於「心之本體」必先立，不可將心僅視為心識之作用或心象的聚合。二者，以「性只是理」，「心」才是擔負活動義的「思之官」。但心之變動無恆，故須以性理貞定心之動，心之官方能據理、當職，而為「道心」[40]。三者，心雖是「具理」以「應萬事」，但若將「心」與「理」混同為一，則是陷入異端「得用離體」之困境。依此三點，船山批判陽明學「心即理也」之不當。下文先凸顯船山以字義方法釐清「良知」概念，次由四點論析他如何依此批判陽明「致良知」；最後，則就《正蒙注》明言「心即理」實有不妥，指出船山所持反論的論據。此外，基於避免本文呈現船山單方面自說自話，在論述策略上，先以小標列出船山對陽明之批判論點，於每點開始時，則先徵引陽明論著作為正論，再導入《正蒙注》作為船山批判反思的反論。以下依此展開四點討論。

之學的詮釋脈絡，故在論人性議題中，亦當依據各自的脈絡檢視之，而不可將二書所言的「性」概念視為全然相同。蔡家和，《王船山《讀孟子大全說》研究》，頁 311-312。

[40]　例如，在《讀四書大全說·孟子·盡心上篇》中，船山即以「心之官為思」，又曰：「心原是不恆底，有恆性而後有恆心」（頁 1106），故言：「奉性以著其當盡之職，則非思而不與性相應」。〔明〕王夫之，《讀四書大全說》，頁 1106-1109。

（一）「天德良知」的三項蘊義

　　若將陽明以致良知闡發心即理，視為正論之始。船山引證《正蒙》「天德良知」批判陽明「致良知」，可視為反論基調。依此，本節先闡述《正蒙注》論「良知」的三項蘊意，次依此探討船山對陽明致良知與心即理說之批判。

　　船山不僅明辨「心」、「性」之別，認為不可將「心之知」等同於「性之理」。他又以「心之知」包含「天德良知」與「見聞之知」，在解〈誠明篇〉首句「誠明所知乃天德良知」時，即注：「仁義，天德也。性中固有之而自知之，無不善之謂良」。所謂「良知」，包含三項蘊義：

　　其一，人之性中本然固有。由於船山以人之性皆指人類共有的生之理，故良知具「人皆有之」的普遍性。

　　其二，人能「自知之」。船山此言乍看之下似有語病，若人能自將良知視為己所知的認知對象，良知不僅降為一物事，吾人用以「知己」之「良知」之「知」又為何物？或何種知能？則恐陷入無限後退的困境。但船山尚未採「能知－所知」的知性架構探究「良知」的屬性，而僅是指向人之良知本不假外求。但此不假外求，又非指人之良知乃自絕於外、自以為是，而是指良知本以吾心本具的天命之性為理據，故由心之知奉性之理，而言「良知」乃人自具洞悉事理、衡斷是非的決斷能力，不假外求。

　　其三，船山善於緊扣古籍中的複合字，在此亦以「無不善之謂良」指出，良知必是價值之決斷[41]。依此，又有「知善」與「明

41　例如，在解釋何謂「良心」時，船山亦指出：「必須說個仁義之心，方是

善」二義：一者，就知善義，良知是特指人對於善之所以為善之知。故良知不同於見聞之知。感官見聞僅有受動性上的清晰與不清晰，而思慮知辨亦僅有推論是否違背邏輯規律的有效與無效。此二者或為中性，或歸屬於服膺真假質的檢驗領域。但良知涵蘊價值義，故良知之決斷必顯示人對於此事或此物是否為善的洞察。二者，就「明善」義，良知使人本然地不能僅以旁觀者的身分判斷事理之宜。船山以良知必兼言良能，指出人在決斷是非時，良知必已基於奉性有善無惡之理而行，由「知善」帶起「創化善」（「明善」）的連續性活動。

　　依上述三點，良知乃是人固有的價值決斷力，此知能以天命吾人之性體為理據。故當人之心兼此知能與性體趨同為一時，人之心即為道心。人亦以自為知善且明善的價值實現者身分，而不僅為存在於世間的生物之一，同時也為道德之主體[42]。

（二）從「天德良知」批判陽明「致良知」與「心即理」

1.從「無不善之謂良」批判王學「以無善無惡為良知」

　　在《傳習錄下》中，陽明曾對錢德洪（緒山 1496-1574）與王汝中（龍溪，1498-1583）闡明心學教義，曰：「無善無惡是心之體，有善有惡是意之動，知善知惡的是良知，為善去惡的是格物」，並且表示：「只依我這話頭隨人指點，自沒病痛」、「此原是徹上徹下功

　　良心。言良以別於楛，明有不良之心作對。蓋但言心，則不過此靈明物事，必其仁義而後為良也」（《讀四書大全說‧孟子‧告子上篇》，頁1077）。

[42]　林安梧即主張：「依船山看來，人是道的開顯者，故人實是道開顯為具體事物的重要中介」。林安梧，《王船山人性史哲學之研究》，頁82。

夫」[43]。此即是陽明著名的「四句教」。依陽明原論，旨在闡明人之心體既為道德決斷之根源，則自為純粹至善，方擔得起作為形而上的理據。又由於此心之本體是理體，雖於事上為人體認，但本體流行畢竟不同於具體事項。故所謂「無善無惡」乃是以遮撥的手法，呈現「心之本體」之至善乃具「理體」之超越性。既不可以概念名相指稱之，也不落入善惡相對立之境[44]。

　　但基於前述（一），船山則從不知「性善」，批判王學以「無善無惡」為「良知」之說。船山認為孟學本旨，實以性善專指人之性，由此明辨人禽之異[45]。良知乃是以「良」言「知」，特指出人作為價值創化的主體身分。依此，人心並非僅具昭明靈覺的被動知能，隨時等候外在事物的刺激而有所反應。人心更具備一種主動體現性體之理，本然地有向此理趨同的價值創化，此即奉「吾性固有之義以制天下之是非得失」。故船山批判告子「義外」之說，實不

---

[43]　〔明〕王陽明，《傳習錄》，收入《王陽明全集（新編本）》第 1 冊（杭州：浙江古籍出版社，2010 年），頁 128-129。

[44]　陽明此論歷來引起不少辯爭，在《明儒學案・江右王門學案一》中，黃宗羲（梨洲，1610-1695）即表示：「蕺山先師嘗疑陽明《天泉》之言與平時不同」，指出劉宗周（念臺，1578-1645）便懷疑「無善無惡是心之體」與陽明「平時每言『至善是心之本體』」不合，故「非是陽明教法」。對此議題，蔡仁厚有深入剖析。詳見，〔清〕黃宗羲，《明儒學案》，《黃宗羲全集》第 7 冊，頁 380-381；蔡仁厚，《王陽明的哲學》，頁 121-141。

[45]　在解〈誠明篇〉章旨時，船山曰：「禽獸，無道者也；草木，無性者也」，表示：「道者人物之辨，所謂人之所以異於禽獸也」。他更在注解：「以生為性」時，言：「曰性善者，專言人也，故曰『人無有不善』」。

知「人心之義」乃人固有之「權度」[46]。但王學以無善無惡為良知，將人衡定是非的職權推向於人之外的他者，使人從價值的決斷者，降為與草木禽獸相同。依此，他批判曰：「近世竊釋氏之瀋，以無善無惡為良知者，其妄亦不待辨而自闢」[47]。

故船山認為，「心」不僅具備道德創化的主動性，也兼具知覺運動的遷異性。吾人但可依「性即理」而言性體之至善，卻不可直言「心」是「無善無惡」，甚至不可將「有善無惡」加諸於「心」，而言「心即理也」[48]。

2.從「心外無理」與「理外無心」不可相互逆推，批判「心即理」

船山指出，若言「心即理」或「心一理」，則意味「心」與

---

[46] 在解釋孟子所謂「義路」時，船山指出，先儒言「心」與「仁心」不同。前者僅指出「心」具備知覺運動之靈明；後者才顯示人能依「本心」（其自注：「本心即道心」）自覺地奉道德性理而行。故曰：「此『路』字是心中之路，非天下之路也。路在天下，縱橫通達，而非吾所必繇。惟吾欲往燕往越，以至越陌度阡，此中卻分明有一路在，終不成只趁著大路便走！『君子喻於義』，路自在吾心，不在天下也」。《讀四書大全說》，頁1079-1081。

[47] 語見〈誠明篇〉，頁112。此外在《讀四書大全說》中，他亦批判釋氏「一切眾生皆有佛性」（頁633）、「自性眾生」（頁476）之說，並由「理一分殊」言「人禽之辨」，批判援佛入儒者（頁1117）。

[48] 船山從「性，誠也；心，幾也」辨析「性」與「心」並非等同。依據「性即理也」，性如天之至誠，故本善而無惡。但他以動用變合而言「幾」，將「心」視為「在人之幾」。故以「道心與人心」合而言「心」。若以「心即理也」，即是表示「心」亦如同「性」一般本善而無惡。這顯然背離經驗事實。故曰：「然在誠則無不善，在幾則善惡歧出，故周子曰：『幾善惡』。是以心也者，不可加以有善無惡之名」。《讀四書大全說》，頁1106-1109。

「理」的全部內容必相等同[49]。但若說「心外無理」，則同於釋氏唯心之說。相較於儒者以理為真之論，此說雖顯固陋，卻尚可建立一套認理皆幻，認心為空的理論[50]。但若說「理外無心」，則意味「心」之所有活動即是「理」之充分實現。若此，豈非表示不肖者之放辟邪侈亦皆是「理」之展現？異端所述的陷溺蔽陋之言，亦不過是「心一理」之呈現？此不僅違背經驗事實，而且也違背聖人之洞察。例如，舜便有「道心惟微，人心惟危」之言，倘若「心即理」確當，則人心之逐物欲而妄為，豈非亦等同於心自依照其「理」而行？基於「理外無心」實屬荒謬，而「心外無理」與「理外無心」便不具備相互等同遞移的邏輯關係。依此，「心」並不等同於「理」。「心即理」或「心一理」皆非確當之論。

---

[49] 但船山仍接受「性即理也」之說。例如，《讀孟子大全說・滕文公上篇》即曰：「蓋以性知天者，性即理也，天一理也，本無不可合而知也」，由於他主張氣質之外別無本然之性，所謂「以性知天」，不僅是指人依據生之理（性）而就人所能知天的能力內，且僅在此良能所能達及的有效範圍之內，理解天之義蘊。至於人之知能所可以理解或領會之外的「天意」，人既本無理解的能力，則對人而言，本不具可獲知的基礎。人若宣稱竟可知，則屬虛妄；若窮力以追之，則屬徒勞。依此，船山可對人生際遇中，善人何以未能有善報的「德福一致」議題，提出說明。更可批判陸王「心即理也」說，或釋氏「作用是性」說，都過於簡化心性工夫的修養，任意誇大人性人心的有效性。〔明〕王夫之，《讀四書大全說》，第6冊，頁965。

[50] 他以父子關係舉例，父慈子孝乃是人倫之理，固存於吾人之性。但若有人未曾有子嗣，此人之心雖具「慈之理」，但基於「心」尚未有施用「慈之理」的對象，故「慈之理」亦僅是潛存於心中，而未能於此人的人倫關係中顯用落實。釋氏自陷於聞見之狹，由人未有子則慈之理不生於心，便以理之未顯為理本空無。〈可狀篇〉，頁364。

3.從「格物致知」批判王學終至「孤僻」

陽明倡言致良知，主張「『致知』云者，非若後儒所謂充擴其知識之謂也，致吾心之良知焉耳」[51]。他不僅批判朱子以「即物而窮其理」闡釋「格物」之誤，在於「以吾心而求理於事事物物之中，析『心』與『理』為二」[52]。更主張「心外無理」，「格物」之「格」，是「去其心之不正，以全其本體之正」；「格物」的「物」字即是「事」字，所謂「格物致知」亦只是「正心修身之工夫」[53]。依此，所謂「格物」、「窮理」、「致知」、「盡性」[54]，其名雖不同，但是「功夫只是一事[55]」，均必得「皆從心上說」[56]。順此，陽明不僅表示：「此心無私欲之蔽，即是天理，不須外面添一分」，更認為學者工夫「只是就此心去人欲、存天理上講求」[57]。

陽明雖以致良知闡發格物窮理之學，但其學多在提醒學者不可自限於儒家經籍文字而忽略儒學大義，卻並未教人束書不觀。這可證諸陽明力主「知行合一」，從未空言良知而避談落實可知。但船

---

[51] 〔明〕王陽明，錢德洪輯錄，〈大學問〉，《王陽明全集（新編本）》第1冊，頁1018-1019。

[52] 〈答顧東橋書〉，頁49。

[53] 《傳習錄上》，頁27。

[54] 例如，陽明曰：「萬事萬物之理不外於吾心」，並主張「盡性知天，亦不過致吾心之良知而已。良知之外，豈復有加於毫末乎？」（〈答顧東橋書〉，頁51）。

[55] 《傳習錄上》，頁36。

[56] 《傳習錄上》，頁6。

[57] 《傳習錄上》，頁3。

山強調「致知」「力行」雖不可相離，卻也不可混為一事[58]。他以王學好言圓頓渾融，卻失漸進之功。故他聚焦於陽明良知之學必以純化道德本心為主，批判其說之蔽在於只知見聞之狹，而不明見聞所知乃啟吾人良知的關鍵。故致良知之教，未能開拓客觀知識層。尤其針對王學末流好言「六經注我」，終產生滿街皆是聖人的誑誕現象。故〈大心篇〉即注曰：

> 多聞而擇，多見而識，乃以啟發其心思而會歸於一，又非徒恃存神而置格物窮理之學也。此篇力辨見聞之小而要歸於此，張子之學所以異於陸王之孤僻也[59]。

他由佛老之學以耳目六根範圍天地，所以誤認天道本於無、世間本非真。此為見聞之知的侷限性。此二說又以五感實為惑亂心神之負累，有違養身修真、離苦得樂之道。因此以見聞之知為體道者之大敵，非欲空之，才能使此身無累。但儒者由天所垂象洞燭天理。故強調耳目見聞雖不足以體盡天道之真，但學者理應警覺見聞所知的

---

58 船山以詞語代換澄清概念的方式，指出若「格物」與「致知」只是同一概念的兩種表示方式，所謂「『格物』以『外』言，『致知』以『內』言，內外異名而功用則一」，則基於二者概念意義等同，相互代換依舊能表達論句原意。但若吾人說：「致知在格物」，絕非表示「格物在格物」、「致知在致知」，由此可知，格物與致知不可混同。對於「知」與「行」之關係，他則指出：「蓋云：『知行』者，致知、力行之謂也。唯其為致知、力行，故功可得而分。功可得而分，則可立先後之序。可立先後之序，而先後又互相為成，則縣知而知所行，縣行而行則知之，亦可云並進而有功」（《讀四書大全說》，頁 597-598）。

59 〈大心篇〉，頁 147。

狹隘性，而非棄絕見聞之知的知識性。陸王之學雖力主良知在德行中的主導性與優先性，卻未能開拓儒家格物致知之學以貞其志，不明窮理盡性正是儒學以多見廣識而洞燭天所命我者[60]。

依此，他將《正蒙》兼言「德性之知－見聞之知」的架構，詮釋為張載雖屢屢不忘提醒學者見聞之知的狹隘，甚至主張：「致知之道，惟在遠此二愚」[61]，但更以徒抱天德良知而偏廢格物窮理為學者之大戒[62]。順此亦可知，他何以稱張子之學為「實學」，而批判陸王「以空虛為高廣」之學「孤僻」。

4.從「以愛為良知」批判王學淪於「以情言孝悌」

船山認為，明辨「性情」，是闡明儒學之關鍵。他以理本無形卻可藉氣之實存，呈顯太虛實非空無。人之性亦可藉七情而呈現。再者，氣與情雖標示實存與作用義，卻尚未涵蓋本體與秩序義。故「理」之貞引疏導「氣」，亦同樣呈現為「性」可為人貞定「情」

---

60 他亦以王學視無善無惡為良知，其所犯謬誤同於老釋之徒。例如〈太和篇〉注曰：「淺則據離明所得施為有，不得施為無，徇目而心不通；妄則誣有為無，莊、列、淮南之流以之；而近世以無善無惡為良知者，亦惟其淺而成乎妄也」（頁 30），並說：「近世王氏之說本此，唯其見之小也」（頁 25）。但這種對陸王心學的評斷是否公允？當代學者早有深刻的辨析。例如，曾春海即指出：「在心學中，象山是第一位以超驗的德性本心為超越的形上思惟之絕對依據和出發點，徹悟『惟精惟一』的本心與生生不息的宇宙同根同源，從而就飽滿的宇宙情操發揮心的形上義者」。詳見曾春海，《陸象山》（臺北：東大圖書公司，1988 年），頁 153。

61 〈大心篇〉，頁 155。

62 〈大心篇〉曰「多聞而擇，多見而識，乃以啟發其心思而會歸於一，又非徒恃存神而置格物窮理之學也」，頁 147。

之發用的理則[63]。性之於情，如同氣中之理，理以導氣，性亦導情。由此可知，情性雖不相離，但情與性不可混同為一。再者，他以「孩提即知愛親」為例，指出愛親本於人性自然之理。但僅有知愛親之心，未有敬親孝親之實，則人子與其父仍只是生物學上的父子關係。子但知彼為生我養我者為父，而當敬愛之。惟當人以孝行實現應孝親之知，則父子關係才從生物性的血脈依存，昇華為人子是以人之所以為人的身分，尊「父」之所以為人子之「父」[64]。他依此批判王畿（龍溪，1498-1583）主張養「見在良知」[65]，實以「現成」泯滅篤實之「工夫」。故批判曰：

63　船山指出，凡有形氣而有生命者，則有生之理而為其性。生物之動用皆源於各自的生之理，此即生物之性。故人之有七情，也是依形氣之生理（「性」）而生。然而，「情」雖源於「性」，但當情由性出，則二者即如同「竹根生筍，筍之與竹終各為一物事」，故曰：「若情固繇性生，乃已生則一合而一離」。

64　〈誠明篇〉即注曰：「虎狼噬人以飼其子，而謂盡父子之道，亦率虎狼之性為得其道而可哉？」（〈誠明篇〉，頁 112）。依此，他指出儒者以知必有所據而為良知，以知未含行能如未知，故儒者盡性之學必兼言良知良能。

65　陽明並未言「見在良知」，將其作為完整的概念提出，實出於其高弟王龍溪。王畿曰：「先師提出良知二字，正指見在而言。見在良知，與聖人未嘗不同，所不同者，致與不能致耳。」但劉蕺山（宗周，1578-1645），即反對龍溪以直證本體詮釋陽明良知之學。他以「盈天地間皆氣」，在人心也是「一氣之流行」，人以「意根」為良知發用之所從出，故須於推致之中收斂。故黃宗羲（梨洲，1610-1695）述其學曰：「心無本體，工夫所至，即其本體」。詳見〔明〕王畿，〈與獅泉劉子問答〉，《王龍溪全集》，頁 284；〔清〕黃宗羲，〈蕺山學案〉，《明儒學案》，收入《黃宗羲全集》，第 8 冊，頁 890-891。

　　姚江之言孝弟，則但以煦煦之愛為良知、良能，此正告子以
「吾弟則愛」為仁。

船山認為，由於性無形而情易見，故世人常誤以「情」為「性」。
然而，「性」乃天所予我，為吾人據以如此而為的所以然之
「理」，具有遍常義與根源義。「情」卻是吾心觸物而發的知覺反
應，本屬浮動與偶發，實不足以成為吾人道德決斷之依據[66]。若以
「愛」為「良知良能」，則是將良知之決斷從據「性」之「理」的
遍常性，降為隨外物之觸動而偶發的知覺反應[67]。依此，他不僅力
陳：「性、情之分，理、欲之別，其際嚴矣」，認為「不於性言孝
弟，則必淪於情；不於天理之節文言孝弟，則必以人欲而行乎天
理」，更批判凡以仁為愛，主張孝悌本於情者，皆是混淆情性，終
陷入「如姚江之躐等而淪於佛」[68]。

---

[66]　若將人心用以決斷的依據，從性轉為情，以「愛」即為「良知」，則由於
　　「情」本不具必然性與遍常性，心之愛無論是愛親或愛甘食，都同樣不足
　　以作為吾人道德決斷的穩定基礎，故船山批判曰：「今人若以粗浮之心就
　　外面一層浮動底情上比擬，則愛弟之心與甘食悅色之心又何別哉！」。

[67]　但依曾昭旭之梳理，船山先力辨「思」非出於知覺運動之靈明之心，所謂
　　知覺靈明之心，乃為統攝眼耳五官所得知覺內容之官長。「心之思」則是
　　指「仁心之發用」。故《讀四書大全說》曰：「仁義之心與知覺運動之心
　　雖同而實異」（頁 1090），而以「思」為一切道德創造之大本，是「括
　　仁義而統性情」，且是「繼善成性存存三者一條貫通梢底大用」（頁
　　1092）。但必須留意的是，船山又以「性」「心」之分，指出：「然仁義
　　自是性，天事也；思則是心官，人事也」，故不能直曰：「『思』字便是
　　仁義之心」（頁1091）。參見曾昭旭，《王船山哲學》，頁 442-444。

[68]　《讀四書大全說‧孟子‧告子下篇》，頁 1099。

　　依此四點，船山從《正蒙》「天德良知」批判陽明「致良知」說。他認為王學以無善無惡為良知，卻使良知與知善明善剝離，孤懸為空晶之體。不僅使「人」與「物」等同，背離儒聖必明人禽之辨之理，而且也由於王學以「聞見所知」識取「良知」，故未能明見天道之真，天理之實。更重要的是，天所昭示之天秩天序，依據王學之良知觀，亦難能周知。由於船山接受橫渠以人間之禮本於天秩天序，故他亦順此批判王學以良知無善無惡，不僅未能實現儒者盡性盡倫的使命，更破壞了儒家禮學的根基。值得注意的是，船山對王學的嚴厲批判未必精準，這從本節「（二）－1」中即可見。甚至在徵引《正蒙》時，也未必與橫渠原論一致。但他嘗試以氣學之實救心學之虛，不僅上承張載「學貴有用」的精神，更反應出晚明以迄清代儒學逐漸走向實學的發展趨勢。

五、從「心純乎道」闡發「人心即天」的實踐功夫

　　船山批判心即理的重點之一，即在陸王雖高提良知本體，卻使其學走向輕忽見聞之知在德性實踐上的必要性。反讓篤實的儒學，淪於與釋氏即心即理同調[69]。在注〈三十篇〉之「聖人樂天，故合內外而成其仁」，即指出儒家天人合一，並非刻意忽略有限之人與無限之天的本然差異。所謂「己無非天」，乃是從人之道能否顯豁天之理而立論。故「天人合一」，不僅是人無須與背離天之理序。更必是從盡己安人、推己及物的層層擴充中證立[70]。倘使學者空言

69　《讀四書大全說‧孟子‧盡心上篇》，頁 1112。

70　〈三十篇〉注：「天者，理之無間者也。安之，信之，懷之，內盡於己者

護持本心之靈明不昧，而未能將仁心之全體大用推致於成人成物，則種種工夫亦僅是自絕於世間的孤僻之學。因此闡發《正蒙》「知合內外之德」時，他導入《大學》之「格物」，不僅指出人之道實立於成己成物，更強調人不只是天地展現化物成物之理的工具，人即是開創人文化成世界的主體[71]。這又包含他反思《正蒙》泛論天文物理審察，以及推本禮學於天秩天序。本文依此分為三點說明：

（一）從格物窮理以合天人之化

船山曾自題「希張橫渠之正學，而力不能企」[72]，肯認張載之學不止於從解經訓詁釋儒家經典，更能藉闡發儒學經籍大義，使《五經》正人心、息邪說之社會功能流傳至今。在《讀論語大全說》中，他更以「古今無兩」稱橫渠善言「物理」[73]。《張子正蒙注》兩次以「實學」稱揚張載闡發儒學以闢佛老崇虛尚無之功。至於橫渠繼儒家篤實之學，有別後儒空談心性，又可由三方面呈現之：

其一，《正蒙》由廣論眾物之理，發揮儒家天人合一之大旨。例如，在闡明〈動物篇〉通篇章旨時，船山先以張載泛論人物生化

至：老安，友信，少懷，外及於物者弘。合於己而己無非天，顏子所欲進者此，而未逮爾。」（頁 247）。他更區分「道」與「德」的字義，凸顯「人之德」並非被動的奉行自然規律作息，人之「有德」乃是人能藉天所授予我之良知良能，開創人間的秩序與價值。《讀四書大全說・中庸・第20章》，頁 518-519。

71　〈三十篇〉曰：「道不遠人，有人斯可行道」，頁 237。

72　〔明〕王夫之，〈自題墓石〉，收入《船山全書》第 15 冊，頁 229。

73　《讀四書大全說・論語・季氏篇》：「橫渠學問思辨之功，古今無兩，其言物理也，特精於諸老」，頁 851。

之理以明天人相繼之妙，皆屬「體驗而得之」，非邵雍（堯夫 1011-1077）「執象數以觀物」所能比擬。在篇末則由張子「觀物象以推道，循末以測本也」[74]，辨析儒學與佛、老、術數之徒論「知天之化」之異，正在於後者多牽合於法象導致多泥而不通，故曰：「此格物窮理之異於術數」。在注〈參兩篇〉「雷霆感動」、「火日外光」等段時，他不僅肯定張載從氣論掘發自然萬象之客觀規律，更不忘提醒讀者，張載究竟是位儒學家，而非純為自然科學家，故其對天體運行與風雨雷霆現象之解釋，乃是「因天化以推心德之主宰」，志在闡發儒家合天人之道，故曰：「明乎此，則窮神合天之學得其要矣！」。

其二，船山雖肯定張載善言「物理」，但「實學」之「實」，即在於能經得起驗證。故雖肯定〈參兩篇〉「備言天地日月五行之理數」，但逐一檢證其論據，亦提出多處批判。例如，他認為「以經星屬天，以七政屬地」，乃「張子之創說」。但對「七政隨天左旋說」，則表示「竊所未安」。對於地之升降與潮汐之關聯，他批判其說未能通過「以渾天質測及潮汐南北異候驗之」的經驗檢證，故「不及專家之學」。至於張載曰：「圓轉之物，動必有機」，似對天體運行提出動力因說明，以致於部分當代研究者視為橫渠自然哲學之創見[75]。他則是先指明此言「地氣圓轉」與曆家「四遊」之說有異，再評論「此直謂天體不動，地自內圓轉而見其差，於理未安」。對張載以「虧盈法」論月象，他不僅認為「此說未詳」，更

---

[74]　〈動物篇〉，頁 101；111。
[75]　陳久金，《中國古代天文學家》，頁 329-330。

表示：「日月食自以曆家之說為允」[76]。因此在闡明〈參兩篇〉通篇要旨時，即表示：「《正蒙》一書，唯此為可疑，善讀者存之以待論可也」[77]

其三，由「心御見聞」闡明「性與天道」何以「無小大之別」。〈誠明篇〉即曰：「通事物之理、聞見之知與所性合符，達所性之德與天合德，則物無小大，一性中皆備之理。性雖在人而小，道雖在天而大，以人知天，休天於人，則天在我而無小大之別矣」。依此，他貫徹「道大性小」的論斷，先言人善用天德，依天所賦予吾人之良知與見聞諸德，以見聞掌握物理拓展人道。其次，則由「心御見聞」，闡明見聞當從良知之主導，以呼應天道之理序為依歸。最後，基於人之道與天之道乃「契合無間」（而非「內涵等同」），人之所有價值的創化，皆無非天理之展現，故曰：「性與天道不見乎小大之別」[78]。

由以上三點，船山認為見聞之知雖能增益人對眾物之理的理解，但德性之知才使吾人洞察物象所未形，以及事物所隱伏的天道理序。人通過格物所窮者，並非見聞所獲的知識內容，而是在氣化流行所成的時空格局中，眾物之能「形形相繼」（保持自身同一性）的「所以然之理」與「所當然之則」。所以，人藉「心御見聞」原則，由拓展見聞增加判斷所見所聞的能力，也藉客觀知識開拓人之道的實際業績。依此，在「知合內外之德」中，使人之道無不合乎天道生生之理。人與天雖仍有不可逾越的本質差別，但就人之知

---

[76] 〈參兩篇〉，頁 46-53。

[77] 〈參兩篇〉，頁 45；亦可參見《思問錄·外篇》，頁 438。

[78] 〈誠明篇〉，頁 112-113。

天、合天與用天，則可說「己無非天」。

（二）從知理行禮以明天秩天序

船山以世界之秩序可推本於天道之理序。人間之禮制若依照天之秩序建立，則不僅能使人文世界服膺天理所呈的所當然之則，人也可依所創制之禮而參贊天地之化育，使萬物各正其位、各誠其德[79]。禮制的建立與推行，是使人脫離純任生理欲求所拘限的生物，轉化為創化價值之道德主體的關鍵[80]。在詮解〈動物篇〉之「天

---

[79] 當代學者在辨析清代儒學（或經學）與宋明理學之異時，引用「以禮代理」一詞，表示清儒的思想核心之一，即是批判理學家以「理」將「禮」給天道化，而試圖將禮法倫常從形而上的世界拉回人間。例如，張壽安即將「以禮代理」專屬於清儒凌廷堪之學，藉凌氏之學批判宋明儒之非。但學者間對此亦有不同見解。例如，葉國良即指出，「以禮代理」本語出錢穆之《中國近三百年學述史》，且錢氏原論為：「以禮代理，尤為戴氏以後學者所樂道。如凌廷堪、焦循、阮元者也」，並不專指凌廷堪之學。順此，他又指出，凌氏雖強調《論語》、《大學》中並無「理」字。但「執著於『理』字的有無其實並不必要。因為不論有無『理』字，或不論『理』字作分、作條理講抑作道理、天理講，孔子及其以降儒者從無人宣稱其所講求的禮與理相違背，即在凌氏言，禮亦不違背理」。張壽安，《以禮代理──凌廷堪與清中葉如學思想之轉變》（臺北：萬卷樓圖書公司，2004 年）；錢穆，《中國近三百年學述史》（臺北：臺灣商務印書館，1966 年），頁 255；葉國良，《禮學研究的諸面向》（新竹：清華大學出版社，2010 年）頁 98-100；Kai-wing Chow, *The Rise of Confucian Ritualism in Late Imperial China: Classics, and lineage Discourse* (Standford: Standford University Press, 1994)。

[80] 然而誠如前論，人本於天之化生，是以凡屬人所固有的生之理皆屬天地之德，故人之性本無不善。但人若尚未經具體情境觸動，則惻隱、辭讓之心即無從展現，仁義道德之性自也未有實現的機會。此所以說，人必是在社

秩」「天序」時，船山曰：「在天者即為理」，先指出凡存在於世
者，皆無非天道運化所生，各本有不可剝奪的存在價值與意義。其
次，則由「尊尊、賢賢之等殺，皆天理自然，達之而禮無不中
矣」，指出人與動植之別，即在於「秩序」是「物皆有之而不能

會網絡中，經與他人他物交涉互動，人作為道德主體的身分才得以實踐。
然而，對於理學家「道德主體」式的思維方式，是否使「人」陷入道德孤
島的困境？楊儒賓則從「體用論到相偶論」提出反思，由對顯理學家與近
世東亞反理學思想家間的思想差異，指出：在理學家之外，另有一群篤信
儒學的學者，對理學家的體用論提出反動，並依「原道─徵聖─宗經」的
進路，採取「相偶論」的思維方式，根本性的批判理學家的天道性命相貫
通之學。成員包含陳亮、葉適、王廷相、吳廷翰、顏元、戴震，以及阮元
等人，以及日本之伊藤仁齋、貝元益軒、荻生徂徠，甚或韓國之丁若鏞等
人在內。所謂「相偶性」，是對人之存在狀態的現象學描述，是對「主
體」觀念的重新界定。這個概念主張：真正的道德不在「內心世界」、
「超越的彼岸」，也不在「社會的規範系統」中。它是存在於人與人之間
的互動性與關聯性中，或以楊先生的話而言，是「『主體』與『主體』的
互涉之關聯」。所謂「道德」，是在相互主體共在的場域中，楊先生稱之
為「相偶域」（sphere of "between"）。在相偶性的格局下，「道德主
體」乃是「主體」加上「間」、「際」所成的「間主體」、「際主體」，
亦即「主體＋間際」的情境主體。由於人總在存在之流行中，故主體的相
偶性「都帶有脫自體化（ecstasy）的躍出性格」，而此「相偶域」沒有特
殊的疆域，總是先行地依照情境主體的在世存有、與世交涉的存在性中，
不斷以流動性的形態躍出與敞開的範域。對此，本書獲益楊先生該書啟發
甚多，作者並另有專文探討「相偶論」與張載哲學之現代意義。楊儒賓，
《異議的意義：近世東亞的反理學思潮》（臺北：國立臺灣大學出版中
心，2012 年）。陳政揚，〈從相偶論反思張載天地之性說的倫理向
度〉，《哲學與文化》483 期，2014 年 8 月，頁 133-158。關於「相偶
域」（sphere of "between"）一詞，可參閱 P. E. Pfuetze, *Self, Society,
Existence* (New York: Harper & Brother, 1954), pp.201-204。

喻」，但人卻能依據「良知良能」而「自知長長、尊尊、賢賢，因天而無所逆」。因此，他發揮橫渠「知序然後經正，知秩然後禮行」義旨，一方面由「禮之本」而言：「經，即所謂義也。事理之宜吾心，有自然之則，大經素正，則一念初起，其為善惡吉凶，判然分為兩途而無可疑，不待終日思索而可識矣」，人可依心能衡斷事理之宜，小從個人之舉止動行，大至國家社會之發展，皆能服膺「大經正，則隨所動而皆不失其正」的原則[81]。另方面，則表示：「秩序人所必繇，而推之使通，辨之使精，則存乎學問，故博文約禮為希天之始教」[82]，直指儒學不可以存神守靜，而徒恃良知以為空㬐之體。「天人合一」實始於人之知禮、制禮、守禮，而達至「感人心而天下和平」。注〈天道篇〉要旨，即曰：「此篇因天道以推聖德，而見聖人之學，惟求合於所自來之天而無所損益」[83]。在細論各段時，更表示：「張子之學，以禮為鵠，此章其樞要也」[84]。值得注意的是，他闡發張載「眾陰共事一陽，理也」之旨，不僅在天理人欲的議題上，由「君子小人同歸於道」，總結性地表示：「天理人欲，從心不逾」，呼應「終不離欲而別有理也」[85]。在更順此在「禮」「欲」關係上，指出「禮雖純為天理之節文，而必寓於人欲以見」，倡言「隨處見人欲，即隨處見天理」[86]。

---

[81]　〈大易篇〉，頁 285。

[82]　〈動物篇〉，頁 104-105。

[83]　〈天道篇〉，頁 65。

[84]　〈天道篇〉，頁 66-67。

[85]　〈大易篇〉，頁 278。

[86]　《讀四書大全說‧孟子‧梁惠王下篇》，頁 910-912。

（三）從「合天下之公是」論「天下之公欲即理也」

〈大心篇〉注以「志」為「一定而不可易者」。所謂：「在道為經，在心為志」，對比於「意者，心所偶發，執之則為成心矣」，志雖由心所發，卻本人普遍共有的生之理，故言「苟有志，自合天下之公是」[87]。依此，他以《大學》之「誠意」、「正心」，詮釋《正蒙》之「大心」。首先，「誠意正心」不在於閑居默坐，而當起於「志／意」之辨。〈中正篇〉注：「志正而後可治其意，無志而唯意之所為，雖善不固，惡則無不為矣。故大學之先誠意，為欲正其心者言也」，〈有德篇〉注更以「故能辨志意之異，然後能教人」為基礎，主張：「學者當知志意之分」（〈大心篇〉）。他藉〈有德篇〉之「德主天下之善，善原天下之一」，闡發「合天下之公是」之道，注曰：

> 主，所要歸也。德得於心，而必以人心之同然者為歸；偏見自得之善，非德也。

船山雖不離人心言道心，更以道心之應幾正物，闡發成己成物即是體道證德之學。然而，對持「心即理」說者，他卻警覺性地提醒學者不當陷入良知的傲慢，勿以一己之成心為衡斷天下是非的標準[88]。所以，他雖仍以仁心為人參贊天地之化育的大本。一提起「德

---

[87] 〈中正篇〉，頁189。

[88] 在〈大心〉之「成心忘然後可與進於道」中，張載已自注「成心者，私意也」。值得注意的是，船山認為，「成心」未必初始即源於謬誤。相對者，他指出，「成心」可能是人依見聞所知而見「道之一曲」。然而，一

得於心」，立刻緊扣以「人心之同然者」為「德」之歸向。值得注意的是，他以「心所同然」的論述，實從兩面敞開儒家「天人之本無二」（〈誠明篇〉）與「天理人欲，從心不逾」（〈大易篇〉）之旨。一者，他以貫穿於人文世界之「常度」必上承於「天」。故當解〈中正篇〉之「大人所存，蓋必以天下為度」，船山並非橫向地就人文世界泛論普遍價值。在闡明有德者心中之決斷，當以天下人皆能心悅誠服之理為常度時，他指出：「念之所存，萬物一源之太和，天下常在其度內」，將此「人皆同然」之「常度」，推本於「萬物一源」之至和理境。再者，他由「公欲」以論「公是」，嘗試鬆動「天理人欲」間的緊張對立。〈中正篇〉即注曰：「天下之公欲，即理也；人人之獨得，即公也。道本可達，大人體道，故無所不可，達之於天下」。他以人之公欲本於人與生固有的生之理，若此生之理即是天所命於人類之性，則人之公欲不僅無違於天理，更可視為是天理藉吾人具體生命的動態發顯[89]。故他不僅由「以天體身，以身體道」，指出「通物我於一」以達善於天下如何可能[90]。他更就張載著名的「六有」之說[91]，從實踐面上表示：「聖非不可學而至也」，肯定人人皆可為堯舜。繼而闡明人如何「因其理之所宜」而「以德致福」的實踐進路。

曲之見終難成為「大公之理」。學者若持此一善而固守之，則絕非「擇善而固執」，而僅是「固執」而已。〈大心篇〉，頁 149-151。

[89] 《讀四書大全說·孟子·梁惠王下篇》曰：「離欲而別為理，其唯釋氏為然」，頁 911。

[90] 〈中正篇〉，頁 173。

[91] 所謂「六有」，即〈有德篇〉曰：「言有教，動有法；晝有為，宵有得；息有養，瞬有存」，頁 251-253。

六、結論

綜合上述，本文以為船山《正蒙注》對橫渠心概念之承繼與開展，至少包含以下五方面：

其一，就心氣關係言。張載以氣所蘊含的一體性與連續性，而言心雖存於形宇之內，卻能超越形氣所限，感通形而上之天理與眾物之物理。由此闡發儒家「天人合一」與「萬物皆備於我」之說。船山承此辨析心之本體相異於心之用所呈的「心象」，批判釋氏以心識變現言世事幻妄之說。更順此批判陸王言「心即理」，陷入釋氏謬見。但船山在「物與我皆氣之所聚，理之所行」的大前提下，有別於橫渠，由「道大性小」指出，人之形軀生命與天之無方無體，在「區量」上畢竟不同。依此，既強調不應將有限之人心與無限之天理混同歸一。更表示天實以無心而成化，儒者是從人心推本於天遍潤萬物之德，而言「道體物我」、「人心即天」。但這僅是依據心之性理，對天之運化做價值性的理解，天並非真有所謂「天心」。

其二，就「心」與「天地之性－氣質之性」而言。船山承張載以天所化生者無不善，而言人之性善。但船山欲縫合張載論性架構可能陷入「人有二性」的理論縫隙，故由「天」不可言「有性」，直指「天地之性」語未「精當」。更由氣質之外無本然之性，將「氣質之性」轉詮為人類唯一且共有的生之理。依此，人心奉性而為善，所奉者並非天地之性，而是氣質之性。再者，人心之本善既原指人於初生所共有無不善的生之理。故人心之善，初只是指人人皆共有知善（「良知」）與實現善（「良能」）的可能性，亦即心僅具善端。至於以道德主體而言的「善」，乃是人心奉性之理在生命成

長歷程中，經一次次的價值決斷與德行所實現。故可知，船山取成性論以言心性之善。

其三，就「心」與「天德良知－見聞所知」而言。張、王皆以德性之知雖不萌於見聞，但見聞為啟知之要。並以「心御見聞」，闡發「合外內之道」。但張載是順「天地之性」之架構，而言「心」具「天德良知」。船山則將「天地之性」概念虛位化，由氣質之性言人類本共有相近的生之理，是以每個人雖有相近習遠之殊異，卻可通過人同此心之理，人同此知覺之情，而本然具備建立可相互理解的價值決斷與規範，此即人心之良知良能。

其四，就心統性情而言。張、王與朱子皆以心既為思之官，則兼具領會性理與知覺。故「心統性情」之「統」，乃取兼攝義，而非主宰義。但張、王皆以心為貫通形而上下之氣，朱子則以心雖為氣之精爽，但仍屬形下之氣。故與形上之性理本質相異。「心」之結構為呈顯「性（形上之理）／情（形而下之氣）」的載具或場域。再者，張、王雖皆從此心是否悖離於「道」，而言人心道心之分。但依張載心性論，道心是以天地之性為理據。船山則以人之價值決斷、感官思慮與情緒反應，皆本於人共有的生之理，故不僅以道心亦歸本於氣質之性，甚至主張「人心亦統性」與「道心亦統情」。順此，在理欲關係的議題中，他立基於氣質之性，正面肯定人之形軀生命在實踐德行的必要性，避免以天地之性貶抑氣質之性的理論縫隙。另方面在詮解《西銘》時，則有別於朱子，從肯定人以身體髮膚受之父母，闡發孔學仁孝之理與橫渠合天人之道。

其五，就心與合天人之道而言。「天人合一」是張載哲學的核心思想。但橫渠從天之道的遍常無息，闡明人之道的真實無妄。船山雖亦以氣化言道，卻更藉兩端一致，上提人之為價值創造主體的

地位。由人之存在雖可推本於天，但人之道必在於人主動化成人文世界中建立。依此，「心」既為人主導一切行動與決斷的「思之官」，人之道的落實，必也在於心是否能盡其「官守」。此所以船山不僅以「大其心」為《正蒙》心性工夫總提性的綱領。更有進於橫渠，指明人不僅消極的為天道之載具，「大心」絕非止於「心」之虛靈明覺，而是在良知必兼言良能的孟學脈絡中，人以「格物窮理」與「知理行禮」之行動，創化人間之價值。至此，船山由法天道開展為用天德，闡發盡心何以知性知天。

伍、《張子正蒙注》五行觀論析

一、問題澄清

　　本文研究動機有二：其一，據《朱子語類・理氣上》的記載，朱熹（晦翁，1130-1200）在論及五行時，曾表示：「五行之說，《正蒙》中說得好」，又曰：「康節說得法密，橫渠說得理透」。然而張載五行說的實際內容為何？身為北宋儒學復興先驅之一，他以五行闡發儒學義理，在理論型態上，又與方術家所論陰陽五行有何根本差異？再者，隨著近 20 年學界日漸重視明清氣學，當追溯明清儒學中的氣論學者的思想源頭時，橫渠氣學則是屢屢為人所提及的焦點之一。然而，五行之說究竟位居橫渠氣論架構中何理論位階與環節？他又是如何以氣論融攝五行於「天人本無二」的思想架構中？無論是在當代宋明理學研究，甚或張載學研究中，都較少有專題性的討論。這令人意外與遺憾的狀況，則為促發本文研究的動機之一。然而，不直接聚焦於《正蒙》，卻以《張子正蒙注》五行觀為研究主題，主要原因有三：一者，朱子雖對張載五行觀評價甚高，但《正蒙》直接論及五行之處甚少。在《橫渠易說》、《經學理窟》，或《張載文集》中，亦罕見張載對五行的專題性論述。基於研究資料的限制，吾人實難緊扣文獻，直接呈現張載五行說之全貌。再者，《張子正蒙注》不僅已在內容深度與廣度上拓展五行之

說，王夫之（船山，1619-1692）本人對儒家五行說的論述，更廣泛遍
及在《尚書引義》、《思問錄·外篇》、《思問錄·內篇》與《讀
四書大全說》等著作中。因此能提供吾人更多檢視船山本人，以及
他詮釋橫渠五行觀的文獻資料。使吾人依據張、王氣論之異同，在
澄清《張子正蒙注》之五行觀時，對顯出張載五行說的可能面貌。
三者，在明清《正蒙》諸注中，《張子正蒙注》不僅是當代學界討
論最深廣，也是對橫渠氣論最具創見的哲學作品。有別於近七成
《正蒙》注家多為朱子學者，船山不僅以張橫渠為「正學」，更承
繼《正蒙》推本萬有之源於「氣」的理論進路[1]。尤其在當代學者
辨析明清氣學譜系時，更已多指出船山對橫渠論氣上的承繼與通同
性，由此與王廷相、吳廷翰等人的氣學型態相別異。依此，本文以
《張子正蒙注》為研究主題，一方面探討船山如何掘發《正蒙》五
行觀，也嘗試對顯出船山與橫渠泛論五行之異同。

　　其二，釐析自然與價值世界分屬不同範疇原理，是當代哲學的
成果之一。但自濂溪以來，宋明理學家以五行之說開展「德合天人

---

[1] 船山曾自題「希張橫渠之正學，而力不能企」。在當代研究者中，唐君毅
　　先生則進一步指出，船山實不滿於陽明之學導致後學自逸自肆，故「希張
　　橫渠之正學」，而「重氣化流行之論，以教人即氣見道，即器見理，而大
　　此心之量之論也」。曾昭旭先生亦指出：「船山於宋明諸儒，最重橫渠與
　　朱子，於橫渠尤從無間言。故其於宋明諸儒之著作，亦唯對橫渠之《正
　　蒙》有注，對朱子之《近思錄》有釋」，並且指出船山在《正蒙》注有
　　〈總序〉為篇首，從道學之升降浮沉點明張子「正學」之地位，亦為「船
　　山全部著作中所僅見者也」。詳見〔明〕王夫之，〈自題墓石〉，收入
　　《船山全書》第 15 冊，頁 229；唐君毅，《中國哲學原論·導論篇》
　　（臺北：臺灣學生書局，1986 年），頁 623；曾昭旭，《王船山哲學》
　　（臺北：里仁書局，2008 年），頁 197-198。

之道」，並不罕見。若依照自然與價值世界二分的架構，詮解宋明理學中的五行觀，是否合宜？值得再思之。再者，就儒者泛論五行本屬利用厚生之學而言，五行說的理論價值正在於能經得起經驗檢證，並且依據民生日用所涉範圍，拓展對自然世界的解釋效力。依此，隨著自然科學的日新月異，當《正蒙》對自然世界的解釋原理，已然為明清學者證明有誤時，則身為儒學後繼者的明清《正蒙》注家們，又如何在闡發張載「合天人之道」時，既兼顧科學知識對自然世界原理之開拓？又同步調整立基於天道之真的人之道德原理？這不僅呈現《張子正蒙注》五行觀的實際內容，也可對顯出古今儒者面對科學新知時的研究態度[2]。此為本文的第二項研究動機。

　　基於上述研究動機，在研究步驟上，本文首論「《張子正蒙注》五行觀的詮釋進路」，探討船山如何藉由會通周張二子，以《太極圖說》層層敞開《正蒙》五行觀所依據的氣本體論與氣化宇宙論，以及釐清五行說的理論有效界域。次論「《張子正蒙注》對橫渠五行觀之開展」，指出船山如何立基氣論，分別就五行之序、五行八卦之比配、中央土寄王說等子議題，拓展《正蒙》五行觀。

---

[2] 例如，樂愛國即指出：「張載的自然觀，不是僅僅停留于用『虛空即氣』『太虛即氣』的本體論來解釋宇宙天地之間萬事萬物的來源及其構成元素，而是在此基礎上進一步解釋自然界事物的結構與變化」（頁51），依此他認為，不僅朱熹、王廷相與王夫之等人的自然哲學深受張載氣論影響，甚至是朱世傑、李時珍、張介賓與宋應星等科學家，也深受張載影響。樂愛國，《為天地立心──張載自然觀》（深圳：海天出版社，2013年），頁51；頁93-118。

二、船山會通《太極圖說》詮解《正蒙》五行觀之詮釋進路

　　船山承繼朱子以來的理學傳統，屢屢將周、張兩家合言[3]。例如，在闡發《西銘》之要旨時，即曰：「張子此篇，補周子天人相繼之理」[4]，而在注〈參兩〉「五行」段時，則表示：「張子此論，究極物理，與周子脗合」。並徵引周敦頤（濂溪，1017-1073）《太極圖說》義理，論析如下：

> 周子《太極》第一圖，太極之本體；第二圖，陰陽二氣，天之蘊也；第三圖，五行順布，地之撰也。第二圖陰陽分左右，而中有太極，陰陽分體太極，而太極自不雜，在天之極也；第三圖位土於中，周行水、火、木、金而別無太極，明土為在地之極也。土不待水火而生，而水火依土；木金、土之華實，非土外之有木金。

單就此段引文觀之，船山雖似以解說濂溪《太極圖》五圖蘊義為主，但參照其注〈參兩〉「五行」段時，則可見其串言周張之學，並從「四」方面指出二者如何闡發儒家天人本無二之要旨：

　　其一，周、張皆拓展《尚書·洪範》五行之旨，推本人事之理

3　可參見〔明〕徐必達，《周張全書》（臺北：廣文書局，1979 年）。

4　〈乾稱篇〉注，頁 353。本文引述船山《正蒙注》皆依此本，未免贅述，下文僅標示篇名與頁碼。〔明〕王夫之，《張子正蒙注》，收入《船山全書》第 12 冊（長沙：嶽麓書社，2011）。

必無違於天地之道。船山首先指出，儒家五行觀源自於《尚書》，但〈洪範〉「五行」初僅就與人民日常生活相關的五種資材而論，旨在教導帝王正德以利用厚生之理，屬於政治哲學的範疇[5]。但宋代理學家推本天道人事本無二，故濂溪與張載均將「五行」從政治哲學的應用領域，拓展為自然哲學的物理原則。其次，他則指出，張載「五行」所論範疇當屬《太極圖》之第三圖。

　　其二，船山論析《太極圖》五圖分布架構蘊義，認為周子第一圖旨在直透本體，闡明天道運化本於太極本體。但太極本無極，具有無限性與遍在性。所以，太極第一圖中的圓圈，實只是藉由圖象示人以理，所不得已而為。萬不可將形而上的太極本體，竟視為有匡郭可範限的形下之物[6]。但也不可將太極本體視為與氣本質互異的終極實體[7]。

5　〈參兩篇〉注曰：「《洪範》之言五行，以人事言，利用厚生之資，故於土但曰稼穡」，頁63。

6　《思問錄・外篇》曰：「繪太極圖，無已而繪一圓圈爾，非有匡郭也」，他以「畫珠」與「畫環」舉例，指出二者在紙上所呈現的圖像並無明顯分別。但是，二者在實際內容形質上卻十分懸殊，他說：「如繪珠與繪環無以異矣，實則珠環懸殊矣。珠無中邊之別，太極雖虛而理氣充凝，亦無內外虛實之異」。依此，他批判部分誤解《太極圖者》，曰：「從來說者竟作一圓圈，圈二殊五行于中，悖矣」。〔明〕王夫之，《思問錄・外篇》，收入《船山全書》第12冊（長沙：嶽麓書社，2011年），頁430。

7　在《讀中庸大全說・第1章》中，船山曰：「『天以陰陽五行化生萬物』，以者用也，即用此陰陽五行之體也。猶言人以目視，以耳聽，以手持，以足行，以心思也」，藉由澄清「以」字之字義，釐清「天」與「陰陽五行」實屬「本體」與「發用」之關係。但他為避免人誤以「天」為氣化之外的理體，故緊扣著說：「拆著便叫作陰陽五行，有二殊，又有五

　　至於《太極圖》第二圖，則是已由太極本體分化為氣化之用的
範疇。他從太極本體與氣化之用上，闡明太極本體本蘊含陰陽對立
相生之體性，故能藉一陰一陽之氣化發用化生出萬殊。在此有兩點
值得注意：一者，船山承繼橫渠以氣化明天道，指出天道並非另一
有別於太極的實體。太極本體藉氣化流行所自呈的理序，即是「天
道」或「天之道」。他有時亦稱之為「天之化」。二者，由於船山
由氣化而言造化，且天之化乃是以本體所自含的陰陽二體為內在動
因。所以，船山又以「陰陽二氣，天之蘊也」，標示天道之所以至
動無息。萬殊之得以生生不已，皆本於太極之氣，不可再推本於氣
外的形上理體。此所以說：「第二圖陰陽分左右，而中有太極，陰
陽分體太極，而太極自不雜，在天之極也」。

　　其三，船山以「五行順布，地之撰也」詮解《太極圖》第三
圖，並認為此方為張載五行說所屬範疇。其論又可分四點掌握：

　　1.他以「在天之極」與「在地之極」，對比第二與第三圖。所

位：合著便叫作天。猶合耳、目、手、足、心思即是人。不成耳、目、
手、足、心思之外，更有用耳、目、手、足、心思者！則豈陰陽五行之
外，別有用陰陽五行者乎？」，表明「天」之為氣之本體，本即含蘊「二
氣五行」之發用。因此，吾人雖在思想活動上，將「天」與「陰陽五行」
解析為「氣之本體」與「本體之動用」，卻不可誤依此思想上的分解活
動，反將體用本一的天與陰陽五行割裂為本質互異的「理體」與「氣化」
關係。依此，他批判陳淳（北溪，1159-1223）言「天即理也」，有誤以
「理」代「天」之嫌，而曰：「北溪言『天固是上天之天，要即是理』，
乃似不知有天在」，更指出：「又云『藉陰陽五行之氣』，藉者借也，則
天外有陰陽五行而借用之矣」，實將「本體」與「動用」拆裂為理氣二分
的異質異層關係。〔明〕王夫之，《讀四書大全說・中庸・第1章》，收
入《船山全書》第6冊（長沙：嶽麓書社，2011年），頁459-460。

謂「在天之極」，乃是統體而言太極本體為一切存有的根源，天地
萬物皆由陰陽二氣所化生。但第三圖則是以「土」象徵「地」為承
載人所居處世界。故此圖的結構是以「土」為中心，周邊由「水、
火、木、金」環繞。一則呈現「土」為地氣之極，二則表示「水、
火、木、金」皆屬「地氣」，三則意指「水、火、木、金、土」五
者運行之理序[8]。必須留意的是，此圖雖未顯示「太極」，並非意
味太極陰陽之理只掌管「天之化」，而無涉於「地之化」的範疇。
依據「地不得與天對」之原則，萬化皆歸本於天，故「地之化」亦
由天所創化，五氣順布之中亦以一陰一陽之理為運化的根本原則
[9]。

　　2.他從氣化論分析五行之氣的屬性與關係。一者，他從三方面
釐清水火木金之關係：首先，他對比「水火」與「金木」之性相異

---

[8]　〈參兩篇〉注曰：「第三圖位土於中，周行水、火、木、金而別無太極，
　　明上為在地之極也」。

[9]　在《思問錄·外篇》這本較早的著作中，他為了凸顯「天之化」的獨一
　　性，甚至藉「理／氣」區隔的架構指出：「天主理，地主氣」，「凡氣皆
　　地氣也」，故他總結性地表示：「不于地氣之外別有天氣，則玄家所云先
　　天氣者實矣」，而「張子以清虛一大言天，亦明乎其非氣也」（頁
　　449-450）。但在《張子正蒙注》這本船山晚期思想代表作中，其論已有
　　修正，在〈太和篇〉注「由太虛有天之名」段時，即曰：「太虛即氣，絪
　　縕之本體，陰陽合於太和，雖其實氣也，而未可名之為氣；其升降飛揚，
　　莫之為而為萬物之資始者，於此言之則謂之天」（頁32）。由注文可
　　知，船山認為「天」（或「太虛」）並非與「氣」本質互異的另一實體，
　　故曰：「其實氣也」。但不直接稱之以「氣」，乃是由於「氣」概念雖能
　　以其實有義指向「天」之真實無妄，但尚不足以全然彰顯「天」之無為以
　　成化的創化義，以及萬物皆以天為資始的本根義、始動義。故張載既言
　　「太虛即氣」，又藉「天」概念闡明「氣」所未能全然稱說的蘊義。

處，指出水與火雖具物之形質，但基於所受形氣的清濁厚薄之侷限
有異，在屬性更偏向於氣之流動性，故能如同氣遍入萬物中而旁通
四達[10]。因此，四者之本質雖皆屬於氣，但在氣化之發用與對日常
生活之運用上，水火不同於金木僅止於作為形材物料之用[11]。其
次，就「水火」與「金木」之性相協處，他指出木金之性中亦含有
水火陰陽之性。因此，木具備「漬而生，燃而不離」之性。又例

---

[10]　張載為凸顯水火升降之活動，並非如五行方術之士以「土克水」所釋之。
因此，在這裡僅就水火之二德，獨舉陰陽升降之活動義，而非陰陽相互調
劑平衡之義。

[11]　張載對於金、木之性的詮釋，在明清《正蒙》諸注中，也見解分歧。當張
載以「能既曲而反申也」解「木曰曲直」，意指木之生長既能順應週邊環
境而彎曲繚繞，也能在適當的條件下，自行回復伸展生長。故「曲」與
「直」皆是指木之性而言。清儒楊方達徵引明儒高攀龍（景逸，1562-
1626）之《正蒙集註》，指出：「此節論五行而歸重於土。曲直、從革、
《書傳》本謂：『曲而又直、『從而又革』，張子則作一義說」。二者均
認為木之「曲而又直」，以及金之「從而又革」本為二義，但張載卻是化
約為一義。明儒劉璣（近山，1457-1532）則有不同的見解，曰：「一從
革而不能自反者，如金一為方，即不能自反為圓；一為直，即不能反為
曲。若作從而又革說，則可方可圓，可曲可直。由於人為矣」[11]。依據劉
璣的觀點，張載此處是藉由「自返」與「不能自返」區分「木」與「金」
之性的不同。設若此處側重於「金」之「從而又革」二義，則是就「金」
能依據人意而變革，如此便無法藉由是否能自發運行變化突顯木與金之性
的不同。船山雖以橫渠之學為宗，但仍保持批判性的指出，張載五行解釋
「金曰從革」為「一從革而不能自反也」，其論有誤。船山認為，所謂
「從革」之「從」，意指「不易其質」，「革」乃指「其形可變」。〈洪
範〉以「金」兼具此兩種特性，既能保持金屬之本性，又能變革其形。橫
渠卻誤以為金屬一旦更易其形便不能自反，實「於義未安」（頁 61）。
〔明〕高攀龍，《正蒙釋》，頁 685；〔清〕楊方達，《正蒙集說》，卷
二，頁14；〔明〕劉璣，《正蒙會稿》，頁21。

如，水火之氣融徹於土中，使土感其氣而化生金與木。由於水火具
備陰陽升降之性（德），故木雖於地底生根，卻往地表之上生長，
而金屬卻是地氣在地層內凝結所致。如同由土（「地氣」）所化生的
「花」（「華」）與「果實」。船山以為，這正是橫渠為何形容
「木金」為土之「華實」。值得注意的是，在〈動物〉注中，船山
也以五行之氣與陰陽升降之理，解釋動植物如何由氣化所生。為貫
徹五行皆屬地氣說，船山嘗試將動植物之化皆歸屬於「地之化」的
範疇。所以，他賦予橫渠「動物本諸天，植物本諸地」新詮，而主
張：「動物皆出地上，而受**五行未成形之氣**以生」，並表示：
「植物根於地中，而受**五行已成形之氣**以長。陽降而陰升，則聚
而榮；陽升而陰降，則散而槁」。最後，他以「相待而不相害」解
釋水火木金之關係，並貫穿他批判術家、醫家以「生克」解釋五行
關係的侷限性[12]。船山認為，就「相待」而言，「金有津潤還可生

---

[12] 在《思問錄·外篇》中，船山曰：「五行生克之說，但言其氣之變通，性
之互成耳，非生者果如父母，克者果如仇敵也。克，能也，制也，效能于
比，制而成之。」，他甚至認為醫家比術家的五行之說更荒謬。因為醫家
泥於五行生克說，竟認為五臟相互制衡妨礙，而有「脾強則妨腎，腎強則
妨心」之說。所以船山批判曰：「豈人之府臟，日搆怨于胸中，得勢以驕
而相凌奪乎！」（頁 443）。但值得注意的是，船山雖批判醫家五行生克
說，卻十分推崇《素問》這本醫學經典。他不僅在注解〈參兩篇〉「火之
炎，人之蒸，有影無形，能散而不能受光者，其氣陽也」時，認為「《素
問》曰『陽虛故外熱』，得此旨矣」（頁 64）。在《思問錄·外篇》
中，他更表示：「《素問》之言天曰運，言地曰氣。運者，動之紀也，理
也，則亦天主理，地主氣之驗。故諸家之說，唯《素問》為見天地之化而
不滯五運之序」（頁 464），由此亦可見船山對各家學理所保有的批判性
與客觀性。

水，燧鏡還可生火」，皆是基於「交相待以生」的原理。然而，在此所謂「生」，並非指水火能生出金木，如同父母生子女之「生」。「相待以生」之「生」，乃是言五行氣性能「相互輔成」。順此所謂「不相害」，則是指五行之氣並不以相互妨礙為性，如方術家以「克」為「剋」之意。他舉「火雖爍金而金反流」為例，印證「水火不能毀金」之理。二者，他在對比「水火」與「土」之關係時，從兩面指出：就水火之升降的活動特性而言，是基於氣具有陽升陰降的性質。所以，土雖為五行之極，卻不能宰制水火之活動。另方面，就水火具有「潤以解燥」與「炎能散寒」的特性而言，則當屬於陰陽能相互調劑平衡的原理。由於水火之氣融徹土中，故土之所以具備「燥濡之性」，是因為「水火所資生」。又由於土雖不能宰制水火之氣，卻包含兼具水火之氣。故船山不僅又引橫渠「兼體而不遺」稱讚「土」為地極之德，也說明「土」何以能兼具「燥濡之性」。三者，他從兩面說明「土」何以居五行之中，為「地之極」。一方面，就「水火木金」皆與「土」為體而言，土是四行之所以能運化之場域，船山曰：「火依地而升，水依地而降」，土雖不能宰制水火活動之性，但由「無依空之水，火離土依空則息」可知，水火也必須倚土之為體方得以運行。二方面，就萬物皆「始生於土，終歸於土」而言，船山再次將五行之理與民生之用結合論說，指出不僅民生日用之資源自於土，而且人之存在活動亦以「土」方能展開。因此，就人運用五行的意義上，「土」為地之極，乃是源於人之世界實以「土」為開展與歸趨的場域。

　　3.由「天之化」與「地之化」之別而言，五行屬「地之化」，

不當以地氣五行比附天象四時之運化[13]。在張載哲學中，是以一氣統體貫穿天地人物之理。在解釋世界之有序性時，他先藉太極二判為陰陽，將「理」所含蘊的區分義、條理義與秩序義，從渾一無間的太極之氣中分化，並以陰陽二氣相反相成之理，解釋氣化流行之運化原則。「五行」即是陰陽運化之理的再分化原理。這使得五行雖各有其「德」，但仍以「陰陽之理」為依歸[14]。並在自然哲學的範疇中，廣泛應用於解釋天文地理等一切自然現象中。因此，他並未將五行僅歸屬於地氣之化。但是船山則旨在呈清儒家五行大義，並極力澄清其論與術家所謂「五行」之異。所以，藉由「天之化」與「地之化」的釐判，他批判術家過度擴張「五行」對存在界的解釋範圍，而妄發天人感應之論，反使五行原理失去應有的解釋效力。例如，就七曜以內的天地之化而論。他認為，「天以神御氣，地以氣成形」為存在界的基礎原則。所謂「以神御氣」，即指

13　「天」在中國哲學本具多樣義，船山屢屢藉由釐清「天」在特定脈絡中的概念意義，澄清本相糾結的哲學問題。對此，當代學者有深入探討，本文不再贅述。例如，蕭萐父先生即依《尚書引義》指出，船山論「天」的五重義涵：(01)「天之天」，即「統人物之合以敦化」之「天」。(02)「物之天」，即「物之所知」之「天」。(03)「人之天」，即「人之所知」之「天」，此又下分為(04)「己之天」，即就少數賢智者個人所言之「天」，以及(05)「民之天」，即大多數民眾所屬之「天」。此外，周兵先生亦就「氣」與「天」概念之異同，指出：「『氣』並不等同於『天』這個概念，陰陽之『氣』只不過是天之『體』。天以陰陽之『氣』化生萬物，這才是『體』之『用』」。詳見蕭萐父，許蘇民，《王夫之評傳》（南京：南京大學出版社，2002 年），頁 269；周兵，《天人之際的理學新詮釋：王夫之《讀四書大全說》思想研究》（成都：巴蜀書社，2006 年），頁 25。

14　〈參兩篇〉注曰：「德，謂性情功效」，頁 56。

「天」是通過不可見聞之理[15]，主持分劑氣化流行之順常無妄。這是「天之化」的範疇。至於由氣所凝成的有形萬物，則歸屬於「地之化」的領域。唯當物體稟氣而有形後，五行之理方能藉由物體之具體化與活動，而得以呈現彰著其體用性情[16]。此所以說：「五氣布者，就地而言」，並主張：「故在天唯有五星之象，在地乃有五行之形」，認為在天僅「七政」（日月及金木水火土五星，即「七曜」）是由地氣所凝，故將「五星」屬之「地」。至於「恆星」（「經星」）則是純繫於天，非地氣所能命化[17]。方術家將地之化範圍內的五氣運行之理，任意拓展至天之化的範域，實陷入範疇誤用而不自覺。對於方術之士任意以五行術數比附天之化理，船山直批其論淺陋。

　　4.藉澄清五行觀以批判玄家先天後天之說。在《思問錄·外篇》中，船山藉由前述地氣不及天，而從自然哲學反駁「先天之

15　在注〈參兩篇〉「神與形，天與地之道與！」，船山對舉「形」與「神」之別，指出：「形則限於其材，故耳目雖靈，而目不能聽，耳不能視」，而「神則內周貫於五官，外泛應於萬物，不可見聞之理無不燭焉，天以神施，地以形應，道如是也」。由注文可知，船山不僅以「形」表偏限性，而以「神」表示超越形之偏限的超越性與遍在性（故以「形而上」稱「神」）。又由〈太和篇〉注曰：「形而上，即所謂清通而不可象者也」，以及「神化，形而上者也，迹不顯」（〈神化篇〉），「神」為不可由感官思慮所盡知，卻遍在世間發揮影響力之「理」。亦即以「形—神」對顯為「有形個物所具的殊別之理」與「存在本體所含蘊的普遍之理」。

16　〈參兩篇〉注曰：「天以神御氣，地以氣成形，形成而後五行各著其體用。故在天唯有五星之象，在地乃有五行之形」，頁56。

17　〈參兩篇〉注曰：「以經星屬天，以七政屬地，乃張子之創說」，頁48。

氣」與「後天之氣」說[18]。船山表示：「先天、後天之說始于玄家，以天地生物之氣為先天，以水火土穀之滋所生之氣為後天，故有後天氣接先天氣之說」[19]，他認為此說雖附會參雜《易》之卦象原理，但其學理不過是瑣碎的養生觀而已。但後人又混用此說以附比天道人事之理，妄自認為已建立通貫自然之運與人事之變的理數，實為荒謬[20]。船山指出，玄家先天後天之分，是以人稟氣有形之前為「先天之氣」，又以氣凝人形後，需依五穀雜糧之資養而得

---

[18]　《思問錄·外篇》即曰：「不于地氣之外別有天氣，則玄家所云先天氣者無實矣」，頁450。

[19]　《思問錄·外篇》批判曰：「此區區養生之瑣論爾，其說亦時竊《易》之卦象附會之」，頁436。

[20]　船山於此批判邵雍（康節，1011-1077）《皇極經世》以「數」窮盡天地人物之理之說。他不僅表示：「《皇極經世》之旨，盡于朱子『破作兩片』之語」，其論之精華不過是指出「天下無不相對待者爾」（頁438），他甚至表示：「邵子之學，詳于言自然之運數，而略人事之調燮」（頁436），其末流與術士任意援引其說測度人事，皆是源於他泛言「先天」之說以釋儒學大義，終使儒者格物窮理之學沾染「猜量比擬，非自然之理」（頁441）的色彩。在注〈動物篇〉通篇要旨時，船山即藉此衡量張載與邵雍之學的廣狹。他認為張載之學是從親體力行中，體貼出「天人相繼之妙」。但邵雍（康節，1011-1077）則僅是以數理推演天地人物運化之理，故張子對儒學大義之闡發，實「非邵子執象數以觀物之可比也」（頁101）。但清儒張伯行（敬庵，1651-1725）則有不同看法。他將張載與邵雍並舉，表示：「《正蒙》論五行有相兼之道」。所謂「相兼之道」，他認為即是張載「物兼體而不遺」之道。他引《河圖》「天地之數」指出：「土居中，為數五。天一生水，地六成之。六中便含有五數之體在。無五，則一之水無由成也」。並且表示此理在宋明理學家中，僅「《正蒙》《經世》發其奧。他未有及之者」。〔清〕張伯行，《張橫渠集》，卷2，頁22-23。

以維繫生命，歸屬於「後天之氣」。但是，五行之氣實遍滿天地萬物之中，是以氣化之理可為萬物當行之理據。玄家以人之形內六腑之氣為「後天」，以人之形軀外運化於天地兩間之氣為「先天」。但他舉經驗實例為證，表示魚在水中，水入腹則死。同理，人處於五氣順布之中，但若將水之氣所化生的寒氣導入人之形軀內，則人也會生病，甚至死亡。因此，他指出：「然以實推之，彼五行之氣自行而生化者，水成寒、火成炅、木成風、金成燥、土成溼，皆不可使絲毫漏入于人之形中者也」，玄家主張修練先天之氣說，實無根據[21]。依此，注〈誠明篇〉「性通乎氣之外」時，他即發揮橫渠「氣無內外，假有形而言爾」之說，而曰：「人各有形，形以內為吾氣之區宇，形以外吾之氣不至焉，故可立內外之名」，可知將人之氣質形氣可分為內外，僅是方便權說。但就天道性命本無二之理而論，則人之形絕非人與天地之化的本然隔閡[22]。

　　其四，從《太極圖》第四與第五圖闡發至誠合天之道。《太極圖》末兩圖，依據朱子的詮解，分別就氣化而言「乾道成男，坤道成女」，以及由形化而言「萬物化生」[23]。然其要旨既非以氣化論解說造化生物的程序，也已不再是從本體論闡發「物物一太極」。在此末兩圖所聚焦者，乃是提點出周子《太極圖說》所謂「惟人也得其秀而最靈」，闡發儒者以人之道參贊天道化育之大義。船山於此串言《太極圖》與橫渠五行觀時，亦採如是進路。因此，其言

21　《思問錄‧外篇》，頁451。

22　〈誠明篇〉注，頁118-119。

23　〔宋〕朱熹，《太極圖說解‧圖解》，收入朱傑人等／主編，《朱子全書》第13冊（上海：上海古籍出版社，合肥：安徽教育出版社，2002年），頁70-71。

曰：「人生於天地之際，資地以成形而得天以為性，性麗於形而仁、義、禮、智著焉，斯盡人道之所必察也」。「人之道」既是人之得以暢達於人文社會的大通之路，也是人與天地萬物得以共容而共榮的方法原則。關於前者，人雖表現為以倫理與各種規範制度建立人文社會之秩序性。但就其根本，社會秩序之所以可由己及人，而達成共同遵守的共識。實源於人本受自於天之理，亦即人類共有之性[24]。船山以此無形之性理，必透過人之形軀氣質生命，方得以於外顯行為中呈現。故儒者論倫理實踐，必不捨氣質以言仁、義、禮、智。關於後者，船山雖採氣化一體論，而接受人與物皆具相同的存有論基礎。但他反對人可藉由氣而與萬物一體感通互知，具有人知鳥語似的異能。對此，他始終採取物種間知性結構不同，則具有物類相知的本然隔閡。所以，人當體貼天理（「天之化」）而究極物理（「地之化」），參贊天地化育之理，以人為的努力謀求人與萬物共榮的福祉（「人之化」），而非閉關靜坐，謀求一心得以通透天地萬物之心的修持。依此，船山認為，地氣五行不僅揭露萬物運化之原理，也闡明人與萬物並行而不害的相榮之道，掌握五行大義，其要旨有二：一者，提醒有志於儒家聖學之學者，不可執守空理，妄言「即心即理」。二者，闡明儒學循序漸進、下學以上達的篤實學理[25]。此亦正呼應橫渠所倡學貴有用、務在篤實的思想特色[26]。

---

[24]　對此，本書「第一編」之〈參、《張子正蒙注》對張載人性論的承繼與新詮〉，以及〈伍、《張子正蒙注》「心」概念論析〉，已有申論，讀者可參閱之。

[25]　依據儒家聖人觀，船山並不否認世間真有聖人可依據本然之性得以至誠合天。但就儒學作為一門人人皆可通過努力而得以實踐的學問而言，船山更強調儒學重視循序漸進的必要性。並且依此批判陸王之學好言此心即理，

三、《張子正蒙注》對張載五行觀之開展

在徵引文獻上，船山對橫渠五行觀的詮釋與解析，除可見於《正蒙・參兩篇》注之外，在《讀四書大全說》，以及《思問錄・外篇》中，都有詳細的探討。依船山所見，張載五行觀至少包含以下四項重要的思想內涵：

（一）發揮橫渠氣化生成論批判五行生克說

王夫之將橫渠五行視為以氣論為基礎的宇宙生成論，經得起經驗事實檢證。在總結〈參兩篇〉五行說之要旨時，船山批判曰：「術家之言謂火生土、木克土者，其陋明矣」[27]。他認為儒家與陰陽方術之徒雖然都言「五行」。但儒家所論，是以天道生化萬物之理為依據。並且經格物窮理之研究態度，親自將所論與自然現象相

遂使後學只以此心守一空理為學之要。此所以〈參兩篇〉注曰：「若聖人存神以合天，則渾然一誠」，但更緊接著說：「然下學上達，必循其有迹以盡所得為，而豁然貫通之後，以至誠合天德，固未可躐等求也」（頁63）。並在注〈中正篇〉「不極高明，則擇乎中庸失時措之宜矣」時，曰：「不極乎形而上之道以燭天理之自然，則雖動必遵道而與時違。張子此說，與陸子靜之學相近，然所謂廣大高明者，皆體物不遺之實，〔而〕非以空虛為〔高廣。此〕聖學異端之大辨，學者慎之」（頁165-166），由此不僅指出橫渠與象山之言雖相似，但其學理本質卻絕不相同。他更依兩端一致闡明合天人之道的為學進路，避免學者誤將下學上達之道，簡化或窄化（「躐等以求」）為「我心即天」之論。

26　〈中正篇〉即曰：「大中至正之極，文必能致其用，約必能感而通」，頁27。

27　〈參兩篇〉，頁63。

互印證。務使人所體察的人生之理，與氣化所呈萬象之理皆能一致。但方術之士卻是任意以數術比附自然現象，將五行生克的框架套限於無窮的自然萬象。儒者與方術之士的學理性格與客觀知識的依據，皆有根本分別，不可混一而論[28]。在注解〈參兩篇〉時，船山即是從自然哲學探討橫渠五行觀，嘗試揭舉《正蒙》不僅以氣化論構築解釋自然世界的模型，更從氣化生物之理發揮《尚書・洪範》「五行」觀。由此建立天人無二的世界觀，闡發儒家法天道以明人事的聖學大義。

　　船山博學廣議，論五行要旨自不侷限於張載五行。但在闡發《張子正蒙注》五行思想時，他不僅以氣化生成論構築五行所呈的世界觀，更從五行的生化之序，指出五行生克說的三項侷限性：

　　1.就宇宙本體而論，五行並非循環往復的終始關係。他依《正蒙》宇宙生成論模型而表示，萬物皆雖源於且復返於太虛之氣，但宇宙為恆存之「有」，既無起始亦無終結。五行生克說僅及於氣化以後之事，對太虛（太極）一氣尚未分化為陰陽相繼之本體，並不具解釋效力。若術家將五行生克原則無限上綱至天地之本，則有見「用」而不及「體」之誤。

　　2.就五氣源於一氣而言，五氣也非存在位階平行而可相互制衡

---

[28]　例如，在〈動物篇〉注中，船山曰：「五行之神未成乎形者，散寄於聲色臭味氣體之中，人資以生而為人用；精而察之，條理具，秩序分焉，帝載之所以信而通也。知天之化，則於六者皆得其所以然之理而精吾義，然亦得其意而利用，天理之當然得矣。若一一分析以配合於法象，則多泥而不通。張子約言之而邵子博辨之，察帝則以用物，以本御末也，觀物象以推道，循末以測本也，此格物窮理之異於術數也」，頁111。

之關係[29]。在〈參兩〉注中，船山將橫渠「地之質也，化之終也」一語，發揮成「地一土而已，木金皆其所生，水火依之而成」，兩面展開五氣生成之序：首先，就「土」優位於四氣而言，「土」為配「天」（萬有之終極本體）的「地氣」，是「兼體」四氣（金、木、火、水）的本體，不可視為存有位階上與四氣平行之關係。其次，就「土」與四氣之關係而言，「金」與「木」皆由「土」所直接化生，而「水」與「火」則本質上更接近陰陽之氣，並非由「土」所生。但「水」「火」之得以發用運化，必須依傍「土」而以「土」為體。例如，水必須倚賴地形方能有「就下」之「行」。同樣的，火之「炎上」也無法持續絕地空行。依此，船山批判術家以「火生土」、「土生金」（五行相生），是不明自然氣化生成之理序[30]。至

---

[29]　儘管就概念字源而言，「氣」與「五行」未必具有概念構成的必然連繫性。但至少在兩漢時，學者已接受從「天之行氣」詮釋「五行」的觀點。例如，《尚書大傳》曰：「謂之行者，若在天則五氣流行」，東漢經學家劉熙在《釋名・釋天》中亦曰：「五行者五氣也，於其方各施行也」。

[30]　同樣推崇橫渠氣論的明儒王廷相（浚川，1474-1544），亦同樣以氣化生成論五行之序，並批判術家所見之狹。《慎言・道體》即曰：「天者，太虛氣化之先物也，地不得而並焉。天體成，則氣化屬之天矣；譬人化生之後，形自相禪也。是故太虛真陽之氣感於太虛真陰之氣，一化而為日星雷電，一化而為月雲雨露，則水火之種具矣。有水火，則蒸結而土生焉。日滷之成鹺，煉水之成膏，可類測矣。土則地之道也，故地可以配天，不得以對天，謂天之生之也。有土，則物之生益眾，而地之化益大。金木者，水火土之所出，化之最末者也。五行家謂金能生水，豈其然乎？豈其然乎？」。船山是否參考浚川之言，就文獻上，並無充足的證據。但無論是就「地不可對天」，或是將一氣分化成五行理解為自然世界中的有序歷程，船山與浚川皆有相通的見解。不過在以下三點上，二者所見分歧：(01)浚川以「氣」為終極的存有本體。「天」雖為氣化首出之物，但仍是

於術家將「金克木」、「土克水」視為普遍化的原則，則是犯了以偏概全的謬誤[31]。

　　3.即便就氣化以後之事而言，五行也並不足以涵蓋天道之化的全部內容。由於船山認為，萬有之存在皆應推本於「天」，而且他即氣化以明天道；故廣義而言，一切氣化所成者，皆屬於天道論的範疇。「地」並非相對等於「天」之存在，是以「地」不可言「對天」，而僅能言「配天」。順此，則前論船山以土為地氣之極，且五行又以土為體，其意並非指五行在船山哲學中不應歸屬於天道論[32]。本文是指出，船山天道論又可再析分出「天之化」與「地之

由太虛真陽與真陰之氣交感所成，屬氣化所成者。這不同於船山即氣以言天之本體在氣化之前已存，且恆存。(02)浚川以陰陽之氣分化五行，其序為「水火—土—金木」三階段論。船山在〈參兩〉五行中，僅以「土」為首出，親於木金，而為水火所倚傍，卻並未明言五行生成之序。在《思問錄・外篇》中，則批判拘泥於五行之序者，乃是犯了「以理限天」之誤。但就氣之聚散生成而言，他是以五行之序為「水—火—木金—土」。(03)浚川以「水火」為地道生成萬物的必要條件，故不僅將「木金」皆視為五行化生之最晚（末）出者，而且認為木與金為「水火」與「土」所共生者。但船山闡發橫渠五行，則以「木」與「金」為「土」之華、實，直接由土所生，水火僅是分受賦予其性給金木而已。〔明〕王廷相，《王廷相集》（北京：中華書局，1989），第 3 冊，頁 752。

31　例如，學者闡明「金克木」之理時，屢以斧斤可以砍伐樹木為例。但若順此邏輯，則「火」亦可燃燒木材，「火克木」之關係應當亦可成立。再者，「土克水」之說，亦不能全面應用於防堵洪災。至少就歷史的教訓可知，鯀以防堵治水失敗，方有禹以疏濬防洪成功的事蹟。

32　在《四書訓義》中，船山即曰：「天以其一真無妄之理為陰陽、為五行而化生萬物者曰天道」，故可知在船山哲學中，五行亦屬於天道論範疇。〔明〕王夫之，《四書訓義（上）》，收入《船山全書》第 7 冊（長沙：嶽麓書社，2011 年），頁 105。

化」，由於「五行」屬「地之化」，故不可妄自將五行之論域拓展及「天之化」。前論即舉例指出，在船山自然哲學中，地氣無法干涉天體之運行。故天象中，除了金木水火四星與地氣相繫外，其餘星體皆不受地氣宰制。天體之外之天，更非地氣所能及。由此可知，地氣五行實不足以等同天道之理所涵蓋的全部範疇。

　　基於上述，對於五行之序，船山認為在不同的論述脈絡中，可有不同的秩序。故批判拘泥五行之序者，實「非可執人之理強使天從之」。在《思問錄·外篇》中，他即從三方面論五行之序：

　　其一，就五緯論五行之序而言，是以「水－金－火－木－土」為序。但船山在《思問錄·外篇》與《正蒙·參兩篇》中，皆表示：「理自天出」，故「天不可以理求」，更「不可以理限天」。依此，他主張：「在天者即為理，故五緯之疾遲，水、金、火、木、土以為序，不必與五行之序合」[33]。此外，船山藉西方傳教士所傳入的望遠鏡，採「遠鏡質測之法」得知，就遠近而論，則「月最居下，金、水次之，日次之，火次之，木次之，土最居上」[34]。此為船山藉氣化五行的生成與開展，將行星排列之序，融入說明宇宙整體秩序性的運行原則中。

　　其二，就天地之數以言五行之化，則五行之序或可為「水－火－木金－土」。他認為，若說《太極圖》是以「象」著「天地之化」，則《周易·繫辭上傳》所謂「天一，地二」之說，則是「以數紀天地之化」。他批判某些儒者解《尚書·洪範》五行，拘泥於「水微火著，土尤著者」，是將僅屬「測度之言」誤視為遍常之法

---

[33]　〈參兩篇〉，頁 438-439。
[34]　〈參兩篇〉，頁 439。

則。但若以氣論聚散之「聚則謂之少，散則謂之多」為原則，即可知五行當是以「氣至聚而水生，次聚而火生，木金又次之。土，最散者也」為實。若此，則天地之數所表示的天地之化，則是可通過氣化聚散的濃密多寡之關係，呈現天地生物成物的秩序性。故其言曰：「天地之數，聚散而已」[35]。

其三，就天之為五行之綱紀而言，五行可為「土－金－水－木－火」。船山將五行置於天地之化的架構中，則天為理，地屬氣。天為五行之理序與綱紀。基於「天以其紀善五行之生，則五行所以成材者，天之紀也」之原則，五行之序當為「土成而後金孕其中；雖孕而非其生。土金堅立，水不漫散而後流焉；水土相得，金氣堅之，而後木以昌植；木效其才，而火麗之以明」。依此，他不僅指出五行既為以氣為實的氣化規律與秩序，則「土－金－水－木－火」當依氣之恆存而一成皆成，只是在生生歷程上逐漸展開而已。他甚至舉歷史與自然現象為證，表示「古有無火之世」，但並不存在「無金之川澤」。由此不忘再次貫穿不可「以理限天」的精神，表示「唯《素問》為見天地之化而不滯」[36]。

由上述可知，若對照明清《正蒙》諸注中，近七成皆為朱子學者，則不難發現《張子正蒙注》突出之處，正在於船山能切實以氣論的詮釋進路，並結合質測的研究態度，展開《正蒙》的人文與自然世界觀。

---

[35] 〈參兩篇〉，頁 433-434。
[36] 〈參兩篇〉，頁 464。

（二）五行旨在闡明利用厚生之學，而非術家誤以為可窮盡天之化理。

在《尚書引義》中，船山已然指出，〈洪範〉五行旨在闡明政治哲學，而非自然原理。他認為，「五行」是指五種與民生日用必然不可或缺的資材，以及這些資材的屬性與取用此資材之原理。為政者是否勝任政務的關鍵之一，即在於能否在施政時，妥善利用五行資材，富厚民生。因此，船山不僅認為，五行之理不足以窮盡天之化理，而且其「用」是特定對人而言，屬於「人之所獨用矣」[37]。

在注〈樂器〉「九疇次敘：民資以生莫先天材，故首曰五行」時，船山再次發揮此論點，曰：

> 疇，事也；九事皆帝王臨民之大法。五行者，非天化之止於此，亦非天之秩分五者而不相為通，特以民生所資，厚生利用，需此五者，故炎上、潤下、曲直、從革、稼穡及五味，皆就人所資用者言之。五行，天產之才以養民，而善用之者君道也；五事，天命之性以明民，而善用之者君德也；皆切

---

[37] 船山不僅認為天之化的運行原理遠超出五行的範疇，而表示曰：「天之化，盡於五者乎？未然也」。他更就五行所當應用的範疇指出，五行僅就天之化育人所需之資材，而言「人治」所必需之資及其原理。所以說：「人一日而生於天地之間，則未有能離五者以為養者也。」。若就天之化育動植物而言，則由「魚不資乎土，蚓不資乎木」可知，舉凡「鳥獸蟲魚者皆不資乎火與金，則五者之化不行於物，物亦不行」。因此，五行之用獨限於人。〔明〕王夫之，《尚書引義》，收入《船山全書》第 2 冊（長沙：嶽麓書社，2011 年），頁 348-349。

乎民事而言，故曰範，曰疇。漢以後儒者不察，雜引術數家言，分配支離，皆不明於《洪範》之旨；而醫卜星命之流，因緣附會以生克休王之鄙說。張子決言其為資生之材以闢邪說，韙矣。

船山以天之化理本非人之有限知能所可以窮盡。對於人之「知天」，他認為適當的態度是：人可以通過天所垂象，而體貼天向人所昭示的常道與原則。所謂：「天下無數外之象，無象外之數」，且「天垂象以示人，而人得以數測之」[38]。所以，「知天」是以民生利用厚生為原則，依循天道之常，而作為制定人事之宜的重要依據。然而漢代以後的「小儒」，以「比之擬之」的類比手法，妄自將人為建構的數術理論，勉強套用於所有自然天象中。不僅往往難以在數目上一一服膺，更割裂天理之整全性。正陷入「以鑿智辱五行」、「邪德之誣天」的謬誤。此所以他說：「善言天者，語人之天也；善言化者，言化之德也；善言數者，言事之數也」[39]。因此，船山認為，言數以知天地之化者，當從人事之理與天地之化的相互關係中，發展出順天以應人的利用厚生之學。例如，對於氣象之質測觀察，即不在於妄以人之知能可窺知天之全部運化內容，而是察知能有利於農時的資訊與建立曆法原則，供政府與民間之用。若悖離先王敬用五行以慎修五事的義理，妄將五行之數發展為妄臆人間吉凶災異之說，則五行之數理將淪為僅是「強其似以求配」的貌似科學之理，而不具受經驗檢證的客觀性。更何況若五行之數理

---

[38]　《尚書引義》，頁338。
[39]　《尚書引義》，頁350。

已然足以窮盡天地之化，則《尚書》「九疇之敘，但一五行而已足，又何取餘八之繁言乎？」。故船山援引前人之言曰：「小言破道，小道亂德」，以示枉推五行數理無限上綱，不過是「致遠必泥」，而君子所不為久矣。

（三）結合氣論與易學批判「五行」比配「八卦」說

在《正蒙》中，張載並未探討「五行」比配「八卦」的議題。但船山與橫渠之學理性格相近，二者之易學與氣論，皆為其形上思想之不可或缺的兩項要件。因此，船山屢屢將對《周易》的創見帶入《正蒙》注釋中。他不僅在〈神化篇〉注中，表示：「《乾》《坤》六子者皆氣也」。在注〈太和篇〉「知虛空即氣」以迄「能推本所從來，則深於《易》者」一段時，他更注曰：

> 《易》之為道，乾、坤而已，乾六陽以成健，坤六陰以成順，而陰陽相摩，則生六子以生五十六卦，皆動之不容已者，或聚或散，或出或入，錯綜變化，要以動靜夫陰陽。而陰陽一太極之實體，唯其富有充滿於虛空，故變化日新，而六十四卦之吉凶大業生焉。陰陽之消長隱見不可測焉，而天地人物屈伸往來之故盡於此。知此者，盡《易》之蘊矣。

以「乾坤竝建」闡發易理，是船山易學的特色[40]。所謂「乾坤竝

---

[40] 唐君毅先生即指出船山之諸新義，是「近承橫渠之教而遠本於易教」，而有進於橫渠者，即在於「船山之更重本一客觀的觀點，以觀道或理之繼續的表現流行於氣中之種種涵義」，故以「乾坤竝建」闡發「陰陽之相

建」，統而言之，即是視太極為乾坤之合撰，陰陽之渾合。亦即不以太極為卓然於陰陽二氣之上的終極實體，而是由一陰一陽之相對相成，即見太極創化萬物之易蘊。故陰陽二氣並為化生天地萬物的本體、活動，與材質[41]。依此，他據「乾坤竝建」原則，從兩面批判持論者乃是曲意強合「五行」與「八卦」，而非出於必然之理。

其一，就氣化之一體性而言，五行八卦說以比擬之辭框限天人之化，反而既割裂天之化的連續性，又混淆天、物、人本各有所化而不可強同之理。例如，持論者為使五行之數與自然萬象能一一比配，即以春、夏、秋、冬四季比配木、火、金、水。但四季僅是人依照自身的感受與觀察，對氣候變換中較為明顯的差異作出季節區分，實則就天之化而言，豈有今日為春、明日為夏，兩日間截然斷

合」、「天地之日新而富有」，「萬物之往來之相生相涵」與「死而不亡」之大義。唐君毅，《中國哲學原論・原性篇》（臺北：臺灣學生書局，1989 年），頁 510-517。在辨析船山與橫渠是否為同系哲學型態上，戴景賢先生相異於曾昭旭先生等人，而認為船山雖希橫渠之「正學」，但僅是心傾慕之，若就學問型態而言，船山哲學之發展歸本於易學，而非橫渠學。參見戴景賢，〈論王船山性理思想之建構與其內部轉化〉，《文與哲》第 17 期，2010 年 10 月，頁 319-320。

[41] 在注解〈太和篇〉首句「太和所謂道」時，船山即曰：「太和，和之至也。道者，天地人物之通理，即所謂太極也。陰陽異撰，而其絪縕於太虛之中，合同而不相悖害，渾淪無間，和之至矣。未有形器之先，本無不和，既有形器之後，其和不失，故曰太和」（頁 15）。由引文可知，船山認為，推本萬有之究竟真實，則「氣」以為最基本的存在，故陰陽二氣之外並無所謂太極，可作對第三個實體，或超越陰陽之上的終極實體。太極即是陰陽，故太極不離於陰陽。但由於「陰陽」是從已然對舉區分為二的概念而稱說，並未能精準地呈現陰陽渾全為一之義，故稱之為「太極」，而不直言「陰陽」。

為性質相異（木與金）的不同季節之界分？但持論者另立五行所屬八宮說，不僅強行將連續性的氣候變換，比擬區分為「春震、巽木，夏離火；秋乾、兌金，冬坎水」，更試圖將天之化與人、物所遵行之理類推為一致。船山指出，這至少犯了兩項謬誤：首先，誤將可類比之相似性視為必然之理，則曲解《周易》文獻。例如，《周易・乾・象》之贊「元」曰：「萬物資始乃統天」，若依持論者將元、亨、利、貞比配木、火、金、水的邏輯，則豈非意指：「木可為金水之資，而天受其統乎？」。再者，誤解「理一分殊」之大義。船山認為「理一分殊」具備兩項要義：第一點，就存有之本體為渾全之太極（或「天」等終極概念），萬有存在之理皆可推本於此整一之理。但他有別於前儒之處，在於聚焦在「理」之「分殊」上。此即第二點，就太極分化所成的萬象上，即已然各具其個別存在之理的萬物，其性質與運作之理皆獨屬於此物類，而不再可以將此殊別的物類之理，等同於普遍的天之化理[42]。例如，「水就下」之「性」，為物理之必然。但人之「處下」，有時是出於謙柔之修養，有時則是出於懦弱。以「水之處下」或可比擬「人之處下」，但若以此為人立身處世的必然原則，顯然是將物之理與人之理的類

---

[42] 在解「理一分殊」之不可逆推性時，船山指出：「本大而一者，理之一也；末小而萬者，分之殊也。理惟其一，道之所以統於同；分惟其殊，人之所以必珍其獨」。他舉例，人之存在雖可推本於天，但基於「以大統小而同者殊」之原則，人本自父母而出，故人子當僅能以其父母為父母。若任意擴張性地解釋人以天為父，以地為母，則豈非忽視萬物之存在皆可推本於天？而誤使萬物之父母皆與己之父母相同？反使人陷入不以父為父，不以母為母的困境。此所以說：「天地父母萬物，而人不得以天為父，以地為母」。《尚書引義》，頁 323-324。

比性關係，誤視為共通普遍原理下的必然關係[43]。依此，他總提式的批判曰：「凡夫以形似配合而言天人之際者，未有非誣者」[44]。

其二，就氣化生成自然萬物之序而言，五行八卦說無法照應宇宙生成的階段性與秩序性。船山之氣化生物說，原即以《易》為經典依據。所以，大《易》順乾坤竝建，而由六子衍生五十六卦之卦理。這不僅是象數的推演，而是能徵驗於自然萬象的自然哲學原理。乾坤健順之德，即是陰陽二氣得以相推相盪之體性與動源。在船山看來，渾全為一之太極，以本然內蘊之陰陽，自行分化為互動相生之兩儀。由此成四象八卦，以迄五十六卦，終成包羅萬象之六十四卦。但持論者為使「五」與「八」之數相互對應，竟忽視氣之神化本以「兩端一致」、「對偶相生」之理展開。例如，由陰陽兩儀化生八卦而言，「乾、坎、艮、震為陽」，而「巽、離、坤、兌為陰」。依此，則八卦與三百八十四爻，無不符合氣化由兩端一致以生物之理。但持五行八卦論者，若以五行之「木火為陽，金水土為陰」之原則，套用於八卦，則「水」與「火」將僅對應於「坎卦」（「陰」）與「離卦」（「陽」），但「震巽」皆屬「木」，「乾兌」皆屬「金」，而「艮」與「坤」皆同屬於「土」。由此不僅在數理上，形成五行或對應一卦，或對應兩卦的紊亂。並且也背離氣化以「兩一」之理，經絪縕相盪流行以生萬物之道。再者，船

43　張永奇先生即指出：「前代學者在確立『五行』與『八卦』的對應關係時，所採用的是類比的思維模式」，他們將五行比配《河圖》，但「船山在依據《周易》系統建構其天道觀時，對于此種引入，持否定的態度」。張永奇，〈王夫之天道觀中的五行思想〉，《船山學刊》第 69 期，2008年 3 月，頁 11。

44　《尚書引義》，頁 350。

山以橫渠氣論闡述五行之理的貢獻之一，即在於指出氣既為恆存之實有，氣化生物當是一成皆成，只是在展開時有階段性。故以五行解釋自然萬物生成時，亦當留意五行有宇宙生成歷程上的先後之序，而非如術家所以為的相生並生關係[45]。順此兩點，他提出「道有其可合，而合不可執」的原則，批判曰：「京房之以配卦氣也，屈《乾》於《兌》而金之，而天維裂；合《震》於《巽》而木之，而陽德衰也」[46]。

　　基於上述兩點，船山認為，術家拘泥以五行比配八卦之理，卻不明若依「《易》理」即「氣化宇宙生成之理」，乾坤在存有論上，實優位於餘六十二卦[47]。故術家之說多流於數字的虛擬推演，而難於通過自然萬象的檢證。更無法體知儒者經「格物窮理」，以達「天人合一」的境界。因此在〈大易篇〉注中，他不僅闡明「《易》具其理而神存乎其中」，而《易》之為道，乃是「顯於象數而非徒象數」，故儒家易理實「非其他象數之學所可與也」。並點名批判「焦贛、京房、虞翻之流，惡足以知此，況如火珠林之鄙

---

[45]　例如，在〈漢代感生神話所傳達的宇宙觀及其在政教上的意義〉文中，林素娟便對漢儒京房等持論者如何依於宇宙觀與感生論，建立貫穿天文知識與政治主張，提出深入的探討分析。林素娟，〈漢代感生神話所傳達的宇宙觀及其在政教上的意義〉，《成大中文學報》第 28 期，2010 年 4 月，頁35-81。

[46]　《尚書引義》，頁 351。

[47]　〈大易篇〉注「非周知兼體，則其神不能通天下之故」中，船山即曰：「乾、坤並建，陰陽六位各至，足以隨時而相為隱顯以成錯綜，則合六十四卦之德於乾、坤，而達乾坤之化於六十有二，道足而神行，其伸不齊，其屈不悔，故於天下之故，遺形器之滯累，而運以無方無體之大用，化之所以不可知也」，頁 282。

倍乎！」。甚至對於朱子這位南宋儒家《易》學的奠基者，他都不假辭色的指出其缺失，曰：「朱子謂《易》但為占用，幾與認王遁、火珠林等，則健順毀而幾無以見《易》」[48]。唯有對橫渠易學，他認為：「故善言《易》者，其惟張子乎！」[49]。

（四）從氣化流行之連續性批判「中央土寄王」說

除《正蒙‧參兩》直接解析《尚書‧洪範》「五行」之要義外，橫渠五行觀的另一項重要論點，則是他反對「中央土寄王」之說[50]。《張子語錄‧語錄下》即曰：

> 中央土寄王之說，於理非也。大率五行之氣，分王四時，土固多於四者，然其運行之氣，則均（同諸）〔施錯〕見。金木水火皆分主四時，獨不見土之所主，是以有寄王之說。然於

---

[48] 但這並不表示船山否定朱子易學，僅是就部分論點提出批判性的修正。劉榮賢先生即表示：「船山在六十七歲成《周易內傳》之前，其思想始終不離朱子的途徹，雖與朱子有一些差異，然船山早、中期著作及其思想皆針對朱子考索」。劉榮賢，《王船山《張子正蒙注》研究》（臺北：花木蘭文化出版社，2008 年），頁 2。

[49] 〈大易篇〉注，頁 280-281。

[50] 伊川亦不滿於「中央土寄王」之說，《河南程氏遺書‧卷十八》曰：「五行，只古人說迭王字說盡了，只是簡盛衰自然之理也。人多言五行無土不得，木得土方能生火，火得土方能生金，故土寄王於四時。某以為不然。木生火，火生土，土生金，金生水，水生木，只是迭盛也」。此外，衛湜（叔正，1205-1224）撰在《禮記集說》中，則採用橫渠此處之說。〔宋〕程顥，程頤，《二程集》（北京：中華書局，1981 年），頁 223；〔宋〕衛湜，《禮記集說》（北京：商務印書館，2006 年），卷 43，頁 693。

中央在季夏之末者，且以《易》言之，八卦之作，坤在西南，西南致養之地，在離兌之間，離兌即金火也，是以在季夏之末[51]。

「中央土寄王」說，本與詮釋《禮記・月令》經文有關。〈月令〉以每三月為一個階段（「一時」），將一歲十二個月分為四時，共成春夏秋冬四季。但為比配五行之數，則別立「中央土」之名。至此，歷來詮解〈月令〉者，多將五行推拓為總攬天時地宜之理者，多對「中央土」之具體意涵，提出各種解釋[52]。換言之，「中央土寄王」說，即為其中的詮釋進路之一。此說原是出於解決將「五行」比配「四時」，所衍生出「餘一」的疑難。因為當木配春、金配秋、火配夏、水配冬，使金、木、水、火四者，皆於四季各有所主之時，卻獨餘「土」不見所主。依此，遂產生將「土」列為「中央」以主宰「四時」的理論，並從每季 90 日中，各撥 18 日予「土」，而合成 72 日之數。由此使五行得以比配四季，並配合〈月令〉呈現一歲各日與十干之關係。例如，〈月令〉於「春」曰：「盛德在木」、「其日甲乙」，「其數八」等。歷來研究且批

51　〔宋〕張載，《張載集》（北京：中華書局，1978 年），頁 326。

52　例如，孔穎達疏〈月令〉「季夏之月中央土」，即曰：「夫四時五行，同是天地所生，而四時是氣，五行是物」，又說：「四時係天，有三百六十日，則春、夏、秋、冬各分居九十日；五行分配四時，布於三百六十日間，以『木』配春，以『火』配夏，以『金』配秋，以『水』配冬，以『土』則每時輒寄王十八日也。雖每分寄而位本未，宜處於季夏之末，『金』、『火』之間，故在此陳之也」。〔漢〕鄭玄注，〔唐〕孔穎達正義，《禮記注疏》（影印阮元校刻《十三經注疏附校勘記》本），卷 16，頁 13a。

判此說者眾，當代學者更不僅已從「數」之牽強上，指出寄王之說雖有意彌縫，卻難補其破綻，更從元氣宇宙論的高度批判其說之陋[53]。本文於此不再贅述。下文主要指出，張載以知古禮著名於當世，對《禮記》經文疑義自有見解。但就《語錄》所記，並不能完整呈現他的論點。船山以橫渠非徒以「數」之比配，而是由氣化宇宙觀論五行，批判「中央土寄王」說。不僅呼應當代學者的研究洞察，也更顯船山宗橫渠之正學上的承繼關係。

由《語錄》引文可知有三：一者，張載從虛位論闡述「中央土寄王」之意。亦即在四季中無專屬於土之季節時位，「土」並無「正位」，而是分寄四時以為王，故僅為「虛位」之「王」。二者，他認為「中央土寄王」說之所以「非理」，乃是牴觸「土」為運行之氣的氣化之理。三者，「中央在季夏之末」一段，他從《周易》八卦方位與五行、四時的比配關係，解釋「中央」之「土」何以在四季中可歸屬於「季夏之末」。但張載究竟是欲先引證此論點以批判之？或是接受此詮釋？則未表明。

船山發揮橫渠氣論，以一氣流行闡明天地之化理，故以「五行」與「四時」雖皆屬於天之運化所包含的原理與現象。但就「天之化」的一體性與連續性而言，他認為：「天之有五行與四時」，乃是「互成其用，並行不悖」。他所批判的是：方術之徒任意結合

53　例如，鄧立光先生不僅指出：「『土』寄王於每季之末十八日，是就五行比配一年天數的折衷辦法，這已落入強行比附的境地，於『土』行義理一無所當。」，他更依元氣論指出：「『土』行居中而主四方的實義為『土』行元氣周流，無所不在而成就四方專氣」，但「『土』寄王四時之季，無當於義理；以具體日數如此離合，尤為虛妄」。鄧立光，〈五行哲學新說〉，《鵝湖學誌》第 14 期，1995 年 6 月，頁 134-135。

「五行」「四時」等術數，並且比附天道人事，妄發災祥感應之論。對「中央土寄王說」之批判，亦是順此脈絡而論。其要旨有四：

其一，就釋「中央土」之名，批判寄王說出於多種理論的附會嫁接，而非必然之理。船山指出，「中央土寄王」說出於以多種理論彌縫的矛盾之作，一者，就四季與五行之比配，其數不合，故使「土無所措」。二者，取曆家（「天文學家」）以「每季十八日二十六分二十五秒為土之說」。但由於持論者以「一成之模、限眾理以必出於一轍」，遂在以「土」屬「季夏之末」的日數安排上，出現「每月之令皆三十日有奇，而季夏之月所正用者割去十八日有奇惟十二弱而已」，故船山譏其荒謬曰：「其亦自相刺謬矣！」。三者，由於四季各有專王，土雖已於一歲中被分配有 72 日之「虛數」，但於「四季亦無定屬」。故持論者又依據五行相生之說，以「火土金相生之次」，故視「土」當處於夏季（火）與秋季（金）之間。依此，一方面可賦予「土」得以實際指稱的時日，將土安虛位於四季中的「季夏之末」。另方面，則可依「夏火秋金不相見之說」，避免以五行套用四季時，所呈現的五行生克之序與四季流轉間的理論衝突現象。亦即「春－夏」與「秋－冬」皆屬「相生之序」，「春」（木）生「夏」（火），「秋」（金）生「冬」（水）。但夏（火）與秋（金），卻是相克關係。若將「土」立於「夏」（火）與「秋」（金）間，則「夏」（火）生季夏「土」，季夏土又生「秋」（金），四季在五行則形成相生之序。所以，置「土」在「季夏之末」，並非出於天地之化理的必然性，而僅是持論者為使四季附會五行相生之序，而強行「割據」立秋以前 18 日為「土王」。最後，雖然〈月令〉旨在以數理闡明一歲各時日運行之理

序。但由於「土」本無專時專日，不能在此系統內直接以日月為
名，故勉強改以「在地五方之號，冠以『中央』」之名。依上述四
點可見，中央土寄王之說雖乍似精巧，實則有如多頭馬車般拼湊而
成，故船山批判持論者以私智測度「天之所以圓妙不測」，徒然導
致「損其固有而益以本無，其不足以與於天之廣大，明矣」[54]。

　　其二，船山依據氣化論所構築的宇宙圖象指出，天為包裹地氣
的無盡「實有」，其所含蘊之範圍遠超出日月五星所運行之軌跡所
能達至的範圍[55]。若以在天者僅有七曜是由地氣所凝成，則地氣五
行之理所能影響的範圍，亦僅以七曜為界[56]。在七曜外之天，不僅
是五氣所未能達至，甚至無有所謂四時可言。因為四時之更送本非
出於天體所固有，而是七曜與地氣流動的交互變化所呈的現象。例
如，冬季日短夜長，夏季則相對日長夜短。換言之，四時變化即是
地氣在地天交接之際運化時，地氣與天所產生的感應變合。方術家
未明五行本屬地之化的界域，不僅將五行四時運化之理，視為天之
化亦當遵循之原則，陷入「以理限天」之誤。更妄以此比配人事，
顯現其說之淺陋。故儒者究天人之理的研究態度而論，術家所言寄
王說，根本缺乏解釋自然萬象的檢證效力[57]，不過是亦「以私意役

---

[54]　〔明〕王夫之，《禮記章句》，收入《船山全書》第 4 冊（長沙：嶽麓書
　　　社，2011 年），卷 6，頁 413。

[55]　〈參兩篇〉注曰：「若七曜以上之天，極於無窮之高，入於無窮之深，不
　　　特五行之所不至，且無有所謂四時者」，頁 63。

[56]　《思問錄・外篇》曰：「七曜所至，水火之氣至之。經星以上，蒼蒼而無
　　　窮極者，五行之氣所不至也。因此，知凡氣皆地氣也，出乎地上則謂之天
　　　氣，一升一降，皆天地之間以絪縕者耳。」，頁 450。

[57]　《思問錄・外篇》即曰：「五行之運，不息于兩間，豈有分時乘權之
　　　理」，又說：「天地之化，以不齊而妙，亦以不齊而均。時自四也，行自

天曲成一定之制，則固無一之可者也」[58]。在《思問錄・外篇》中，他甚至徵引《易》「元亨利貞」以「配木火金土而水不與」為例，批判曰：「天地非一印板，萬化從此刷出」，人依有限的聰慧體察無盡的天理，只要其論無違天地化運之道，則「四序之應，雖遺一土，亦何嫌乎？」[59]。

　　其三，從五氣順布本於一氣之流行，批判「中央土寄王」之非。船山認為，雖然依據寄王之說，「土」與金木水火四氣非平行之位階，似乎合乎「土」為地氣之極，故在存有論上優位於其餘四氣之理。船山甚至接受以五行比配天人之化的部分論述，在《四書訓義・公孫丑上》中，徵引朱子《孟子集注》以「中央王寄土」譬喻「四端與五德（「仁義禮智信」）」猶如「四時與五行」的關係[60]。

五也。惡用截鶴補鳧以必出于一轍哉！」，頁 447。

58　〔明〕王夫之，《禮記章句》，收入《船山全書》第 4 冊（長沙：嶽麓書社，2011 年），卷 6，頁 414。

59　《思問錄・外篇》，頁 447。

60　以「四」與「配」必得對不合之數另立說明，當詮釋者欲將《孟子》之四端之四德拓展為五德時，必得四端對應四德的架構外，另言四端與第五德（「信」）的對應關係。在回應「四端何以未言及『信』」的質疑時，朱子即徵引程頤（伊川，）之言曰：「四端不言信者，既有誠心為四端，則信在其中矣」。但朱子更比伊川拓展其理論，援引寄王之說為譬喻，曰：「四端之信，猶五行之土，無定位，無成名，無專氣，而水、火、金、木無不待是以生者。故土於四行無不在，於四時則寄王焉。其理亦猶是也」。船山在朱子《注》文下，另立長段《訓義》，其文卻既未明確提及「寄王」之喻，也未直指朱子此譬喻為非。在《讀四書大全・中庸章句・第 19 章》中，船山曰：「人道惟忠信為咸具，而於用尤無不通」時，亦援引「土寄王四行，而為其王」闡明其理。本文感謝匿名審查人的提醒，對此現象，這正可見船山在經典詮釋上，採取一種開放性的態度，並未全

但若以氣化生物之理檢視則可知，五氣之運行本源於一陰一陽相繼相成的連續性歷程。故五行雖可分解而論，就其實存而言，「土」既兼體無礙，而五氣之運行本即相互融攝周流。一歲四季之中，並無一日僅一氣獨行之季節氣候。故船山與橫渠所見相通，批判持論者硬從四季中各提 18 日，總計 72 日歸屬於「土」以「寄王」，僅是為了將一年週行之日，與五氣每日運行的具體日數相互配合。此已接近於純粹將不同系統之數理強行嫁接，勉強附會五行與四時的作法，而與洞察造化生物之理的窮理之學，實有相悖。橫渠與船山又皆洞見：若以氣化流行闡明歲時運轉，則寄王說實以四時五行的框架，恣意割裂一歲（氣）流轉之連續性。但在批判的細膩度上，張載僅以「土」既為「運行之氣」則必流布週遍於四季之中，故批判五行說之非理。船山則更明確指出，持論者任意強同四時五行之說，如同將本連續無間之一氣流行，割裂為春、夏、秋、冬四個區塊。這不僅呈現一歲之時日（「365 又 1/4 日」），與寄王說之五氣運行之時日（「360 日」），於一年即多出「五日餘」之難以相合的落差。若順此說，在氣化運行上，則「土」既兼體無礙，而為其餘四氣所「資生之氣也」，理當是「土周乎木火金水而皆資焉，無能離也」。今寄王說既使「土」於四季無專位，實則已陷入「割土於木火金水之外，則土滯而木火金水之化亦浮矣」的困境。更何況「四

<hr />

盤否定「寄王」說。參見〔宋〕朱熹，《四書章句集注》，收入朱傑人等／主編，《朱子全書》第 6 冊（上海：上海古籍出版社，合肥：安徽教育出版社，2002 年），頁 290-291；〔明〕王夫之，《四書訓義》，收入《船山全書》第 7 冊（長沙：嶽麓書社，2011 年），頁 215-220；〔明〕王夫之，《讀四書大全說》，收入《船山全書》第 6 冊（長沙：嶽麓書社，2011 年），卷 6，頁 532。

時無時而離乎土」，但「四方無往而不可以為中」。「土」與「四時」屬「不可相離」的必然連繫性關係，但「中央」與「四方」卻屬相對性的關係。以「中央」為「土王」，即是將土氣與四時之氣的必然連續性關係，滑轉為可割裂且相對的關係。此所以船山批判：「舍東西南北之外而據一以為中央，則東者見之謂之西，南者見之謂之北，中央之名且不足以立，而況拘土於其墟哉！」。

其四，批判寄王說難以與〈月令〉總體推論相互一貫。船山指出，若依照〈月令〉欲統攝一歲之理數與天地人之化理，故「此篇之制一歲十二月，時應乎氣，斗柄應乎辰，律應乎數，因時行令，有若畫一而不可以或違」。順此邏輯，則「中央土」在歲時上的意義，似可通用於人事之理。〈月令〉「天子居大廟大室」，即可見傳注多以「中央之室」解釋之。但若稍一徵驗於建築居室構造可知，此居室實陷入「四方十二室周回列牆，而此室者亦從何門而入？」的窘境。依此，船山批判寄王說全屬牽強附會，即便偶有巧思，亦不過皆是「小道曲技之瑣言耳」。

四、結論

船山《正蒙注》以氣論詮解五行，不僅開展橫渠以自然哲學貫穿天人之道、闡明自然人事之理的理論範域，也重歸儒者以經世濟民之用泛論五行的義理進路。基於前述所論，本文獲得以下三項結論：

1.橫渠以氣論為五行說的基礎，但《正蒙》僅依此詮解《尚書・洪範》論五行一段，尚未拓展為解釋萬象的自然哲學。〈參兩〉篇首雖提及金木水火土，卻僅是作為五星之名。至於解釋日月

五星與天道運行之理，仍是以陰陽氣化之論為主，而非依據「五行說」。但自朱子稱揚《正蒙》五行之說，橫渠以氣化生物說泛論五行的理論型態，成為可對比方術家以數與吉凶災異比附自然人事的理論典範。船山採此進路詮釋《正蒙》，以儒家論五行既基於利用厚生之旨，五行之說必須能受經驗檢證，才可在理論型態上具引領應用科學的客觀性。由此拓展《正蒙》五行觀在自然哲學上的解釋範域。

2.船山會通濂溪《太極圖說》詮解《正蒙》五行，又有四點開拓：(01)由太極第一圖，將橫渠五行觀與氣本體論相連。(02)藉太極第二圖，既表明在理論位階上，五行仍統攝於陰陽二氣之理中，五行與陰陽並非兩個相互獨立或平行的理論。並指出陰陽方為天之蘊，五行屬地之氣，其理論效力不可任意推擴於天之道。(03)由太極第三圖，他界定出地氣所遍布的萬象，屬氣化五行可解釋範圍。至於明清《正蒙》注所爭議的三項主題，《張子正蒙注》亦皆有探討。首先，就張載以「能既曲而反申也」解「木曰曲直」之實義。依張載之意，當為金、木之性相異處，在於「木之曲直」本非人意為之，且可依木之生長本性而「自返」，而「金之從革」雖可由人意改變卻「不能自返」。但王船山再析論「從者，不易其質；革者，其形可變」，則從形質之別，將「從革」視為「從」與「革」二義。其次，對「金木與水火體性之異」，船山又依形質之別指出，此四者雖在本質上皆屬氣。但相對於金木因體性更受形質所限，而變化有限。水火在變動的趨勢上，則是更為接近陰陽二氣之發用流行。故火之炎上與陽氣之上升相近，水之潤下與陰氣自然沉降相同。最後，對「水火是否出於（屬）土」？他順朱子稱頌《正蒙》「水火不出於土」之論，而表示「水火」之性既非源自於

「土」，則水火之生成變化自然不受到「土」之制約。五行家所謂「土剋水」的生剋之道，自也就無法成立。(04)合太極第四與第五圖，闡發《正蒙》至誠合天之道。此外，他不僅以氣化生物論拓展橫渠五行說，新詮〈動物篇〉之「動物本諸天，植物本諸地」，以動物活動於地上，故受五行未成形之氣以生，而植物根於地下，則得五行已成形之氣以長。又應用五行觀注〈誠明篇〉「氣無內外，假有形而言」，批判玄家主張修練先天之氣，悖離氣化生物之理。

　　3.船山又由兩面反思與批判張載五行觀：(01)以「在天者即為理（「天之化理」），不可以理（「人為構成之理論」）限天」，作為檢證氣化五行的標準。船山雖因正德之實學必含利用厚生實績。故在闡發儒家天人之道上，以客觀經驗與天道心性論應相符應，避免論學流陷空虛。但在學問性格上，他究竟是儒者，而非自然科學主義者。所以，他推拓橫渠五行泛論自然萬象，是立基在氣化生物的理論演繹，而非根本於經驗觀察與歸納法上。然而，他也有見於明末陸王心學的虛玄而蕩。心學雖欲強調人本涵蘊實踐道德之主動性、必然性與應然性，卻因高言心即理，而妄以有限個人與無限天理竟在本質上為一。使人陷入良知的傲慢而不自覺。順此，在泛論自然萬象時，他批判部分儒者與方術家相似，竟以人之知識理論框限天理，將自身理論所不能解釋者，歸因於天地之運化不合人為建構之理，甚至以災異比附解釋之，同屬人在知識上的傲慢。依此，他雖對橫渠之學推崇備至，但在〈參兩篇〉解一章要旨時，仍依此標準提醒讀者「《正蒙》一書，唯此為可疑」。(02)依前述原則，船山亦依五行與氣化論的融貫性，以及五行之體性與客觀經驗之印照，反思橫渠解《尚書·洪範》「五行」段的有效性。例如，對《正蒙》以陰陽升降解水火炎上潤下之德，船山亦指出「炎以散寒，潤

以解燥，與上升下降各為二德」，表示橫渠「獨就『上下』釋之」並未盡水火之性所涵蘊意。

　　基於上述三點，本文主張，船山不僅依氣論將橫渠五行觀，拓展為合天人之道的應用理論與實踐方法。也依此辨析儒家與術家泛論五行本質相異。更重要的是，他提出「不可以理限天」的檢證原則，不僅批判陸王心學陷入以人限天的傲慢，也同等的反思橫渠之言是否正確。由《張子正蒙注》可見，儒者對客觀知識發展所保持的批判性與包容性。

陸、李光地《注解正蒙》 太虛概念辨析

一、問題澄清

以「太極」詮釋「太虛」是否合宜？是清儒李光地（榕村，1642-1718）對明清《正蒙》詮釋者的提問與反思。若說《正蒙》是張載思想的代表著作，「太虛」則是《正蒙》中最為關鍵的概念之一。但自南宋朱子以來，無論是《正蒙》之注解者，或是援引《正蒙》部分文獻以發明己意的詮釋者，當其陳述「太虛」在橫渠氣論中的意義時，往往是通過周敦頤在《太極圖說》中的「太極」概念，詮釋《正蒙》所言的「太虛」。或更進一步而言，是在程朱理學的脈絡中，將「太虛」視為形而上之「理」，將虛氣關係理解為「理／氣」不離不雜的關係。例如，張載在《正蒙・太和》論及「太虛為清」至「兩不立則一不可見，一不可見則兩之用息」，旨在闡明「太虛」與「陰陽二氣」的關係。但當清儒張伯行（敬庵，1651-1725）以「『兩』謂陰陽，氣也；『一』謂太極，理也」注解此段時，即轉而以「太極」與「陰陽二氣」的關係詮釋橫渠思想中

的虛氣關係[1]。如此會通周張二子思想的詮釋走向，更常見於宋明理學家直接將《太極圖說》與《西銘》視為可相互詮釋的論述中[2]。

---

[1]　〔清〕張伯行，《正蒙注》，卷 2，收入《張橫渠集》（臺北：臺灣商務印書館，1965 年），頁 13。

[2]　由於二程、朱子對《西銘》的重視，明清思想家常基於不同的理由，將《西銘》與其他儒家著作並提，而開展出一套有別於或超出於張載思想的詮釋架構。例如，將《西銘》視為《孝經》之正傳，或是以《西銘》與《太極圖說》為相互詮釋的作品。關於前者，呂妙芬先生曾有專文詳盡的討論，本文不再贅述。對於後者，由朱子在《太極圖說》的「注後記」可知，二程向門人講學論答時，實是多舉《西銘》而罕言《太極圖說》，並未將兩者視為相互發明聖賢義理的著作。但朱子發揮己意，不僅認為周子此書是「蓋不得已而作」，更能彌補橫渠以「清虛一大」為萬物之源的缺失。依此，他綰合《太極圖說》與《西銘》，將《西銘》視為「推人以之天，即近以明遠」之學，奠立其「詳於性命之原」的理學經典地位。依此或可說，朱子實是會通《西銘》與《太極圖說》義理的關鍵之一。朱子之後的學者，對會通周、張之學則做出更多的努力。例如，在《宋元學案·師山學案》中，即收入元儒鄭玉（師山，1298-1358）在《跋太極圖西銘》之言曰：「為學之道，用心于支流餘裔，而不知大本大原之所在，吾見其能造道者鮮矣。《太極圖說》、《西銘》，其斯道之本原與！《太極》之說，是即理以明氣；《西銘》之作，是即氣以明理」。至明末清初的王夫之（船山，1619-1692），則批判把《西銘》割裂於《正蒙》之外的詮釋觀點，而把《西銘》重新歸為〈乾稱篇〉，並將「凡可狀，皆有」至「戲動作於謀也」，列為〈可狀篇〉。值得注意的是，他將〈可狀篇〉視為《東銘》，這與其他學者的觀點有異。對於王船山在〈乾稱〉的「改正」，林樂昌先生則批評曰：「《西銘》與《東銘》，張載書於西、東兩牖，皆百餘字。若以夫之之意，將『凡可狀，皆有也』以下文字歸入《東銘》，則文字驟增十倍之多，必無法書之於學堂東牖。且如此分篇，並無證據。夫之所『正』，實誤也」。〔宋〕朱熹，〈太極圖說解〉，收入〔宋〕周敦頤，《周敦頤集》（北京：中華書局，2009 年），頁 11-12；

　　在明清《正蒙》諸注中，李光地（榕村，1642-1718）是首位正式
將「太虛是否等同於太極？」顯題化的詮釋者[3]。儘管大規模比對
《正蒙》諸家注，以釐清這項論題的工作，要到王植撰寫《正蒙初
義》才初步奠定規模。但李光地在《注解正蒙》中的提問，無疑是
研究明清張載學，甚或是明清氣學中，一項十分關鍵卻較受冷落的
洞見。《四庫全書提要》對於《注解正蒙》的撰寫動機與學術貢
獻，曾作如下說明：「《正蒙》一書，張子以精思而成，故義博詞
奧，注者多不得其涯涘。又章句既繁，不免偶有出入，或與程朱之
說相牴牾。注者亦莫知所從，不敢置議。光地是書疏通證明，多闡
張子未發之意。」由引文可知，李光地認為，歷來注解者之所以未
能釐清《正蒙》的思想理路，除了源於張載本人獨樹一格的書寫風
格與思想特色外，更關鍵的是其後的詮釋者往往受限於伊川、朱子

〔清〕黃宗羲，《宋元學案》，卷 94，收入沈善洪，吳光主編，《黃宗
羲全集》（杭州：浙江古籍出版社，2005 年），第 6 冊，頁 681；呂妙
芬，〈《西銘》為《孝經》之正傳？——論晚明仁孝關係的新意涵〉，
《中國文哲研究集刊》第 33 期，2008 年 09 月，頁 139-172；林樂昌，
《正蒙合校集釋（下）》（北京：中華書局，2012 年），頁 883。

[3]　在明清《正蒙》注家中，並非接受朱子詮釋者才以「太極」詮釋「太
虛」。王船山並不認同朱子對張載的詮釋，但他也將此二者視為可互相詮
釋的概念。陳來先生曾引王船山在《張子正蒙注‧太和篇》篇首的「緒
言」指出，在船山的理解中，張載之《正蒙》正是對濂溪之《太極圖說》
的發明。但王船山此一理解是否真確，則仍有進一步討論的空間。例如，
勞思光先生亦曾指出，王船山在《張子正蒙注》中以理氣論詮釋張載的氣
論，其解讀與《正蒙》本旨有異。陳來，〈王船山《正蒙注》的思想宗
旨〉，《儒學、文化與宗教——劉述先先生七秩壽慶論文集》（臺北：臺
灣學生書局，2006 年），頁 158；勞思光，《新編中國哲學史》（臺北：
三民書局，1998 年），第三冊下，頁 690。

的理學框架。對於張載與程朱思想相異、甚至是牴牾之處，不僅未能清楚辨析，甚至勉強會通二者。也依此，《注解正蒙》一書的主要學術貢獻，不僅在於針對先儒「不敢置議」處提問探析，而且又對於先儒互異之處，能「皆一一別白是非，使讀者曉然不疑」，甚至闡發張載未發之意，故本書可說在「明初以來諸家注釋之中，可謂善本」[4]。基於此，本文以《正蒙》詮釋之發展脈絡為主軸，探討《注解正蒙》一書對此議題的論述。

二、從「太虛即氣」論「太虛」與「氣」之關係

在當代張載學研究中，最為人所矚目的論題之一，當屬「太虛即氣」。「氣」是取形而上或形而下之義？「太虛」是形而上之本體？或僅取其空間義，用以描述相對於「地」之「虛空」或「天空」？「太虛」與「氣」究竟是等同之關係？或是「形而上之本體」與「形而下之氣」的關係？若順上述提問檢視《注解正蒙》的詮釋進路，則有必要先討論李光地對《正蒙》這段文字的注釋。〈太和〉曰：「氣之聚散於太虛，猶冰凝釋於水，知太虛即氣，則無無。故聖人語性與天道之極，盡於參伍之神變易而已。諸子淺

---

[4] 本文引用《注解正蒙》皆依據《欽定四庫全書》，凡衍誤的字句以圓括號「（ ）」標示，而補脫與改正之字句以方括號「〔 〕」標示。關於《注解正蒙》的版本源流，可參考胡元玲先生的研究成果。詳見〔清〕李光地，《注解正蒙》（臺北：臺灣商務印書館，1979 年），收入〔清〕紀昀／等總纂，陸費墀總校，《欽定四庫全書》，子部一，儒家類，頁 1-2；胡元玲，《張載易學與道學：以《橫渠易說》及《正蒙》為主之探討》（臺北：臺灣學生書局，2004 年），頁 247-248。

妄，有有無之分，非窮理之學也」[5]，《注解正蒙》注曰：

> 凝而成冰，釋而為水，不可以水為無也。聚而成氣，散而歸
> 虛，不可以虛為無也。所以然者，以虛之與氣，水之與冰，
> 本為一體，而非二物也。張子非以虛為性也。蓋性無所不
> 在，而虛則其本體，猶人性無所不貫，而靜則其淵源。天人
> 相形，則不得不以虛對靜，而非以性為虛也。原其每以太虛
> 立說者，特以釋老好言虛無之蔽，故為之通虛實、貫有無，
> 使知性之無內外耳。參伍之神者，變易也。變易者，氣之聚
> 散也，而性與天道在是。此外烏有所謂無者，而以為見性論
> 道之極乎[6]！

由引文可知有三：其一，在「氣」概念的意義及其所對應的思想議
題上，李《注》承繼張載以「氣」為「實有」，藉此駁斥「『有』
源於虛無」的思想脈絡。由「聚而成氣，散而歸虛，不可以虛為
無」可知，李《注》掌握張載以「虛氣關係」反駁佛老崇虛尚無之
論的兩項要旨：一者，藉由「氣」概念指出，感官經驗所觀察到的

---

[5] 引文依據《張載集》，凡衍誤的字句以圓括號「（　）」標示，而補脫與
改正之字句以方括號「〔　〕」標示。張載，《張載集》（北京：中華書
局，2006 年），頁 8。

[6] 「氷」即「冰」。此外，在《注解正蒙》原文中，「虚」為「虛」字，為
避免電子檔案出現亂碼，本文統一以「虛」字替代，以下不再做說明。此
外，本篇原載於《東吳哲學學報》第 31 期（2015/02），為符合《學報》
字數限制與行文簡潔，本篇以「李《注》」標示「李光地之《注解正
蒙》」。在此為求文氣一致，保留原有用法，不另做修改。〔清〕李光
地，《注解正蒙》，卷上，頁 8。

「天空」、「虛空」或「空無」，並非本質上相異於「有」的「絕對虛無」。吾人所覺察的「虛空」，只是感官知覺所難以察視的另一種「實有」，此即是「氣」[7]。二者，由「知太虛即氣，則無無」，闡明「虛空」不僅並非「世間皆為幻化」或「有生於無」之說的佐證，而且是反證佛老之言最有力的明證。由於「太虛」是「有」，且為個體之「有」的「本然」，世間萬有皆不過是源出於「太虛」的「客形」。故所謂「無『無』」，不僅從邏輯上指出「假設『無』這種『非存有』是『存在』」的矛盾性。更是從存有論上指明「『無』根本不可能存有」。又由於「不可能存有」者無法成為化生萬物之本根，老子「無中生有」之說，則不攻自破。

　　其二，由「虛之與氣，水之與冰，本為一體，而非二物」可知，在「虛氣關係」上，李《注》認為「太虛」與「氣」是本質相同的「一體」關係。李《注》指出，張載「冰水之喻」的洞見在於無論「有形之物」或「無形之虛空」，皆非佛老所謂以「有」與「無」的方式，從「非存在」轉為「存在」。相對者，實是「氣」以「顯」與「隱」的方式，始終真實無妄的存有。此所以李光地不

---

[7]　不論是張載或李光地均未使用「實有」一詞。本文以「實有」詮釋「氣」，其意義有二：一者，以「有」詮釋「氣」概念，意在指出張載總是以「氣」反駁「無」。在此思想脈絡中，「氣」不是宇宙論意義下用以構成其他複合物的元素或質料。「氣」是對「無」這項「非存在」之所以可能「存有」的絕對「拒斥」。二者，以「實」指向「氣」，一方面在於張載是以「氣」之「真實無妄」反駁釋氏以「世界為幻化不實」；另一方面則在標示「氣」並非不帶價值義的「存有」。在張載思想中，由於「天道生之德」即是通過「氣化流行不已」所呈顯，故「氣」之「真實無妄」亦表示「氣」本即是「至誠無隱」之存有。在儒家天人合一思想中，「誠」亦即是呈現最高價值的形式。

僅由「烏有所謂無者」呼應張載「諸子淺妄，有有無之分」的批判，更參引〈大易〉：「大易不言有無，言有無，諸子之陋也」，由「參伍之神者，變易也。變易者，氣之聚散也」一語，直指橫渠以「氣化」言「造化」，所闡發的正是《周易》以「變易」呈顯天道生生之德。

其三，李《注》認為，《正蒙》言「太虛即氣」之目的，雖在於闡明儒者「性與天道」之學，但張載並非「以虛為性」。在此必須留意的是，若依照橫渠氣論，太虛為萬有之本然，人為萬有之一，人之性自當根源於太虛，而與太虛之性通一無二。實則在《正蒙》中，張載即是以「天地之性」，稱此「人」與「天地萬有」共通稟受於太虛之「性」[8]。然而李《注》卻以「非以虛為性」及「非以性為虛」的雙重否定，指出「虛」與「性」的互異關係。依此可知，若非李《注》對《正蒙》人性論與天道觀的詮釋，陷入前後不一的困境；則可能是李《注》有別於其他的《正蒙》詮釋者，他並不認為「虛」與「性」具有同一關係。在此又有兩種可能：一者，此處所言之「虛」與「太虛」之「虛」，僅是「字」同，而

---

[8]　在張載思想中，「天地之性」與「氣質之性」的論性架構，是為調和人之道德普遍性與個體差異性所做的努力。但對部分明清思想家而言，人性是否必當從天地之性立論？人又是否真的具有不同於氣質之性的本然之性？都是大有疑慮的問題。對此，本書在「第一編」之〈參、《張子正蒙注》對張載人性論的承繼與新詮〉，已有探討。此外，鄭宗義亦指出，氣性一路的學者並非認為人性中有氣性的一面，而是主張人性全幅就是氣性。因此，全然反對宋儒將人性分為「義理之性」與「氣質之性」，而根本不承認在氣質之性外另有一義理之性以為性之主。鄭宗義，〈論儒學中「氣性」一路之建立〉，此文收入楊儒賓、祝平次合編，《儒學的氣論與工夫論》，頁247-277。

「字義」不同。二者，李《注》不在本體義下使用「太虛」一詞。亦即他並不從本體論意義上，認為「虛」是「性」之本體。但依本段前後文脈，以及「原其每以太虛立說者，特以釋老好言虛無之蔽」可知，李《注》此處所言之「虛」與前文「散而歸虛」、「不可以虛為無」之「虛」相同，亦即「太虛」之簡稱。故可知李《注》並不認為「太虛」是人性之形而上的性體。所謂：「性無所不在，而虛則其本體」，此處所言之「性」依其遍在義當指「天地之性」，而非指個體之「性」。至於此處所言之「本體」，亦不是取形而上之本體的本體義，而是從存有狀態上指向「本然樣態」。故此句之意思，可理解為「天地之性無所不在，而虛無無形是其本然樣態」。他認為，由「太虛」闡明「性與天道」之學，其目的在於對治「釋老好言虛無之蔽」。在此並無須預設「太虛」的本體地位，只須通過「太虛即氣」說明「性」雖為「無形」卻是「實有」，即可反駁釋氏以「性為虛無」倡言「人生為幻妄」的推論謬誤。至於「使知『性』之無內外耳」，也是在「太虛即是氣」的意義下，指出人與天地萬物皆是氣聚而生，既然「氣」不僅為遍在天地之「實有」，而且「氣」又是「性」的載體，則人之性自然不會由於「氣質」，而與天地萬物形成本然割裂性的內外之分。相對者，人與天地萬有之性都在氣為整一之實有的基礎上，實為一體相連的連續性關係。現在的問題是，在李《注》的詮釋中，「天地之性」是屬「形而上」之本體的體性？抑或者是現象而非本體意義之天的屬性？

　　《注解正蒙》對〈中正〉所言：「儒者窮理，故率性可以謂之道。浮圖不知窮理而自謂之性，故其說不可推而行」，注曰：

> 性即理也。理在心，為仁義禮智之性，率而由之，則為父子君臣夫婦朋友之道。既不以理為性，則將以何為道而推而行之乎？

李《注》援引「性即理也」的論點，將朱子「以理為性」的論性架構，用以詮釋張載「合虛與氣，有性之名」的天人合一思想。由於「天地之性」屬於「理」，故為形而上。太虛通同於氣，屬於形而下。天地之性雖在無形的太虛中而呈顯，但天地之性並不等同於太虛，太虛只是呈現天地之性的載體。此所以李《注》特別徵引《禮記·樂記》所言：「人生而靜，天之性也」，既指出「人性無所不貫，而靜則其淵源」，又表示「人生而靜，天性具焉，非以靜為性」，皆在闡明人之性貫穿於人的所有行為活動之中，雖無形而不可實指，但此性既本受於天，人之初生，天性已然具足，人可由喜怒哀樂未發之中，體察人性之實。然而此未發之「靜」，只是人體察天性的理想狀態（靜則其淵源），「靜」卻並非等同於人之「性」。依此可知，在邏輯推論上，李《注》認為，「靜」雖可體察人之「性」，但「靜」非人之「性」；正如同「太虛」可呈顯「天地之性」，但「太虛」並非「天地之性」。

　　儘管注解「太虛即氣」時，李《注》並未在本體論意義上使用「太虛」概念。但《正蒙》確實有言曰：「太虛無形，氣之本體」，李《注》也屢次採取引原文自證的論述方式，徵引本句用以詮釋〈太和〉所謂：「氣塊然太虛」、「知虛空即氣」，以及「由太虛有天之名」等文句。再者，李《注》接受「性即理也」的觀點，理當肯定在氣化流行之上，另有一貞定氣化流行之形上理體。至於在論及虛氣關係時，李《注》又有「虛生氣，氣生物」的說

法。設若李《注》不以「太虛」為形而上的本體或道體，當詮釋《正蒙》的形上思想時，他又是如何調解「太虛」、「太極」、「形而上之理」，以及「氣」等概念的相互關係呢？此皆是本文在以下辨析李《注》中的「太虛」、「太極」與「太和」之異同時，所要探討的議題。

三、從「理／氣」關係詮解「太極」與「太虛」之關係

當釐清「太虛」在橫渠氣論中的意義時，李《注》與南宋以迄當代的《正蒙》詮釋者最關鍵的差異之一，在於他通過辨析「太虛」與「太極」的差異，指出「太極」才是形而上的理體，「太虛」是氣之本然樣態，以此相對於氣化流行中的種種客形。依此，李光地是以兩層存有與三項區分的方式，建立起《正蒙》氣論的詮釋架構。本文以下表呈現此詮釋架構：

形而上	理（理體）	太極	貞定氣化流行之本體（本體論意義下的超越根源）	
形而下	氣	太虛	清通無形（礙）之氣	氣之本體（現象意義下的本然樣態）
		氣化所成之客感客形	氣化凝聚所成的個體物（客形）	例如，生物、無生物
			氣化所成而非個體物的現象（客感）	例如，健、順、動、止、浩然、湛然等現象

依據上述詮釋架構，李光地一方面指出，勉強以「太極」會通

「太虛」，乃是過往《正蒙》詮釋者之失。另一方面，他亦不贊成將張載氣學視為與程朱理學相互對立的學說，而試圖在橫渠氣論中找到可貞定氣化流行的形上本體。由此指出橫渠氣論與程朱理學雖各有論述而不當將彼此的概念勉強視為同義。但二者皆是對儒家天道性命之學的闡發，實可通過詮釋架構的釐清，而掌握彼此在義理脈絡中的共通承繼與各自精彩。下述則依此從兩方面展開討論。

（一）辨析「太虛」與「太極」之異

《四庫全書提要》表示，在歷代張載思想的詮釋者中，《注解正蒙》的主要貢獻之一，在於指明橫渠「太虛之說與周子太極不同」[9]。由於自朱熹以形而上之「理」或「太極」詮釋《正蒙》之「太虛」，歷來注解或詮釋《正蒙》者，幾乎無一不受到朱子詮釋架構的影響[10]。贊成朱子者認為，「太虛」既然是天人性命大本大原之所在，故與周敦頤言之「太極」本無不同，同指向形而上的本體。又由於張載是以「清、虛、一、大」等具有特定性質的語詞描述形而上的道體，有欲言「形而上」之道體反陷落「形而下」之嫌。因此，以抽象的「太極」取代「太虛」，反而是朱子在《正蒙》詮釋上的洞見。後儒在詮解張載形上思想時，也往往將《正

---

[9]　〔清〕李光地，《注解正蒙》，卷上，頁1。

[10]　在明清《正蒙》注中，不論是贊成或反對朱子詮釋進路者，多難跳脫以理氣論展開辨析張載虛氣關係的論域。誠如楊儒賓先生所指出，朱子的理氣論雖是明代中晚期反朱子學者所欲對治的目標，但對治者與被對治者卻共同形成了包含正反兩面論證在內的論域，使得反對者也是繞著理氣關係展開論辯。參見楊儒賓，〈檢證氣學——理學史脈絡下的觀點〉，《漢學研究》第25卷第1期，2007年6月，頁254。

蒙》與周敦頤《太極圖說》並舉。例如，清儒張伯行便表示：「按
《正蒙》所說到理，如〈太和〉、〈參兩〉、〈天道〉、〈神化〉
等篇，皆不出周子《太極圖》範圍之中。苟熟通太極，以意會之，
則《正蒙》精奧，無不可了然心目」[11]，而《新刊正蒙解》則在注
解《正蒙・太和》所言：「太虛無形，氣之本體」時，便直言：
「太虛，理也」[12]。然而李《注》並不採此詮釋進路，在闡述〈太
和〉所言：「太虛無形，氣之本體」一段時，即曰：

> 言太虛無形之中，而氣之本體存焉，即太極也。朱子《圖
> 解》云：「此所謂無極而太極也」，所以動而陽，靜而陰之
> 本體也，正此意也。然周子謂之「太極」，而張子謂之「太
> 虛」者，「太極」如「性」字，「太虛」如「靜」字；「太
> 極」如「中」字，「太虛」如「未發」字。「人生而靜，天
> 性具焉」，非以靜為性也。「喜怒哀樂未發而中存焉」，非
> 以未發為中也。太虛無形而無極之真在焉，非以太虛為太極
> 也。

吾人可從兩方面解析上述引文：其一，就思想淵源上，李《注》指
出，後儒以「無極而太極」詮釋「太虛無形，氣之本體」，是出自
朱子《太極圖說解》的論點。但周濂溪在《太極圖說》中的「太
極」概念，並不等同於張載在《正蒙》中所使用的「太虛」概念。

11　〔清〕張伯行，《正蒙注》，卷 2，頁 8。
12　〔明〕劉儓，《新刊正蒙解》（嘉靖 24 年刻本，譚大初校），卷 1，頁
　　2。

　　其二，就概念之意義上，李《注》舉「人生而靜，天性具焉」辨析「太極」與「太虛」之異。他指出，「太虛」如同本句之「靜」字，而「太極」如同「性」字。「靜」是使「性」得以為吾人所體察的條件，但「靜」不是「性」。同樣的，「太虛」是使「太極」得以呈顯的條件，但「太虛」並非「太極」。依照上文所討論，李《注》接受「性即理」的論點，故當他以「太極」類比於天所賦予人之「性」時，是在本體論意義下，將本句中之「太極」與「天性」，均視為通同於形而上之「理」。但是，在朱子「性即理」的思想架構中，形上之理只存有而不活動，是處於「淨潔空闊底世界」。世間萬象的生成流變，均是由具活動義的氣所擔負。所以，形上之理雖能主宰「氣」，但就現實存在的層面而言，理卻是通過氣化流行才得以呈顯[13]。若將此詮釋脈絡與前述「太虛即氣」說結合，可知在李《注》中，「太極」是形而上的理體，但「太

13　例如，在《朱子語類‧理氣上》中，當朱子回應「先有理後有氣」之說時，他先表示：「然以意度之，則疑此氣是依傍這理行。」並接著說：「若理，則只是箇淨潔空闊底世界，無形，他卻不會造作；氣則能醞釀凝聚生物也。但有此氣，則理便在其中。」由引文可知，朱子雖將「理」視為「氣」所依傍的存有基礎，且認為「理」能主宰「氣」之聚散生物活動。但在理氣關係中，理是擔負主宰義的形上本體，而氣才是擔負現實義與活動義的生化萬物之載體。牟宗三先生即指出，朱子的「理」是「只存有而不活動」的「但理」（「但有其理而已」）；理氣關係是「不離不雜」的關係。亦即理雖不離於氣而獨存，但形而上之理與形而下之氣在存有論上有著不可相互化約的區別。〔宋〕朱熹，《朱子語類‧理氣上》，卷1，收入朱傑人等／編，《朱子全書》（上海：上海古籍出版社；合肥：安徽教育出版社，2002年），第14冊，頁116；牟宗三，《心體與性體》，第3冊，頁486-516。

虛」卻只是使此理得以在現實世界中呈顯的無形之氣。太極與太虛之關係，可理解為「理」與「氣」的關係。

　　李《注》為突顯「太極／太虛」具有這層「形而上／形而下」之別，再次以「『喜怒哀樂未發而中存焉』，非以未發為中」為例。他指出，此處之「中」並非人在「喜怒哀樂未發」時的狀態，而是指向人之「性體」，或名之「中體」。「喜怒哀樂未發」雖是使「中體」得以呈顯的狀態或條件項。但「中體」不等同於使其得以呈顯之「條件項」。故說：「非以『未發』為『中』」。由於人所受之於天的中體是根源於太極，而有形而上的意義。藉由釐析上述類比的意義，吾人亦可再次確認在《注解正蒙》的詮釋中，「中／未發」之別，「太極／太虛」之異，實即是「形而上／形而下」的區分。也依此，可將李《注》詮釋要點歸結如下：「太虛」是感官知覺難以察視的無形之「氣」，「無極之真」乃是指向形而上之太極的描述語，太極為形上之理而遍在於無形之氣（太虛）中。故就現實存有而言，太虛與太極相即不離（「太虛無形而無極之真在焉」）。但若以概念釐清而言，則太極與太虛則有形而上下之分，此所以說：「非以太虛為太極也」。

（二）批判橫渠「太極陰陽相對為三」

　　在詮釋《正蒙》中的「太極」概念時，李《注》有兩項重要的論點：一者，即前述釐清「太虛」與「太極」之關係。二者，就是他認為朱子以「三角底太極」批判胡宏之學，是源自於張載在《正蒙·參兩》中對「太極」的描述[14]。〈參兩〉首句本是對《周易·

---

[14]　朱子並未使用「三角底太極」一語。在《朱子語類·周子之書》中，他是

說卦傳》之「參天兩地」提出解釋。橫渠曰：「地所以兩，分剛柔男女而效之，法也；天所以參，一太極兩儀而象之，性也」。李《注》曰：

> 此張子之學微與周、程間隔處也。蓋太極雖不雜乎陰陽，而實不離乎陰陽，安得與之對而為三哉！其後胡氏之學有所謂：「無對之善」及「與惡對之善」，「無對之靜」及「與動對之靜」。朱子以為如此則是「三角底太極」者，意其源流於此也。

由引文可知有三：其一，依李《注》推斷，朱子批判胡宏（五峰，1105-1161）用「有對與無對」衡斷「善／惡」、「動／靜」，乃是陷入「三角底太極」，其思想淵源即是張載所謂：「天所以參，一太極兩儀而象之，性也」。朱子對胡五峰的批判，可見於《知言疑

在答問太極陰陽的動靜關係上，批判五峰之弟子張栻（南軒，1133-1180）言「太極之體至靜」，導致「一不正當尖斜太極」之論。此外，在《朱子語類・程子之書》中，在闡發「天地萬物之理，無獨必有對」之義旨時，朱子曾順著「太極與陰陽是否為相對性底存有？」，以及「五行中的『土』與『金木水火』四行是否相對？」的討論脈絡，批判胡宏「善不與惡對」之說，曰：「胡氏謂『善不與惡對』。惡是反善，如仁與不仁，如何不可對？若不相對，覺說得天下事都尖斜了，沒箇是處」。李光地「『三角』底太極」一語，或似由「『尖斜』太極」轉脫而來。感謝匿名審查人之提醒，《知言疑義》謂五峰說「本然之善」與「善惡的善」不同，也是一種「尖斜」關係。參見《朱子語類・周子之書》，收入《朱子全書》第 17 冊，卷 94，頁 3127；《朱子語類・程子之書》，卷 95，頁 3201-3202。

義》。五峰是南宋大儒，為湖湘學派的奠基者，《知言》是其思想的代表作。呂祖謙（東萊，1137-1181）甚至認為此書勝過《正蒙》[15]。對此朱子則有所保留，並在《知言疑義》中對五峰思想提出質疑[16]。關於「無對之善」及「與惡對之善」的論點，亦即出於「性無善惡」這項朱子批判最深的議題之一。依據《知言疑義》所載，胡五峰曾徵引前人之言表示：「孟子道性善云者，歎美之辭也，不

---

[15] 對此可參閱《宋元學案・五峰學案序錄》中，全祖望的案語：「紹興諸儒，所造莫出五峰之上。其所作《知言》，東萊以為過于《正蒙》，卒開湖湘之學統。」。〔清〕黃宗羲撰，全祖望補訂，《宋元學案》，收入《黃宗羲全集》第 4 冊（杭州：浙江古籍出版社，2005 年），卷 42，頁 669。

[16] 對於《知言》是否勝過《正蒙》？在《朱子語類・程子門人》中，曾有如下記載：「東萊云：『《知言》勝似《正蒙》。』，先生曰：『蓋後出者巧也』」，依此可知，朱子雖承認《知言》確實是本優秀的思想作品，但並不同意東萊對《知言》與《正蒙》的評價。至於朱子對《知言》的批判，在《宋元學案》中，黃宗羲曾總結性地表示：「愚以為胡氏主張本然之善，本自無對，便與惡對，蓋不欲將氣質之性混入義理也。心為已發，亦自伊川初說有『凡言心，皆指已發』而言，以其未定者為定爾。察識此心而後操存，善觀之，亦與明道識仁無異；不善觀之，則不知存養之熟，自識仁體。有朱子之疑，則胡氏之說未始不相濟也。」由引文可知，他並不認為朱子《知言疑義》對胡宏思想的批判是全然正確。例如，就「性無善惡」的批判，他即認為胡宏之目的在於使學者避免混淆「氣質之性」與「義理之性」兩概念，而非胡宏主張「性」是不具善惡的中性義。但朱子批判五峰「性無善惡」說，乃是由於朱子認為「性必是善」，而非「無善」。詳見〔宋〕朱熹，《朱子語類・程子門人》，卷 101，收入朱傑人等／編，《朱子全書》（上海：上海古籍出版社；合肥：安徽教育出版社，2002 年），第 17 冊，頁 3389；〔清〕黃宗羲，《宋元學案》，卷 42，收入《黃宗羲全集》，第 4 冊，頁 682-683。

與惡對」，朱子認為此觀點正顯示五峰陷入「性無善惡」的思想謬誤[17]。胡五峰會通《中庸》、《易傳》論「性」之說，除表示「天命為性[18]」，肯定群生皆有「義理之性[19]」，更強調「性」之形而上意義[20]，主張此性體主宰氣化流行而為天地萬物貞定價值理序[21]。依此論性脈絡，胡五峰是從天地萬物之存在根源處，指出形而上之性體是本然至善，故超越善惡相對相。所以稱此性體是「無對之善」，所彰顯的是性體作為終極價值的至善義。至於「與惡對之善」，是指吾人所經歷的具體事項，由於人的價值判斷，而有善惡之分，故善惡是相對而非絕對。關於朱子對胡宏的批判是否確當，清儒黃宗羲便已經提出討論，當代學者更有詳盡的辨析，本文不再贅述[22]。至於朱子為什麼批判胡五峰之說是「三

17　〔宋〕朱熹，《知言疑義》，收入《晦庵先生朱文公文集·知言疑義》，收入《朱子全書》第 24 冊，卷 73，頁 3555-3564；或參看〔宋〕胡宏著，吳仁華點校，《胡宏集》（北京：中華書局，2009 年），頁 332-333。

18　《知言·天命》，頁 4。此外，〈復義〉有言：「天命之謂性，流行發見於日用之間」，頁 38；〈修身〉也表示：「性，天命也」，頁 6。

19　《知言·義理》曰：「義理，羣生之性也」，頁 29；〈往來〉則表示：「故觀萬物之流形，其性則異；察萬物之本性，其源則一」。

20　《釋疑孟·辨》曰：「形而上者謂之性，形而下者謂之物」，收入《胡宏集》，頁 319。

21　《知言·事物》曰：「氣之流行，性為之主」，頁 22。

22　例如，牟宗三先生即認為：「（胡五峰）是說性體自身的絕對善，不是說事項的相對善，故亦『不與惡對』。此非『性無善惡』之中性義。朱子直以『性無善惡』之中性義視之，誤矣！」，杜保瑞先生亦以專章探討此議題。牟宗三，《心體與性體》，第 2 冊，頁 466，杜保瑞，《南宋儒學》（臺北：臺灣商務印書館，2010 年），頁 149-186。

角底太極」？李《注》何以認為張載也陷入此思想困境？此即下兩
點所要說明者。

其二，由李《注》曰：「太極雖不雜乎陰陽，而實不離乎陰
陽，安得與之對而為三哉！」可知，所謂「三角底太極」，是指論
者混淆了太極與陰陽不離且不雜的關係，使「太極」成為可與「陰
陽二氣」相對為「三」的比較格局。誠如前述，李《注》接受朱子
「理氣不離不雜」之架構。依此他指出，太極乃形而上者，是主宰
陰陽二氣之理，故和陰陽二氣存在著「形而上／形而下」的存有論
區分。但在現實存在中，天地萬物之生成流變皆是氣化流行所成，
而太極總是遍在於氣且貞定氣化活動之方向，故說太極不離於陰
陽。依照「本體／氣化作用」的架構，正因為「太極」與「陰陽」
是「不雜」且「不離」的關係，太極是本體層的「一理」，而「陰
陽」是作用層之「二氣」。太極與陰陽雖具有形而上下層之別，但
並非同一存有層級的不同存在者。吾人可說太極之整「一」中涵攝
陰陽二氣，而不可說太極之「一」可與陰陽之「二」，相對為
「三」。換言之，形而上之「一」與形而下之「二」，無法相對
或相加為「三」。太極從來都是獨一無二之形上本體，而不是可相
對於陰陽的另一個存在者，故自不當與陰陽相對為「三」。但當前
述五峰提出「無對之善」及「與惡對之善」時，李《注》認為用
「有對與無對」區分「性」，恰好使得本不可相互比較的「本體」
與「相對事項」間的區分為之打破。因為若「有對／無對」之比較
格局是可成立的，那即意味「無對」首先得是可與「有對」相互比
較的同一存在層級，依此則絕對至善的性體不再是獨一無二，而是
成為「相對之善」與「相對之惡」之外的第三者。又由於在朱子
「性即理」與「物物一太極」的論述脈絡中，人所受之於天的本然

之性，既是形而上的性體，又是整全之太極。故當五峰主張「本然之善，不與惡對」時，朱子會依「太極／陰陽」的架構，批判五峰是使本然至善的性體陷落至可和「與惡對之善」相互比較的格局中，形成「三角底太極」。導致本欲說形而上，反陷入形而下的困局。

其三，朱子對胡宏陷入「三角底太極」之批判，李《注》為何推斷是源自於張載呢？本文以為，這可能與伊川對橫渠的批判有關。據《朱子語類》的記載，伊川批判橫渠以「清虛一大」稱說「道體」，乃是陷入「本要說形而上，反成形而下」的思想困局[23]。正是在這一段問答中，伊川舉〈參兩〉首句為例，指出張載是「以參為陽，兩為陰，陽有太極，陰無太極」。伊川認為張載此說之誤有二：一者，太極既然為形而上的道體，本即是遍在於一切存有之中。張載所謂：「陽有太極，陰無太極」，則顯然是讓太極限於一偏，否定太極的遍在性，使形而上者陷落於形而下。二者，所謂「以參為陽」，意指張載本欲呈現陰陽二氣具存於太極整一之中，且「參」不僅是數字之「三」，還意味太極參與主導陰陽氣化之生物不息，而氣化活動亦依此而「參和不偏」。故以「參」為「陽」，表示天道之動而有常，且此至動之中，自有太極主持分濟（所以說：「陽有太極」）。但橫渠此處卻將太極與陰陽之「一而二，二而一」的關係，表現為太極與陰陽是相對為「三」的關係，誤將「太極」與「兩儀」的關係視為同一存有層級的相對關係，以致於使形而上之「太極」反陷落形而下，而得以和「陰陽二氣」相加為

23　〔宋〕朱熹，《朱子語類・張子之書二》，《朱子全書》，第 17 冊，卷 99，頁 3335-3336。

「三」[24]。此說雖勉強用以解釋「天之數」何以為「三」，卻混淆了「太極／兩儀」之「形而上／形而下」的存有論區分。如此一來，張載之誤與胡宏如出一轍，此所以李《注》批判橫渠啟胡氏之學，陷入「三角底太極」的思想困境。

　　由以上三點可知，在釐清思想異同上，李《注》認為張載此處對「太極」的解讀，是有別於濂溪與二程。但此「有別」，他認為是「微與周、程間隔」，而非在儒學義理上有本質的區隔。這或許是由於李光地旨在疏通程朱與橫渠之異，而且接受程朱對《正蒙》行文風格的評斷，認為張載與周、程之異，是源於橫渠論說道體雖有「苦心力索」之象[25]，卻由於「非明睿所照，而考索至此」，故在言語上多了許多繚繞，有時甚至走偏了的緣故[26]。然而，細究《正蒙》一書，張載使用「太極」一詞者共兩處，一者是此處，另一則是〈大易〉曰：「一物而兩體，其太極之謂與」。張載是以一

---

[24] 對此可參見〈參兩〉所言曰：「一物兩體，氣也；一故神，兩在故不測。兩故化，推行於一。此天之所以參也。」，李《注》曰：「『參天』之意與上條同。蓋以一為太極，兩為陰陽也」。〔清〕李光地，《注解正蒙》，卷上，〈參兩〉，頁14。

[25] 《朱子語類・孔孟周程張子》曰：「明道之學，從容涵泳之味洽；橫渠之學，苦心力索之功深。」，《朱子全書》，第17冊，卷93，頁3111。

[26] 《朱子語類・張子書二》曰：「《正蒙》所論道體，覺得源頭有未是處，故伊川云：『過處乃在《正蒙》。』答書之中云：『非明睿所照，而考索至此。』蓋橫渠卻只是一向苦思求將向前去，卻欠涵泳以待其義理自形見處」。這裡也呈現出程朱對張載形上思想的評斷，他們認為，張載雖擅長以思辨能力探究道體，但由於張載是通過苦心思辨，而仍欠缺涵泳以待義理自現，尚未在工夫境界上已然體證道體，故在論說道體時終究未能簡易直捷、圓融無礙。〔宋〕朱熹，《朱子語類・張子之書二》，《朱子全書》，第17冊，卷99，頁3328。

氣能貫通形而上下的氣論為基礎,進而在「太虛即氣」的論斷中,不僅指出太虛與太極的本體義,還上抬氣之形而上的意義。但李《注》為疏通程朱與張子之異,將《正蒙》之太極視為道體,而將太虛視為與散殊濁礙之氣相對的清虛之氣,藉「太虛即氣」而將太虛下降為形而下者。故針對「太極」與「氣」之關係,張載的虛氣說與李《注》採理氣不離不雜之說,存在著詮釋架構上的根本差異,這是本文以為所理當留意者。

四、結論

在理學思想史上,宋儒張載的氣學無疑是在陸王心學與程朱理學之外,另一項廣泛影響明清哲學家的思想源頭。近年來,隨著宋明理學研究日趨轉精,海內外張載學的相關研究不論在質與量上均有可觀的發展。但令人遺憾的是當代學界仍缺乏以專書或專題的方式,梳理明清《正蒙》各注解本的發展脈絡。若說吾人用以探究哲學家思想全貌的依據正在於其代表著作,則明清思想家逐字注釋《正蒙》的研究成果,豈不是最能呈現張載氣論在明清兩代之發展者?相對的,如果張載確為明清氣學源頭,而《正蒙》實為橫渠氣論之代表,則忽略明清《正蒙》各注解本對橫渠氣論的詮釋,吾人是否採取了一種割裂且零碎的方式以理解明清氣學的動態發展?換言之,除非吾人斷然宣稱張載氣論對明清思想發展無足輕重。否則辨析明清《正蒙》各注對張載氣論的批判與新詮,理當為吾人研究明清氣學所必須進行的研究工作。基於此問題意識,本文以李光地《注解正蒙》為考察的起點,並以「太虛是否為太極?」作為論述的主軸。依照全文論述架構與研究步驟,共獲得以下兩點結論:

(01)就「太虛」與「氣」之異同而言，李《注》主張太虛即是氣。「氣」為「實有」，故知虛空即氣，可駁斥佛老崇虛尚無之論。虛氣並非本質相異的不同存在。太虛與氣之別，在於太虛乃無形之存在。相較於此，「氣」則可用以指稱任何具有特定「氣質」的存在物或存在現象，故凡客感客形皆屬於「氣」。太虛雖是無形之氣，卻非貞定氣化之所以然的形上理體。又由於李《注》反對氣化流行僅是陰陽二氣的偶然聚合，故主張在氣化之上必有主宰此氣者。

(02)就「太極」與「太虛」之異而言，李《注》批判明清《正蒙》諸注，認為他們在未曾明辨張載與周敦頤思想同異之前，即先行將「太虛」與「太極」視為可相互詮解的概念。然而，《正蒙》與《太極圖說》本有各自關懷的思想議題，以及解決這些議題的相關論述。任何不曾釐清二者之異，而勉強會通二者之同的作法，都無法掌握張載哲學主旨，而且也阻斷疏通周張二程朱子之學的可能。依此，李《注》另作新詮，一方面依理氣論架構處理虛氣關係，嘗試會通張載氣學與程朱理學。另一方面，李《注》也注意太虛與氣的一體關係，以及太虛與太極的差異，而將「太極」視為形而上的理體，作為貞定氣化流行之所以然者，並將「太虛」與「氣」同置於氣化層。由此有別於張載與明清《正蒙》諸詮，建立起「理（太極）／氣（太虛／氣）」的氣論詮釋架構。

若說上述是李《注》對明清《正蒙》注的批判與洞見，則清儒王植對李《注》的反思，正可見李《注》詮釋橫渠氣論的侷限。王植認為，李《注》雖洞悉前人以「太極」詮釋「太虛」之失，卻又將程朱理氣論之框架套用於詮釋《正蒙》虛氣論。反而再次陷入與

前人相同的詮釋盲點[27]。也因此，王植不僅廣泛徵引李《注》的研究成果，而且也通過重新批判李《注》之侷限，奠立深入檢視明清《正蒙》思想詮釋的基礎。不過礙於篇幅所限，對此則需另闢專文討論之。

27　〔清〕王植，《正蒙初義》（臺北：臺灣商務印書館，1983 年），卷 1，頁 2-3。

柒、王植對明清《正蒙》注之反思：
以「太虛」之三層義爲中心

一、問題澄清

　　以「理」取代「太虛」是否合宜？是王植（慧思，1682-1767）對明清《正蒙》注的提問與反思。據《宋元學案・橫渠學案下》的記載，程頤（伊川，1033-1107）在回應楊時（龜山，1053-1135）的提問時，便曾表示：「橫渠立言誠有過者，乃在《正蒙》」[1]。至於《正蒙》之過，依《河南程氏遺書・卷二上》所言，則在於「立清虛一大為萬物之源，恐未安，須兼清濁虛實乃可言神」[2]。朱熹（晦庵，1130-1200）承繼二程對張載（橫渠，1020-1077）思想的批判，在詮解《正蒙》義理時，便嘗試以「無極」、「太極」或形上之「理」取代「太虛」而直言道體。此詮釋進路對明清《正蒙》諸注至少產生兩項關鍵性的影響：一者，以「理」取代「太虛」成為主流詮釋

1　〔清〕黃宗羲撰，全祖望補訂，《宋元學案・橫渠學案下》，收入沈善洪主編，《黃宗羲全集》第 3 冊（杭州：浙江古籍出版社，2005 年），頁925。

2　〔宋〕程顥，程頤，《二程集》（北京：中華書局，1981 年），頁 21。

之一。承繼或贊成朱子者認為，道體無方所，故不當以具有形而下相對屬性的「清、虛、一、大」描述之。採用「理」詮解「太虛」正可避免張載所見之偏。例如，在注解《正蒙・太和》所言：「太虛無形，氣之本體」時，《新刊正蒙解》便直言「太虛，理也」[3]。至於不採朱子詮釋觀點者則認為，《正蒙》所言之「太虛」是「氣」，而非超然於氣之外的形上理體。例如，《正蒙釋・卷一》在注解〈太和〉首句所言「太和所謂道」時，即表示：「此章統論氣即是道」[4]。二者，以理氣關係詮釋太虛與氣之關係。當張載使用「理」或「天理」一詞時，雖已跳脫泛指形而下事物之條理或文理之侷限，但是《正蒙》並未形成以理氣論架構呈顯虛氣關係的論述。然而，自朱子將〈太和〉中的虛氣關係視為理氣關係後，明清《正蒙》注家不論是否贊成朱子觀點，均從理氣論架構探討太虛與氣之關係。所差別者，在於是否將「氣」視為形而上之存有？太虛與氣是否為「一」？此「一」又是「無外」之「一」？相即不離之「一」？或者是「本一」？例如，《正蒙集說》視太虛通同於太極，而為形而上的超越理體，故將〈太和〉所謂「知虛空即氣」理解為「氣即理之所寓」，視「氣」為「理」之載具，虛氣關係為形而上的太虛與形而下之氣的關係[5]。但王夫之（船山，1619-1692）並不認同「氣」僅屬於形而下者，故對於同一句「知虛空即氣」，其注

---

[3]　〔明〕劉儓，《新刊正蒙解》（嘉靖 24 年刻本，譚大初校），卷 1，頁 2。

[4]　〔明〕高攀龍集註，徐必達發明，《正蒙釋》（明萬曆刻本）收入《四庫全書存目叢書》（臺北：莊嚴文化事業有限公司，1995 年），子部，第 1 冊，頁 673。

[5]　〔清〕楊方達，《正蒙集說》（乾隆 5 年復初堂刻本），卷 1，頁 4。

解卻是「理在氣中，氣無非理」，試圖從理氣的「通一無二」將
「氣」上提至形而上的境地[6]。

　　乍看之下，以「理」或「太極」取代「太虛」可歸屬於修辭上
的詞語代換，而由理氣關係詮解虛氣關係更可視為後世理學家對張
載思想的進一步發展。然而，若吾人仔細辨析，當可發現其中至少
蘊含著兩項關鍵問題：一者，設若思想家並非任意的選用概念語詞
以處理所面對的哲學問題，則使用某一字詞而非其他字詞作為其思
想的核心概念，理當基於此字詞相較於其他字詞而言，更適宜釐清
所關涉的哲學問題，以及更精準的闡明解決此問題的理論。依此，
以「理」取代「太虛」是否合宜？就不是一個修辭上的問題，而當
歸屬於哲學思想上的議題。再者，設若理氣論架構可包含虛氣論的
全部內容，並且延伸出虛氣論尚未處理的部分，則以理氣關係詮釋
虛氣關係或可視為後世注家對張載思想的進一步發揮。但若是在虛
氣論中著墨甚多，而在理氣論架構中輕輕帶過，甚至全然無涉，則
吾人不假反思的接受由理氣關係理解虛氣關係的詮釋進路，是否合
宜？亦有待研究者再思之。

　　王植正是在前述思想詮釋背景下，經由比較《正蒙》不同注本
時，洞見朱子影響之深，進而反思明清《正蒙》諸注的詮釋是否合
宜。《正蒙初義》全書共十七卷，逾十五萬字。從構思、寫成，至
收入《四庫全書》中，歷經清康熙、雍正、乾隆三朝，其中參考與

6　〔明〕王夫之注，《張子正蒙》，收入《船山全書》第 12 冊（長沙：嶽
　　麓書社，2011 年），頁 23。

收錄的明清《正蒙》注超過十五種[7]。相較於廣受當代學界所重視的船山《張子正蒙注》，王植此書無論是在質與量上皆不遜色。並且由其所收注釋之豐，更是吾人研究明清《正蒙》學時，所不當忽略的重要文獻。此為本文以王植《正蒙初義》作為研究主題的理由。至於以「太虛三層義」為貫穿全文的主軸，實是依據王植自身對《正蒙》一書的詮釋脈絡。誠如《四庫全書》的編者在《正蒙初義》的〈提要〉中所指出：「（《正蒙初義》）又謂程朱多不滿此書（《正蒙》）太虛二字，然晰其本旨殊途同歸，正不必執程朱諸論以詆之」。王植不僅發現從程朱理路修改《正蒙》思想所可能產生的困境，並且已然指出跳脫此一困境的首要工作即在於重新闡明「太虛」在《正蒙》中應有的意涵。此所以王植不僅將「太虛」視為解讀《正蒙》的「入手關頭」，更嘗試由太虛三層義統攝全書的義理架構。基於此，本文從以下三方面展開討論：首先，嘗試釐清「太虛」三層義的各自意涵與相互串言之關係；其次，依據太虛之三層義，辨析王植對明清《正蒙》注的批判；最後，則在於探討王植如何以太虛三層義回應程朱對《正蒙》的批判，並開展出有別於程朱的詮釋進路。

7　依據〈臆說〉文末的說明（頁 8），《正蒙初義》所參考、援引的注本，除明儒胡廣（光大，1369-1418）奉命編輯的《性理大全》中所收《集釋》、《補注》、《集解》，以及程頤、朱熹等先儒之言之外，另參考明儒高攀龍（景逸，1562-1626）之《正蒙釋》，清人冉覲祖（永光，1637-1718）的《補訓》，清儒李光地（榕村，1642-1718）的《正蒙注》，以及張伯行（敬庵，1651-1725）對《正蒙》一書的注解。此外，亦參考了康熙年間舉人華希閔（劍光，1672-1751）等人的注解。

二、「太虛」義析解

在〈臆說〉中，王植曾指出：「『太虛』二字是看《正蒙》入手關頭，於此得解，以下迎刃而解」[8]，由此提點出解析「太虛」這一概念的不同意義，以及各層義之相互關係，對於詮釋理解《正蒙》的關鍵性。下文亦依此先說明王植如何解析「太虛」之三層義，次論太虛各層義間如何串言。

（一）「太虛」之三層義

王植認為，在《正蒙》中，「太虛」乃是性命之原、萬物之本，而具有獨一無二的超然地位。故本當為「一」而非「多」。但隨著所探究之問題與行文脈絡的不同，「太虛」的文意亦有不同[9]。順此，他在《正蒙初義·卷一》曰：「太虛有以未發之體言者，有以流行之用言者，有以究極之歸言者」（頁1），將不同文脈中出現的「太虛」概念，析解成以下三種意涵。

其一，就太虛為未發之體而言，〈臆說〉曰：「『太虛無形』，『塊然太虛』，此以渾然未形者言之，為天地萬物之大母，

8　〔清〕王植，〈臆說〉，《正蒙初義》（清文淵閣四庫全書本），卷1，頁2。由於《正蒙初義》除在卷首收入〈臆說〉作為解析全書之總綱外，還依照《正蒙》十七章分為十七卷，每卷頁碼以「一」起始。因此，下文引用〈臆說〉將直接標示頁碼，而引用《正蒙初義》時，則標示「卷」與「頁碼」。

9　〈臆說〉曰：「竊意『太虛』一而已矣，而各節所舉為言者不同，宜以三層概之」（頁2），而《正蒙初義·卷一》亦細述曰：「太虛有以未發之體言者，有以流行之用言者，有以究極之歸言者」（頁1）。

在造化則本此以生天地，在天地則本此以生人物，乃氣之本體。先儒謂以清虛一大為萬物之原恐未安者，此也。此第一層也。」（頁2）由引文可知，王植認為「太虛」的第一層義，即是作為生化萬有之本體。依此，太虛具有整全性（「渾然未形」）、先在性（「為天地萬物之大母」），以及根源性（「在造化則本此以生天地」）等性徵。又由《正蒙初義・卷一》釋「太虛無形」一語時，曰：「蓋上而推之天地人物之先，則萬物之形皆本於無形，其湛然無形而足以形形者，是太虛之本體」可知，「太虛」之「無形」並非從現象上指明太虛本無形貌，而是從「形而上」的層面論斷有形之物必為其「形」所侷限，而為有限存有者，太虛既為生化萬有之根源，自然不歸屬於任何有限存有者，而理當超越「形」之侷限，自為無限之存有自身。值得注意的是，對於《正蒙・太和》所言：「太虛無形，氣之本體」[10]，在當代張載學研究中是存在著不同的詮釋。有學者將〈太和〉所言：「太虛無形，氣之本體」之「本體」理解成「本然狀態」，所謂「太虛」乃是指「氣之本然狀態」，並更進一步認為「氣」即是一種極細微的物質[11]。亦有學者主張此句並不是指「太虛乃氣之本來狀態」，亦即不應當將「本體」理解為「本來狀態」，而應當將「本體」理解為宇宙生化之根源，亦即將「太

10　引文依據《張載集》，凡衍誤的字句以圓括號「（ ）」標示，而補脫與改正之字句以方括號「〔 〕」標示。

11　張岱年先生將張載定位為「北宋時代的唯物主義哲學家」，並認為〈太和〉所言：「太虛無形，氣之本體」之「本體」並不是西方哲學中所謂的「本體」，而只是「本來狀況」的意義。若將太虛視為「本體」，氣視為「現象」，則其實是一種誤解。張岱年，〈關於張載的思想和著作〉，《張載集・序》，頁1-18。

虛」視為使氣之絪縕變化所以可能之常體、真體[12]。然而，若就前引王植對張載此句的詮釋而論，他顯然是反對將「太虛」與「氣」析解為「二」，而肯定「太虛」為「氣之本然」，但不落在「狀態」上看[13]。對此，在後文論及「虛氣關係」時，會有更進一步的探討。再者，雖然「喜怒哀樂之已發與未發」是宋明儒學中極為重要的課題，王植雖也將宋明儒對此課題的探討帶入《正蒙》文本的詮釋中。但是，此處所言「未發之體」之「未發」，乃是從太虛作為生化萬有之根源處言。由此相對於從太虛之生化流行、妙運萬物處而言「已發」。他舉〈太和〉中的「太虛無形」與「塊然太虛」為例，認為《正蒙》中論及萬有之本體的「太虛」皆屬於此第一層義。

其二，就太虛為流行之用而言，〈臆說〉曰：「清通不可象之神，太虛為清，無礙故神，與夫升降飛揚未嘗止息，此以流行徧（遍）滿者言之。周乎天地人物之先，而貫乎其內，乃氣之發用，

---

[12] 牟宗三，《心體與性體》第 1 冊（臺北：正中書局，1990 年），頁 437-444。

[13] 在當代學者中，唐君毅先生亦有相近的看法。他認為張載所言之氣當只是一流行的存在或存在的流行，而「不更問其是吾人所謂物質或精神」。唐先生指出：「氣之義，原可只是一真實存在之義」。唐先生此言又可分別由兩方面理解：其一，氣作為一真實存在，並非指氣為「實體」，而是將氣視為「涵形之變異歷程於其中之存在」（existential process）。其二，物乃第二義以下之存在概念，唯氣之流行為第一義之存在概念。詳見唐君毅，《中國哲學原論・原教篇》（臺北：臺灣學生書局，2004 年），頁 93；〈張橫渠之心性論及其形上學之根據〉，《哲學論集》（臺北：臺灣學生書局，1990 年），頁 211-233；〈張橫渠學述要〉，《哲學論集》，頁 361-373。

即太和之謂也。言其清通則曰太虛，言其流行則曰太和，異名而同實者也。此第二層也」。王植認為，「太虛」之第二層義在於其發用流行即是造化之妙運萬物。在《正蒙》中，張載是以陰陽二氣之聚散浮沉、升降飛揚，闡述萬物如何在無止息的氣化絪縕中得以生生不息。在此，他雖說萬物形色本諸陰陽氣化，陰陽氣化本諸太虛，但尚未明言陰陽氣化即是太虛。但由《正蒙初義・卷一》曰：「凡二氣之絪縕，天地之對待，陰陽之流行皆太虛之妙用」可知，王植已然由太虛之第二層義表明「太虛」與「氣化」並非一者為「體」、一者為「用」，體、用分判為「二」的關係，太虛本就是即體即用之造化自身。再者，若說在太虛第一層義中，所呈現的是太虛之整全性、先在性，與根源性。那麼在第二層義中，他不僅通過二氣絪縕以生萬物而指出太虛的生物性，亦藉由氣化流行週遍天地萬物而呈顯出太虛的遍在性。最後，針對歷來《正蒙》注家在「太和」一詞上的歧異，王植有兩點見解：一者，「太和」與「氣化」並非「形上之道」與「形下之氣」的兩層關係，太和與氣化是「一」，是指陰陽二氣絪縕相盪本即沖和不已，亦即是「以氣化明道」（卷一，頁 7）。故他明確表示：「太和之氣即所謂道也」。二者，他認為「太和所謂道」，並非指在「太虛」之上，還有一個作為造化根源的「太和」。「太虛」和「太和」是「異名而同實」的關係。值得留意的是，王植善於層層釐析概念，在此第二層義中，他又將太虛之發用流行析分為「屬之天地者」與「屬之萬物者」[14]。前者即是張載於〈太和〉所言：「清通不可象者」，包含一切不具備具體形貌以致於難以用語言文字所窮盡、掌握，甚至是描述

14　《正蒙初義・臆說》，頁 2。

者。例如，天地、乾坤，或是在氣化活動中，二氣浮沉以有條不紊的方式所呈現的理序，均可說是太虛之妙用。至於後者，則是〈太和〉所言：「散殊可象者」，包含各類氣化所生而具備具體形貌之物。故王植認為「風雨雪霜、萬品山川」之化生，皆涵攝於太虛之第二層義中。

　　其三，就太虛為究極之歸而言，〈臆說〉曰：「至萬物散而為太虛，散亦吾體，此又從既生人物之後而要其終。先儒謂其流乃是大輪迴者，此也。此第三層」（頁2）。王植認為，太虛之第三層義，即在於闡明萬物之死生流轉不外乎是一氣之聚散流行，並由此反駁釋氏輪迴說的論點[15]。例如，在《正蒙初義・卷一》中，王植藉由注解「聚亦吾體，散亦吾體，知死之不亡者，可與言性矣」時，即表示「『散亦吾體』乃太虛第三層正義也」（頁17）。他認為，張載既然以太虛作為一切存有之根本，又以太虛之發用乃一無止息的氣化流行。依此，在理論上顯然亦必須通過「太虛」，說明萬有死亡後該當歸於何處，而此正是太虛第三層義所處理的課題。在此義中，王植認為張載以氣論發揮《周易》之「遊魂為變」的思想，說明人死之後既非歸於虛無，也不是以有識主體的形式在輪迴

---

[15] 由《正蒙初義・卷一》曰：「客形變化之小聚散非萬物復聚為太虛之大聚散也」（頁30）可知，王植又將張載以氣之聚散解釋萬物之死生流轉的說法進一步發揮，而為：(01)「小聚散」是指個體隨氣聚而生、氣散而死，並在生存歷程中隨氣化活動「形形相繼」。舉例而言，人由氣聚而生，死時則身體形貌亦隨氣散而毀朽。當人生存時，儘管各年齡期（例如，五歲、十五歲、五十五歲）的形貌均不相同，但是此人仍屬於「同一個體」。王植以為，這是由於個體隨著氣之聚散方能在不同時空中持續維持著形貌相繼相續，而這都屬於「客形變化」之「小聚散」。(02)「大聚散」則是就天地萬物最終都會在氣化活動中復歸為「太虛」而言。

中流轉，而是以「形潰反原」的方式，復歸於整體的氣化流行中。
因此，他表示〈太和〉所言「死之不亡」與〈乾稱〉所說「形潰反
原」可以相互發明，其旨皆是「明輪迴之妄」（頁 18）。也依此，
在《正蒙初義·卷十七》卷首總論全篇要旨中，他進一步批判佛家
的輪迴說，而曰：「蓋以人性為空寂，既於太虛之上二層未能深
知，以人死為輪迴，更於太虛之第三層未嘗窺見其弊相因，而皆與
吾儒相反，故不可不辨也」（頁 2）。他指出，經由辨析太虛之三
層義可知，人性本於太虛生生之德而為實有，並非如佛家所言之空
寂[16]。再者，當人死之後，亦隨著形體的潰散復歸於天地造化之
中。依此，人不僅在形貌上隨著形潰而返回太虛本源，其精神亦不
再侷限於個體氣質之中，而是復返於太虛整體。換言之，人並非如
同佛家所言「受生輪迴」，在死後仍然困守著個體的業識輪迴不
止。人當是經由氣質之性的解消，不再固守著個體的意識，而在太
虛中回歸為整體的天地之性。也正是在這點上，王植順張載之言，
批判佛家輪迴說「不知天德」（頁 23）。並指出佛家總是侷限於
己之私，而將個人之存在意義著眼在從一己之生死中解脫，進而由
此將人生推導向空虛，卻不知人總是以太虛生生之德為依歸，即便
個體死亡亦不過回歸以生生為性的天地之性中。不過，值得注意的
是，王植在此亦指出，張載之「太虛」第三層義是「與程朱所言小
異」（頁 25）。在程、朱的論述脈絡中，個體死後其氣亦隨之消

16　在《正蒙初義·卷十七》注解〈乾稱〉所言：「浮屠明鬼」一段時，王植
　　發揮張載之意，認為釋氏輪迴之說，乃是圍於以人生為空妄，以鬼神為實
　　有，故「懼輪迴而求得道，種種流弊皆自此出」（頁 19）。順此，他主
　　張當以儒者天人合一、原始反終之學，對治釋氏輪迴說之失。

散，並無復還於本原之理，故非如張載所言個體死後，消散之氣是返回整體氣化流行中[17]。

在層層解析「太虛」的不同意涵後，王植進一步表示，雖然在《正蒙》的不同行文脈絡中「太虛」可解析為三層義。但此三層義並非彼此割裂，或是有概念意涵混淆之嫌。太虛之三層義，是可相互串言的同一概念。關於這一點，下文將以王植對〈太和〉之「太虛不能無氣」的詮釋，以及〈乾稱〉篇首總論為例，作進一步的說明。

（二）「太虛」各層義之關聯

王植在〈臆說〉中曾表示，由於《正蒙》舊注未能掌握橫渠本意，故往往於文中難解之處強行割裂注釋。至於要洞悉《正蒙》全書要旨，關鍵之處即在於深知「『太虛』是張子主見」（頁4），而當隨文釐析太虛之三層義。故在《正蒙初義・卷一》中，王植便指出：「太虛之義分三層足以貫之，而其立言不一，皆當隨文體認細玩篇中之意」（頁13），其要旨不僅在於表示《正蒙》不同文脈中出現的「太虛」一詞，共可歸納為三層意涵，也在於指出太虛的不同層義蘊，是可以相互「串言」。此所以〈臆說〉曰：「各節所

17　例如，伊川即以「天地中如洪爐，何物不銷鑠了」，指出人死後，其氣也隨之消散、重鑠為新氣，並批判性地曰：「若謂既返之氣復將為方伸之氣，必資於此，則殊與天地之化不相似。天地之化，自然生生不窮，更何復資於既斃之形，既返之氣，以為造化？」對此，在本書「第一編」之〈貳、《正蒙釋》中的氣有生滅之爭〉中，有專題性的探討，讀者可參閱之。〔宋〕程顥、程頤著，《二程集》（北京：中華書局，1981年），頁148。

言之太虛，言雖殊而意自貫，左右逢原而各盡其致矣」（頁 3）。
至於「太虛」之三層義該如何串言？本文以為，可藉由下述引文析
論之。

在總論〈太和〉一篇之要旨時，王植曾以「生生之歷程」與
「體用之關係」串言太虛之三層義。《正蒙初義‧卷一》曰：

> 太虛一而已矣，而以為有三層可言者，蓋上而推之天地人物
> 之先，則萬物之形皆本於無形，其湛然無形而足以形形者，
> 是太虛之本體。所以主宰於上，而為生生之原者也。造化所
> 以生天地者以此。故曰：「太虛無形，氣之本體」，天地所
> 以生人物者亦以此，故曰：「由太虛有天之名」，所謂性之
> 中涵而為感之體者也。中而推之萬物有生之初，凡二氣之絪
> 縕，天地之對待，陰陽之流行，皆太虛之妙用，所以為生生
> 之具也。而及其有形之後，則凡散殊可象之迹，莫非太虛之
> 所流貫，而其虛空無物之處，雖至幾微冥渺容光一髮之隙，
> 亦莫非太虛之流行而充塞焉。所謂太和之道清通無礙而神者
> 也。極而推之人物既生以後，生既盡矣，又不能不化有形而
> 無形，是復還於太虛也，所謂「形潰反原」而「散亦吾體」
> 者也。

前引第一句，可視為對如下提問的回應：既然「太虛一而已矣」又
何以「有三層可言」？對此質疑，王植是從以下三方面說明。

其一，由「生生」為一無止息之歷程串言「太虛」之三層義。
如果說張載氣論所顯明的要旨之一，在於以二氣神化闡述萬物之存
在，即是真實無妄之「有」，創化復歸的連續歷程。那麼，王植則

是直接以「太虛」總攝此要旨，並以太虛之三層義，析論此創化活動的不同面向。王植將「太虛」視為宇宙生化之本體。但是，「太虛」與「天地萬物」之關係，並非「超越者」外於「存在世界」的關係。毋寧說，「太虛」就是以氣化的方式，不斷創化萬有的存有自身。對此，王植又以「生生」，統稱太虛之創化活動，並依此串言太虛之三層義。例如，若將「生生」之創化活動析分為三個環節，則他是由「上而推之」的方式，首先以「生生之原」，指向太虛作為一切存有者之根源的一面。由此說明，在「生生」的創化活動中，太虛具有「天地人物之先」的先在性。但由於此處是從存有的根源義，指出太虛「先於」天地人物。所以，太虛之先是指「形而上之先」，而非「時間上之先」。再者，他又由「中而推之」的方式，闡述太虛如何藉由二氣絪縕，使個別之有從整體之有中化生。由於在此王植借用了「載具」的形象喻意，將太虛視為整體，而個別之存有者皆包裹於太虛之創化中，為太虛所承載。所以，他以「生生之具」形容之。最後，他又由「極而推之」的方式，指出個體之生存活動雖走向盡頭，但卻非走向虛無，而是復歸於整體之生生活動中。此所以說「生既盡矣」，而當「復還於太虛」。

　　其二，由「體用」關係串言「太虛」之三層義。除了以「生生」串言太虛之三層義。王植亦將太虛創化萬物之歷程，視為「即體即用、原始反終」的歷程。並通過體用關係，串言太虛之三層義。在王植思想中，將「太虛」析解成三層義，不僅更能清楚的闡明《正蒙》「天之生物」之學[18]。亦能避免將「造化生生」拆解成

18　在〈動物〉與〈乾稱〉中，張載分別從「天秩天序」與「益物必誠」闡明「天之生物」之說。由《正蒙初義》卷一、卷五以及卷十七可見，王植藉

「理為生生之體，氣為生生之用」之弊。在他看來，「太虛」即是「生生」，並非在氣化生生之外，另有一作為氣化本源的理體。依此，他從太虛本是兼含體用義，而非體用相對言。將太虛分解為第一層義與第二層義。並以「生生」統攝太虛之體用義，而由此帶出太虛之第三層義：「原始反終」。其意即是說，不論是從二氣絪縕看待整體生生歷程，或是就個體之死亡而言客形之形潰反原，皆標示出道體並非孤絕於萬有生化之外的超越者（第一層義）。太虛即涵蘊「生生」（第二層義），且萬物出於太虛並復歸太虛（第三層義）。此所以說，王植以「即體即用、原始反終」，串言太虛之三層義。在《正蒙初義》中，王植不僅依此詮釋進路，總論〈太和〉與〈乾稱〉通篇要旨。在注解《正蒙》各篇文句時，他更進一步發揮此義。例如，在注解〈乾稱〉所言：「凡可狀皆有也，凡有皆象也，凡象皆氣也」一節時，他即指出此三句雖「只以一氣字分析」，但若層層細究當可發現此實是「以（太虛）第一層與第二層串言」（卷十七，頁39）。

其三，由「無形－有形－形形－形潰反原」的結構，串言「太虛」之三層義。相較於《正蒙》舊注多半留意〈太和〉以「有形－無形」區分氣化活動中「可見」與「不可見」的層面[19]，王植則是

---

[19] 由〈太和〉所言：「由太虛，有天之名」，進一步發揮為太虛生生之說。一個明顯的例子，是對於《正蒙・太和》曰：「氣聚則離明得施而有形，氣不聚則離明不得施而無形」一句的詮釋。由《張子全書》的記載可知，至少在朱熹當時，對於「有形－無形」在氣化聚散活動中的意涵，其關注焦點已經集中在「可見－不可見」上。因此，《正蒙》舊注於此處的主要爭論在於釐清「離明」所謂何意。朱子表示，此句中所謂的「離明」，主要有兩種不同的詮釋，一種主張「離明」當作「日光」解，另一種則主張

發揮張載「氣無內外，假有形而言爾」（〈誠明〉）之說，著重於將「氣化生生」視為無止息的創化歷程，並可解析為「無形—有形—形形—形潰反原」等四個環節。在王植看來，太虛統體是氣，凡存在總已是氣化之存在，並不存在著一個外於氣化之實存。因此就存有自身而言，太虛是一，太虛即氣，而氣本無內外之分。至於氣之所以可分內、外，在於由「無限存有」與「有限存有者」相對言處見，而「形」即是此中關鍵。由前述可知，王植在闡釋「太虛無形」一語時指出「萬物之形皆本於無形」；依此，「無形」與「有形」的關鍵區分不在於氣化活動是「可見」或「不可見」，而是在於顯明「太虛」與「有形之物」是以「生生」與「受生」的關係存在於整體氣化生物的歷程中。順此，無形之太虛與有形之萬物才經由「形」之區分，從整全之「一」中分化為「多」，而始有內、外之分。再者，王植以太虛生生是動態的創化活動，故有形個物之

「離明」當作「眼睛」解。朱子亦認為「此說似難曉」，但若就他本人的理解而言，此句當詮釋為「氣聚則目得而見，不聚則不得而見」，故所謂「離明」當是從「目」而言（卷 2，頁 3）。值得注意的是，在《張子正蒙注》中，王船山與朱子相近，認為「離明」與人的目力相關，對於「無形」注解：「無形，非無形也，人之目力窮于微，遂見為無」（頁 92），卻推導出全然相異於朱子理氣論的觀點。誠如陳贇先生所指出，船山從主體認知能力的界限起始，闡明任何事物對於人們顯現都具有「形」（「可見」）與「不形」（「不可見」）兩個「同時同撰」的面相，這就是真實存在的本性，而「氣」正是貫通這兩個面相的終極概念。故船山將「氣」視為這個世界的最終根源，氣的本質特性就是真實性。陳贇，〈王船山理氣之辯的哲學闡釋〉，《漢學研究》第 20 卷第 2 期，2002 年 12 月，頁 92。〔宋〕張載撰，〔清〕朱軾，段志熙校，《張子全書》（臺北：臺灣中華書局，1998），據「高安朱氏藏書本校刊」，頁 2。

「形」在存在歷程中絕非靜止不變。因此，他比張載更進一步而提出「形形相繼」的論點，用以說明有形萬物如何在存在歷程中維繫自身形貌的統一性與連續性。最後，若王植將「無形－有形」這一環節視為太虛生化萬物之根源義（第一層義），而將「有形－形形」視為太虛以二氣絪縕創化萬物之化生義（第二層義），則「形形－形潰反原」即是指向有形個物在個體存在歷程終結時回歸於整體存在歷程中，亦即是太虛生化萬物之復還義（第三層義）。依此可說，太虛是一，而以三層串言。

　　基於上述三點可知，王植是將存有之根源、造化之活動，以及個體向整體之復歸等層面統攝於「太虛」一名中，此所以能既說：「太虛一而已矣」，但又可分三層串言。在《正蒙初義・卷一》中，對於〈太和〉所言：「太虛不能無氣，氣不能不聚而為萬物，萬物不能不散而為太虛」一句，王植即曰：「此節『太虛不能無氣』即太虛之第一二層，『物不能不散而為太虛』即太虛之第三層也」（頁16）。當是王植串言太虛之三層義最具代表性的注釋之一。此外，尚有兩件事值得注意：一者，王植雖多次表示為了辨析《正蒙》舊注之爭端，實當將「太虛」析解為三層意涵，且此三層意涵又當相互串言。但是，實際在注解《正蒙》時，王植最常論及的是太虛第一與第二層義的串言，而較少論及第三層義與其餘二義的串言。這可由《正蒙初義》十七卷中，論及太虛第一、二層義串言者共「13」處，但論及第三層義者僅「5」處而得知。再者，王植亦表示通過區分太虛之三層義，可使吾人更能條理分明的掌握《正蒙》中有關天道論、人性論，以及工夫論的重要概念。例如，在《正蒙初義・十七卷》篇首總論中，他即將「虛」、「性」連言者，歸屬於太虛之第一層義。其次，將「神」、「感」、「善應」

等概念，劃入太虛之第二層義。最後，則將涉及「原始反終」（「此就太虛整體之生生歷程言」）與「形潰反原」（「此就個體向整體之復歸言」）的概念歸為太虛之第三層義。至於通過將太虛析解為三層義後是否能解決《正蒙》舊注的爭端？又當如何解決？此即下文所要探討的部分。

三、王植對明清《正蒙》注之辨析

　　王植依據對太虛三層義的解析，進而指出明清《正蒙》注家對橫渠思想的詮釋至少有三點值得辨析之處。

（一）辨析以「理」或「太極」詮釋「太虛」之非

　　在《正蒙初義・卷一》總論〈太和〉一篇要旨時，王植指出：「舊說皆以太虛為理，且謂與周子言太極同義，不知太虛與太極確有不可得而強同者」（頁 1），明確的表示《正蒙》舊注嘗試以「理」，或周敦頤思想中的「太極」，附會張載所言之「太虛」，是一種不恰當的詮釋。至於以「理」或「太極」詮釋「太虛」為何不恰當？由〈臆說〉表示曰：「太極，理也；太虛，氣也。言太極則太虛在其中，而太虛固不足以包太極也」（頁 1-2）可知，王植是從兩方面論說：一者，從概念語詞的使用意義上而言，「太極」屬於「理」，「太虛」屬於「氣」，兩個概念在意義內容上並不等同，用前者詮釋後者並不恰當。二者，「太極」與「太虛」所涵括的內容範圍也不相同。王植在此仍順著宋明理學中「理先氣後」、「理以統氣」的觀點，認為形而上之「理」才是主宰、貞定「氣」之價值定向的主導。所以在存有的位階上，「理」是優先於

「氣」，並也依此，「理」才是無邊際、無形跡、遍在於萬有，卻不為形所侷限的形而上之本源。「氣」相較於「理」，仍屬於「容有形跡」者。所以，在存有論的論域範圍上，「太極」可以涵括「太虛」，但「太虛」不足以窮盡「太極」之意涵。因此王植認為，在概念語詞所涵括的內容範圍上，「太極」可涵括「太虛」，但「太虛」無法包含「太極」。若將「太極」等同「太虛」，並用以詮釋《正蒙》中涉及太虛一詞的文句，都是一種不恰當的詮釋方式。三者，「太虛」與「太極」所處理的哲學問題不同，以後者取代前者，不僅轉移了張載原本所關注的哲學問題，更可能使得「太虛」一詞的意涵為吾人所忽略。在總論〈太和〉篇旨時，王植即曰：

> 《太極》一圖本《易》，「易有太極」數語建圖屬書以發所見，其說由理而氣而形，從原頭說下因端竟委以極其義。所謂太極云者，雖云不離乎氣，而實以其不雜乎氣者而言。故形而上下之分劃然不淆，而意之周匝言之簡盡，皆純粹以精而無之可疑。太虛之云，則因二氏崇虛之見而為之說，以訂其蒙其說由虛而氣而形，蓋氣有清濁，濁者滯於形象而不能通清者，則虛空洞達神妙莫測足以超乎形象之外，而為天地人物之本，故名以命之曰：「太虛」。

此段引文有兩項重點：首先，就哲學問題之差異而言，「太極」直指天地萬有之究極根源，此概念所直接回應的是吾人對存在根源的哲學探問。但是當張載使用「太虛」一詞時，其原出於批判佛、老以天地萬有為本虛不實，對治二氏以「虛」、「無」見道體的問

題。故與《太極圖說》上承《易》傳一系直探萬有之究極根源的問題脈絡不同。基於此，太虛之第一層義雖也關涉萬有存在的根源性探問。不過，「太虛」與「太極」概念在所處理的哲學問題上卻僅是「交集」，而並非「重疊」。若將二者相互代換是混淆了二者哲學問題上的差異，且遮蔽了太虛概念之義蘊而不自覺。其次，就形而上下之關係而言，「太極」與「氣」是「不離不雜」的關係。依據前一點所提的問題意識，王植指出以太極為核心概念的存有論圖式如下：「理（太極）─氣（氣化流行）─形（有形個物）」。此即意味「太極」屬「形而上」，是氣化之所以然者；「氣」屬「形而下」，是生成變化之實然。故在存有位階上，二者分屬「形上／形下」，不容踰越。相較於此，太虛旨在批判「二氏崇虛之見」，故太虛是以至虛為實。設若「氣」即是真實無妄之有，天地萬物亦即是整全一體之「氣」，則「氣」之濁礙而為形所侷限者，無論是否可見（或「有無具體形貌」），皆屬為「形」所拘，在存有論上僅具暫留義的「客形客感」。但清通不為形所侷限者，則為至虛的「太虛」。「太虛」與「氣」之關係，乃是「太虛即氣」。一氣貫通形而上下，標示出凡存有即真實，形而上之太虛與形而下的有限個物皆是「氣」。依此所呈現的存有論圖式如下：「太虛（清通不為形象所拘之氣）←氣（真實無妄之有）→形（濁礙為形所拘之有限個物）」。故「太虛／氣」並非「形上／形下」的二分關係。由此亦顯出「理氣關係」與「虛氣關係」，在哲學問題上，僅是「交集」而非「重疊」。所以不當以「太極」或「理」取代「太虛」。

　　基於前述三點，王植批判明清以來的《正蒙》注解。他以李光地（榕村，1642-1718）的注解為例，對於〈太和〉所言：「太虛無形，氣之本體」，李注為「言太虛無形之中，而氣之本體存焉，即

太極也。朱子〈圖解〉云此所謂『無極而太極也』」[20]，依照李注此處的理解而言，是將「太虛」與「氣」拆解為彼此相對的兩物，「太虛」並不是「氣」，而是在「氣」之中主宰氣化流行的本體，亦即是周敦頤所言之「太極」。王植認為，李注言「太虛無形，氣之本體存焉」中，實是將「太虛無形」與「氣之本體」分為異質的二者，使「太虛」獨立於「氣」的內容意涵之外[21]。這種詮釋不僅使得「太虛」與「氣」截斷為「形上之太極」與「形下之氣」的兩層關係，更使得「氣」之本體義脫落。相對者，通過太虛之三層義的釐清，將〈太和〉此句視為「太虛之第一層義」（《正蒙初義・卷一》，頁12），則不僅仍能首尾一貫地詮釋本節文句，更能在遵照「太虛即氣」的論斷下，使「太虛」與「氣」不必截斷為「二」，並可經由「太虛」之第一層義保留「氣」之本體義。此所以王植批判李注曰：「無形、本體說作兩層，不免混入程朱甲裡，非張子本意」（《正蒙初義・卷一》，頁13）。

對於以「理」詮釋「太虛」，王植亦以為不然。他通過字詞代換的方式突顯出這種詮釋方式的不恰當。在《正蒙初義・卷一》中，他以「太虛不能無氣」、「萬物不能不散而為太虛」、「氣之聚散於太虛」、「太虛為清」、「萬象為太虛中所見之物」等句舉例，若是將「太虛」詮釋為「理」可通，則以上這些文句當可代換為「『理』不能無氣」、「萬物不能不散而為『理』」、「氣之聚

20　〔清〕李光地，《注解正蒙・卷上》（臺北：臺灣商務印書館，1979年），頁2。

21　李光地之詮釋，本書在「第一編」之〈陸、李光地《注解正蒙》太虛概念辨析〉，已有辨析。讀者可參閱之。

散於『理』」、「『理』為清」、「萬象為『理』中所見之物」。
然而，如此代換的結果，不僅造成文句的不通順，更在義理上難以
說得通。依此可知，以「理」詮釋「太虛」並不恰當。再者，王植
指出，有些《正蒙》注家認為「虛能生氣」、「氣塊然太虛」等
句，已然顯示「太虛」不是「氣」。因為以「氣」言「太虛」，似
未能窮盡「太虛」之意義。若推論「太虛」既然不能以「氣」窮盡
其義蘊，則「太虛」當為主導氣之「理」。王植認為，這種詮釋觀
點的謬誤，在於已經先以「理氣二分」的架構，詮釋「虛氣關
係」，如此才會主張「太虛」是「理」而非「氣」。實際上，若能
仔細分析「太虛」在《正蒙》中的不同意涵，當可知那些看似不能
直以「氣」窮盡「太虛」之意的文句，多半是就「太虛」作為「氣
之本體」的第一層義而言。對此，王植不僅在注解「氣塊然太虛」
時表明：「塊然太虛即無形之本體也，為（太虛）第一層（義）」
（頁 26），更在注解「虛能生氣」時，明確指出：「此總太虛三層
之意而言『虛』與『氣』之非二」（頁 21）。所以，王植批判這些
《正蒙》舊注曰：「直以『氣』言似未盡，而亦何可直以『理』字
代之也」。基於此，王植主張，若以「太虛」與「氣」在概念語詞
的使用上，作進一步的區分，則可。但若是主張「太虛」是
「理」，而不是「氣」，則不可[22]。

（二）辨析以「理體氣用」詮釋「虛氣關係」之非

　　由前述討論可知，王植反對《正蒙》舊注以「理」或「太極」
詮釋「太虛」。依此，他更進一步指出：由「理氣關係」詮釋張載

---

[22]　《正蒙初義・卷一》，頁 13。

的「虛氣關係」，並不是一種十分恰當的理解。王植表示：

> 竊嘗論之曰：「夫有理而後有氣，有氣而理即乘之，故理為
> 體而氣為用，此諸儒所共言也。由張子之言，則氣自有氣之
> 體，氣自有氣之用，而氣之體用又各自有體用之可分焉，此
> 非諸儒所共言，而張子所以發前人之未發者也」。（《正蒙
> 初義·卷一》，頁 28）

對於王植這段聲明，吾人可從兩方面理解：其一，自朱子注解《西
銘》以來，以「理」為「體」、「氣」為「用」的方式詮釋張載氣
論，已經是許多服膺程朱理學之儒者的共通見解。在此共識下，諸
儒認為：若說世間萬有之生成變化乃是氣化流行之「然」，在氣化
流行之中必有一使之「所以然」之「理」[23]。順此，「理」當為
「氣」之存在根源，而「氣」則是呈顯「理」之妙用的載具。
「理」與「氣」的關係是「有理而後有氣」（「理先氣後」）、「理
為體而氣為用」（「理體氣用」）。換言之，這種詮釋觀點是預先設
立了「體－用」架構，然後套用於張載氣論中，並依此將一氣流行
分解成作為本體之「理」與作為發用流行之「氣」。又由於張載在
《正蒙》中，是將「太虛」視為貞定氣化之價值理序的本源。所
以，《正蒙》舊注多以理氣二分的「體－用」架構，詮釋張載思想

---

[23] 此說影響甚深，在當代張載學研究中，除前引牟宗三先生的論點外，朱建
民與丁為祥先生亦有相近的看法，而從「虛氣相即」詮釋「太虛」與
「氣」的關係。參見朱建民，《張載思想研究》（臺北：文津出版社，
1989 年）；丁為祥，《虛氣相即──張載哲學體系及其定位》（北京：
人民出版社，2000 年）。

中的「太虛」與「氣」之關係。

其二，王植反對前述觀點。他認為，太虛與氣雖自有體用關係
而可有所區分。但是，並不能就依此將「太虛」與「氣」，分離成
本質互異的二者[24]。王植指出，一氣自可分為體用，而且體用又可
再各分體用。《正蒙初義・卷一》曰：

> 陰陽兩端循環不已，立天地之大義者，氣之體也。游氣紛擾
> 合而成質，生人物之萬殊者，氣之用也。然則何以言體之
> 體、體之用？曰：「塊然太虛者，渾然無朕之本體乎；升降
> 飛揚者，相摩相盪之大用乎。此在未有天地人物之先，湛然
> 而無形者也。無形者，皆體也」。然則何以言用之體、用之
> 用？曰：「浮而清、降而濁者，其對待之本體乎；感遇聚散
> 為風雨雪霜者，其流行之妙用乎。此在既有天地人物之後，
> 繁然而有象者也。有象者，皆用也」。（頁26-27）

依照王植的解析，《正蒙》氣論中的體用關係可先分為「氣之體」
與「氣之用」兩大類，大類之中又可再分為「體之體」、「體之
用」以及「用之體」、「用之用」等四小類。其區分原則如下：1.
「氣之體」與「氣之用」之區分可從兩面論說。一者，就存在之整
體歷程與個別環節而言，設若「氣」初僅指向真實無妄之存有，則

24　孫振青先生即曾指出，「區分」和「分開」是不同的。前者意謂「太虛」
　　與「氣」指的是道體的不同面向，但二者皆為道體自身；後者則區隔「太
　　虛」與「氣」為「二」，太虛是形而上之道體，氣是形而下之實然。孫振
　　青，《宋明道學》（臺北：千華出版公司，1986年），頁69-70。

生生不已的整體造化歷程即為「氣之體」，亦即生生不息的存在流行。此所以王植以「陰陽兩端循環不已」描述之。又由於個別存有者是在整體氣化歷程中以游氣聚散的方式生滅，故相對於整體存有歷程而言，個體生成乃屬「氣之用」。此所以王植以「游氣紛擾合而成質」區別之。二者，就「未有天地人物之先」與「既有天地人物之後」而言，則前者屬於氣之未曾分化為個別存有者之本然，王植以「無形者，皆體也」，指出氣之本然不為「形」所侷限，故屬「氣之體」。後者則是一氣已然分化為萬有以後，王植以「有形者，皆用也」，表示形器皆是氣化之發用流行，故屬「氣之用」。2.「氣之體」又可依氣之本然的本體義與發用義，再區分為「體之體」與「體之用」。凡言及天地萬有之本然，進而直指存在根源與價值理序者，屬「氣之體」中的「體之體」，此即「太虛」之本體義。其次，就氣之本然雖無形無象卻非靜止之死理而言，未曾分化之氣已然涵蘊造化生物之大用，故可分屬為「氣之體」中的「體之用」，此即「太虛」之發用義。換言之，若所論在於探討氣之本體根源時，則太虛即是氣之「渾然無朕之本體」，故為「氣之體」之「體」，簡言「體之體」。至於所論涉及氣化生物之活動源頭時，則太虛即是造化活動自身，而由「升降飛揚」、「相摩相盪」顯生物之「大用」，故為「氣之體」之「用」，簡言「體之用」。3.「氣之用」亦可再區分為「用之體」與「用之用」。王植將一氣已然化生萬有後的氣化活動，再做分解。若直指此氣化活動本即是以清濁聚散、沉降飛揚的方式發用流行，則為「氣之用」之「體」，簡言「用之體」。由於此時所指之氣已非無形的氣之本然（「太虛」），而是一氣化分為有形萬物時的氣化活動。所以，雖直指此活動之本然，而名之為「體」。卻是已然有分、相互對待之

「體」，故王植以此為「對待之本體」。至於「用之用」，則是指風、雨、雪、霜等天地萬象、萬物，皆不過是此氣化流行之各環節又經由分化、交感所化生，故王植又稱之為「流行之妙用」。

　　上述區分原則又有三點值得注意之處：首先，王植以「陰陽兩端循環不已」，直指「氣之體」。不僅在於呼應太虛之第三層義，將造化自身視為一陰一陽循環往復的歷程。更指點出《正蒙》氣論中的存有本源（「太虛」），即是生生不已的造化活動。太虛即是氣，「太虛」與「氣」並非不變動之「理」騎乘於變動之「氣」的關係[25]。故王植認為，太虛與氣以及氣化之關係，僅能在分解地說時有所區分，而不能將其視為本質不同而定當區隔的相異者。其次，由「氣之體」為「立天地之大義者」可知，太虛之關鍵意涵，不僅在於作為解釋萬有之所以能生生不息的存在根據，更標示出此存在秩序即是價值理序[26]。最後，「氣之體」不僅指向太虛為造化之源，且基於太虛為「湛然而無形」之本體，更標示出「太虛」即是「氣之本然」。又由於專言氣之本然時，即含蘊萬有之差別性尚未從整全之一氣中析分而出。所以，張載以「清」、「虛」、「一」、「大」或「清通不可象者」描述之。

　　藉由重新釐清「太虛」與「氣」的體用關係，王植不僅表示「虛與氣非有二也」（頁 31），將張載「太虛即氣」定調為「太虛

---

[25]　依據王植的分解，超越之理騎乘於形下之氣的關係，應該修正為太虛之第一層義與第二層義串言，亦即由太虛本即是萬有之本體與神化之活動自身，而非本體與活動相異的二者。

[26]　牟宗三，《心體與性體》第 1 冊（臺北：正中書局，1990 年），頁 439-440；方東美著，馮滬祥譯，《中國人的人生觀》（臺北：幼獅文化事業公司，1980 年），頁 14。

之本然即是氣」、「一氣之中自有體用」。他更批判在《正蒙》舊
注中，凡以「理體氣用」詮釋張載虛氣關係的論述。例如，針對
〈神化〉所言「神，天德，化，天道。德，其體，道，其用，一於
氣而已」，《正蒙補訓》認為此段是「重神化不重氣，即氣以見神
化也」，而《正蒙集解》亦注解為「神所以主張萬化而運於無形
者，……用所以發其體而體即寓於用之中」，皆從體用關係理解張
載所言之「神化」。在此詮釋脈絡中，「神」與「氣」是即用以顯
體的關係，神雖不離於氣化流行，但神仍是主宰氣化之超越理體，
「神」與「氣」終究是「二」而非「一」。王植認為，此類詮釋的
謬誤有二：一者，誤將「神化」之「神」，視為本體義。二者，誤
將太虛與氣化可分解地說的關係，視為本質互異的關係。王植歸納
《正蒙》書中的核心概念而指出，《正蒙》凡言「神」、「化」
者，皆屬於太虛之第二層義，亦即就太虛為流行之用而言。但是，
《正蒙》舊注往往將「神」上抬至本體的地位，卻將氣下降為僅屬
於形而下的層次。故誤將張載所謂「一於氣」視為形而上之神與形
而下之氣的「統一」或「合一」。實則，若掌握太虛之中自有體用
的原則，則「一於氣」當與「太和所謂道」對讀，其意指：太虛生
化萬物之神妙不測與氣化流行，本即是「一」[27]。類似的批判亦散
見於《正蒙初義》一書中。

（三）辨析舊注以「所以為太和者，道也」之非

　　「太和所謂道」是《正蒙・卷一》首句，有總提全書綱領之關

---

[27]　《正蒙初義・卷四》曰：「神與化皆在首篇〈太和〉中，皆太虛之第二層
也」（頁3）。

鍵性，歷來《正蒙》注家多對此句不敢輕忽。王植更表示「先儒言氣之詳，莫如張子如此節以太和言氣，而一氣字中又層層分析」（《正蒙初義‧卷一》，頁 8）。但也正因此，王植認為有些注解出現過度詮釋之嫌。他舉《性理大全》所收《補注》為例，指出：「《補注》謂太和是氣，所以然者乃是道，未免多做斡旋」（《正蒙初義‧卷一》，頁 9）。若從宋明理學史上來看，將「太和」視為「氣」，而從「太和所謂道」一語中另立出「使太和之所以然」之「道」者，《補注》並非孤明先發。明儒吳與弼（康齋，1391-1469）便已經表示：「張子以太和為道體。蓋太和是氣，萬物所由生，故曰保合太和，乃利貞。所以為太和者，道也，就以為道體，誤矣。」[28]，而明儒劉璣（近山，1457-1532）在《正蒙會稿‧卷一》中亦表示：「太和者，陰陽會合沖和之氣也，張子狀道之體，以為道理悉從氣上流行出來，故指太和以明道，欲人即氣見道」[29]。然而，王植反對這種觀點。他雖部分的接受先儒的注解，認同「太和」乃是精於「狀道之詞」[30]。但他並不認為可順此得到如下結論，亦即是：「太和」屬氣化之然，而「道」乃是使氣化之所以然。王植指出，在此「只就氣言，而未及理之不雜乎氣者」。所

28　《明儒學案‧崇仁學案二》第 2 卷，頁 37。

29　〔明〕劉璣，《正蒙會稿》（臺北：臺灣商務印書館，1966 年），頁 2。

30　據《張子全書‧卷一》所載，朱子對「太和所謂道」一節之注解為「此以太和狀道體，與發而中節之和無異」（頁 1）。在《正蒙初義‧卷一》中，王植則順此將《周易‧繫辭上傳》的「一陰一陽之謂道」，以及《中庸》所言：「喜怒哀樂之未發，謂之中；發而皆中節，謂之和」帶入詮釋「太和所謂道」一語，並表示考究此處語意，正是「以太和為道」（頁 9），而非《補注》將「太和」與「道」析解為「形而下之氣」與「形而上之道」的關係。

以，依照太虛之三層義的詮釋進路，當可將本節所言之「太和」，
判為「太虛」之第二層義。換言之，王植首先反駁《補注》以「然
－所以然」的架構詮釋〈太和〉本節文句。因為，如此一來，「太
和」被歸為「氣」，屬於形而下的「實然」，「道」則是在「太
和」之上，屬於形而上的「所以然」。原本以「太和」直指「道體
之發用流行」的語句，反而被割裂為形而上與形而下兩層，使「太
和」及「道」成為本質互異的二者。其次，王植接受《補訓》的觀
點，以為此句是「即氣化上見道」（頁 6）。由於在太虛之三層義
的區分中，「氣化」乃是就太虛為流行之用而言。所以，此處之
「太和」已屬於太虛之「已發之用」，而非針對太虛作為「未發之
體」而言[31]。也正是因此，王植認為朱子以「太和」之「和」與
「發而中節之和無異」的詮釋，實有洞見。再者，對於本節「散殊
而可像為氣，清通而不可象為神」兩句，他又依《補訓》的判析，
而認為《補注》強將句中之「氣」與「神」分為「生物者也」與
「流行者也」，都是一種強作分別，反使「流行生物」截作兩項的
做法。王植指出，此中關鍵在於《補注》混淆了「太虛」之第一與
第二層義所論及的內容理當有所區分。因此，誤將「清通而不可

---

[31] 在《正蒙初義‧卷一》中，王植指出：「諸家以太虛、太和分體用，蓋以
　　第一層與第二層對言」（頁 12），此即是說，在《正蒙》中，「太和」
　　與「太虛」是「一」，太和不過是太虛之三層義中的第二層義，專就「太
　　虛之發用流行」而言。若說二者可進一步區分體用關係，亦僅是就太虛自
　　身的第一與第二層義相互「串言」而已。但是，舊注在理解「太虛」與
　　「太和」的意涵時，誤將本屬同一的「太和」與「太虛」分解為本質互異
　　的二者，前者屬於氣化之然，後者屬於使氣化之所以然道，故使得太虛
　　與太和形成「對言」為「二」的關係。

象」之「神」上提至直指太虛之本體的第一層義。實則依據〈臆說〉的歸納分析，在《正蒙》中，凡與「太虛」有關而言之「神」，皆屬於太虛之第二層義，即是就「太虛之流行者而分別言之」（頁3），例如，此處所舉「清通而不可象為神」，以及「太虛為清，無礙故神」等，皆為此意[32]。所以，若能從「太虛」之第二層義掌握「太和」，當可知張載並非以「神」指形而上的造化流行之本體，而將「氣」指形而下的生物之資。王植認為，在張載思想中，「流行生物」只是一事，只是以氣之發用流行和諧無礙，故能生物不息，而稱之為「太和」。此所以王植曰：「氣之發用即太和之謂也」（頁2）。又由於「神」與「太和」，皆屬於太虛之第二層義，故「清通而不可象」之「神」，亦即是指「太和所謂道」之「太和」。也正是在這個基礎上，王植指出《補訓》雖能洞見《補注》之非，而能知「以流行生物兼氣與神」，但卻「未能確見神之即太和也」（頁10）。

四、王植對《正蒙》「太虛」義的開展

　　王植對《正蒙》之「太虛」義至少有三項重要的開展：其一，他釐析「太虛」之三層義，不僅重新顯豁「太虛」在《正蒙》思想中的關鍵性。並且通過對顯儒釋思想之異同，梳理出張載以「至虛為實」貫穿《正蒙》義理的問題脈絡與思想架構。其二，他指出

---

[32]　在《正蒙初義·卷一》中，王植又進一步表示：「張子言『性』與『神』處，俱以『性』屬第一層，『神』屬第二層。觀末篇『感者性之神，性者感之體』等語可見」（頁13）。

「太虛」概念實是張載闡明儒家「天人合一」之學的樞紐，由此顯明學者重《西銘》而輕《正蒙》之非。其三，他從《正蒙》所處理的哲學問題指出張載以太虛言道體之必要性，並依此回應伊川朱子對張載以「清、虛、一、大」情狀道體的批判。現分述如下。

（一）闡明由儒釋異同處見道體之進路

張載原以佛、老兩家思想為論辯對手[33]，而未曾言明此間有輕重、主從之別，這一點可由《正蒙・范育序》中得知[34]。但是在〈臆說〉中，王植則表示「張子見道原從儒釋異同處入手，故其言太虛皆與釋氏對照」（頁4），並且將太虛之三層義一一與釋氏思想相對照，已然將佛家思想視為張載論道的主要批判對象。以下即順此探討之。

其一，由太虛第一層義駁斥釋氏「以虛為道」之說。〈臆說〉曰：「太虛第一層，無形之本體。所謂天者，道所從出也。釋氏即以虛為道，故以心法起滅天地。所謂不知道者，此也」。佛學以天

---

[33] 誠如張永儁先生所指出，張載是多年深究佛、老之學而「知無所得」，終返歸儒門的學者。他「太虛即氣」所衍生的氣論思想，主要就是對治於「虛生氣」、「視世界為幻妄」，對佛、老所做的嚴格批判。張永儁，〈莊子泛神論的自然觀對張橫渠氣論哲學的影響〉，《哲學與文化》第387期，2006年8月，頁90-91。

[34] 在〈序〉文中，范育指出：「浮屠以心為法，以空為真，故《正蒙》闢之以天理之大，……老子以無為為道，故《正蒙》闢之曰：『不有兩則無一』」（頁5），又表示：「使二氏者真得至道之要、不二之理，則吾何紛紛然與之辯哉？故予曰《正蒙》之言不得已而云也」。依此可知，至少在張載嫡傳弟子眼中，《正蒙》仍是以佛、老同為論辯對象，而非僅以釋氏為重。

地萬有皆因緣所生，均無自性，故可由心上修持以蕩相遣執。但是
由儒者觀之，天地萬有皆由形而上之道體所生生。設若萬有本自虛
幻而可隨心法起滅，則道體若非無法保障萬有之真實性，要不即是
道體自身亦為虛妄不實。王植認為，此兩種觀點皆源自於釋氏猶未
能見道體之真。故張載之洞見在於指出「虛空」並非「虛無」，無
形之道體雖不能為感官知覺所察視，卻為至真至實的存在本根。若
以一字稱此存有之真實性，即名之曰：「氣」。若以「氣」之本然
即為至虛無形之存有本體，則名之為「太虛」。故「氣」之原初意
涵亦即是「真實無妄之有」，由此否定「無」之可能[35]。〈太和〉
即曰：「知太虛即氣，則無無」。換言之，太虛之第一層義即是由
本體義澄清道體雖虛空無形卻真實無妄，藉此突顯釋氏以虛為道的
謬誤。

　　其二，由太虛第二層義駁斥釋氏「以天地人事為幻妄疣贅」之
論。〈臆說〉曰：「第二層，太虛之清通而神，正於氣上見功用，
而釋氏以天地人事為幻妄疣贅。所謂不知天人者，此也」。就儒者

35　張載此論廣泛影響明清氣學學者。例如，王俊彥先生即指出，儘管張載與
　　王廷相（浚川，1474-1544）的氣論有異，但是張載所言之太虛兼含本體
　　義、生生義與價值義，對王廷相有深刻影響。鄭宗義先生亦指出張載氣論
　　對戴震（東原，1723-1777）以氣化流行言天道的影響。劉又銘先生更藉
　　由「宋明清氣本論的兩類三型」之分判而指出，張載對明清不同類型的氣
　　論學者之影響。參見王俊彥，《王廷相與明代氣學》（臺北：秀威資訊科
　　技公司，2005 年），頁 30；鄭宗義，《明清儒學轉型探析──從劉蕺山
　　到戴東原（增訂版）》（香港：香港中文大學出版社，2009 年），頁
　　238；劉又銘，〈宋明清氣本論研究的若干問題〉，楊儒賓，祝平次
　　（編），《儒學的氣論與工夫論》（臺北：國立臺灣大學出版中心，2005
　　年），頁 203-246。

觀之，佛學雖以破執見長，但其以虛為道，則不僅將道體視為空虛，更連帶地將天地萬有之存在與價值皆視為幻妄。若然如此，則人倫之常與禮法秩序皆失去根源天地的價值基礎。王植認為，佛教這種對人間價值理序極具破壞性的觀點，亦源於不明瞭太虛生物之德與天人本一之旨。他指出張載所言之太虛乃是以「至虛為實」，其體雖清通不可象，但其用卻可由氣化流行以生物不息上得見。又由於天地萬有皆源自太虛氣化生物之德，故萬有雖隨氣化流行而有生死存滅，但太虛所生之物均為真實無妄之存在，氣化所依之理序，亦為人間價值之理序。換言之，太虛之第二層義即是由作用義反駁釋氏以天地人事為幻妄的觀點。

其三，由太虛第三層義駁斥釋氏「輪迴復生」之說。〈臆說〉曰：「第三層，人物之散仍歸太虛，而釋氏以為輪迴復生。所謂不知鬼者，此也」。張載認為，佛教解脫輪迴的觀點是出於「厭苦求免」的自私心態[36]，既無益於得見道體之真[37]，也不符合儒者「存順歿寧」的人生態度[38]。王植亦承繼張載論點，指出人死後是魂歸

---

[36] 〈乾稱〉曰：「浮屠明鬼，謂有識之死受生循環，遂厭苦求免」，《張載集》，頁 64。

[37] 彭文林先生指出，在橫渠思想中，得道乃是通陰陽之化、知死生幽明之故，所以只能有參贊化育之功，卻不能退轉大化之流而得解脫輪迴。故可知得道與解脫之間，並無必然之關聯。參見，彭文林，〈橫渠闢佛的氣化論〉，《臺大文史哲學報》第 45 期，1996 年 12 月，頁 162-163。

[38] 馮友蘭先生引〈誠明〉所言：「盡性然後知生無所得；則死無所喪」，指出張載反對佛、老二氏以「無生」或「長生」為旨的論點，認為人應當生活一日即作一日人所當作之事，若一日至死，亦不過復合太虛。此即儒者「存，吾順事；歿，吾寧也」的人生態度。馮友蘭，《中國哲學史》下冊（臺北：臺灣商務印書館，1999 年），頁 867。

諸天、魄還於地，由個體之氣散歸於整全之太虛。反對釋氏輪迴說預設人以有識主體的方式，不斷地經歷生死流轉。換言之，太虛之第三層義，乃是由氣之聚散義，反駁釋氏以人之死生為個體永世輪迴的觀點。

（二）辨析「太虛」與《正蒙》之「天道人性」的關聯

　　從氣論闡述儒家「天道性命」之學，乃是張載思想的核心。這可由《正蒙》屢屢言及「天人之本無二」（〈誠明〉）、「天人一物」以及「天人合一」（〈乾稱〉）可知。然若進一步探究則可知，張載此說又是針對佛、老二氏「崇虛」、「尚無」之論而發。這可見於〈大心〉曰：

> 釋氏妄意天性而不知範圍天用，反以六根之微因緣天地。明不能盡，則誣天地日月為幻妄，蔽其用於一身之小，溺其志於虛空之大，所以語大語小，流遁失中。

張載認為，佛家將人生視為妄見，而以輪迴之說解釋人生所遭逢的苦惡困頓，遂有解脫輪迴之心法。然而，若是將天地變化之理收攝於個人之識心中（「以心法起滅天地」），則只是以一己之見度量天地之大。若以萬物為幻象，則墮入永恆輪迴中之人與轉瞬消亡的萬物間，乃各有其生生之理。如此則分「天」「人」以為「二」。因此，張載認為佛家之說是不明人鬼，將天人分判為二。在《正蒙‧大易》中，張載也表示：「大易不言有無，言有無，諸子之陋也」。他認為，大易生生之理只言隱顯、幽明，而不言有無。老子持「有生於無」之說，在「有」之外，另立一個無對的「無」，實

是不知有無實虛生滅，只是通一無二之理。基於此，張載指出，不論是佛家將有形之物的生滅視為幻化，或是老氏將萬有之根源推至於「無」，均是不明天人一本之理。因為「有生於無」之論，與「以山河大地為見病」之說，或是將天理流行導向空無，或是否定現世人生的價值，均將天人二判，而不能彰顯儒者所言天道性命通貫為一之理。因此，張載遂以氣之流行相盪說明萬有之變化，而將氣之聚散歸於太虛之神妙作用，其目的在於闡述儒者盡心以知性知天之義理。

王植承繼張載的觀點，並進一步以「太虛」三層義闡發「天人合一」之學。〈臆說〉曰：

> 張子言天道人性大意有二，其謂太虛而神，不滯於氣者，對庸人之拘於形器者言也，如「無礙故神」、「性通極於無」之類是也；其謂以虛為體，不離乎氣者，對二氏之溺於虛無者言也，如「虛空即氣」、「有無虛實通為一物」之類是也。合看方無弊，故每於一篇之中二義並見云。（頁5）

由引文可知，王植認為張載天道人性之說，又可依據言說對象之不同，而區分出兩條論述支線。其一，針對世俗之人（「庸人」）而言，張載以「天道人性貫通為一」破除世人以形軀（「形器」）為自限的觀點。張載指出，世人往往耽習於形軀生命而將氣質官能即視為自身性分之全，是以遺忘了凡人皆有天地之性、天德良知，皆能經由變化氣質的工夫達至知性知天、體物無遺的良能與性分。依此，王植不僅在注解〈神化〉所謂：「氣有陰陽，推行有漸為化，合一不測為神」時，藉由太虛之第二層義闡明「神化」之要旨本即

在於「天之化」與「人之化」合一不二，而曰：「天有化，人亦有
化。天之化也，運諸氣以為流行；人之化也，順夫時以為變化。天
非氣，人非時，化之名於何有？化之實於何施乎？考之於古，如
《中庸》云『至誠為能化』，孟子曰『大而化之』，所謂化者，皆
以其人之德合陰陽與天地同流而無不通也」（卷四，頁 10），他更在
注解〈大心〉首段時指出：「『德性所知』與《中庸》『盡性盡人
物之性』者微異，『無一物非我』已有合天意，故引《孟子》以明
之」（卷七，頁 5），藉由辨析張載由大心以明天人合一之說與《中
庸》的微異之處，對顯張載對孟子知性知天說的承繼與發展。王植
指出，《中庸》是由「天之所命於人」而言「人受命於天」，以
「盡性」與「盡人物之性」，這是由天之降命而言人之自命。但是
張載承繼孟子由己而天的向上進路，以「大其心」詮釋人之「知性
知天」之「知」，故是由窮神知化而言天人本無二。此即藉「知合
內外」的義理架構，重探「盡心何以知性知天？」，並由天德良知
直指人能超越形器見聞之侷限，領會太虛神化之不測[39]。

　　其二，針對佛、老之學而言，張載以「太虛即氣」破除二氏溺
於虛無之論。這又可分為兩部分討論：一者，由天道人性之通一無
二，重申人生之真實無妄與人應有之性分[40]。二者，從天人合一反

---

[39]　在注解〈乾稱〉言：「有無、虛實通為一物者，性也。不能為一，非盡性
也」時，王植指出：「此即首篇『知虛空即氣』節意，所以辨虛無之謬
也」，由此一方面顯豁張載由「至虛之實」破「虛無之妄」的問題意識；
另一方面，也再次申明儒、佛、老莊之所以不能混為一途，正在於儒者語
「天道性命者，不罔於恍惚夢幻」（〈太和〉）。

[40]　由《正蒙初義‧卷十七》可知，王植認為，張載在「天道性命通貫為一」
之義理上乃是「與程朱大同」（頁 14）。但對於張載以「太虛無形」破

駁佛、老以「捨離形軀」或「長生不死」為真的觀點。關於前者，本文已多有論述，此處不再重複。以下主要針對後者析論之。在張載思想中，二氏對於死生的態度乃是各有所蔽。〈太和〉即批判道家追求「久生不死」乃是「徇生執有者物而不化」，而佛教以輪迴說闡揚滅盡無餘的涅槃境界，乃是：「彼語寂滅者往而不反」。他藉由冰凝釋於水之喻闡明人之死生不過是氣化流行之不得已而然，人若想根本的跳脫死生存亡的限制，不僅是不明造化之理，而且是以人力逆天的妄行[41]。因此他發揮《周易・繫辭上》的思想[42]，主張人對於死生的態度，當是由德性生命之長在，超越死生氣化之必然。由此將人視為即有限而可無限之存在[43]。順此義理脈絡，王植不僅通過太虛之第三層義，辨析張載原始反終的氣化論與釋氏的輪迴觀不同[44]。並且通過太虛之第一與第二層義串言，闡明張載「性

二氏「空」、「無」之論，則是與程朱之學終覺有異。

[41]　《正蒙・動物》曰：「海水凝則冰，浮則漚，然冰之才，漚之性，其存其亡，海不得而與焉。推是足以究死生之說」，張載指出，氣凝聚生物就如同海水凝結成冰一般，雖然海水與所凝結之冰在本質上皆是海水，但是海水是否要凝結成冰，卻並非海水所能決定。同樣的，人之生死亦只是一氣所化而已，人是無力也無須干預此氣化流行。

[42]　〈乾稱〉曰：「易謂『原始反終故知死生之說』者，謂原始而知生，則求其終而知死必矣」，頁65。

[43]　此思想貫穿於張載著作之中，例如，《經學理窟・自道》曰：「當生則生，當死則死」（《張載集》，頁291），而〈學大原上〉亦云：「死之事只生是也，更無別理」（頁279），〈義理〉更直言：「道德性命是常在不死之物也，己身則死，此則常在」（頁273）。

[44]　在《正蒙初義・卷十七》中，王植藉由注解「浮屠明鬼」一段表示：「鬼神無形也，釋氏偏以為有。人性至實也，而釋氏偏以為無。其與吾儒直如冰炭之不相入」（頁19），由此辨析張載與佛教輪迴觀的根本差別，即

與天道合一存乎誠」（《正蒙初義・卷六》，頁 4）的思想要旨。值得
注意的是，王植認為雖從天道人性相貫通之理上，可直言人性乃真
實無妄且無不善。但《正蒙》之要旨，卻仍是以一「學」字彰顯
「天人合一」的關鍵當落在無間斷地實踐工夫上[45]。

　　基於前述兩點可知，王植不僅再次申明「天道人性貫通為一」
之學是張載思想的核心，更嘗試依此辨析張載與釋氏輪迴說的根本
差異，由此回應程朱與明清《正蒙》注中的批判。至於張載與朱子
思想的分別，則是下一點所要探討的內容。

（三）回應朱子對《正蒙》之「太虛」的批判

　　宋明理學家在抽象思考上日趨成熟的特徵之一，即是嘗試掃除
用形而下的自然屬性描述形而上的道體。故自二程子以至於朱子都
不滿於張載以「清、虛、一、大」情狀道體。對此，《朱子語類・
張子之書二》有如下記載：

> 《正蒙》說道體處，如「太和」、「太虛」、「虛空」云
> 者，止是說氣。說聚散處，其流乃是箇大輪迴。蓋其思慮攷
> 索所至，非性分自然之知。若語道理，惟是周子說「無極而
> 太極」最好。如「由太虛有天之名，由氣化有道之名，合虛
> 與氣有性之名，合性與知覺有心之名」，亦說得有理。「由
> 氣化有道之名」，如所謂「率性之謂道」是也。然使明道形
> 容此理，必不如此說。伊川所謂「橫渠之言誠有過者，乃在

在於儒者以人性為至實。

45　《正蒙初義・卷六》，頁 1-5。

《正蒙》」；「以清虛一大為萬物之原，有未安」等語，概
可見矣[46]。

朱子承繼二程子對張載之批判，在詮釋《正蒙》時，嘗試對張載所
用「太虛」一詞以及「虛氣關係」提出如下修改：其一，以「理」
取代「太虛」。這可由下述問答得見，朱子門人問：「橫渠云：
『太虛即氣。』太虛何所指？」，朱子答曰：「他亦指理，說得不
分曉」（頁 3331）。換言之，朱子肯定張載所言之太虛亦在直指道
體而具有超越的向度，但是他認為「理」比「太虛」一詞，更能精
準的呈現道體形而上的意涵。故朱子順伊川的見解，進一步從兩方
面批判張載所言之「太虛」。一者，以「太虛」稱「道體」所呈現
的問題，並非僅止於概念語詞使用是否精確的問題，而是出於未能
全然的領會形而上之道體。是以當門人問：「《正蒙》中說得有病
處，還是他命辭不出有差？還是見得差？」，朱子的回答是：「他
是見得差」。二者，由「太虛」一詞回溯張載所見之偏，在於無法
清楚區分形而上之理與形而下之氣應有的分際。因此，朱子指出：
「如以太虛、太和為道體，卻只是說得形而下者」（頁 3328）。基
於 1 與 2 兩點可知，朱子認為在稱指道體時，應以「理」取代「太
虛」。

其二，以「理／氣」關係詮釋「虛／氣」關係。由《朱子語
類・卷六十》曰：「『由太虛有天之名』，這全說理。『由氣化有
道之名』，這說著事物上」，以及「『虛』字便說理，理與氣合，

46　〔宋〕朱熹，朱傑人等／主編，《朱子全書》第 17 冊（上海：上海古籍
　　出版社，2002 年），頁 3329。

所以有人」可知，朱子乃是從理氣論架構，詮釋張載的虛氣關係。但朱子不滿張載太虛一詞仍帶有形而下的色彩，以至於使得理氣應有的分際不明[47]。故當有弟子問：「橫渠云『太虛即氣』，乃是指理為虛，似非形而下」，朱子即回答曰：「縱指理為虛，亦如何夾氣作一處？」（頁 3336）。朱子認為，張載使用太虛、太和等詞語，實將形上道體下拉至形下氣化的層次。如此不僅沾染上佛家輪迴說的色彩，而且使得天道性命相貫通之義理不明。這又可見於朱子對張載「性未成則善惡混」之說，以及「合虛與氣有性之名」一語的批判。

　　朱子上述對張載思想的詮釋，廣泛地影響明清《正蒙》學的發展。值得注意的是，王植雖洞見朱子對張載思想的批判與改造，但無意將朱、張放置於思想擂台的兩方，作為彼此對立的對手。因

---

[47]　誠如劉述先所指出，僅管吾人並不適宜將朱子理氣論歸屬於西方典型的二元論思想，理與氣之存有論分際卻是不可不明。本文接受劉先生的論點而進一步主張，在朱子思想中，「理」為第一序的存有，為一切萬有的存在依據，「氣」為第二序的存有，用以說明萬有的生成變化。無「理」，則「氣」頓失存在依據；無「氣」，則「理」無有生成變化，現實世界無法產生。形上之理與形下之氣是「不離不雜」。「理」與「氣」是不可相互化約的概念，二者之間實具存有論的區分，屬異質異層的關係。但在張載思想中，「氣」之意涵即存有之真實無妄，為萬有存在之依據。形而上之太虛，即氣之本然而為真實無妄之存有自身；形而下之萬有，即由氣化所成的客形，其本質雖仍是氣，卻因其為形所拘限，而與無形無限之太虛終有區分。故太虛與氣的關係卻是「一而有分」。但誠如前述，此處所言之「區分」並非「區隔」，並未將太虛與氣視為異質異層的關係。主要是基於思想活動的便於釐析而「分解地說」之意。此為朱子「理氣」論與張載「虛氣」論之關鍵分別。劉述先，《朱子哲學思想的發展與完成》（臺北：臺灣學生書局，1982 年），頁 639-662。

此，當他發現朱子對張載思想的理解有異於《正蒙》原本的論述脈絡時，他一方面藉由對明清《正蒙》注的批判，婉轉地對顯朱、張思想之異。另一方面，則是從根源處，直指張載以太虛為首出概念的必要性。藉此回應朱子對張載以「清、虛、一、大」情狀道體的批判。關於王植對於明清《正蒙》諸注的批判，前文已有說明，此處則不再贅述。以下主要針對後者提出三點說明。

首先，在注解〈太和〉言：「太虛為清，清則無礙，無礙故神」一段時，他表示，張載並非不知道以太虛言道體，恐有陷於一偏之嫌。但是，張載著眼於佛教以道體為虛空之弊端，而非旨在釐析道體之超越體性與氣化流行之間的形而上下之分際。故以一氣貫通形而上下，實是藉「太虛即氣」闡明：形上道體與形下萬物皆是真實無妄之存有。因此，「太虛」之「虛」，並非相對於「實」之「虛」，而是由「至虛」，破除將「虛」視為「空」、「無」的觀點。此即張載以「至虛為實」之思想要旨[48]。故太虛之第一層義即在指出，「太虛」並非落於虛實相對的形而下之詞語，而是統虛實以為一以立論，具有本體義的超越向度。

其次，「太虛」為「清」，並非意指「濁」者無法為其所含納，致使本欲描述形而上之無限道體，卻在排除濁、礙等性徵之後，反淪為形而下之有限者。「太虛為清」是由「清」、「通」而言「無形」、「無礙」，由「無形」、「無礙」而言道體不為

---

[48] 《張子語錄‧語錄中》曰：「天地之道無非以至虛為實」（頁 325），〈乾稱〉則進一步發揮其旨曰：「至虛之實，實而不固；至靜之動，動而不窮。實而不固，則一而散；動而不窮，則往且來」（頁 64）。

「形」所拘，故為貫通形而上下者[49]。

　　最後，太虛之「一」與「大」，亦非相對於「多」與「小」而言。所謂「一」，乃是指道體與萬有乃是「整一」，而非「分割」的關係。這又不僅止於從存有的連續性而言，更重要的是顯明儒家「天道性命相貫通」之旨。此所以在注解〈太和〉曰：「知虛空即氣，則有無、隱顯、神化、性命通一無二」時，王植特別指出「此總太虛之三層之意而言虛與氣之非二」，並表示此與〈大心〉對治釋氏「以心法起滅天地，以六根之微因緣天地」之意旨相通[50]。順此，「太虛」之「大」，亦即是〈神化〉所謂：「『神無方』，『易無體』，大且一而已爾」之義。在《正蒙初義‧卷四》中，王植不僅闡明「太虛」之「一」乃是「體用一原，顯微無間，故曰：『一』」[51]，更指出「神與化，大而無外且合一而不測也」（頁4）。此即由太虛之第二層義，而言道體神化妙蘊萬物之用，實廣大而精微。

---

[49]　在《正蒙初義‧卷一》中，王植注曰：「太虛者，為氣之至清。清則虛明通達而無所滯礙，無所滯礙故神妙而不可測」（頁34）。

[50]　王植從多方面發揮此意。例如，在《正蒙初義‧卷一》中，當朱子批判「由太虛有天之名」一段實是「雜卻氣化說」且「未說人物各具當然之理」時，王植反而指出此處所言乃是「從虛說到氣，從虛與氣說到人之性與人之心。雖天人分言實相疊而下」（頁38）。

[51]　王植亦指出《正蒙》舊注之非，在於誤將此處所言之「一」視同於〈神化〉首句所言「神，天德；化，天道。德，其體；道，其用，一於氣而已」之「一」。王植曰：「愚按此節大意釋《易傳》之文以明神化之非有二也。上文『一於氣』之『一』，乃虛活字，猶云皆不外於氣。此節『一』是實字，謂神與化大而無外且合一而不測也。舊說謂『即一於氣之一』，未是」（頁3-4）。

基於以上三點可知，「太虛」之「清」可用以情狀道體之無限性，「虛」可指陳其先在性與根源性，「一」表述道體之妙運及其與萬有之整一，「大」則顯明道體之遍在性。因此，王植雖似採納朱子對張載之批判，認為張載以太虛言道體是「生受辛苦」，甚至表示「聖賢便不如此說」，彷彿與朱子同調。但值得留意的是，他緊接著便說：「（張子）其意之周匝，言之精密，足以自救其說」，甚至以肯認的口吻表示：「張子又自謂：『虛可該實，清可該濁』者，自人物未生之始以及人物既生之後，而太虛皆統貫而行乎其中。故言雖對而意自串」[52]。換言之，王植認為，儘管張載以「太虛」而言道體，似不若周濂溪之「無極」來得精準。但張載自有其核心問題與論述脈絡，學者理當辨析周、張之異，而不宜將濂溪以至伊川朱子一系的道論架構，硬套在橫渠的思想論述上。

五、結論

　　王植總結性地回顧明清《正蒙》諸注。他嘗試跳脫朱子的詮釋框架，重新反思張載所面對的哲學問題與解決方式。基於前述各節

---

[52] 此見於《正蒙初義・卷一》注「太虛為清」一段（頁 34），由其注文可知當是回應《朱子語類・張子之書二》曰：「明道說：『氣外無神，神外無氣。謂清者為神，則濁者非神乎？』後來亦有人與橫渠說。橫渠卻云：『清者可以該濁，虛者可以該實。』卻不知『形而上者』還他是理，『形而下者』還他是器。既說是虛，便是與實對了；既說是清，便是與濁對了。」（頁 3329-3330）。依據引文可知，朱子實是批評張載雖在後來得知以「清、虛、一、大」情狀道體之缺失卻不願意改變。但由王植對此段文獻的徵引與詮釋可知，他卻是認為張載以太虛為道體自能在理論上自圓其說，而無須刻意更動。

的討論，本文主張，王植的貢獻至少包含以下三點：首先，他重新貞定《正蒙》以「至虛為實」的論述進路。由此顯明張載的哲學問題，乃是針對佛老崇虛尚無之論而發，並指出《正蒙》以「太虛」為首出概念的必要性。自二程批判張載以「清、虛、一、大」情狀道體以來，最能代表張載氣論的「太虛」概念不僅未受到應有的重視，反而成為飽受批評的缺陷。這可由二程朱子皆推崇《西銘》，卻貶抑《正蒙》中得見。在朱子對張載的詮釋中，尚具有形而下相對屬性的「太虛」一詞，逐漸被更為抽象的「無極」、「太極」或「理」等概念所取代。然而，思想概念的替換，並不似修辭上的詞語代換一般單純。設若思想家並非任意的選擇一個語詞，作為處理其哲學問題的核心概念，則此概念語詞所涵蘊的意義內容，就有顯明其哲學問題的關鍵性。當明清《正蒙》注家承繼程朱的批判，而採取以「理」或「太極」詮解「太虛」時，不僅是「太虛」這一語詞被虛位化，而終至為「理」所取代。更重要的是「太虛」這一概念所涵蘊的意義內容，以及其所標示的哲學問題，亦為之遮蔽。王植正是洞見此一問題關鍵，而表示：一者，若就形而下的語詞是否適宜描述形而上的道體而言，他接受程朱的批判，認為張載以太虛直指道體似有缺欠。二者，若就以「理」取代「太虛」是否合宜而言，他則持反對態度。他指出，張載以太虛而言道體乃是以至虛之實破以世間為幻妄之謬。故張載之說雖似苦心竭力，但其論卻能自相連貫。明清注家正是妄自以「理」取代「太虛」，終使得《正蒙》以至虛為實的論述進路隱而不顯。

其次，他指出以「理氣關係」詮釋「虛氣關係」之不當。王植延續不當以「理」取代「太虛」的論點，進一步表示太虛與氣的關係亦不同於理與氣的關係。自朱子以理氣論架構詮釋張載「虛空即

氣」後，明清注家無論是贊成或反對朱子思想者，皆在此詮釋框架中探討《正蒙》中的虛氣關係。所差別者，多只是在爭執「理氣是一？是異？」，所謂「一」是指「合一或本一？」之類。王植認為，設若理氣論架構能包含虛氣論的全部論述，則此詮釋架構對於張載所未言及的部分尚可歸為後代學者對於張載思想的承繼與開展。但是，虛氣論中本有的論述卻在理氣論架構中輕輕帶過，甚至忽略不提，則以理氣論詮釋虛氣論之非則甚為明顯。基於此，王植指出，理氣論架構旨在釐清形而上之道與形而下之器間應有的分際。換言之，這是針對「陰陽氣化」與「所以陰陽」而提出「然」與「所以然」的存有論區分。但是張載的哲學問題初不在於作此區分，而是在於反駁「無中生有」之說與「以心法起滅天地」之論。故《正蒙》是以「氣」為「存有之真實無妄」，由「太虛即氣」反駁「空」、「無」具有存在的可能。再以「天人合一」之說闡明人在天地間的價值意義與應盡性分。在此義理脈絡中，理氣論與虛氣論雖在問題意識與論述方式有所「交集」，卻並非「重疊」。明清注家未能著眼於此，終使張載以至虛為實的一貫論述，在理氣論架構中，形成遮蔽與碎裂。

　　最後，他以太虛三層義串言《正蒙》氣論的不同層面。王植洞見明清《正蒙》注將「太虛」虛位化，所產生的理論困境。故於〈臆說〉起首，便主張「太虛」概念是詮釋《正蒙》的關鍵。他亦著眼於以理氣論架構肢解虛氣關係之非。所以藉由太虛三層義的分解與串言，闡明太虛並非孤絕於氣化流行之上的超越理體。依此，就太虛三層義之分解而言，王植先以太虛第一層義指出「氣」之本體義，藉此表明太虛與氣乃是「一」而非「二」。再就太虛第二層義指出《正蒙》凡言「神」、「化」、「命」者，皆屬太虛流行之

用而言，由此辨析明清注家將「神」與「氣」分屬形而上下之非。並且就太虛第三層義指出，《正蒙》本是發揮《繫辭》「原始反終」之義理，以駁斥釋氏輪迴說，而非如朱子以至於明清注家所批判其說反陷入另一「大輪迴」。再者，就太虛三層義之串言而言，王植以第一二層串言，指出太虛既是無形之本體，又是得以形形之神化。由此一方面反駁釋氏「以虛為道」與「以人事為患妄」的論點，另一方面澄清「太虛」與「氣」並非「太極」與「氣」之關係。次就第二三層串言，闡明「形潰反原」之旨，澄清人死後既非歸於虛無，也非墮入輪迴之中。最終由三層義串言指出，《正蒙》以「至虛為實」發明儒者天道性命之義理以關佛老崇虛尚無之異說，故學者不當忽視「太虛」概念之重要性或割裂其內容意義。換言之，《正蒙》之「太虛」由其可分指未發、已發以及發本要歸三環，理當分為三層解析而不能無辨。但是並不能依此將太虛與氣化流行可分解地說的關係，拆解為本質互異的區隔關係。此所以王植一再表示太虛三層不容無辨，但非判然有三事。

　　近年張載學研究日盛，其中或有從理學史入手一探張載的思想定位，或有從地方學著眼探討張載與關學源流，更有學者從氣學檢視張載思想風貌，辨析張載與明代氣學之關係與異同。然而，對於《正蒙》這本張載思想的代表作品在明清時期的注釋與發展，卻鮮少有較為深入而完整的探討。這不禁讓人感到詫異與可惜。基於此，本文嘗試藉由王植在《正蒙初義》中的反思與辨析，呈現明、清《正蒙》學的部分風貌。

第貳編
明清《正蒙》十注思想述評

前　言

　　明清兩代是儒者注解《正蒙》的高峰期。本文以現今較常見的《正蒙》注為討論主題，內容上，包含：明儒劉璣、劉儓、高攀龍、徐必達、呂柟，以及清儒李光地、張伯行、楊方達、方潛，以及黃百家等十家注。其中高攀龍之《正蒙集註》，已與徐必達之《正蒙發明》合為《正蒙釋》一書。黃百家對《正蒙》的詮釋，雖是附於《宋元學案・橫渠學案（上）》中。但由於他所收註釋之廣，以及闡發評論橫渠思想之詳，在規模與深度上，都不亞於其他《正蒙》注解專書，故本文亦一併討論之。至於王船山之《張子正蒙注》，這本學界最廣為討論的《正蒙》注，以及王植《正蒙初義》，這本清代集釋最詳的《正蒙》注釋。由於本書另有多篇專文探討之，故不再在此贅述。

　　儘管在當代宋明理學研究中，張載思想早已成為無可忽視的一環。尤其隨著近二十年明清氣學研究日盛，張載更由於被推尊為明清氣學之源，其氣論獲得更多重視與探討。但在 2000 年以前，學界對《正蒙》於明清時期的流傳與發展，卻仍是較缺乏專題性的探

討，更遑論是從思想發展史的角度，全面地檢視《正蒙》對明清儒者思想的影響。這可見於兩項例證：一者，《正蒙》雖早已在兩宋即以「難讀」，或以令人「開卷思睡」（《正蒙會稿》）聞名。但在 2000 年以前，當代學者多僅以選注的形式，翻譯注釋《正蒙》。至於全面性的註解《正蒙》的專書，僅見喻博文所作《正蒙註譯》一書[1]。二者，若以臺灣地區為例，在 2000 年以前，期刊論文以「張載」為題者，超過 50 篇；但探討「《正蒙》」者，僅有 8篇；至於以「明清《正蒙》注」為主題者，竟僅有 1 篇[2]。這對任何有志於張載思想研究者而言，都是令人遺憾的。所幸近年來，此情況已有日漸改善的趨勢。在 2004 年刊行的〈《正蒙》注本考〉一文中，胡元玲曾詳細考訂現存、已佚或未見之《正蒙》注本[3]。蔡家和（2010）、施盈佑（2011），與蘇慧萍（2012）等三位，皆以船山《張子正蒙注》為主題，從思想義理上提出深入的研究成果[4]。

---

[1]   喻博文，《正蒙註譯》（蘭州：蘭州大學出版社，1990 年）。

[2]   資料詳見「臺灣期刊論文索引系統」（http://readopac.ncl.edu.tw/nclJournal/）。

[3]   胡元玲另有〈張載著作及版本考〉專文，詳論《張子全書》的版本發展，並反駁張岱年以「《張子全書》最早由沈自彰所編纂」的論點。胡文認為，明儒徐必達於萬曆 34 年（1606）年所輯的《合刻周張兩全書》，比沈氏於萬曆 46 年（1618）所刊刻的《張子全書》更早。胡兩文，均讓作者受益良多。本文多處引證胡文的研究成果，不敢掠美，特此說明。胡元玲，〈《正蒙》注本考〉，收入《張載易學與道學：以《橫渠易說》及《正蒙》為主之探討》（臺北：臺灣學生書局，2004 年），頁 245-252；〈張載著作及版本考〉，頁 234。張岱年，〈關於張載的思想和著作〉，收入《張載集》（北京：中華書局，1978 年），頁 234。

[4]   詳見蔡家和，〈張載「太虛即氣」義理之再探——以《正蒙》為例〉，《當代儒學研究》第 4 期，2008 年 7 月，頁 1-22；施盈佑，〈王船山經典詮釋的歷史性與創造性——析論《張子正蒙注‧序論》中的「正之惟其

郭寶文則就張載各著作間的思想關聯，詳論從《橫渠易說》至《正蒙》中的思想發展[5]。此外，作者亦於 2011 至 2015 年間，分別在《臺大哲學論評》、《臺大文史哲學報》，以及《東吳哲學學報》，發表三篇有關王植與李光地《正蒙》注的研究成果。至於近年華語世界《正蒙》研究的重要突破，當然不可忽略陸籍學者林樂昌於 2012 年所發表的《正蒙合集校釋》[6]。此書除了引起不少學者撰寫書評呼應，更開啟大陸青壯輩學者積極開發此研究領域的趨勢。例如，魏濤〈明代《正蒙》詮釋考略〉、〈清代《正蒙》詮釋發微〉，不僅針對明清《正蒙》諸注提出精闢扼要的述評，並且是以「教育部人文社科專題研究計畫」的規模所呈現之成果[7]。張瑞

始」與「不得不異」〉，《鵝湖月刊》第 428 期，2011 年 2 月，頁 11-25；蘇慧萍，〈張載《正蒙・天道篇》對王夫之「天道」觀點的影響——以《張子正蒙注・天道篇》為論〉，《慈惠通識學術專業期刊》第 2 期，2012 年 12 月，頁 301-313。

5　郭寶文，〈從《橫渠易說》到《正蒙》：張載論本體之一貫脈絡——兼論張載與戴震氣學進路之差異〉，《淡江中文學報》第 23 期，2010 年 12 月，頁 171-205。

6　林樂昌，《正蒙合集校釋》上下冊（北京：中華書局，2012 年）。

7　自陳俊民提出，自張載身歿，關學有洛學化的發展傾向，至陳來以清代注《正蒙》者，近七成皆為朱子學者。形成了一條明清《正蒙》詮釋的洛學化脈絡。此中僅有船山《張子正蒙注》另闢蹊徑，從自身氣論承接、詮釋橫渠以氣言儒者合天人之道。但在〈清代《正蒙》詮釋發微〉中，魏文反駁陳來以「明清《正蒙》注多為程朱化」的論點，並主張清代《正蒙》注實以多元的型態發展。魏文論述深入，十分值得參考。但是否能依此全然否定陳來的論點，則仍有待商榷。因為若以朱子學不僅為明清官方倡導理學的宗傳，以及科舉取士對思想發展的影響而言，清代士人仍多受朱子學影響。明清《正蒙》詮釋者即便不是朱子學者，但是否能全然跳脫朱子對《正蒙》的詮釋框架，本文就所見明清《正蒙》注本，仍持較為保守的態

元則從「科舉制度」的視角，檢視清代十六家《正蒙》注[8]。凡此皆可見以《正蒙》作為專題，已有逐步發展為學界新研究趨勢的潛能。基於此，本書除在「辨析篇」中，以「理氣心性論」為專題，分別探討《注解正蒙》、《正蒙初義》，以及《張子正蒙注》之氣論詮釋。在全書第二部分「述評篇」中，亦以思想述評的形式，扼要的介紹明清十家《正蒙》注。以下依次展開討論。

一、《正蒙會稿》

《正蒙會稿》四卷，為明儒劉璣所撰釋。本書採用「清道光二

度。詳參陳俊民，《張載哲學與關學學派》（臺北：臺灣學生書局，1990年）。陳來，《詮釋與重建──王船山哲學的精神》（北京：北京大學出版社，2004年），頁291。魏濤，〈明代《正蒙》詮釋考略〉，《華夏文化》第3期，2012年9月；〈清代《正蒙》詮釋發微〉，《河北師範大學學報（哲學社會科學版）》第36卷第2期，2013年2月。

[8] 張文分別就時期分布、學派歸屬，以及地域分布三方面綜觀清代《正蒙》注，所得結論，可與魏濤反駁《正蒙》程朱化的論點相互參照。此外，張文認為，清代《正蒙》16家注中，有10種集中於康熙年間，3種出現在道咸時期，亦即1690至1723年間，這主要是受到康熙39年（1700）規定，將《正蒙》納入童生入學、鄉試及會試的出題範圍，直至雍正元年（1723）才廢止的影響。他舉華希閔《正蒙輯釋》自序為例，華氏即是基於應對康熙年間以《太極圖書》、《通書》、《西銘》及《正蒙》為試題範圍，而編《性理輯釋》。他更舉李光地之奏疏（〈條議學校科場疏〉，《榕村集》卷26）指出，由於清代以《孝經》為出題範圍，有日漸使試題重複窄化的傾向，故建請將《太極圖書》、《正蒙》等性理書一併列入出題範圍，豐富出題可能。這都是從觀察《正蒙》注解發展的外緣因素切入，而值得重視的成果。張瑞元，〈科舉理學化視域中的《正蒙》清代十六注簡論〉，《華夏文化》第3期，2013年9月。

十六年惜陰軒叢書本」[9]，收入於《叢書集成簡編》第 207 卷[10]。

　　劉璣（近山，1457-1533），字用齊，明代陝西咸寧人（今陝西西安），明成化十七年（辛丑年，1481 年）進士[11]。據韓邦奇（苑洛，1479-1556）的〈正蒙會稿序〉可知，劉璣在明正德年初曾官任大司徒，後因宦臣劉瑾傾慕劉璣之名，期望藉其名招攬人心，而破格超遷之。官至戶部尚書。儘管他不屑劉瑾所為，而不樂居其位。但皆去官未成。是以採取「每朝布素」，「茌部則痛飲而臥」等誑誕行為。希望能為劉瑾所不容，而去其職。可惜，此舉又為劉瑾之策士所識破。直至劉瑾失勢問罪，近山亦受其牽連而遭彈劾，離開官職[12]。韓邦奇曾稱揚近山為人學行，曰：「先生有大受之才，有汪洋

9　劉璣《正蒙會稿》，依胡元玲所述，此書的版本包含：「一為明正德十五年（1520）祝壽、武雷等刻本，現藏中國國家圖書館等；二為明嘉靖十一年（1532）刊本，現藏美國普林斯頓大學圖書館；三為收入於明刻《性理諸家解》，現藏浙江圖書館；四為收入於清李錫齡所輯《惜陰軒叢書》，刊印數次，有道光二十六年（1846）李錫齡校刊本，續編咸豐八年序刊本，現藏中國國家圖書館等，光緒二十二年長沙刊本，藏北京大學圖書館等，光緒三十二年吳縣朱氏刊本，現藏臺灣故宮博物院。現今通行本有《叢書集成新編》第 22 冊。」胡元玲，《張載易學與道學：以《橫渠易說》及《正蒙》為主之探討》，頁 245。

10　〔明〕劉璣，《正蒙會稿》，收入王雲五輯，《叢書集成簡編》第 207 卷（臺北：臺灣商務印書館，1965 年）。

11　《弇山堂別集》載：「劉璣，陝西咸寧人，成化辛丑進士」。〔明〕王世貞，《弇山堂別集》（臺北：臺灣學生書局，1985 年），卷 48，頁 2138。

12　《明史紀事本末》載：「戶部尚書劉璣，兵部侍郎陳震，並削籍為民」。〔清〕谷應泰，《明史紀事本末》（北京：中華書局，1985 年），卷 43，頁 63。

之度，有堅貞廉介之操」。也因此，對劉璣因招諸大臣懷疑其為官的動機而受彈劾，韓氏會惋惜的表示：「其皆不知耶！其或知之，而不敢言耶！」[13]。劉璣〈自序〉可知，他早歲曾受學於關中名儒李錦（介菴），而介菴又學於周蕙（小泉）。小泉為河東學者。據《明儒學案・師說》所記，黃氏十分推崇小泉「非聖勿學，惟聖斯學」二語，謂其「直指心源」[14]。更表示：「是時關中之學，皆自河東派來，而一變至道」。由於周小泉學近伊、洛[15]，而李介菴不僅以主敬窮理為學，關中學者更推崇其學，而「咸以橫渠稱之」[16]。故可知，劉近山之學深受伊、洛與關學影響，而重窮理復性、嚴篤尚行之學。

　　《正蒙會稿》的撰寫背景，依據《正蒙會稿》劉璣之〈序〉，主要源自於兩方面：一方面，是他接受朱子對《正蒙》「規模廣大」的評價，認同《正蒙》之語雖出入於《論》、《孟》、《五經》，與《莊》、《老》諸書，但所論卻博而不雜，其義理不僅有「有六經之所未載，聖人之所未言」的貢獻，其內容更是「凡造化人事，自始學以至成德，大學之所謂『格物致知』，孟子之所謂『盡心知性』，無不備於此矣」。張子亦曾自謂：「如晬盤示兒，

13　此〈序〉亦收入於韓氏之《苑洛集》中。〔明〕韓邦奇，〈正蒙會稿序〉，收入《正蒙會稿》，頁 1；〔明〕韓邦奇，《苑洛集》（臺北：臺灣商務印書館，1973 年），頁 1269-345。

14　在按語之下，有小注：「段容思堅訓小泉語」。〔清〕黃宗羲，〈師說〉，《明儒學案》，頁 11-12。

15　〔清〕黃宗羲，〈師說〉，《明儒學案》，頁 145。

16　〔明〕馮從吾，〈介菴李〉，《關學編》，《馮少墟集》，卷 22，收入《叢書集成三編》第 15 冊（臺北：新文豐出版公司，1997 年），頁 33。

百物俱在」。此書若不盡力推廣，當是同身為關中學者之憾。第二方面，則是劉近山有感於《正蒙》舊注尚未能統綱絜領，而使初讀者難以契入張載的義理規模。所以他說：「惜乎先儒論註雖多，而或散見於各傳，況張子多斷章取義，又有與本註不同者。初學之士未及旁搜，不能不為之開卷思睡也」。因此他嘗試在《正蒙》舊注的基礎上，建立起以義理闡發為主，資料考校為輔的《正蒙》新注。由此詳明橫渠所徵引的經典文獻出處，並適時補入《五經》、《論》、《孟》之舊注，使讀者能在張載引經論述夾雜的行文中，既掌握張子斷以己意的用心，也能清楚《五經》、《四書》之本義。此即《正蒙會稿》之撰寫動機。

　　《正蒙會稿》的評價，可由明代另一位重要的《正蒙》注解者，韓邦奇的焚書經驗得見一二。韓氏曾在明弘治年間，作《正蒙解結》。但其後有機會讀到何仲默所轉寄的《正蒙會稿》，韓氏深感《會稿》「難易兼舉，詳而不遺」，遂取《正蒙解結》焚之。何景明（仲默，1483-1521）不僅是《正蒙會稿》的忠實讀者與推廣者。他於正德十五年（1520 年），任提督陝西學校副使時，正是此書刊刻的促成者。對於程朱重《西銘》而視《正蒙》大醇小疵，何氏以孟子「博學詳說，將以反約」（〈離婁下〉）為衡斷原則，而評曰：「余讀張子《正蒙》，知其詳說之功。至於《西銘》，迺識其反約之指」。至於何以在《正蒙》諸注本中，獨取《正蒙會稿》刊刻之。他表示，一者劉近山的人品學行，另一則是深覺《會稿》注文：「明正通達，不為曲說隱語，而事理無不得者」。韓、何之言，或可視為評價《正蒙會稿》的重要參考之一[17]。

17　此〈序〉亦收入於何氏之《大復集》中。〔明〕何景明，〈正蒙會稿

　　基於前述的撰述背景，劉璣《正蒙會稿》之思想特色，吾人可分為兩面理解：其一，就編輯體例而言，劉注在〈序〉文中雖以〈東〉、〈西〉兩銘，皆在闡發《正蒙》「蒙以養正」之本旨，故張載初以〈砭愚〉、〈訂頑〉名之。但《正蒙會稿》並未收入《西銘》，以其已獨立成書[18]。〈乾稱〉首句仍為「凡可狀，皆有」。此編輯慣例與多數明清《正蒙》注家相通。此外，則劉注之特色有三：一者，注文簡易通曉，善於舉以日常實例說解之。張載雖善於辨理析疑，但在行文時，屢屢依其博學廣聞，將天文地理、儒經道典的知識，夾於所論述的文句段落中。所以，《正蒙》內容雖能窮究天人事理，但此書文字，向來即以「難讀」著稱。何景明即有感慨的說：「《正蒙》書多難讀，學者讀之，或不卒業而廢」[19]。劉注不僅文字風格簡明易曉，而且對《正蒙》文句中較為核心或難曉的概念，多能於注文中說明。對於張載較為抽象的論述，劉注則能舉日常經驗實例，具象化《正蒙》論點，以利讀者通篇掌握橫渠所論梗概。例如，「太虛」本為《正蒙》最為核心且抽象的概念。針對〈太和〉「太虛無形，氣之本體」，劉璣即以概念界定的形式，

序〉，《大復集》（臺北：臺灣商務印書館，1983 年），頁 305-306；
《正蒙會稿》，頁 1。

18 由於《正蒙》注本是將〈西銘〉僅視為〈乾稱〉首段？或將《西銘》視為獨立之書？不僅是在編注體例上，反應明清詮釋者對《正蒙》與《西銘》的節選態度。更在思想上，呈現是否接受朱子對《正蒙》與《西銘》之評價的詮釋進路。因此，本書以「《西銘》」呈現詮釋者認同此三百餘字可獨立於《正蒙》論氣之外，自成一本闡發儒家合天人之道的專著。並以「〈西銘〉」呈現詮釋者認同此篇當歸屬於《正蒙‧乾稱》，重視〈西銘〉與《正蒙》的思想一致性。

19 〔明〕何景明，〈正蒙會稿序〉，收入《正蒙會稿》，頁 1。

破題展開注文，曰：「太虛，虛空也。必加太者，蓋凡物之空，或有物可尚。惟虛空，則只管空去。所以云：『太虛無形可見』，而實『氣之本體』」[20]。當張載以「氣」解釋日常經驗所以為的「虛空」，實為有物，並非佛老所謂「空無一物」之「空」、「無」。僅是由於氣本無形體，故感官所難以察視。所以，他以「太虛」言氣之本然與實存，以「清、虛、一、大」描述「氣之本體」。但劉注更進一步指出，舉凡世間可具象思惟的「物」，若已不存在於空間中，吾人仍可想像「虛空」中曾經存在之物。但「虛空」本非有形之「物」，吾人自無法具象化不具形象之物（「無形之氣」）。所以當劉注以「惟虛空，則只管空去」，注「太虛」何以必加「太」字時，呈現兩項重要意義：一方面，「太虛」乃是經由推證而得出的概念，並非由經驗觀察所得者。二方面，他以幾近口語化的「只管空去」，拉近讀者與橫渠概念間的理論距離。又例如，〈參兩〉「天左旋，處其中者順之，少遲則反右矣」，是張載以氣論主張五星順天左旋說，並解釋為何看起來卻像是五星逆天右旋？這段論述涉及複雜的天文知識，尤其又與吾人日常經驗所見相對。本不易為讀者理解或認同。劉注則舉前人實例曰：「譬之兩船使風皆趨北，其一船行緩者，見前船之快，但覺自己之船倒退南行。然其實只是行緩，趕前船不著是也」[21]。所舉之例，不僅讓人與日常經驗連結，而且行文簡明曉白，近於口語。這正是劉注以深入淺出注解《正蒙》的特色。

　　二者，辨明《正蒙》徵引《五經》、《四書》等儒經之出處。

20　〔明〕劉璣，〈太和〉，《正蒙會稿》，卷1，頁2-3。
21　〔明〕劉璣，〈參兩〉，《正蒙會稿》，卷1，頁13。

扼要說明張載引用《莊》、《老》等古籍之概念語詞的義涵。《正蒙》論述雖不乏廣引經典古書，但多未詳細載明所引文獻來源，而且論述與引文多夾雜並行。尤其〈至當〉至〈王禘〉等八篇，屬張載雜論《五經》、《四書》之文。張載往往於每篇之中，非系統性的選擇經文，或前儒對此經文之舊注，評析、抒發己意。若讀者對《經》、《傳》或前儒舊注不夠熟稔，往往無法條理掌握《正蒙》所論。因此，劉注補入橫渠所引、所論之文獻出處，使讀者能明經辨異。例如，〈至當〉「大德敦化」段，乃是張子徵引《四書》闡發其「德福一致」的主張。但劉注則進一步指明：「張子引《中庸》之言」[22]。又如〈樂器〉同段並論「陟降庭止」與「在帝左右」，劉注即指明：前者出於《詩·周頌·閔予小子》，後者則是《詩·大雅·文王》[23]。至於〈誠明〉「『屈信相感而利生』，感以誠也；『情偽相感而利害生』，雜以偽也」，則更是顯例。此段為張載詮釋《周易·繫辭下傳》之文。但劉注先闡明《易傳》本義，次則表示：「或疑『屈信相感』與『情偽相感』，《易》之本旨不如此者。蓋張子斷章取義也」[24]。

　　三者，整理、辨析本書之前的《正蒙》舊注。劉近山曾表示他自幼接觸《正蒙》，在其後的為學過程中，亦不斷有機會與研讀《正蒙》一書的學友相互切磋琢磨張載義理。因此在撰寫《正蒙會稿》時，他面對《正蒙》舊注的態度是：「所引經傳舊有註者，固不敢妄為之說；其有非本文所當註而註者，則欲學者因此識彼，而

22　〔明〕劉璣，〈至當〉，《正蒙會稿》，卷3，頁81-82。
23　〔明〕劉璣，〈樂器〉，《正蒙會稿》，卷4，頁139-140。
24　〔明〕劉璣，〈誠明〉，《正蒙會稿》，卷2，頁57。

且易於考證也」。故可知他對於《正蒙》內容與其舊注不僅是有保存之功，也在梳理《正蒙》舊注時指明理當考據辨析之處。

其二，就義理詮釋而言，劉注之特色有三：一者，在形上思想上，劉注以理氣論詮解張載的虛氣關係[25]。但詳於釐清《正蒙》中關鍵的形上概念。例如，〈太和〉首句「太和所謂道」，劉注即先指出張載之「太和」概念，乃是出於《周易・乾卦・象》曰：「乾道變化，各正性命，保合大和，乃利貞」。其次，則界定《正蒙》徵引「太和」一詞的概念意義，曰：「本義謂『太和』者，陰陽會合，沖和之氣也」。最後，則澄清張子此概念引人疑慮，或易起爭議之處，而曰：「張子狀道之體，以為道理悉從氣上流行出來。故指太和以明道，欲人即氣見道耳」[26]。依此，劉注替橫渠此段補充三點說明：第一，「太和」僅是對道體的描述語（「狀道之體」），而非形而上的終極實體義。第二，道體與二氣發用流行雖體用不離，但形而上下之辨亦不可不明。張載以氣化狀道，並非混淆形上道體與氣化流行之用。故「太和所謂道」之「所謂」二字，並非「等同」義，讀本句此處當是吃緊關鍵處，不可輕易放過。第三，順第二點提醒讀者。張載以太和言道，乃是道體本無形可見，但由「用」可以見「體」，故勉強以氣化之用必有所本，道理藉氣化發用以顯體，故說：「欲人即氣見道耳」，清楚辨析此句啟人疑竇之處。又如對〈太和〉「由太虛有天之名」，劉注首先即作概念界

---

[25]　例如，對〈太和〉「知虛空即氣」，注曰：「虛空即氣。氣即理之所寓。言氣，則理在其中矣。理氣一而已」。〔明〕劉璣，〈太和〉，《正蒙會稿》，卷1，頁4。

[26]　〔明〕劉璣，〈太和〉，《正蒙會稿》，卷1，頁1-2。

定，曰：「天即理也」。其次，澄清對等概念間，何以用字不同的疑慮[27]。他指出，既然「天」與「理」在形上位階中，屬可對等互換的概念[28]。為何張載此處以「天」言，而非以「理」言之。故其注曰：「然不曰『理』而曰『天』，以此理在太虛之中，未涉及於形」。最後，他則舉經驗實例，為此抽象概念提出具象化的說明，曰：「如水上在源，未及流而為川。故不曰『理』，而曰『天』也」。劉氏承繼宋明理學對「理」的通用義涵，以「理」具條理義，故當在氣化之用中，方呈顯理體之條理、秩序。張載此句言「太虛」，乃是特指二氣隱伏而尚未發用流行前的天之本體。故曰：「由太虛有天之名」，而非有「理之名」。劉注再次呈現善以易曉的文句與實例，闡明橫渠難解文句與概念的行文功力。

　　二者，就人性論而言，劉注順程朱「性即理」的性宗脈絡，詮釋張載本氣論而言天地之性的性善立場。例如，在解〈誠明〉「性者萬物之一源，非有我之得私也」，劉注首句便破題定義曰：「性即理也」。其次，藉「理」概念之普遍義與恆常義，詮釋橫渠之「性」概念，初是取人與萬物共有之義，而非區分人與物類具有本質不同的差別義。故注曰：「天下無性外之物。故性為萬物之一源」，又曰：「謂此性乃為人物之所同得」，「大人知其為公共之理，故一視同仁」。最後，依理之必然為善，證「性」之本善無惡，順承孟學之性善說。然而，此處有兩項關鍵實須辨明：第一，

---

[27] 這就與〈太和〉首句「太和所謂道」中，「道」與「太和」分屬形而上下位階，本體與氣化的體用關係不同。

[28] 例如，在〈誠明〉「天人異用」段，注曰：「凡稱天者，天理之本然也」。〔明〕劉璣，〈誠明〉，《正蒙會稿》，卷2，頁45。

雖朱、張在此皆同意人性本善，但二者實屬兩種理論型態。劉注取
宋明理學使用「性」概念的通用義涵，會通朱、張論性之同，亦屬
明清《正蒙》詮釋者的主流觀點。然而，朱子言氣質之性，與橫渠
本有理論之異。劉注則與程朱理路之明清《正蒙》詮解者，限於相
同之蔽。例如，解〈誠明〉「形而後有氣質之性」，劉注先詳細定
義曰：「氣，即人之充於周身者；質，即形體，皆陰陽五行所為
也」，由此補入陰陽五行的理論模型，強化張載以人之初生乃是裏
氣聚為人形質的氣化生物說。但他亦承朱子之詮釋，認為氣質之性
乃是天地之性墮入氣質中，而非橫渠原意用「天地」、「氣質」兩
相對舉，論說人性之兩面。故劉注接著曰：「（人）及其既生，天
地之性，一墮氣質之中」[29]。第二，辨明「性未成則善惡混」之語
意。若依據「性即理」，當人受天理以為性理，則人人所受的天地
之性皆本然相同，既無質與量上的差異性，而且一受全受，本然具
足。天授天地之性給人時，並非階段性的給予，或給予每個人部分
有異的天地之性。這本應是朱、張言「天地之性」的共識。且呼應
朱子「一物各具一太極」說的基本立場[30]。依此，則人儘管初生即
因氣裏清濁厚薄之異，而呈現生理上的個體差異性。且朱、張皆以

---

[29]　〔明〕劉璣，〈誠明〉，《正蒙會稿》，卷 2，頁 52。

[30]　例如，朱子曰：「『萬一各正，小大有定』，言萬箇是一箇，一箇是萬
箇。蓋體統是一太極，然又一物各具一太極。所謂『萬一各正』，猶言
『各正性命』也」；劉注曰：「天地之性，渾然太極之全體，有善而無
惡」。〔宋〕朱熹，《朱子語類（四）‧周子之書》，收入朱傑人等／主
編，《朱子全書》第 17 冊（上海：上海古籍出版社；合肥：安徽教育出
版社，2002 年），卷 94，頁 3167；〔明〕劉璣，〈誠明〉，《正蒙會
稿》，卷 2，頁 52。

氣質（「形氣」）之異，解釋聖賢、才愚之有異。但是，性即理之性
不可能有「未成」的缺憾與未足性。依此，若將張載「性未成則善
惡混」咬緊看實，則張載成性觀與朱子復性說，則呈現對立。成德
工夫究竟是復顯本然具足的性理？或持續將人受之，但「尚未成
（未足）」之性，在步步成德工夫中，逐漸補足？由此以人之道合
於天之道，以達至善？對此，劉注的立場則是調和朱、張，認為二
者僅是語勢有異，但義理本可互通，其注曰：「蓋人惟有未去之
惡，則其善為可稱。若惡盡去而性成焉，又何善之足稱？所以不
曰：『善』，而曰：『性』也」。換言之，劉注認為「性未成則善
惡混」，並非張載意指人之性有「已成」（「整全」）與「未成」
（「部分」）之分，而是張載特就性善惡混論與性惡論提出辨說，指
此二說皆是源於不明性本至善，故就人之行為有善有惡，而提出異
論。若能在成德工夫上，充分朗現人的天地之性，則人之行不僅皆
善，且此善不過順性而性之而已，故言「性之」，而不言「性
善」。劉注當然可視為一種詮釋立場，但是否合乎張載原推論？則
或仍有待商榷。

　　三者，就理欲關係而言，劉注明顯呈現出明代程朱學者「存天
理，去人欲」的特色，由強調「（天）理（私）欲之辨」，而激化
「天理」與「人之基本欲求」的對立。例如，〈大心〉「成心忘然
後可與進於道」，本是張載藉《莊子‧齊物論》「化除有成之心」
說，以闡發「大其心」的實踐工夫。因此，在此段正文下，張載自
有小注曰：「成心者，私意也」。但劉注則聚焦於小注之「私意」
二字，曰：「理欲不兩立。人惟無私意，然後可進於道」，將「私
意」視同「私欲」或「人欲」。故劉注續曰：「私欲盡除，然後天

理流行。故心存無盡性之理」[31]。但張載所謂「私意」所涵蓋者廣，舉凡偏見、成見，甚至是人基於風俗文化所形塑而成的價值觀，皆屬有限有蔽的一曲之見，故皆可納入「私意」的概念範圍內。故張載發揮莊子以心之忘（化）除，則此心之無蔽無限，即如大道之大本讓萬物皆能通行無阻，所謂「道通為一」，萬物不齊而齊。依此可知，「私意」可以涵蓋「私欲」，但「私欲」的內涵不可等同「私意」。但若依劉注之詮釋，則雖將張載「大其心」所含蘊的儒者成德工夫更純化，卻也相對窄化了大心說在知識論上的論域。

　　由上述可知，《正蒙會稿》在明代《正蒙》學的發展中，至少具有兩方面的意義：一方面，澄清《正蒙》書中的理學概念。張載撰寫《正蒙》時，往往基於前後論述需要而以理學概念詮釋《五經》、《四書》的內容。但此舉是否切合六經本旨？雖是閱讀者必須在研讀的過程中有所自覺，卻又往往是初讀者或為學尚未建立定向者所缺乏之處。因此，劉近山在注解《正蒙》時，常先著力於解析宋明理學的概念術語，次辨明《正蒙》上下文義，使閱讀者能掌握《正蒙》一書的問題意識與義理精微。二方面，強化《正蒙》與《大學》間的義理關聯。儘管《四書》是影響宋明理學發展史最為關鍵的經典，甚至有學者主張，理學含蘊著從《五經》轉向《四書》，或「新五經」（《四書》加《易傳》）的典範轉移[32]。因此有學

31　〔明〕劉璣，〈序〉，《正蒙會稿》，卷1，頁1。

32　例如，楊儒賓即表示：「流動於宋明七百年上空的文化氛圍即是《四書》加《易經》此《新五經》所展現的『全體大用』」。楊儒賓，《從《五經》到《新五經》》（臺北：國立臺灣大學出版中心，2013 年），頁14。

者認為，橫渠之學當歸屬於「《四書》學」[33]。然而，《四書》之義理架構，大成於南宋朱子之手。《宋元學案》衡斷橫渠思想，曰：「故其學以《易》為宗，以《中庸》為的，以《禮》為體，以孔、孟為極」[34]。更重要的是，考察《正蒙》書即可見，橫渠徵引《大學》之處寥寥可數。凡此均顯示，《大學》對張載的影響，遠不如《中庸》或《論》、《孟》諸書。然而，劉近山在〈序〉中，不僅稱揚《正蒙》「凡造化人事，自始學以至成德」無所不包，更指出「蒙以養正」的成德工夫，義理可歸本於「《大學》之所謂『格物致知』；《孟子》之所謂『盡心知性』」[35]。並且屢屢在各篇注文中，強化橫渠所言可與《大學》相互串言[36]。此外，有兩項值得現今讀者留意之處：一者，劉注任分段上，與今本《張載集》不同。二者，劉注選擇性的在某些篇章的末段，補入朱子的詮釋，用以進一步澄清當篇某段必須再作討論，而尚未能於該段注文中闡

---

[33] 例如，龔杰先指出，學術界存在著一種見解，認為「張載之學是易學，而不是四書學」，而這種看法的來源是出自於王夫之的《張子正蒙注·序論》。他認為，由於王夫之對張載之學的認識，只是基於自己成立一家之言的學術需要，故不能做為評論張載之學的基調。他並表示，從張載著作所引用的儒家經典而言，張載對《四書》的引用在數量上遠比《周易》多。所以，龔文表示，張載之學不是易學，而是以發揮《四書》義理為主的「四書學」。龔杰，《張載評傳》（南京：南京大學出版社，1996年），頁12-30。

[34] 〔清〕黃宗羲，《宋元學案·橫渠學案（上）》，收入《黃宗羲全集》第3冊（杭州：浙江古籍出版社，2005年），頁797。

[35] 〔明〕劉璣，〈誠明〉，《正蒙會稿》，卷2，頁57。

[36] 例如，〈大心〉「大其心則能體天下之物」段，劉注即曰：「『體』，謂置心在物中，究極其理。如《大學》之『格物致知』也」。〔明〕劉璣，〈大心〉，《正蒙會稿》，卷2，頁57。

明的觀點。由於對此段文字，《正蒙會稿》是與張載原文齊頭並
列，而非如注文降格呈現。若讀者不察，可能會誤以此文為《正
蒙》原文（或佚文），或誤將朱子之言與劉注觀點混而為一。例
如，〈誠明〉當篇篇末最後句，當為「『莫非命也，順受其正』，
順性命之理，則得性命之正，滅理窮欲，人為之招也」。但劉注對
於〈誠明〉「德不勝氣，性命於氣」段，認為有必要進一步澄清。
因此，在「人為之招也」隔行，補入一段文字曰：「問『性命於
氣』，『性命於德』？曰：小註：『性命於氣』，是性命都由氣，
則性不能全其本然，命不能順其自然；『性命於德』，是性命都由
德，則性能全天性，命能順天理』」。在此，「小註」以下，皆出
於《朱子語類・性理一》，但劉注並未標示出處。在此，他徵引朱
子之言，進一步指出：「張子語勢如此。若作性聽命於氣，亦通。
但下文性聽命於德，終欠順」。由此主張，橫渠「性命於氣」一句
僅是行文有欠缺，並非義理上悖離聖賢義理[37]。

二、《新刊正蒙解》

《新刊正蒙解》四卷，為明儒劉儓所註解。本書採用「明嘉靖
二十五年刻本」，現藏上海圖書館。通行本有《續修四庫全書》第
934 冊[38]。

劉儓，生卒年不詳。《廣東通志》載，劉儓，浙江壽昌人，選

37　〔明〕劉璣，〈誠明〉，《正蒙會稿》，卷 2，頁 57。

38　〔明〕劉儓，《新刊正蒙解》，收入《續修四庫全書》第 934 冊（上海：
　　上海古籍出版社，1995 年）。

貢。曾任南雄府（今廣東省南雄市）推官。官職為正七品，掌理刑名、贊計典等事。劉儓曾表示，《正蒙》雖以啟蒙養正為撰述立意，但張載常隨手徵引古書，而未詳明其源，其言辭蘊意太深，故所論雖與理學各家互有異同，讀者驟而讀之，多「茫然不知所謂」，而難以達到《正蒙》啟發蒙昧之初衷。正是基於此，劉儓表示《新刊正蒙解》的撰述背景，乃用更容易使人通曉的文字，澄清《正蒙》所引古籍之源，辨析其理學與各家所論之同異，是「此解之所由作也」。依此，《新刊正蒙解》之特色，吾人可分為兩面理解：

其一，就編輯體例而言，據劉儓在〈敘正蒙解〉中所言，四卷本的《新刊正蒙解》，至少包含以下三方面特色：一者，以「復赤子之初心」闡發《正蒙》「蒙以養正」之著述精神。在〈敘〉文中，劉儓破題式的徵引《周易‧蒙‧象》所言：「蒙以養正，聖功也」，直指《正蒙》一書上承古聖先賢之大義者，即在於橫渠洞見人人稟氣而生之初心相通，故義理亦能跨越古今，遍存於人心中。所以，他說：「聖賢之言雖遠近高深，詳略巨細之不同」。但是，其「大要歸於使人不失其心，以還夫赤子之初心」，而「《正蒙》之作意，蓋如此」[39]。

二者，劉儓不僅藉朱子對《正蒙》的正面評價，肯定此書在理學發展史上的經典地位。並依照朱子理氣論的架構，作為注解《正蒙》義理的進路。在注解《正蒙》時，他雖徵引宋明理學共通的概念與論述，以會通橫渠思想。但他首先處理的是張載文字風格的問題，亦即前人閱讀《正蒙》上多有的「難讀感」。因此，他雖表示

39　〔明〕劉儓，〈敘正蒙解〉，《新刊正蒙解》，頁143。

橫渠行文有「迫切而意多」之憾。故呈現晦澀、不流暢感。以致使人以為橫渠所言與「濂溪、明道未免小有出入」。但他立即依據朱熹的見解，評論《正蒙》的價值，表示「（張子）氣質之論，朱子稱其發前聖所未發。鬼神、理氣數章，《近思錄》亦輯焉」，上提《正蒙》在理學諸書中的經典地位。更在〈太和〉注解「太虛無形」一段時，直接表示：「太虛，理也」，全然以朱熹理氣論架構套在張載虛氣論上。

　　三者，考訂張載禮學之失。張載以知古禮而聞名於當時。但當劉儓注解《正蒙·王禘》時，不僅依據《禮記》、《周禮》，而反駁張載懷疑《禮記·王制》作者「以文害意」之說，更表示張子之言才是「別生異說」而「大可惜也」。其三，將《西銘》重新編入《正蒙·乾稱》篇首。劉儓指出，張子《西銘》由《正蒙》中獨立自成一書，乃是源自於朱熹注釋《正蒙》時自有其考量，而非「作者（張載）之本意」。但後人循其舊例而為，則不免有割裂《正蒙》之嫌，且劉儓續言：「就其通篇論之，『乾稱』三句乃一篇之大指。天地之帥二句申首三句之要。至無告也者數句，又自『同胞』中別其等而言之，引伸觸類而民胞物與之義可盡矣」（卷四，〈乾稱〉注「申生其恭也」）。所以，他將《西銘》再次編入《正蒙·乾稱》篇首，一則以回復張載著書本意；另一方面，也使〈乾稱〉的義理更加首尾一貫。

　　其二，就義理詮釋而言，《新刊正蒙解》之思想特色，又可由以下三方面呈現：一者，以理本論詮釋《正蒙》虛氣關係。儘管基於學者間對橫渠「太虛即氣」解讀之異，是否能將橫渠歸為氣本論者？仍有分歧。但橫渠重「氣」，這一點是無庸置疑的。顯例之一，即是明清氣學論者之著作中，多徵引橫渠氣論，而當代研究者

更依此將明清氣本論之思想源頭，推本至張載。由此可知，即便以理氣論詮釋橫渠虛氣論，在明清《正蒙》諸注中，實為主要詮釋進路。但將橫渠直視為理本論的捍衛者，顯然有別於其他《正蒙》注，或可歸屬為一種「更強的詮釋」。例如，注〈太和〉時，他不僅一次地表示「太虛，理也」，「太虛者，理也」，或「虛，理也」[40]。在注「太虛不能無氣」段時，更明確指出：「天地之間，『一理』而已」，釐清所謂「不能無」，只是橫渠藉氣之發用以呈顯理之本體，理氣體用關係上，是氣依附理，而非「理」不能無「氣」而「存」。為了更明確闡明此點，在緊接著注解「聚亦吾體，散亦吾體」時，他立刻說：「氣有聚散，而理無存亡也」。蓋大地之間，唯有「理」才是萬有之得以存在的根源，而為普遍恆存者。氣雖不以存亡論，但氣之聚散，卻須由理所貞定，故為第二序的存有。依此，他一筆畫清「理／氣」界限，掃除「太虛」或「虛」所有的氣論姿態，將這項《正蒙》中至為核心的形上概念，推至純粹靜潔的理本體之境。並批判誤以橫渠之學以氣為本根者，乃是不明「張子之意，本欲明理氣一源，而語意之間不免拆為二物」[41]。順此，劉儗承繼朱子理氣論充分發揮於《正蒙》論氣處。例如，注「兩不立則一不可見」時，他即言橫渠此處文意正在於：「明理氣不相離，亦不相雜之意」，其要旨在「言天地之化，不過理氣而已」。並緊接著界定「理」與「氣」的概念義涵，曰：「理

---

[40]　劉儗注「知虛空即氣」時，即曰：「虛，理也；氣，氣也」，又言：「虛與氣一，不可拆而為二也」。〔明〕劉儗，〈太和〉，《新刊正蒙解》，頁144，148，146。

[41]　〔明〕劉儗，〈太和〉，《新刊正蒙解》，頁144，148，145。

者何？太虛也。所謂『一』也。氣者何？虛實、動靜、聚散、清濁也。皆陰陽之為也。所謂『兩』也」。最後，他依照理氣不離不雜之架構指出：「太虛非陰陽，則其體不可見；陰陽無太虛，又何以推行哉？」[42]，清楚依形而上下的兩層存有論，將太虛定位為自存的形上本體，屬存有本體層；而將「氣」視為形而下的作用層。在作用層中，理氣乃是「理行於氣之中」，不可拆而為「二」的一體關係[43]。

　　二者，衡斷張載引經自證是否合乎《五經》經文本義。張載撰寫《正蒙》的行文習慣，是敘、論、徵引夾雜，多數文句中，並未明示所引用或欲論說的文獻出處。亦即將讀者視為早已嫻熟儒家古籍經典者，自然具備見文明義的先備知識。當然，若以《正蒙》意在「養蒙」的撰述動機觀之，橫渠或有誤判讀者背景之嫌。其後，當蘇昞替《正蒙》分篇定名時，即將〈至當〉以後八章，略依橫渠所論引經典內容而粗分之。但所呈現者，仍是橫渠徵引某段、某句經文，而未詳載出於《易》、《禮》、《詩》，或《書》中的那一本？哪一篇？哪一段？更遑論判斷橫渠引用或詮釋這段古籍時，是否合乎經典原文與原意。因此，歷來注解《正蒙》者，往往將載明橫渠徵引經典之出處，作為主要的註解工作項目之一。最明顯的例子之一，即是王植的《正蒙初義》。他將此列為核心工作，而上抬至全書格式的位階。透過每段《正蒙》原文與注文間，先明訂「徵引」這項制式的體例，載明張載本段所論出處。劉儓雖尚未能在編集體例上，標準化地處理標示張載所徵引的古籍出處問題。但在多

---

[42]　〔明〕劉儓，〈乾稱〉，《新刊正蒙解》，頁 149。

[43]　〔明〕劉儓，〈乾稱〉，《新刊正蒙解》，頁 241-242。

數段落中，他已能指出《正蒙》此段是出於哪本經典，至於是此經
典之何篇？何段？則尚未統一，僅有部分段落有標明。但在義理詮
釋上，重要的意義是，他並非全盤接受橫渠對經典的理解詮釋，或
是橫渠引經自證的論點。劉僔是帶著批判性的眼光，判斷與注解
《正蒙》引經的段落。例如，在注〈太和〉「立天地之大義」段
時，他即指出：「此張子歷引〈繫辭〉而總斷之見」，但尚未更進
一步標明所引段落，分別包含：《周易·繫辭下傳·第二章》之
「昔者聖人之作《易》也，將以順性命之理。是以立天之道，曰陰
與陽；立地之道，曰柔與剛；立人之道，曰仁與義」，《繫辭上
傳·第四章》之「範圍天地之化而不過，曲成萬物而不遺，通乎晝
夜之道而知，故神無方而《易》無體」等出處[44]。至於注〈天道〉
之「『不見而章』，已誠而明也；『不動而變』，神而化也；『無
為而成』，為物不貳也」段，他不僅指出橫渠引經之出處，更批判
橫渠是以己意詮釋經文，非經文本義。在注文中，他先澄清張載引
經所欲自證的論點為何？曰：「『不見而章』，以成己言。『不動
而變』，以成物言。『無為而成』，總成己成物而言」。其次，再
表明：「此釋《中庸》之意，而非其本指」[45]。又在注〈有司〉
「『子之不欲，雖賞之不竊』，欲生於不足則民盜，能使無欲則民
不為盜」段時，他批判曰：「『不欲』，不貪欲也。張子以『不
欲』為『不欲之物』，非《論語》本意」[46]。甚至在注〈動物〉之
「寤，形開而志交諸外也；夢，形閉而氣專乎內也」段時，劉僔先

---

[44]　〔明〕劉僔，〈乾稱〉，《新刊正蒙解》，頁149。

[45]　〔明〕劉僔，〈天道〉，《新刊正蒙解》，頁161。

[46]　〔明〕劉僔，〈有司〉，《新刊正蒙解》，頁215。

指出解釋夢之所以產生的原因，並不同於坊間解夢迷信之說。其次，則表示：「《周官》立『占夢』，以掌王夢」，替占夢之說找到儒學經典上的依據。最後，他則批判橫渠此處所論過淺，而批評曰：「張子之說，未足以盡夢之占也」[47]。凡此，皆可見劉氏之注，雖推崇橫渠之學，但並非盲目的接受《正蒙》所有的論點。

　　三者，提供豐富余氏《正蒙》注本的資料。如同多數明清《正蒙》注家，劉儓不僅以二程、朱子與濂溪為主要徵引對象，而且在處理〈參兩〉、〈動物〉等涉及天文學與自然科學知識的篇章文段時，他亦廣泛參考相關領域的科學文獻資料。例如，當注〈參兩〉「天左旋」段時，他不僅先澄清張載之說，解釋星體乃繫於地氣而動，皆順天左行。只是由於轉速稍遲，而不及天運，故就日常所見，星體貌似逆天向右而行。他更在辨析橫渠、朱子等理學家，與曆算家等自然天文學家間，存在相互對立的基本論點時，引蔡季通之言表示：「西域有『九執曆』，是順筭」[48]。然而，有別於現今較常見的其他《正蒙》注，《新刊正蒙解》較大量的引證與保存了現今已難見到全本的余本《正蒙》注[49]。尤其難得的是，劉儓以余氏注為論辯對手，而非全面接受或否定余注。使吾人不僅能藉劉注得見余注之實際內容，也能對比二者詮釋觀點之差異。例如，注〈太和〉「晝夜者，天之一息乎！寒暑者，天之晝夜乎」段，劉儓即先以余注為本，注曰：「余氏曰：『寒，猶夜；暑，猶晝』」；

47　〔明〕劉儓，〈動物〉，《新刊正蒙解》，頁 173。

48　〔明〕劉儓，〈參兩〉，《新刊正蒙解》，頁 153。

49　此即王植《正蒙初義・臆說》所提及的「明正德間四明余本子華甫著」的余氏《正蒙》注。魏濤亦先於作者指出此點。〔清〕王植，〈臆說〉，《正蒙初義》，頁 8。魏濤，〈明代《正蒙》詮釋考略〉，頁 13。

然後再指出：「張子反之，不知何故。闕之，以俟知者」[50]。劉注不僅在此表示自己認同余注，而且當注解張載文句有疑慮時，劉注採取「闕之，以俟知者」的客觀態度，而非刻意扭曲橫渠文意，或妄加強解之。在注〈誠明〉「盡其性能盡人物之性」段，他指出，雖就個體而言，人、物所受之命有異，但以天地萬物之性皆可推本於天，當人能盡其天命之性，則能盡物之性。在此以「仁者，以天地萬物同體」的儒者境界中，成己成物本是一貫之事。所以，他肯定余注以「成己成物，兩盡其道」詮解「我體物未嘗遺，物體我知其不遺也」，而表示：「余氏之說是也」[51]。但他對余注有失之處，亦保持批判。例如，注「未嘗無之謂體，體之謂性」時，劉儓即指出：「『體』以太虛言」，並批判曰：「余氏以『體』為『物之形體』，殆失張子之意矣」[52]。由於他引證與批判余注之處，遠較其後的《正蒙》諸注多，亦能使現今有機會得見余本《正蒙》注的實際內容。此皆為《新刊正蒙解》的詮釋特色。

　　整體而論，《新刊正蒙解》與其說是志在闡發橫渠之學，毋寧說是透過「注解」的形式，倡言《正蒙》文風雖與程朱有異，但張載之道確實與程朱理學同歸為於一。因此，當橫渠之言與朱子有異處，劉儓會以朱子為準的，而批判張載之非。例如，在詮解《正蒙》心性論時，他即不滿〈誠明〉「心能盡性」之說，而引朱子之言，注曰：「張子以『心』當『人』；『性』當『道』，似尚欠

50　〔明〕劉儓，〈太和〉，《新刊正蒙解》，頁 149。

51　〔明〕劉儓，〈誠明〉，《新刊正蒙解》，頁 178。

52　〔明〕劉儓，〈誠明〉，《新刊正蒙解》，頁 176。

融」[53]。基於這樣的詮釋理路，《新刊正蒙解》所呈現的不再是張載關學的《正蒙》，而或可視為是增援呼應伊洛之學的《正蒙》了。

三、《正蒙釋》

《正蒙釋》四卷，包含明儒高攀龍所《集註》、徐必達作《發明》。本書採用「上海圖書館藏明萬曆刻本」[54]，收入於《叢書集成簡編》第 207 卷[55]。

高攀龍（景逸，1562-1626），字存之，又字雲從，諡忠憲。直隸常州府無錫縣（今江蘇無錫市）人。無錫為伊洛之學南傳重鎮，二程嫡傳弟子楊時（龜山，1053-1135）曾於無錫創「東林書院」，並講學十八年（1111-1129）。嘉靖三十二年（1604），東林書院經高攀龍、

---

[53] 劉儓原注表示：「朱子曰：『人心有覺而道體無為。故人能大其道，道不能大其人』，是也」，批判張載對《論語·衛靈公》「人能弘道，非道弘人」的詮釋欠缺融貫。但張載此論旨在闡發大心說中，以「心」之良知良能即道德決斷的主動動源，實與朱子以性為理，以心為動用之氣的論點有異，卻是劉注未能辨明之處。〔明〕劉儓，〈誠明〉，《新刊正蒙解》，頁 176。

[54] 依胡元玲所考察，《正蒙釋》的版本除現藏於上海圖書館的「明萬曆刻本」外，還包含：「清初平江蔡氏刻本，現藏中國國家圖書館。又《張子全書》徐必達本有《正蒙》高攀龍集註、徐必達發明」。《正蒙釋》的通行本為「上海圖書藏明萬曆刻本」，收入「《四庫全書存目叢書》子部儒家類第 1 冊」。胡元玲，《張載易學與道學：以《橫渠易說》及《正蒙》為主之探討》，頁 246。

[55] 〔明〕高攀龍集註，徐必達發明，《正蒙釋》（「明萬曆刻本」），收入《四庫全書存目叢書》第 1 冊（臺北：莊嚴文化事業公司，1995 年）。

顧炎武（亭林，1613-1682），以及錢一本（啟新，1546-1617）等人修復後，成為學者聚而論學，講論政事的據點，逐形成以顧、高為核心代表者的「東林學派」[56]。高氏經萬曆十七年（1589 年）登進士，幾經謫官、歸鄉，復啟，而官至左都御史。擔任天子之言官，並職糾劾百司，重案會審等掃除貪腐、監督稽核的要務。後因得罪權宦魏忠賢，而遭誣告迫害。東林學者或相繼入獄、被殺。高氏先至楊中立（時）廟拜謁，而後從容不迫，投水自沉[57]。

　　在思想上，高攀龍雖以二程、朱子為宗，但其學幾經體悟轉變。據《明儒學案》載雲從曾自陳為學次第，他二十五歲聞顧涇陽與李元沖講學，始志於學。初雖以程朱「入道之要莫如敬」為方，卻在主敬收斂、持心方寸間的工夫上，產生困惑，不能體會朱子所

---

[56]　據《東林列傳‧凡例》載：「東林書院本在無錫城東弓河上。宋政和間，楊龜山從京洛南旋僑寓於此，與諸賢講學十有八年之所也。歷南宋元明久已傾廢」，又曰：「至萬曆中，鄉顧涇陽昆季罷官歸，求弓河故址，與同里高景逸重復興起，而龜山之講堂遂還舊觀。四方學者始集」。〔清〕陳鼎，〈凡例〉，《東林列傳》（臺北：新文豐出版公司，1975 年）頁 1，頁 2。

[57]　據《明史》載：「四年八月拜左都御史。楊漣等群擊魏忠賢，勢已不兩立。及向高去國，魏廣微日導忠賢為惡，而攀龍為趙南星門生，並居要地。御史崔呈秀按淮、揚還，攀龍發其穢狀，南星議戍之。呈秀窘，急走忠賢所，乞為義兒，遂撫謝應祥事，謂攀龍黨南星。嚴旨詰責，攀龍遂引罪去。頃之，南京御史游鳳翔出為知府，訐攀龍挾私排擠。詔復鳳翔故官，削攀龍籍。呈秀憾不已，必欲殺之，竄名李實劾周起元疏中，遣緹騎往逮。攀龍晨謁宋儒楊龜山祠，以文告之。歸與二門生一弟飲後園池上，聞周順昌已就逮，笑曰：『吾視死如歸，今果然矣』。」〔清〕張廷玉等，《明史》（冊 11）（臺北：臺灣中華書局，1971 年），卷 243，頁 10-11。

謂「心要在腔子裡」。又於理學典要註釋中，無法求得解答。直至偶然藉小學訓釋「腔子猶言身子耳」，才猛然醒悟，主敬持心，並非將本心困在方寸間，故與李見羅「修本為本」之學相契。此後經專研於《易》、《禮》，而對理學最切己的「自覺本體」又有疑惑。期間經言事謫官，在返鄉歸里的生活中，再次將程朱「誠敬主靜」、「觀喜怒哀樂未發」、「默坐澄心」，「體認天理」等體道法門置於几前，日日實踐[58]。卻是偶見明道曰：「百官萬務，兵革百萬之眾，飲水曲肱，樂在其中。萬變俱在人，其實無一事」，才猛然省覺：「原來如此，實無一事也」。至此，高攀龍方進入「透體通明」，更無天人內外之隔的理學境界。據高氏言，他與北宋諸儒因少年學思未定，而廣涉老釋的經歷不同。他是在體證但使心為身主，身心一如，則渾身是心，修身即修心之學後，才泛觀博覽釋老兩家之典籍。或也因此，他能洞察老釋並非一無可取。在精微之處，儒釋道甚至是均有共見。但儒家能以「無極」總攝儒釋道精微之處的共見，卻能掃除老釋無法肯認天理之真（故「無理」）的弊端。其後在實踐變化氣質的修身歷程中，他有「只於動中練習，但覺氣質難變」。又藉與顧憲成在東林精舍論學，以及與其他學派學者論辨經驗之中，肯認「個人病痛不同，主靜只在尋常日用中」[59]。

---

[58] 在萬曆二十六年（1598），高氏 37 歲時，他在家鄉湖中築起「可樓」（取「無所不可」義），作為靜坐讀書之用。〔明〕高攀龍，〈可樓記〉，收入〔明〕陳龍正編，《高子遺書》（臺北：臺灣商務印書館，1983 年），卷 10，頁 625；〈水居記〉，《高子遺書》，卷 10，頁 624；〈水居記〉（單篇），收入《文淵閣四庫全書・集部 231（別集類）》，頁 624。

[59] 所引文獻於各家所記略有差異，可參照如下：(01)《高子遺書》卷 3，收

體會修身必非閉門獨修，益友與辯友皆是成德之助[60]。四十五歲以後，他逐步將修身成德工夫與程朱《四書》之學相互印證，而由「知之」進入「實信之」的體會。例如，丙午年（明萬曆 34 年，1606年），他「方實信孟子性善之旨」，由此體知「此性無古無今，無聖無凡，天地人只是一個」。辛亥年（萬曆 39 年，1611 年），高氏年

入《文淵閣四庫全書》（臺北：臺灣商務印書館，1983 年）中的〈困學記〉（單篇），（頁 1292-355 至 1292-358）：曰：「蓋各人病痛不同，大聖賢必有大精神，其主靜只在尋常日用中，學者神短氣浮，便須數十年靜力方得厚聚深培，而最受病處在自幼無小學之教，浸染世俗，故俗根難拔，必埋頭讀書，使義理浹洽，變易其俗腸俗骨，澄神默坐，使塵妄消散，堅凝其正心正氣，乃可耳。」（頁 1292-357 下）」。(02)葉茂才：〈行狀〉（〈高景逸傳〉，收入《明史稿》），頁 48-59），或見高廷珍輯《東林書院志（三）》（共 8 本），卷之七，列傳一（臺北：廣文書局，1968 年），文曰：「蓋各人受病不同，而救療之方，總以調養元氣為主，大聖大賢養浩然之氣，故能收攝精神，主靜立極。學者神短氣浮，須得十年靜力，方可變化氣質，培德養性。而其最受病處，又在自幼以干祿為學，先文藝而後德行，俗根入髓，非頃刻可拔，必埋頭讀書，使義理浹洽，變易其俗腸俗骨，澄神默坐，使塵妄消散，堅凝其正心正氣，乃可耳」（頁 53）。(03)《錢賓四全集》（臺北：素書樓文教基金會，2001年）有兩處引文：一筆在《宋明理學概述》收入《全集 9》錢穆引述高攀龍自述為學次第：「蓋各人病痛不同，大聖賢必有大精神，其主靜只在尋常日用中。」（頁 288）。另一筆在〈高景逸別傳〉：「蓋各人病痛不同，大聖賢必有大精神，其主靜只在尋常日用中。」（《理學家六詩鈔》，收入《全集46》，頁 188）。

60　例如，顧、高，皆與泰州學派之學者管志道（東溟，1537-1608）論「無善無惡」。錢穆亦指出：「『無善無惡』一辨，實當時東林講學宗要所在也。」。〔明〕高攀龍，《與管東溟二》，收入〔明〕陳龍正編，《高子遺書》，卷 8 上，頁 1292-1482；錢穆，《中國近三百年學術史》（北京：中華書局，1986 年），頁 10。

五十，方「實信《大學》知本之旨」；次年，壬子年（萬曆 40 年，
1612 年），他才「實信《中庸》之旨，此道絕非名言可形」。自此
而後，他視「程子名之曰『天理』，陽明名之曰『良知』，總不若
『中庸』二字為盡」。他以「心如太虛，本無生死」為心法，洞悉
《正蒙》之學亦即儒者「存順；歿寧」之大義所在，正可與王夫之
（薑齋，1619-1692）《張子正蒙注》以「貞生死以盡人道」衡斷橫渠
之絕學，可相互參照呼應。六十五歲，高攀龍以身殉道。《明儒學
案》評論高氏學思歷程，曰：「之學，一本程、朱，故以格物為
要」，但亦指出高氏「纔知反求諸身，是真能格物者也」，有別於
程朱論格物乃是「以心主乎一身，理散在萬物，存心窮理，相須並
進」。反而接近楊時「反身而誠，則天下之物無不在我」之主張。
此外，對於景逸「人心明，即是天理。窮至無妄處，方是理。」，
黃宗羲認為不僅與陸王心學相通，更「深有助乎陽明『致良知』之
說」。因此黃氏表示：「之格物，本無可議，特欲自別於陽明，反
覺多所扞格耳」[61]。《四庫全書總目》則在總介《周易簡說》時，
稱：「攀龍之學出入朱陸之間，故以心言《易》」[62]。主要著作包
含：《周易易簡說》、《春秋孔義》、《毛詩集注》、《正蒙
釋》、《二程節錄》、《水居詩稿》等書，門人陳龍正則以景逸自
身所輯之《就正錄》為底本，進一步集結業師語錄、文章，輯成
《高子遺書》12 卷，刊於明崇禎五年（1632 年）。

---

61 〔清〕黃宗羲，〈忠憲高景逸攀龍〉，《東林學案》，《明儒學案》，收
　　入《黃宗羲全集》第 8 冊（杭州：浙江古籍出版社，2005 年），卷 58，
　　頁 754-759。

62 〔清〕永瑢等編，〈周易易簡說〉，《四庫全書總目》（北京：中華書
　　局，1965 年），卷 5，頁 31。

徐必達（玄丈，1562-1631），字德夫，浙江秀水（今嘉興）人。明萬曆二十年（壬辰，1592 年）進士。官歷知太湖溧水二縣，陞南吏部主事，累官南兵部左侍郎[63]。在思想上，他不僅學承濂、洛、關、閩之理學，並廣涉天文、地理知識。在知溧水縣期間，曾築石臼湖隄數萬丈治水。遷光祿丞時，又向朝廷奏陳白糧利弊十一事。明熹宗天啟初，又曾募銳卒會山東兵擊破白蓮賊[64]。凡此不僅可見徐必達之為官政績，更可見其實踐正德、利用、厚生的儒者精神。主要著作包含：《南州詩說》、《南州集》、《南京都察院志》，以及《正蒙釋》之《發明》等。並集結、刊刻《周子全書》、《二程遺書》、《邵子全書》，以及《張子全書》等書。

關於《正蒙釋》之特色，吾人可就「編輯體例」與「義理詮釋」兩面，探討《集註》與《發明》之同異：

其一，就編輯體例而言，具有至少三方面特色：一者，本書在《正蒙》每段之後，先附以高雲從之「集註」，其次再附上徐德夫之「發明」。但依據《四庫全書總目・正蒙釋四卷・提要》所載，高攀龍撰寫《正蒙集註》乃源於有感朱子對《正蒙》精深浩渺之義理「訓釋未盡」，但徐必達《正蒙發明》乃是本於「篤好此書（《正蒙》）」，而見高注之後，不全然認同高氏對《正蒙》之詮釋，故「條其所見謂之『發明』，以質雲從之說」。並且依據「同者去之，異者存之；異而此失彼得者，去之；長短互見者，存之」

63　〔清〕張豫章等編，〈姓名爵里〉，收入《御選宋金元明四朝詩》（臺北：臺灣商務印書館，1983 年），卷 5，頁 83。

64　〔清〕和坤，《大清一統志》（臺北：臺灣商務印書館，1983 年），卷52，頁 71。

的原則，刪編高攀龍《集注》。《四庫提要》特指出，此四卷《正蒙釋》為「必達所自定，非攀龍之本矣」[65]。因此，研究者除需留意高、徐在詮釋《正蒙》上的通同論點外，更須辨析《發明》與《集注》「異者」與「長短互見者」而存之的相異之處。

　　二者，《正蒙釋》將《西銘》重歸《正蒙·乾稱》篇首。顧允成表示，過往刊刻、注釋《正蒙》者，往往視《西銘》為獨立之書而不錄，致使〈乾稱〉缺首段，而始於「凡可狀，皆有」。此舉既不合於《正蒙》全書原貌，也悖離蘇昞仿造《論語》依各篇篇首數字，訂為各篇篇名的立意。然而，此重《西銘》而抑《正蒙》與《東銘》之現象，始「因程門單提《西銘》」，且「朱子從而表彰」的緣故。但就義理思想上，《西銘》雖體段宏闊而推至窮神知化上，但《東銘》亦是個「極詳密的工夫」。依此，顧氏表示：「若無《東銘》工夫，驟而語之以《西銘》」，則「鮮不窮大而失其居矣」[66]。故依據《正蒙》原定編輯，不妄動篇幅，更能呈現〈乾稱〉義理上的一致性。

　　三者，發揮《集註》體例，廣引前人之言以詮釋《正蒙》。由於在《正蒙釋》中，不僅高氏《集註》廣為徵引他說，而且徐必達

65　《四庫全書總目》載：「《正蒙釋》四卷，舊本題明高攀龍集註，徐必達發明。攀龍有《周易簡說》，必達有《南京都察院志》，均已著錄。葉向高〈序〉，稱：《正蒙》精深浩渺，朱子訓釋未盡。錫山高雲從緣其指，廣為集註。檇李徐德夫篤好此書，嘗條其所見，謂之《發明》，以質雲從之說。同者去之，異者存之；異而此失彼得者去之，短長互見者存之云云。浙江巡撫採進本，則此書為必達所自定，非攀龍之本矣」。〔清〕四庫館臣撰，〈正蒙釋四卷提要〉，收入《正蒙釋》，頁1-773。

66　〔明〕顧允成，〈題正蒙釋後〉，《正蒙釋》，頁1-670-1-672。

之《發明》亦屢屢引證前賢之言，加上二者所徵引之文獻又不限於《正蒙》舊注。依此，吾人又可將《正蒙釋》對前賢之徵引，歸納為以下幾種型態：第一，徵引《正蒙》舊注者。《正蒙釋》最廣泛徵引者，當屬朱子對《正蒙》之詮釋。但若以專書注釋而言，本書最常徵引者，當屬劉近山《正蒙會稿》。例如，在〈參兩〉、〈三十〉、〈有德〉、〈大易〉、〈樂器〉、〈王禘〉各篇中，皆多次徵引近山之言[67]。此外，還徵引熊氏、葉氏、盧中菴，羅翰《正蒙》注本[68]，以及未詳其名的《補註》等。第二，徵引宋明理學家之言。包含周子、二程、朱子等濂、洛、關、閩之學的經典外，亦徵引張栻（南軒，1133-1180）、真德秀（西山，1178-1235）、吳臨川、陳潛室、沈毅齋等宋明理學家之言。例如，在〈神化〉中，他辨析

---

[67]　本文試舉三例為證：例如，注〈參兩〉「閏餘生於朔，不盡週天之氣，而世傳交食法，與閏異術」，引《會稿》曰：「『日之行三十日五時而歷一辰，則為一月之氣』」。在〈王禘〉中，更四次徵引近山之言，包含：注「殷而上七廟，自祖考而下五」段；注「適士，疑諸侯薦於天子之士及王朝爵命之通名」段，注「博依，善依永而歌樂之也」段，以及注「祭社稷五祀百神者」，引劉注解釋「社，土神；稷，谷神。五祀，門、行、戶、竈、中霤。百神，如日月星辰、山川丘陵」。〔明〕高攀龍《集註》，徐必達《發明》，〈參兩〉，〈王禘〉，《正蒙釋》，頁 1-683；頁 1-670-1-672。

[68]　例如，注〈神化〉「無我而後大」，《發明》即引羅翰曰：「大是個【箇】生聖人；聖是個【箇】熟大人」。王植《正蒙初義》兩次徵引羅本中，亦曾轉引徐氏《發明》此處引羅本之注文。詳見〔明〕高攀龍《集註》，徐必達《發明》，〈神化〉，《正蒙釋》，頁 1-693；〔清〕王植，〈神化〉，〈乾稱〉，《正蒙初義》（清文淵閣四庫全書本）（臺北：臺灣商務印書館，1983 年），頁 697-496。

程子對張載思想之詮釋恐非其本意[69]。同篇中，《發明》又引周濂溪之言，詮解橫渠「『知幾其神』，由經正以貫之」段[70]。此言原出於《通書・幾善惡》，周子並非針對《正蒙》而言。故可知，徐氏徵引前賢之言，不僅不以《正蒙》舊注為限，亦不以專針對橫渠思想之詮釋為限，而是依義理之會通有無處，徵引佐證己論。第三，徵引《五經》重要注疏闡明橫渠詮釋儒家經典的觀點。例如，注〈樂器〉「九疇次敘：民資以生莫先天材」段，《集註》即曰：「釋『洪範九疇』之序，孔安國訓『皇極為大中』，張子尚因其說也」[71]。第四，徵引老、釋經典與注解以批判之。例如，對〈乾稱〉「釋氏語實際，乃知道者所謂誠也」段，《發明》即引《彌陀經》「五濁」之說以明儒釋之異[72]。注〈有德〉「谷神能象其聲而應之」段，《集註》則曰：「谷神者，以虛而靜，故能象聲而應，非如王弼所語有律呂之變也」[73]。第五，引《張子語錄》，《正蒙》他篇正文，或橫渠自註者，相互串言佐證。例如，注〈動物〉

69　對〈神化〉「大則不驕，化則不吝」段，《發明》曰：「程子以氣歉吝齒言，恐非張子本意」。〔明〕高攀龍《集註》，徐必達《發明》，〈神化〉，《正蒙釋》，頁 1-693。

70　《發明》曰：「周子曰：『幾善惡』，此處間不容髮，纔過些子，便非知幾」。〔明〕高攀龍《集註》，徐必達《發明》，〈神化〉，《正蒙釋》，頁 1-694。

71　〔明〕高攀龍《集註》，徐必達《發明》，〈樂器〉，《正蒙釋》，頁 1-758。

72　〔明〕高攀龍《集註》，徐必達《發明》，〈乾稱〉，《正蒙釋》，頁 1-771。

73　〔明〕高攀龍《集註》，徐必達《發明》，〈有德〉，《正蒙釋》，頁 1-739。

「物無孤立之理」段，《發明》即曰：「孤立者，偏陰偏陽也。
《語錄》曰：『雖則一件物亦有陰陽左右』」[74]。注〈乾稱〉「凡
象，皆氣也」，《發明》特指出：「張自註云：『舍氣，有象
否』？」[75]。第五，部分《正蒙》篇章段落，存高氏《集註》，而
無徐氏《發明》；或有徐氏《發明》，而無高氏《集註》。例如，
〈王禘〉「庶子不祭祖」段，徐氏僅留《集註》，而不另立《發
明》[76]。〈有德〉「無徵而言，取不信」，則有《發明》，而無
《集註》[77]。依據徐氏「同者去之，異者存之；異而此失彼得者，
去之；長短互見者，存之」的原則，前者，表示徐氏認同高註，無
須另立新言。關於後者，則顯示《發明》衡斷取捨高註之原則，並
非依據高註是否與己詮釋有異，而是基於高註若屬未得《正蒙》本
義者，則不存高註，以對顯二者所見之短長。至於對〈乾稱〉首段
（《西銘》），《發明》曰：「詳見朱註」，則是徐氏認同高註，皆
奉朱子對《西銘》之詮釋為宗。

　　其二，就義理詮釋而言，《正蒙釋》具有至少三方面特色：一
者，就理氣論而言。高氏雖以「理」「氣」兩概念所指不同，必在

74　徐氏所引，出於《張子語錄・語錄中》，原文曰：「某嘗謂天下之物無兩
　　箇有相似者，雖則一件物亦有陰陽左右。譬之人一身中兩手為相似，然而
　　有左右」。〔明〕高攀龍《集註》，徐必達《發明》，〈動物〉，《正蒙
　　釋》，頁1-697。
75　〔明〕高攀龍《集註》，徐必達《發明》，〈乾稱〉，《正蒙釋》，頁
　　1-766。
76　〔明〕高攀龍《集註》，徐必達《發明》，〈王禘〉，《正蒙釋》，頁
　　1-761。
77　〔明〕高攀龍《集註》，徐必達《發明》，〈有德〉，《正蒙釋》，頁
　　1-736。

概念義涵上明辨理氣之別。但他亦以一氣貫穿形而上下，主張不可
析理氣以為二。例如，注〈太和〉「太和所謂道」段，他先界定
「太和」概念為「陰陽會合冲和之氣」；次表明：「張子本《易》
以明器即是道。故指『太和』以明『道』」；最後，則闡明在萬有
之本原處，理氣本無分。理氣之可區分，皆屬二氣流行發用後之
事。依此他以「理之與氣，一而二，二而一者也」，指出「理」即
氣化流行中之條理秩序，並非氣化之外別有一物，可名之為
「理」。只是「理無形，氣有象」，故可藉氣之聚散呈，顯理之秩
序性。理氣之關係，正如同橫渠詮釋《易》之道器關係，屬概念上
可以區分，但在存在本質上並非二物的關係，此所以《集註》續
曰：「非陰陽之外，別有所謂道也」[78]。值得注意的是，高氏承繼
橫渠天人本無二的精神，重視闡發天人一本之旨。因此，屢屢在注
解《正蒙》天道觀與氣論段落時，藉機闡明心性天通一無二的關
係。例如，在闡述「知虛空即氣」段時，高註不僅表明：「推本所

---

[78] 對此，參見《高子遺書》中的論述更為明確。高攀龍以氣或元氣，為最終
極的存有本體。故曰：「天地之先，惟斯一氣」。更藉辨與羅欽順（整
菴，1465-1547）理氣論之異，辨析理氣關係，曰：「有友曰：『羅整菴
言：理氣最分明。云：氣聚有聚之理，氣散有散之理，氣散氣聚而理在其
中。曰：如此說也好。若以本原論之，理無聚散，氣亦無聚散。如人身為
一物，物便有壞，只在萬殊上論。本上如何有聚散，氣與理只有形上形下
之分，更無聚散可言」。由此既指出理氣之可分，乃屬氣化層而非本體層
之事。並指出即便在氣化層中，理氣也是不離不雜，二而一，一而上的關
係。理氣從來都不是兩種本質互異之存在物的關係。〔明〕高攀龍《集
註》，徐必達《發明》，〈太和〉，《正蒙釋》，頁 1-672；頁 1-673。
〔明〕高攀龍，《高子遺書》（臺北：臺灣商務印書館，1983 年），卷
5，頁 417。

從來，知虛空即氣也」，又曰：「虛空也，天道也，一也。性也，
用也，一也」；在注「由太虛有天之名」段，他更清楚表示：「太
虛即氣，一而已矣。但從太虛上看，則謂之天。從氣上看，則謂之
道。從虛與氣合上看，則謂之性。從性與知覺合上，則謂之心耳」
[79]。若說高攀龍以一氣論詮釋《正蒙》虛氣關係，較貼近橫渠原
意。《發明》則更傾向以理氣不離不雜為主軸，嘗試將張氣論往朱
子學靠近。例如，注「太和所謂道」段，《發明》即曰：「朱子
曰：『天地間，只有動靜兩端循環不已，更無餘事，此之謂易』，
知朱子之說即得張子之義矣」。朱子分理氣為形而上下兩層，前者
為存在本體，後者則以二氣之化呈顯本體之用。故理氣雖在氣化層
不離，但形而上下之關係，則不可不有所區分。這與張子以一氣貫
穿形而上下，顯然是不同理氣論型態。徐氏亦非不明此點，因此在
《發明》中，指出朱、張之異，曰：「太和，朱子謂與『發而中節

---

[79] 在《高子遺書》中，高氏更清楚的表示：「天地間渾然一氣而已，張子所
謂：『虛空即氣』是也。此是至虛至靈，有條有理的。以其至虛至靈，在
人即為心。以其有條有理，在人即為性。澄之則清，便是理。淆之，則
濁，便為欲。理便是存主於中的，慾便是梏亡於外的」。他不僅以天地萬
有之實存皆可推本於氣，而且既以人之道可與天之道合而為一，乃是推本
天人同服膺以氣為本的存在理序。人之心之所以可通天生物之心，亦以氣
為本原之故。至心與性之別，乃是在概念上，「性」指向人稟氣受之於
天的本然性理。「心」則是指向人受之於天的靈明。他認至由此指出，萬
有既推本於氣，人之形氣本固有性理與基本欲求，理欲之辨的關鍵，乃是
人能否以性理駕馭欲求。而非否定人之形氣欲求，使天理人欲呈現存此去
彼的緊張對立。〔明〕高攀龍《集註》，徐必達《發明》，〈太和〉，
《正蒙釋》，頁 1-674。

之和無異』，固是。若論張子之意，還兼太極兩儀言。」[80]。換言之，徐氏認為朱、張論「理」「氣」並無本質之異。但朱子偏向直指理本體，故將「太和」歸屬於氣化發用後之事。張載則是慣由兩端以見一，故在一陰一陽氣化流行之用中，間接性地對顯本體與氣化發用之不雜不離。順此詮釋脈絡，他亦會通周、張，在注「虛能生氣」段，曰：「『虛能生氣』，『生』字與《易》『太極生兩儀』，周子『動而生陽，靜而生陰』之『生』不同。周子只言有此次第。所以朱子謂若說生，則俱生，太極依舊在陰陽裡」[81]。徐氏認為，張子批判老氏「無中生有」說，實陷入誤以虛氣為「能生者」與「所生者」間的異質關係，如此則使萬有可推本於虛無。但理氣均恆為存有，故太虛雖為萬有之本原。但太虛並非從空無中創生出氣，而僅是在恆為存在的一氣流行中，以貞定氣化發用的形式，呈顯太虛本體。由於太虛為本體，氣化為發用，故在氣化生生的活動歷程中，太虛與陰陽動靜，具有存在位階上的次第關係。此即周敦頤以陰陽發用中，必有太極存在，「太極生兩儀」之「生」字上所呈顯的次第關係。

　　二者，就人性論而言。高、徐皆循朱子詮釋，以「天地之性墮入氣質中」，而言「氣質之性」。注〈誠明〉「形而後有氣質之性」段，《集註》引葉氏注曰：「天命流行賦予萬物，純粹至善，所謂『天地之性也』。氣聚成形，此性墮於其中，則氣質用事，始

80　〔明〕高攀龍《集註》，徐必達《發明》，〈太和〉，《正蒙釋》，頁1-673。

81　〔明〕高攀龍《集註》，徐必達《發明》，〈太和〉，《正蒙釋》，頁1-675。

有純駁偏正之異，所謂『氣質之性也』」。依此，他首先界定「氣
質之性」並非與天地之性本質相異的另一種人之性，亦即澄清《正
蒙》論性架構雖為「天地之性」與「氣質之性」併陳，但橫渠並非
主張人有二性。其次，則引朱子之詮釋曰：「天地之性，則太極本
然之妙，萬殊一本也。氣質之性，則二氣交運而生，一本而萬殊
也」，不僅從推本人性之源上，直指人依天地之性的純粹至善，而
本然為善。由此駁斥人性善惡混，或人性有善有惡，以及性惡論之
言。順此引證朱子對橫渠論性架構之評價，曰：「氣質之說起於張
程，極有功於聖門」。他更由「理一分殊」的架構指出，人與天地
萬物的多樣性，乃是從氣化流行之用上言。若推至本原處，萬物皆
可統攝於一氣本體中。由此發揮〈誠明〉「性者萬物之一源，非有
我之得私也」之意旨。相較於高註，《發明》亦同意人性善論，但
他緊扣「善反之則天地之性存焉」之「存」字，更精鍊的發揮此
論，曰：「說個『存』字，以天地之性原不離乎氣質。故就氣質之
中，能『存』天地之性也」[82]。在此正可側觀徐氏編刪《集註》
時，依「長短互見者，存之」原則，而併陳《集註》與《發明》之
例。徐氏以《集註》亦能掌握《正蒙》本義，但己論亦有高註未見
之處。至於其中短長是否足以互補？則交由讀者自行判斷。再者，
他又一次依理氣不離不雜的詮釋脈絡，闡述天地之性「原不離乎」
氣質，兩個性概念「二而一，一而二」之關係。對此，在注「性其
總，合兩也」段，徐、高二注各有側重，則更為明顯。《集註》
曰：「天下之物必有對，惟性無對，以其為總會處，故曰：『總，

82　〔明〕高攀龍《集註》，徐必達《發明》，〈誠明〉，《正蒙釋》，頁
　　1-702-1-703。

合兩也」」，而《發明》則曰：「性者萬物之一源，故曰其『總』。然有天地之性、氣質之性兩者，故曰：『合兩』」[83]。對〈誠明〉此段，高註強調推本萬物之性之源，故緊扣「總」字，以言在本體處，萬物之性並無可分，皆同於天地之性，萬物間因氣質之異而存在的差異性、相對性，皆泯除。故「總」字之義，在於總攝萬有之有對與殊異以歸合而為一。但《發明》則著眼於天地之性與氣質之性屬兩概念，基於注家有責任澄清正文中的兩項異名概念，他扣緊「合兩」二字，直指「天地之性」與「氣質之性」僅是概念上可區分的「兩者」關係，而非存在本質相異的二物。

　　三者，《集註》嘗試承繼橫渠以氣論闡發禮學之進路。《正蒙》以氣論闡發儒者天人合一之學，故以天之道與人之道，皆本於同一存在與價值秩序。只是此宇宙秩序，乃是通過氣化流行以呈顯之。因此，在〈太和〉他推本為太虛既萬物之原，也為氣之本體。在〈參兩〉中，則以自然萬象皆可由陰陽氣化之道說明。〈天道〉以氣化之道闡發天之道，藉此明躋聖成德不過順天之道而行。在〈神化〉中，藉神寓於氣以成化，闡釋體用、天人本為一。在〈動物〉中，張載更以「天序」、「天秩」，倡言：「天之生物也有序，物之既形也有秩。知序然後經正，知秩然後禮行」。高氏承繼橫渠以宇宙秩序與人間禮序義理通一的精神，不僅依此闡釋知禮成性之學。更順此嘗試以氣論闡發禮例中的制禮精神。例如，《集註》即以〈至當〉「知崇，天也，形而上也」段，即為橫渠藉

---

[83]　〔明〕高攀龍《集註》，徐必達《發明》，〈誠明〉，《正蒙釋》，頁1-701。

《易‧繫辭》闡發：「知禮成性而道義出」[84]之意。在〈王禘〉中，他更以精氣說詮解「鋪筵設同几」段。此段本於《禮記‧祭統》，而橫渠闡發其義，云：「『鋪筵設同几』，疑左右几一云。交鬼神異於人，故夫婦而同几」，《集註》則更進一步曰：「同几，夫婦共一几。蓋人生，則形體異，故夫婦之倫在有別。死，則精氣無間，故曰：『交鬼神異於人』」[85]。依高氏之詮解，當夫婦仍活於世時，則人因各有身體形氣之異，故制禮精神重在以「有別」彰顯夫婦各有當行之道的秩序義。所以主張夫婦不同几。但當人逝世後，已無形體之隔，皆同歸太虛氣化流行之中。故夫婦同几，《集註》以為，是藉禮制呈顯天地造化皆一氣流行之理。

　　四者，《發明》以格物窮理詮解橫渠大其心。《正蒙》本《周易‧說卦》而言「窮理盡性」[86]。但橫渠實罕言「格物致知」，或「格物窮理」。後儒有此詮解，恐多源於朱子。朱子凝構聖賢之意，藉由編輯《論語》、《孟子》、《大學》、《中庸》，第二序的建立起《四書》一貫的思想體系。程朱後學往往在承繼其學脈中，先行的將格物窮理視為儒者合天人之道的關鍵入路。徐氏詮解〈大心〉首段時，首先即徵引朱子之詮釋，曰：「朱子曰：『體，猶仁體事而無不在。言心理流行，脈絡貫通，無所不到』。又曰：

84　〔明〕高攀龍《集註》，徐必達《發明》，〈至當〉，《正蒙釋》，頁1-727。

85　〔明〕高攀龍《集註》，徐必達《發明》，〈王禘〉，《正蒙釋》，頁1-763。

86　《周易‧說卦傳》曰：「昔者聖人之作《易》也，幽贊於神明而生蓍，參天兩地而倚數，觀變於陰陽而立卦，發揮於剛柔而生爻，和順於道德而理於義，窮理盡性以至於命。」

『此『體』是置心在物中究見其理,如格物致知之意,與體用之體不同』」。其次,他接受朱子以「體」即「格物致知」之意,詮解橫渠「大其心則能體天下之物」之「體」。並進一步闡釋:「看來『體』是體察意。『物』兼『事』言。『體物』只是『窮理』意。理有未窮,則心與物則扞格。故為有外,即所云:『心大,則百物皆通;心小,則百物皆蔽也』」。最後,徐氏導入橫渠以「天德良知與見聞所知」泛論「人心之知」的架構,指出聖凡之別,只在聖人「以天德良知為知」,故此心虛靈明覺,而「天下事物之理,何一不在朗照中」。但是,世人之心「止於聞見之狹,只是耳聞得一件,目見得一件,便曉得一件」[87]。順此,他以橫渠大心說,乃是以天德良知體盡事事物物之理,由於此心之理與天理一致而不遺,故可言大其心得以知天。換言之,他會通朱、張,使「大心」不只在於闡明《孟子》「盡心知性知天」之道,亦是《大學》格物致知之學。然而,橫渠論大其心,初並未預設「心具眾理」為理論模型。張載是以氣論為基礎指出,人雖有形氣之限,但人亦因稟受天地之性,而本具天德良知與良能。當人心在具體的道德情境脈絡中,能順此本然不容其已的良知良能而行,則此心即為「道心」,而知吾天地之性之本然與天通一無二。由此,人之道與天之道為一,故言大其心則能體物不遺。但若人陷溺於成心私意,或自限於見聞所知之偏狹而不知自省,則此心即流為「人心」。成德盡性之工夫,落存養擴充此心之不安不忍,使人能時時警惕自覺,超越形氣之限,此所以橫渠以「變化氣質」為成德工夫之總綱領。相

---

[87] 〔明〕高攀龍《集註》,徐必達《發明》,〈大心〉,《正蒙釋》,頁1-706。

對於《發明》，高氏《集註》則順橫渠天人一體論，詮解「大其心」何以能知性知天、體物不遺。例如，註「體物體身，道之本也」段，《集註》曰：「天地萬物本吾一體，能以天體身，則能體物。又何疑哉？」[88]。在注〈乾稱〉「德不勝氣」段時，曰：「有無一，內外合，此人心之所自來。蓋太虛之本體然也。人病其以耳目見聞累其心。故思盡其心者，必知心之所從來」，又曰：「聖人惟不專以聞見為心」。由此可知，高氏乃是從推本溯源上而言人心即道心，體物即體身。此詮釋脈絡更貼近橫渠「觀於天道，以見聖人」的入道門徑。

《正蒙釋》不僅是明清《正蒙》注最常徵引者之一。黃百家更在《宋元學案》對《正蒙》各篇提出「案語」時，廣泛引用高氏《集注》為佐證。依據明儒顧允成（涇凡，1554-1607）在〈題正蒙釋後〉中所言，高攀龍之《正蒙集註》，與徐必達之《正蒙發明》，不僅「平正通達」，且能闡發先儒「徹天徹地精神」。此或許為徐、高註文同藉《正蒙》以見儒道之真。然而，當吾人徵引《集註》與《發明》時，亦當留心二者之異。若此，則當能更貼近徐氏編刪《高註》以使「短長互見」之意。

四、《橫渠張子釋》

《橫渠張子釋》六卷，為明儒呂柟所抄釋。本書採用「明嘉靖

88　〔明〕高攀龍《集註》，徐必達《發明》，〈大心〉，《正蒙釋》，頁 1-708。

八年家都葛澗刊本」[89]，收入於《中國子學名著集成》第 34 冊。

明儒呂柟（涇野，1479-1542），字仲木，陝西高陵人。明正德三年（1508）登進士第一，授翰林院修撰。權臣劉瑾以鄉人致賀，呂柟則嚴峻卻之，因而得罪其人，幾埋下殺身之禍[90]。就業太學期間，他與崔銑（後渠，1478-1541）相友善。後二人又皆因得罪劉瑾，而在實踐政治抱負時，受到阻擾[91]。明代氣學思想代表者之一，王

---

[89] 據胡元玲考察，呂柟之《張子鈔釋》，為《宋四子鈔釋》二十一卷之一部分。此書有五種版本，分別為：「01.明嘉靖五年（1526）解梁書院刻本，名為《橫渠張子釋》六卷，現藏重慶市圖書館。02.明嘉靖八年（1529）江都葛澗刻本，名為《橫渠張子釋》六卷，六冊，現藏臺灣國家圖書館，此本於嘉靖四十四年（1565）重刊，後縮印收入民國六十七年（1978）蕭天石等所輯《中國子學名著集成珍本初編》第 34 冊。03.明嘉靖十六年（1537）汪克偄刻本，名為《橫渠張子抄釋》六卷，現藏中國國家圖書館。04.清乾隆間《四庫全書》本，收入於清李錫齡所輯《惜陰軒叢書》，刊印數次。05.有道光二十六年（1846），李錫齡校刊續編咸豐八年刊本，現藏中國國家圖書館等。光緒二十二年長沙刊本，藏北京大學圖書館等，光緒三十二年吳縣朱氏刊本，現藏臺灣故宮博物院。今通行本有《四庫全書》第 715 冊及《叢書集成新編》第 21 冊。」。胡元玲，《張載易學與道學：以《橫渠易說》及《正蒙》為主之探討》，頁 246-247。

[90] 據《明儒學案‧河東學案下》記曰：「正德戊辰舉進士第一，授翰林修撰。逆瑾以鄉人致賀，卻之，瑾不悅。已請上還宮中，御經筵，親政事，益不為瑾所容，遂引去」，以及《明史‧列傳第 170 卷》所載：「又因西夏事，疏請帝入宮親政事，潛消禍本。瑾惡其直，欲殺之，引疾去」可知，呂柟不僅因此得罪劉瑾，而在有機會向皇帝面議政事時，受到阻擾，其後又因西夏禍事，引動劉瑾有意殺之，而被迫以疾辭歸避禍。〔清〕黃宗羲，〈師說〉，《明儒學案》，頁 150；〔清〕張廷玉，〈列傳〉第 170 卷，《明史》（上海：漢語大詞典出版社，2004 年），頁 5759。

[91] 〔清〕黃宗羲，〈諸儒學案中二〉，《明儒學案》，頁 464-471。

廷相（浚川，1474-1544）則稱讚其人「性行淳篤，學問淵粹」[92]。呂柟任官三十餘年，家無長物，卻安貧樂道。終身講學不輟，未嘗有惰容。官南都時，曾與湛若水（甘泉，1466-1560）、鄒守益（東廓，1491-1562），共同講學。其人雖因耿直敢言，多次得罪當權者（如劉瑾、霍韜等人），而在實現政治理想時，屢屢受到挫折。但他皆盡可能的實踐儒家修己以安百姓之道，且實有政績。例如，在謫貶解州判官期間，他敦行禮教，化民成俗。至擢升南京吏部考功郎中臨行時，竟使「士民接踵跪送，哭聲震野，既渡河干，猶聞不絕，相與立祠，生祀之」[93]。歷官翰林院修撰、南京尚寶司卿、南京太常寺少卿、國子監祭酒、南京禮部右侍郎等職。主要著述有《周易說翼》、《尚書說要》、《毛詩說序》、《春秋說志》、《四書音問》、《禮問內外篇》、《史約》、《小學釋》、《寒暑經圖解》、《史館獻納》、《南省奏萬》、《涇野詩文集》，以及《宋四子鈔釋》等。

在思想上，他學宗程朱，並由於受業於薛敬之（思庵，1435-1508），而旁及薛瑄（敬軒，1389-1464），這位影響明初至嘉靖中期關中理學的代表者。呂柟雖以程朱「格物窮理」貞定為學之道。但對不同學者的主張，則能以篤實寬容，親體力行方有所得的方式看待。據清儒熊賜履《學統》所載，當學生問王守仁之學，呂柟即答曰：「學而行之，講知行之不合無損也。學而不行，講知行之合無

---

[92]　〔明〕馮從吾，《關學編》，《馮少墟集》，卷 22，收入《叢書集成三編》第 15 冊（臺北：新文豐出版公司，1997 年），頁 40。

[93]　〔清〕熊賜履，《學統》（南京：鳳凰出版社，2011 年），頁 444。

益也」[94]。在《明儒學案‧師說》中，黃宗羲評論涇野為繼橫渠之後，集明代關學之大成者，曰：「關學世有淵源，皆以躬行禮教為本，而涇野實集其大成」[95]。黃氏對柟之學行十分推崇，認為他重「躬行」的儒學風格，能解陽明末學高舉良知卻「遺行言知」之蔽。因此，他能廣泛吸引篤行自好之士拜入門下，形成門人弟子幾可與陽明「中分其盛」的影響力[96]。

　　呂柟作《橫渠張子釋》，在《正蒙》的編輯上，有三項特色：其一，他將《西銘》與《東銘》往前移動，列為《正蒙》的第一、二章。並將〈太和〉列為第三章，然後依序至〈乾稱〉為第十九章。這一方面呈現他部分同意程朱，以《西銘》言簡意賅，可作為

---

[94]　〔清〕熊賜履，《學統》（南京：鳳凰出版社，2011 年），頁 443-445。

[95]　這裡所謂的「關學」，已非代表張載思想之關學，而或可視為關中之理學。由於關中理學家，多宗程朱之學，而藉朱子旁涉周、張之學。馮從吾作《關學編》，或清儒王心敬（灃川，1656-1738）作《關學續編》時，亦多延續這條主軸，以關中所出之理學家，範圍「關學」。對此現象，在〈答南元善〉中，陽明即曾表示：「關中自古多豪傑，其忠信沈毅之質，明達英偉之器，四方之士，吾見亦多矣，未有如關中之盛者也。然自橫渠之後，此學不講，或亦與四方無異矣。」，而南大吉（元善，1487-1541），則為親得王學真傳弟子中，唯一關中人。〔清〕黃宗羲，〈師說〉，《明儒學案》，收入《黃宗羲全集》第 8 冊（杭州：浙江古籍出版社，2005），頁 19-20；〔明〕王陽明，〈答南元善〉，《王陽明全集（新編本）》第 1 冊（杭州：浙江古籍出版社，2010 年），頁 224-226。

[96]　在〈師說〉中，黃宗羲曰：「異時陽明講良知之學，本以重躬行，而學者誤之，反遺行而言知。得尚行之旨以救之，可謂一髮千鈞。時講席，幾與陽明氏中分其盛，一時篤行自好之士，多出之門。馬、何諸君子，學行同類，故附焉。何瑭、馬理、崔銑、呂潛、張節、郭郛」，頁 19。《明史》則稱其：「時天下言學者，不歸王守仁，則歸湛若水，獨守程、朱不變者，惟柟與羅欽順云」，頁 19。

總攝《正蒙》義理之定向。故可從《正蒙‧乾稱》首末段原有的位置中，獨立徵引出，作為提點《正蒙》全書大旨之用。另方面，他不採朱子高提《西銘》，輕忽《東銘》的態度。他以張子既將〈訂頑〉、〈砭愚〉並列書室雙牖開示學子，則東、西二《銘》在統攝橫渠之學上，當各有要旨而不可偏廢。依此，他以「此舜欲並生之心，孟子立命之意也」一語，統釋《西銘》要旨；又以「君子所以動天感人鬼者，惟誠于言行耳」，闡發《東銘》重踐行之大義。

其二，他以〈太和〉接續二《銘》為《正蒙》第三章，不僅將《東銘》、《西銘》並列為與《正蒙》各篇不可分割的思想整體。更將注釋《正蒙》的視野，置於統釋張載主要著作的架構中。換言之，他認為《正蒙》與《橫渠易說》、《橫渠文集》等著作，都是呈現張載思想的一部分，應當更全面的統觀之。因此，他不僅對橫渠親作的《正蒙》，或門人後學所輯錄的《經學理窟》、《張子語錄》等著作，各有注釋[97]。甚至對於張載生前與各界往來的書信文集，亦有所釋。例如，對〈與蔡帥邊事畫一〉文，他便釋其要旨

[97]　據張岱年考察，呂柟作《橫渠張子釋》，當在沈自彰輯錄《張子全書》（明萬曆年間刊行）之前。在呂柟所作《橫渠張子釋》中，未提及《橫渠易說》。但《張子全書》則保留了《橫渠易說》全文。值得注意的是，據胡元玲考察，《張子全書》最早的刊本，當是明萬曆三十四年（1606），徐必達之刻本。這比張岱年所主張，《張子全書》最早應為沈自彰於萬曆四十六年（1618）年之刻本，要早上數年。在〈張載著作及版本考〉中，胡文不僅逐一舉證駁斥張文之論點，更附上「《張子全書》版本源流圖」（頁242），以利讀者清楚掌握《張子全書》輯錄刊刻之源流脈絡。詳見張岱年，〈關於張載的思想和著作〉，收入《張載集》（北京：中華書局，2006年），頁16-17；胡元玲，〈張載著作及版本考〉，收入《張載易學與道學：以《橫渠易說》及《正蒙》為主之探討》，頁225-244。

曰：「為治貴止惡於未蒙」，直指張載乃以「仁義並行，利害咸用」為防範、根除西夏邊防惡患之方。

其三，他以簡明扼要的釋語一二句，附於所釋《正蒙》各章段落之末。有總提段落要旨，且條目清晰之效。便於學者總覽橫渠思想綱要。例如，釋〈太和〉「天地之氣，雖聚散、攻取百塗」段，他便以「此可以觀明善而誠身矣」一語，扼要總結該段大旨。由釋語可知，他與現今學者對《正蒙》文本的觀察視角有異。在當代研究中，對〈太和〉此段，學者多慣以形上學或宇宙論的範疇，徵引為詮釋張載氣論的佐證。但呂柟則由理學志在合天人之道，闡述橫渠「觀於天地，以見聖人」之意旨。同樣的詮釋理路，亦可見於他釋〈參兩〉「一物兩體，氣也」段時，他言簡意賅的表示：「此孔子下學上達之義」。他不同於今人研究所重，將詮釋的視焦放在釐清理氣關係，辨明「神」、「化」的氣論義涵。反而既指出張載以造化生物之妙，言學貫天人之道。更以橫渠所論本於孔子下學上達之儒學要旨，再次強調張載理學在儒學道統中承先啟後的地位。

在詮釋橫渠思想上，吾人又可從六方面觀之：首先，就「太虛」與「氣」言，他雖以理氣論架構詮釋《正蒙》虛氣關係。但強調虛氣一體，理氣無二。例如，就〈太和〉首段「太和所謂道」，他即釋之為「此理氣合一，神化無二之旨也」[98]。在釋〈神化〉「神，天德；化，天道」段，他明言：「德與道無二氣。故曰：『一陰一陽之謂道』，分理與氣者，支離矣！」[99]。其次，部分章節釋文，採以性氣關係闡釋虛氣關係。在某些《正蒙》明確論述本

---

[98]　〔明〕呂柟，〈太和〉，《橫渠張子釋》，頁5。
[99]　〔明〕呂柟，〈神化〉，《橫渠張子釋》，頁20。

體論的段落中，呂柟將張載原針對形上本體使用的「太虛」一詞，轉化概念義涵，反而詮解為「性之虛」。例如，對〈太和〉「太虛無形，氣之本體」，他釋為「性兼虛形靜感」，將作為氣之本體的太虛，從形上學的範疇，導入人性論，而以「性之虛」釋之。換言之，他以本段所言之「虛」與「氣」，理解為人之性中包含「虛」與「氣」兩面。「性之虛」，即人得以通天的「天命之性」；「氣」則為人之「形氣」，亦即「氣質之性」[100]。依此觀之，吾人即可理解他為何將「氣之聚散太虛」段，詮解為「學者氣能入虛，則能盡性。虛能實氣，則能踐形」了[101]。這亦可呼應他注〈誠明〉「天人異用」段時，他以「性在我，天道亦非皆在天」[102]。三者，在人性論上，他承繼朱子詮釋《正蒙》之進路，主張人實僅有一性，即「天地之性」。所謂「氣質之性」，乃是指「天地之性」墮入氣質（「人之形氣」）中。因此，「天地之性」與「氣質之性」，並非張載原本設定的對列架構，而是朱子視野中的「形而上（理）／下（氣）」之兩層關係。例如，由〈誠明〉「形而後有氣質之性」段之釋文，曰：「天地之性善而已，亦只在氣質之性中」可知，他不僅認為人並無所謂相對於天地之性，而獨立自存的「氣質之性」，故無滑入人有二性說的困境。並且基於氣質之性亦本於天地之性，天地之性之全幅內容又僅是「善」，故不僅人稟受於天的天地之性為善，且氣質亦初只是「善」。故人之性的全幅內

100　〔明〕呂柟，〈太和〉，《橫渠張子釋》，頁 6-7。

101　〔明〕呂柟，〈太和〉，《橫渠張子釋》，頁 9。

102　〔明〕呂柟，〈誠明〉，《橫渠張子釋》（臺北：中國子學名著集成編印基金會，1978 年），頁 27。

蘊，亦初僅是「善」[103]。四者，在心性情論上，他又有三項論點值得留意，分別為「心主氣血，性所由生，才所由出」[104]，「性善情亦善」[105]，以及《橫渠張子釋》六卷皆無使用「心統性情」架構詮釋心性情之關係。在現存張載可見著作集中，「心統性情」僅是孤語，《正蒙》並未言之，僅收錄於《張子語錄・後錄下》[106]。在《橫渠張子釋》卷之五中，呂柟雖有作《張子語錄》抄釋。但內容僅及今本《張載集》所收錄〈附語錄抄七則〉，未收〈後錄〉之「心統性情」段[107]，故無釋文。且呂柟注解《正蒙》時，本於張載「道心／人心」之架構，論心性關係與心能主導情（「氣」）。故有德者，乃是以心主氣，以德變化氣質，而能安「情」[108]。五者，在工夫論上，他不但承繼橫渠以「變化氣質」為學者進德工夫之總綱。聖人並非限於天生之才，人人皆可通過「學」而躋位成聖[109]。並進一步主張：「學能換胎移骨」[110]。最

103　〔明〕呂柟，〈誠明〉，《橫渠張子釋》，頁 30。

104　〔明〕呂柟，〈誠明〉，《橫渠張子釋》，頁 29。

105　例如，在《張子語錄・語錄中》，張載僅言及「情未必為惡，哀樂喜怒發而皆中節謂之和，不中節則為惡」。但呂柟則更進一步，以「情善」釋之。〔明〕呂柟，〈語錄中〉，《橫渠張子釋》，頁 166。

106　〔宋〕張載，《張載集》（北京：中華書局，2006 年），頁 338-339。

107　〔明〕呂柟，〈語錄〉，《橫渠張子釋》，頁 155-184。

108　例如，釋「湛一，氣之本」時，曰：「養性，則氣清湛，道心為主也；徇氣，則性鑿喪，人心為危也」。〔明〕呂柟，〈誠明〉，《橫渠張子釋》，頁 29。

109　例如，釋〈誠明〉「天所性者通極於道，氣之昏明不足以蔽之」，曰：「性能帥乎氣而變化之也」。〔明〕呂柟，〈誠明〉，《橫渠張子釋》，頁 28。

110　〔明〕呂柟，〈中正〉，《橫渠張子釋》，頁 37。

後，在天人關係上，他不但承繼橫渠「天人本無二」之說，也認為人之形氣臟腑的運作與結構，皆與天地之道的運化無二致。例如，釋〈太和〉「合性與知覺有心之名」段，曰：「心、性、道、天，一物也。故學盡心則能知天」[111]，而對《語錄‧語錄下》「五緯，五行之精氣也」段，他更釋之曰：「五行在地與五緯在天同運，要識五臟、五性、五情、五事，亦是此」[112]。

　　關於《橫渠張子釋》之得失，在〈橫渠張子釋提要〉中，《中國子學名著集成》編者評論曰：「其釋張子書，融會貫通，而有其獨得處。今與船山之正蒙註合刊，更相得益彰」[113]。然而，呂柟之《釋》雖確有獨到之處。但一方面，他簡明扼要的釋文，既是優點，也相對為缺憾；過於簡明的語句，可明確使人清楚呂柟理解《正蒙》該段落時的思想視焦。但任何聚焦的動作，也意味理解範圍的限定；他過於精鍊而總提式的釋文，往往也窄化了張載原本段落豐富的論述範圍。稍一不慎，極可能導致以偏概全的缺憾。另方面，呂柟僅是節錄抄釋《正蒙》文句，並未一一注釋全書各段落。他也未註明究竟省略哪些段落，以至於在同章本該論述脈絡相互連貫的段落中，由於呂柟斷章釋意的截斷《正蒙》原文，反而形成思想上的割裂。若讀者未察，則可能誤以為《正蒙》原本論述脈絡即如此。例如，釋〈乾稱〉「浮屠明鬼」段，他即自其後「釋氏語實際」至「益物必誠」段，全部截斷不抄錄，直接將「浮屠明鬼」與「將修己，必先厚重以自持」相連。此雖一貫地呈現呂柟「重躬

111　〔明〕呂柟，〈太和〉，《橫渠張子釋》，頁 10。
112　〔明〕呂柟，《語錄‧語錄下》，《橫渠張子釋》，頁 170。
113　〈橫渠張子釋提要〉，《橫渠張子釋》，頁 4。

行」的儒學關懷，但這是否為張載此前後論述脈絡之全部意蘊？則十分值得商榷。畢竟呂柟中間所省略的「太虛者，氣之體」，正是吾人論述〈乾稱〉氣論時，無可忽視的一段文獻。依此可知，無論是就全面注釋《正蒙》之各段文句，或是在思想架構的層面上，《橫渠張子釋》皆未能如《張子正蒙注》更具注文的全面性，以及釐清、甚至是進一步闡發橫渠以氣論言合天人之道的深入性。本文認為，相較於呂柟，王夫之對橫渠之關學思想，當更有承先啟後的意義。

五、《注解正蒙》

　　《注解正蒙》二卷，清儒李光地撰。本書採用「清乾隆四十二年《欽定四庫全書》本」[114]。

　　李光地（榕村，1642-1718），福建安溪人。清康熙九年（1670 年）

---

[114] 據胡元玲考察，此書有六種版本，曰：「一為清乾隆元年（1736）李清植刊嘉慶六年（1801）補刊《李文貞公全集》本，書名為《正蒙注》二卷，現藏上海圖書館等；二為清乾隆年間（1736-1795）《榕村十二種》本，書名為《正蒙》二卷，現藏湖北省圖書館；三為清乾隆間《四庫全書》本，書名為《注解正蒙》二卷；四為清道光九年（1829）玄孫李維迪《榕村全書》本，書名為《正蒙注》二卷，有補鈔，現藏中國國家圖書館及北京大學圖書館等；五為民國三十年（1941）馬一浮《復性書院叢刊》排印本，現藏中國國家圖書館等，又有民國二十九年至三十年馬一浮《儒林典要》第一輯，四川嘉定復性書院刊本，現藏廣東省中山圖書館。通行本為《四庫全書》本第 697 冊。」胡元玲，《張載易學與道學：以《橫渠易說》及《正蒙》為主之探討》（臺北：臺灣學生書局，2004 年），頁247-248。

進士。官歷翰林院學士、兵部右侍郎、直隸巡撫、吏部尚書，以及文淵閣大學士等。榕村為清康熙名臣，深受清聖祖信任。聖祖曾言：「知光地莫若朕，知朕亦莫若光地」。李光地清勤恤民，而於兵事海防，農田水利，皆有政績。任直隸巡撫，疏濬彰河，修築長堤，並引彰、釜、沱江之水，灌溉水田。此外，他亦積極舉薦人才。除曾向聖主推薦降將施琅，助卒平臺灣。對於兩江總督噶禮與巡撫張伯行互訐案，李光地亦曾出力助張伯行復官。至於清代桐城派代表者，方苞（望溪，1668-1749）因遭戴名世《南山集序》案牽連，幾近坐獄論死。李光地也藉聖主偶然問及：「侍郎汪霖卒後，誰能作古文者？」，答曰：「惟戴名世案內方苞能」，而助方苞得釋[115]。因此，《清儒學案》稱其「護惜善類，啟迪聖聰」，而「本朝諸名公稱善育材者，必以為首」[116]。卒於官，享年七十七歲。

　　在理學思想上，李光地廣涉濂、洛、關、閩諸說，以程朱理學為宗。在經學上，他以《五經》為本，《四書》為翼，而尤善於《易》學。曾奉敕纂《周易折中》。不過，他以「溺於技藝，滯於章句」為戒。因此，在治經方法上，重「窮性命之原，究《五經》之微」。例如，作《詩所》時，即不以訓詁名物為主，而重視涵泳文句，以「得其美刺之旨」。《四庫全書提要》總評《榕村全集》

---

[115] 《清史稿‧列傳》（天津：天津古籍出版社，2012 年），卷 262，頁 2770。

[116] 李光地不僅曾助張伯行復官。清代《正蒙》注的重要注家，如冉覲祖，亦是他門下士。〔清〕徐世昌，《安溪學案（上下）》，卷 41-42，《清儒學案》第 2 冊，頁 1533；頁 1591-1593。

時，即言：「蓋所長在理學經術，以學問勝，不以詞華勝也」[117]。

　　李光地博學廣聞，所涉領域跨理學經術，以至天文曆算、農田水利等。故不僅所著甚豐，且內容呈現多樣性。主要著作包含：《周易通論》、《周易觀象》《尚書解義》、《禮記鑽纂編》、《古樂經傳》、《大學古本說》、《中庸章段》、《朱子禮纂》、《朱子語類四纂》、《曆象要書》、《韓子粹言》、《參同契章句》、《握奇經注》、《陰符經註》，以及《注解正蒙》等。此外，李氏門人徐用錫（畫堂，1657-1736），及其孫清植，有輯錄《榕村語錄》三十卷等[118]。

　　或由於李光地學養深受清聖主器重，又廣於薦賢育才、提攜後進。他對清代理學發展，影響廣泛。顯例之一，即是《注解正蒙》不僅廣為其後注家所徵引，也是批判的焦點之一。例如，楊方達《正蒙集說》即以李注為底本。王植則屢屢徵引、批判李注的論點，作為《正蒙初義》辨析自身詮釋的重要佐證。至於李光地注《正蒙》之特色，吾人亦可分為兩面理解：

　　其一，就編輯體例而言，李注有三項特色：一者，注文多自出心裁，而較少徵引《正蒙》舊注。在《注解正蒙》中，他主要徵引、辨析者，除張載《正蒙》之自注外，則是朱熹對《正蒙》之詮釋。前者，計有徵引評析張子自注者共 9 次[119]。後者，則有朱子

117　〔清〕徐世昌，《安溪學案（上）》，卷41，頁1533。

118　〔清〕徐世昌，《安溪學案（下）‧附錄》，卷 42，《清儒學案》第 2 冊，頁 1592。

119　《注解正蒙》探討張載自注之篇章包含：〈參兩〉2 次，〈神化〉1 次，〈大心〉3 次，〈中正〉1 次，〈王禘〉1 次，以及〈乾稱〉1 次，共計 9 次。

詮釋共計 16 次[120]。值得注意的是，《注解正蒙》不僅未廣採劉近山、高雲從，或呂柟等明代《正蒙》注家之言，對於時人詮釋《正蒙》之作，亦未徵引。例如，對〈大易〉「成性則躋聖而位天德，乾九二正位於內卦之中，有君德矣，而非上治也」段，《正蒙會稿》注曰：「躋聖而位天德者，以聖人之德居天子之位也。九二有君德，而非上治者，徒有德而無位也。九五言上治者，德與位之兼隆也」。但李光地則直指：「此解『上治』『上字』，為『最上，無以復加』之義，不指位言」[121]。由此一方面顯示，李光地並非不知前人注解，僅是不以「集說」、「集釋」的注解形式，廣引前人舊注。另方面，李注也以直接注釋《正蒙》文句的方式，辨明自身與其他《正蒙》注家論點之異。此外，對明清《正蒙》注家多所徵引、辨析的〈乾稱〉、〈誠明〉、〈大心〉諸篇，李注則是略而不談注家間對心性之學的闡釋，改以直言己見為重。

　　二者，《注解正蒙》未收入《西銘》。在〈乾稱篇第十七〉篇名下，他注曰：「取《西銘》首句為篇名。今自為一書，不復載」[122]。一方面他沿襲前人說明，指出以「凡可狀皆有」為首句，並不符合蘇昞仿照《論語》替《正蒙》分篇定名時，取每篇首句為篇

120　由於朱子並未以專書注解的形式作《正蒙》注，而是在與門人問答（例如，《語類》），或注解、著述其他作品（例如，《四書章句集注》）時，徵引、詮釋《正蒙》文句。因此，李注是徵引朱子對《正蒙》之詮釋，而非朱子《注》。他所徵引之篇章，包含：〈太和〉2 次，〈參兩〉6 次，〈中正〉3 次，〈三十〉1 次，〈樂器〉3 次，以及〈王禘〉1 次，共計 16 次。

121　〔清〕李光地，〈大易〉，《注解正蒙（下）》，頁 39。

122　〔清〕李光地，〈乾稱〉，《注解正蒙（下）》，頁 63。

名。另方面，也呈現《注解正蒙》仍採以程朱的詮釋脈絡，認為《西銘》與《正蒙》雖在義理上本相互連貫。但在思想完整性上，《西銘》可自為一書。且張載雖以此自省、教人。但李注亦依朱子觀點，認為《東銘》乃本於《論語·重威章》之意，為初學之門，故體段規模「不能如《西銘》之徹上徹下，一以貫之」[123]。

　　三者，注文簡易直捷，但對初學者而言，可能疏於太略。茲舉三例為證：首先，《注解正蒙》未作〈序〉文，也就未能使讀者在進入正文前，先扼要的掌握李氏作《正蒙》注之動機？或瞭解李氏詮釋《正蒙》的基本立場？其次，他並未作〈例言〉或〈凡例〉，不僅並未交代注解《正蒙》時的體例格式，甚至在正文中的注解格式也並未統一。例如，當他不認同張載之論點，或在辨析周、張、程、朱論點之異同時，他夾雜以「愚謂」、「按」語，或「張子此解」、「張子此意」，表明自己的詮釋觀點。若以「論文」而言，李氏論述清晰明確，自無可議。但以「注文」而言，則難免有混雜之憾。最後，李注雖以《西銘》為《正蒙》一書之體要，足以賅張子思想要旨。但《注解正蒙》既未收入《西銘》，他又未另作〈總論〉闡明《注解正蒙》何以衡斷《正蒙》全書要旨。甚至對他是否認為《正蒙》各篇章間，具有首尾相連的邏輯銜接性？李注也未在各篇篇名之下，疏解《正蒙》各篇章旨，而是直接針對正文各段闡發己意[124]。讀者皆僅能在拜讀全書之後，自行揣測。換言之，《注解正蒙》在注解風格上，更傾向為李光地個人閱讀《正蒙》的心得筆記，而非體例完備的專書注文。或也因此，清儒楊方達作

---

[123] 〔清〕李光地，〈乾稱〉，《注解正蒙（下）》，頁 74-75。
[124] 例如，呂柟作《橫渠張子釋》，即在各篇篇名下，統述該篇通篇要旨。

《正蒙集說》時，雖以《注解正蒙》為底本，並肯定李注能「闡明要旨，多發前人所未發之處」，也以「略而不詳」批判李注之蔽[125]。

　　其二，就義理詮釋而言，李注有三項特色：一者，雖以濂、洛、關、閩皆承孔孟道統，但主張仍當辨析周、張、程、朱義理型態之異。例如，對〈太和〉「太虛為清，清則無礙」，李注即先指出，二程早已批判橫渠以「**清虛一大為萬物之原**」，曰：「程子譏之曰：神氣相極，周而無餘。謂清者為神，濁者何獨非神乎？」。但在表明：「愚謂程子之言當矣」後，他話鋒一轉地說：「然張子方言虛空之即氣，有無、隱顯、神化之無二，斷無判清濁離神氣，以自背其說之理」[126]。由此指出，張載之言或有未盡周延之處；但在義理上，張載太虛即氣之說，乃是以虛氣一貫呈顯道體之體用不離，絕非使形而上下斷為兩截。就李注看來，程子之批判，僅在針對橫渠之遣辭用字時有效。若以張載在義理或邏輯上悖理，則恐有太過。又例如，在解〈誠明〉「致曲不貳，則德有定體」時，他則指出張載與朱熹詮釋《中庸・第 23 章》「其次致曲」段之異，曰：「以動為徙義，以變為通變，以化為圓神，皆主進德言。與朱子異」[127]。

　　二者，在人性論上，他依朱子詮釋，認為橫渠所謂「天地之性」與「氣質之性」，乃是實存之人稟氣而生後，天地之性即墮入人之氣質（「形質」）中。因此，「氣質之性」並非人在天地之性

---

[125]　〔清〕楊方達，〈例言〉，《正蒙集說》，頁 5。

[126]　〔清〕李光地，〈太和〉，《注解正蒙（上）》，頁 8-9。

[127]　〔清〕李光地，〈中正〉，《注解正蒙（上）》，頁 73-74。

外，另有一本質獨立之性，而是描述天地之性在人之形質中的狀態
128。依此，他從三方面調和辨析張載與程朱論人性之異同：首
先，就「性即理」而言，他依據朱子「性即理也」說，認為凡言
「性」必就「理」推本而言。所以，「人之性」只能是指人本受於
天（「形上理體」）而有的「性理」，絕非指人人各有差異的氣稟、
才性。當然，依據橫渠「性者萬物之一源」，以及朱子「性即理」
乃指遍常於天地萬物之中的性理言，則李光地也不會認同王夫之
《張子正蒙注》的詮釋，以人類相對於其他物類之「物種性」，而
言人共有相近的氣質之性。李注認為，此所以僅當將橫渠「氣質之
性」視為描述語，而說：「氣質之性，君子有弗性者焉」。至於對
《論語・陽貨》「唯上知與下愚不移」似將人性斷為三品，他亦先
藉辨析張、程詮釋孔子此言之異，呈現二者皆以「不移」非就「人
之性」本有差異性而言，乃是基於人之習成與道德自覺而論129。
其次，就成性觀而言，他接受濂溪「惟人也得其秀而最靈」（《太
極圖說》）的論性傳統，認為人與天地萬物雖皆稟受天地之性。但
人得天獨厚，在氣稟形質上，與其他物種所受限制不同。所以，雖
凡存在於世者皆受氣質所限，唯有人具有超越形質所限的能力，可

128　例如，在〈誠明〉注中，即曰：「形既生矣，則有剛柔、善惡之不齊，是
　　之謂『氣質之性』」，又說：「知天地之性固渾具於氣質之性之中也，故
　　氣質之性，君子不謂性」。〔清〕李光地，〈誠明〉，《注解正蒙
　　（上）》，頁50-51。

129　例如，對〈誠明〉「『上智下愚』，習與性相遠既甚而不可變者也」，楊
　　注曰：「程子以為，『上智下愚』，自不肯移其義」，又曰：「張子則以
　　為，『上智下愚』之『不移』，自其習成言之」。〔清〕李光地，〈誠
　　明〉，《注解正蒙（上）》（臺北：臺灣商務印書館，1979 年），頁
　　54。

全幅朗現天地之性。故就人之所以為人的性分所在而言，人性本然涵蘊依此性理駕馭氣質，以實現善行的自覺與責任[130]。值得注意的是，針對人之性既無不善（符合「性即理」，『理』本善無惡），而人之行為何以善惡兼具？李注留意〈誠明〉「性未成則善惡混」而指出，程朱與張子雖皆以氣質能蔽塞天地之性，當人未能盡除疏通此蔽塞，則行為有可能受到氣質之欲所影響，而流於惡。但當人能「養完之以復其初」，則「我之性即天地之性」。不過，程朱以人若依據性理而行，則所行必達於善。但張載則「以為不已其善，以成於性」，其成性觀之論點「與程朱異」[131]。最後，就氣數之命而言，李注從「正命」與「氣命」（氣數之命）之別，闡述《正蒙》中的「性」、「命」關係。例如，就〈誠明〉「義命合一存乎理」段，他注曰：「天有正命焉，通極於性，此其與義合一者也。故曰存乎理言，非氣數所得干也」[132]。當詮釋同篇著名的「德不勝氣，性命於氣」段時，他更從儒家以德言命的義理脈絡，曰：「言『德能勝其氣』，則不為氣質之性所拘，而不為氣數之命所制。故所謂『性者』，皆天德；所謂『命者』，皆天理。性、命皆根於德」。當然，李光地亦如張載，並非不了解人生現實的道德樂觀主

---

[130] 在〈誠明〉中，楊注即曰：「人之生也，受天地之中，得五行之秀，在萬物之中，獨靈且貴。雖有氣質之偏，而無害為得天地之性之全」，又表示：「參和不偏者，天地之性也。然惟禽獸則得其至偏者，而不能復全」。所以，橫渠主張：「性於人無不善，繫其善反不善反而已」，人若能「善反之」，則「天地之性存焉」。〔清〕李光地，〈誠明〉，《注解正蒙（上）》，頁 49-52。

[131] 〔清〕李光地，〈誠明〉，《注解正蒙（上）》，頁 52。

[132] 〔清〕李光地，〈誠明〉，《注解正蒙（上）》，頁 44。

義者。相對者，橫渠通過氣質之性已然指出，人稟氣初生，即為形氣（「氣質」）所限，已然受到實存於世者的自身條件，以及所處環境與遭遇機緣等等的侷限。在橫渠氣論中，就個人條件的限制性，因其屬於氣質所限，可歸源於氣質之性的論域。就人實存於世的遭逢偶遇而言，則皆屬造化中氣化流行之一環，故可歸之為氣數之命。但此二者，皆非人力所能決定，而後者之得與不得，更多屬偶然。因此，以德貞定人生方向者，斷無以此為目標。李注有見於此，故闡發張子此段，曰：「拘於氣，制於氣者，君子不謂性，不謂命也」[133]。

三者，李注雖重視《正蒙》泛論自然哲學領域的文句，但在疏解〈參兩〉具有爭議的觀點時，他仍以朱子舊說為宗，而非以經驗科學所重視的「實證」為第一原則。在《注解正蒙》中，李注明文徵引者，主要以程朱之言為主。徵引朱注之處，又以〈參兩〉最多，〈中正〉、〈樂器〉次之。在〈參兩〉徵引朱子處，他則是採納朱子對《正蒙》自然哲學之廣泛興趣與詮釋，而以《易》理為解

---

[133] 又例如在解〈乾稱〉之「性通極於無，氣其一物爾；命稟同於性，遇乃適然焉」，他即闡發橫渠氣論中的性命觀，曰：「至誠，天性也；不息，天命也。人之性通極於無，則性即命也。氣質之性，特可謂之氣耳。君子不謂性也」，他再次順於〈誠明〉「以德言命，以理言性」的詮釋架構，主張有限個體若能依據推本於形上天理的性理而行，則人之德行自可駕馭氣質的有限性。例如，若依氣質之性，凡人類皆屬生物體，有求生之本能。但人可以為了成就道德價值，表現「殺身成仁」、「捨身取義」的義行。此所以說「氣質之性」，「君子不謂性也」。同樣的，凡遭逢偶遇之命，皆屬「氣質之命」，但「氣數之命，特可謂之遇耳，君子不謂命也」。〔清〕李光地，〈誠明〉，《注解正蒙（上）》，頁51-52；〈乾稱〉，《注解正蒙（下）》，頁66-67。

釋模型。古今中外有識之士，對於自然現象何以如此？大體有兩種研究路徑：或以形而上學為基礎，建立各項分支原則，說明自然世界雖萬象紛紜，但可歸本於同一根源，服膺相同世界秩序。以《易》解釋天道人事之理，說明自然萬象之真，即是採此方法進路。另種研究進路，則是歸納自然觀察結果，重視以經驗檢證理論，而非以理論主宰經驗。自然科學知識多本於此。所以，這兩條研究進路所涵蓋的範疇領域亦有差異。前者，窮根溯源，必達至終極秩序之原；後者，則可對經驗範圍之外者，存而不論。在闡述《正蒙》自然哲學領域的文句時，李注則採以《易》理為解釋自然現象的基礎，而將經驗科學視為輔證。依此，他辨析張載與前人異說處，例如，解〈參兩〉「地純陰凝聚於中，天浮陽運旋於外，此天地之常體也」段，李光地先指出，此句乃是張載採陰凝陽浮之「古說」，構築「天包地」的宇宙論模型。但〈參兩〉僅接著言：「地在氣中，雖順天左旋，其所繫辰象隨之」等句，則是「張子斷以己意也」。因為「自古言天者，皆謂天動而地靜，天左旋，而日月五星右轉」，但張子則謂：「地雖凝聚不動，然其氣實與天左旋無少停息」[134]。由此李注將〈參兩〉中同段相連的文句，分別釐清出屬於前人天文舊說的文句，以及張載自身的見解。又如對於〈參兩〉「地有升降」段，他先表示：「此段黃氏瑞節謂：『是用四遊舊說』，愚以為不然」，接著他指出當細觀張載文句，曰：「須觀『寒暑之候』四字」。再者，他舉證曰：「豈有陽日上，地日降而下為虛而反暑；陽日降，地日進而上為盈而反寒者乎？」，藉由反證法指出，若依黃瑞節的理解，則張載此處所言，當是指夏

---

134 〔清〕李光地，〈參兩〉，《注解正蒙（上）》，頁 15-17。

季炎熱時，太陽離地較遠；冬季天氣冷，則是太陽離地較近。但這顯然與實際經驗不符。由此顯證黃氏詮解有誤。最後，他澄清張載之文意：「張子之意，蓋謂一歲所以有寒暑者，一由於地氣之升降，一由於日晷之脩短。所以然者，地雖凝聚成形而二氣升降乎其中臺無止息故也」[135]。再者，就李注引證朱子的詮釋而言；例如，對〈參兩〉以「陰性凝聚，陽性發散」解釋風雨雷霆等自然現象，他不僅直接徵引朱子對《正蒙》此段的詮釋，曰：「朱子曰，此一段見得陰陽之情」，更在其後的推論中表示：「愚謂：『其勢均散者』，即朱子所謂吹盡陰氣乃止也。雲雨一物也。但陰氣厚，則陽為所壓而降；陽氣盛，則陰為所挾而升。升而陰氣足以敵陽，則必化而為雨」[136]。此即依朱子以陰陽之性詮解雲雨之所以產生，闡釋張載本段文句。

　　基於上述可知，李注對《正蒙》有稱揚，但並非不假檢視的全然接受。例如，對〈誠明〉「天所性者通極於道，氣之昏明不足以蔽之」，其注即給予高度評價：「此條，理極精粹！乃語性命之極致也」[137]。但對〈大易〉言：「靜之動也無休息之期，故地雷為卦，言反又言復，終則有始，循環無窮」，李注先表明自己對《周易·復卦》「反復其道」的解讀與橫渠不同，按曰：「反即復義也。張子以『反』與『復』為兩義」，接著指出此語本於張載從「兩端一致」而言天道之神化妙運。由於一氣流行乃依陰陽往來、屈伸、相盪之性，而絪縕生生，故楊注闡明橫渠將「反」與「復」

135　〔清〕李光地，〈參兩〉，《注解正蒙（上）》，頁18-19。
136　〔清〕李光地，〈參兩〉，《注解正蒙（上）》，頁15-17。
137　〔清〕李光地，〈誠明〉，《注解正蒙（上）》，頁47。

分解為兩義，乃是動態地闡明天道之流行，曰：「『反』，言其『反本而靜也』；『復』，言其『復生而動也』。靜故深，動故幾；靜為入，動為出」[138]。依據《四庫全書總目提要》所述，《注解正蒙》在明清《正蒙》諸注中具有三項重要貢獻：其一，澄清《正蒙》義理，指出明清《正蒙》諸注之非。例如，《正蒙》一書不僅素以難讀著稱，其言又往往與程朱之學相牴牾，致使明清《正蒙》注解者往往莫知所從而不敢置議。李光地此書則是就這些關節處一一疏通證明，指出張載與程朱之學本有差異而毋須強同，藉此解開明清《正蒙》諸注之糾結，闡明張子未發之意。其二，則是釐析宋儒義理互異之處。例如，李光地不僅挑明張載與程朱之說有異，而且也針對《正蒙》書中的關鍵概念提出說明。他嘗試辨析周敦頤之「太極」與張載之「太虛」實有差異，而明清《正蒙》諸注卻往往誤以為同一。其三，針對《正蒙》徵引六經與四書之處，提出進一步的考證注解。例如，針對張載在《正蒙》書中詮釋《孟子》之「過化」為「不滯於物」，釋《中庸》之「敦化」為「體厚用神」，釋《易·繫辭上傳》之「繼之者善也」為「不已其善」，以及詮釋《論語》之「上智下愚」皆在辨明「習成」之故等，李光地皆在《注解正蒙》一書中闡明張載之義理，並一一辨別《正蒙》舊注之是非得失。正也因此，《四庫全書總目提要》評論本書為「明初以來諸家注釋之中，可謂善本」[139]。

138　〔清〕李光地，〈大易〉，《注解正蒙（下）》，頁 43。

139　〔清〕紀昀等，〈提要〉，《注解正蒙》，頁 1-2。

六、《張横渠文集》

　　《張横渠文集》四卷，為清儒張伯行所輯錄注釋。本書採用「清康熙四十七年正誼堂全書本（初編）」[140]，收入於《張横渠集》第 1 冊[141]。

　　張伯行（敬庵，1651-1725），字孝先，河南儀封人。清康熙二十四年（1685 年）進士。據《清儒學案》所載，張敬庵不僅為官清廉而有政績，且力行儒家教化思想，屢屢於任官之地，興學立教，敦風易俗[142]。擔任福建巡撫時，清海盜、賑汗荒，禁淫祀外。更擴建學舍，親臨講學，使閩學大興。據《敬庵學案·附錄》記載：「在閩建鰲峰書院，擴建學舍百二十間，月三四至，親與講論」，

---

[140] 在〈《正蒙》注本考〉中，胡元玲則以《濂洛關閩書》十九卷之《張子》一卷為主。並以此書，現有可見兩種版本，曰：「此書版本有清康熙四十八年（1709）《正誼堂全書》本，後又有光緒六年（1880）雲南書局《正誼堂全書》本。通行本有《四庫全書存目叢書》子部儒家類第 24 冊，及《叢書集成新編》第 21 冊。」胡元玲，《張載易學與道學：以《横渠易說》及《正蒙》為主之探討》（臺北：臺灣學生書局，2004 年），頁 246-247。

[141] 〔清〕張伯行，《正蒙》，《張横渠文集》，《張横渠集》，收錄於王雲五主編，《叢書集成簡編》第 116 冊（臺北：臺灣商務印書館，1965 年）。

[142] 《清儒學案》第 12 卷，為〈敬庵學案〉，除篇首〈張伯行〉，略記張敬庵生平事蹟。篇末有〈附錄〉評價張氏一生學行得失外。〈敬庵學案〉亦節錄張氏所作《困學錄》，《文集》所收〈聖人可學而至論〉、〈小學衍義·序〉、〈小學集解·序〉、〈困學錄·序〉、〈伊洛淵源續錄·序〉、〈性理正宗·序〉等文。〔清〕徐世昌，《清儒學案》第 1 冊（北京：中華書局，2008 年），頁 553-575。

「於吳建紫陽書院，講學課試，與閩略同」。調任江蘇巡撫時，其治績亦如在閩，但更注意於水利海禁之事。但由於他耿直而勇於掃除貪腐，得罪不少既得利益者，先後遭受誣告。所幸清聖祖對張敬庵十分信任，全力支持他除弊興政。例如，康熙四十六年，聖祖南巡至蘇州，諭從臣曰：「朕聞張伯行居官甚清，最不易得」[143]。清康熙五十一年（1711 年），江蘇省鄉試，總督噶禮考場舞弊，張伯行疏參噶禮。但噶禮反而以七事倒參張伯行。康熙帝將此案先交由尚書張鵬翮、總漕赫壽審理。但張鵬翮等人徇私維護噶禮。康熙更命交由尚書穆和倫、張廷樞覆審，仍如前議。清聖祖力斥審理者「是非顛倒」[144]。遂下廷議，奪噶禮職，留任張伯行。朝野歡聲雷動。官歷內閣中書，福建巡撫，禮部尚書等職。

　　在思想上，他學宗程朱，並批判陸王之學。為學奉「主敬以端其本，窮理以致其知，躬行以踐其實」之道。又以「困學」自居，主張聖人之道雖人人皆可學而至，但絕非一蹴可幾，而必須循序漸進。故對陽明四句教，不僅斥之曰：「此即六經註腳之唾餘也！」，更引前人對王學之批判，而言：「以學術亂天下，於姚江見之矣」[145]。此外，由於他勤於纂輯儒學經典而成果豐碩，不僅因先後向皇廷進所輯之《濂洛關閩書》、《近思錄集解》、《續近思錄》、《廣近思錄》等書，而受到清世宗特賜「禮樂名臣」四字御書褒揚之。《清儒學案》更總計敬庵刊布先儒理學諸書，達五十

---

143 《清史稿‧列傳》，卷 265，頁 2790。

144 《清史稿‧列傳》，卷 267，頁 2806。

145 〈性理正宗‧序〉，轉引至《清儒學案》，頁 569-571。

餘種，稱揚他為「理學名臣之冠」[146]。主要著作包含，集錄者有：《濂洛關閩書》、《道南源委》、《道統錄》、《伊洛淵源續錄》、《小學集解》、《小學衍義》、《近思錄集解》、《續近思錄》、《廣近思錄》、《學規類編》、《性理正宗》、《濂洛風雅》等；自著者，則包含：《困學錄》、《困學續錄》、《正誼堂文集》、《正誼堂文集續集》，《居濟一得》等。彙刊為《正誼堂全書》。

　　《張橫渠集》所收錄的《正蒙》注，是否為張伯行所作？雖仍有待進一步考證。但由於本書無論是在引錄評述前賢注釋，或是闡發橫渠思想上，都有匠心獨運之處。因此，仍為吾人研究明清《正蒙》詮釋時的重要參考之一[147]。至於張伯行注《正蒙》之特色，吾人亦可分為兩面理解：

　　其一，就編輯體例而言，張注有三項特色：一者，張氏將《西銘》、《東銘》皆移置於《正蒙》篇首，但仍將全書依據蘇昞將《正蒙》分為十七章。故可知，他認同程朱以二《銘》所闡發之聖賢義理，已足以盡賅《正蒙》儒學大旨。所以，基於《正蒙》向來

146　〔清〕徐世昌，《敬庵學案》，卷 12，《清儒學案》第 1 冊，頁 554。

147　依據張伯行之〈序〉文可知，張子《正蒙》之功在於以「窮神化，一天人，立大本，斥異學」是「自孟子以來未之有也」者。然而，張子之學當時雖盛傳於關中，且自成一家之言。但至明清兩代，已經日漸鮮為人所深論。張伯行有感於張子以六經孔孟發儒家義理，有前人未見之洞見。故為之作注。但據王植在《正蒙初義‧臆說》中所記：「余嘗面質之宗伯，曰：『非我所為，他人假我之名者耳』」，提名為「張伯行」所作的《正蒙》注，可能出於他人之手。〔清〕張伯行，〈原序〉，《正蒙》，《張橫渠集》，頁 1-2；〔清〕王植，〈正蒙臆說〉，《正蒙初義》（臺北：臺灣商務印書館，1983 年），頁 8。

以「難讀」著稱。讀者若欲清楚掌握橫渠儒學梗概，其閱讀順序，
不僅應先二《銘》，次再觀之以《正蒙》。並且在編集體例上，也
應將《西銘》、《東銘》從《正蒙》書中特別獨立置之於前，作為
《正蒙》之導讀。二者，他仍以二程、朱子高舉《西銘》為宗。因
此，雖將《西銘》、《東銘》均並置於《正蒙》之前，以為《張橫
渠集》之第一卷。但若言及東、西二《銘》之思想規模，他仍以
《西銘》備言聖學而廣大精微，高於《東銘》著重以慎思慎行開示
學者。故在〈序〉文中，他不僅以橫渠著《西銘》、《正蒙》諸
書，乃直承堯、舜、禹、湯、文、武、周公，以至孔孟之道統，更
徵引明道之言曰：「『《西銘》道理，孟子以後，無人及此』，是
豈虛稱也」。三者，合《經學理窟》（卷五至九）、《語錄鈔》（卷
十）、《文集鈔》（卷十一）、《性理拾遺》與《二程拾遺》（卷十
二），一同詮解《正蒙》（卷二至四），與東西二《銘》（卷一）。雖
然此注釋體例，乃延續明萬曆年間已刊刻的《張子全書》，並參考
明高攀龍對《正蒙》之注與徐必達之《發明》[148]。但也由注文可
知，張伯行認為理解《正蒙》意蘊，應當全面地閱讀橫渠的著作，
而非孤立的詮解《正蒙》一書。四者，他以明代鳳翔沈自彰《張子

---

[148] 例如，張注不僅十分重視〈參兩〉中的天文知識，大篇幅徵引朱子在《語
類》中的見解。在解「陽之德主於遂，陰之德主於閉」時，張注則徵引徐
必達（德夫，1562-1631）之《發明》曰：「遂，直遂物生也；閉，收藏
也」（頁 21）。對〈至當〉「大德敦化」段，則引徐氏《發明》曰：
「藏諸身而可以致用，器也。大德敦化，是不踰閑而成器於己也。即『川
流』之義，與子夏意別」（頁 51）。在注〈有德〉「言形則卜如響」段
時，則引高攀龍（雲從，1562-1626）之注，曰：「《易》曰：『問焉而
以言，其受命也如響』，言謂撲著求卦之言。卜之應人，如響之應聲。蓋
以心聲相感通也」（頁 63）。

全書》刻本為基礎，不僅有所揀別地於《正蒙》文句之下，徵引包
含黃榦（勉齋，1152-1221）等前賢對《正蒙》之詮釋，並另有「按
語」闡發自身對橫渠思想的理解。例如，對〈神化〉「形而上者，
得辭斯得像矣」段，他不僅徵引朱子之詮釋曰：「神自是急底物
事，緩辭如何形容之？」，張伯行則於朱子注文後，另有按語，
曰：「形而上者，本自忘言。聖人作為《易》辭以鼓舞之，使人因
辭以得象。既有得於象，則神亦不外是矣。故用急辭以形容不測之
神，用緩辭形容難知之化」[149]。他承繼前賢以《莊子‧外物》會
通《周易‧繫辭》的詮釋脈絡，並在此將莊生「言者所以在意，得
意而忘言」，闡發〈神化〉本段意蘊。不僅實有所本，而且更能凸
顯張載作《正蒙》的特色之一，即屢屢借重《莊子》概念思想，闡
發儒學形上思想。

　　其二，在義理詮釋上，張伯行雖多以朱子詮釋《正蒙》為宗。

---

[149] 朱子並未以專書注釋的形式，直接注解《正蒙‧神化》此段。張伯行所引
的注文，乃是出自《朱子語類‧張子之書二》中，朱子與門人弟子問答，
所闡發橫渠此段文獻要旨。但張伯行所徵引的文獻與原文略有出入。例
如，《語類》原作「林問：『『神為不測，故緩辭不足以盡神；化為難
知，故急辭不足以體化。』如何是緩辭、急辭？』曰：『神自是急底物
事，緩辭如何形容之？如『陰陽不測之謂神』，『神無方，《易》無
體』，皆是急辭。化是漸漸而化，若急辭以形容之，則不可。』」，張氏
轉引《張子全書》，故由「神自是急底物事」開始節錄，並省略「自」
字，而作「神是急底物事」。凡此類情況，在張注《正蒙》中，並非孤
例。本文不再一一舉證。〔清〕張伯行，〈神化〉，《張橫渠集》，頁
27；〔宋〕朱熹，朱傑人等／主編，〈張子之書二〉，《朱子語類
（四）》，收入《朱子全書》第 17 冊（上海：上海古籍出版社，2002
年），卷 99，頁 3332。

但吾人仍可從四方面掌握張注之特色：一者，天道觀上，他認為橫
渠是藉「氣化」以明「道」，而非認「氣」即為「道」。例如，注
〈神化〉「神，天德，化，天道。德，其體，道，其用，一於氣而
已」段，即按曰：「氣即陰陽之氣，載德與道而行者也。故曰：
『一於氣而已』」[150]。他以道體為至大無方的形而上者，其造化
萬物，乃是以一陰一陽絪縕相生之道，呈現天之道的生物秩序與生
生之德，以顯道體之用。所以，張載以氣之神化言天之道，所重
者，乃是作為形而上之道體、理體之「神」，能駕馭主宰形而下之
氣的運動化生。依此，他又承繼朱子理氣不離不雜之架構，詮釋橫
渠之道體與氣之關係。例如，對〈太和〉「太和所謂道」段，他即
引朱子之詮釋，先言「太和本屬氣」，次繼以「太極／陰陽」之架
構，直言橫渠所謂「中涵浮沉、升降、動靜相感之性」，乃是意指
「太極本具陰陽之理也」[151]，最後則：「有是理而後有是氣。氣
則載理而出者也」，指明《正蒙》首篇雖即以「太和」言「道」，
實與朱子「氣能載理」、「理能宰氣」之義相通。「理」雖不離於
「氣」，但理氣各為形而上下，則不可不分辨之。值得注意的是，
張注以濂、洛、關、閩之學雖各有獨見之處。但所見儒聖之學，卻
可歸本於同一道統。故對朱子批判橫渠之言，則力圖調解朱、張之
異。例如，在解〈太和〉一篇章旨時，他即引程朱批判張載以
「清、虛、一、大」言天道，實陷入「是以器言，非形而上者」之
困境[152]。在解該篇「太虛無形，氣之本體」段時，他先徵引朱子

---

[150]　〔清〕張伯行，〈神化〉，《張橫渠集》，頁 26。

[151]　此為朱熹〈太極圖說〉對周敦頤之詮釋，未必為濂溪本意。

[152]　〔清〕張伯行，〈太和〉，《張橫渠集》，頁 7。

之批判，指明橫渠以「客感客形」之譬喻雖為辨析「形而上下」，反陷入「截作兩事」，故「聖人不如此說」。但張氏立即以按語表示：「下『客』字太險，似於理有礙」，但「這道理張子本自分曉」[153]。二者，張伯行雖推崇張載之學，但對《正蒙》之言亦非全盤接受，而是帶有批判性的審視、注解。例如，對〈中正〉詮釋《論語・述而》之「志於道，據於德，依於仁，遊於藝」，曰：「志道則進據者不止矣，依仁則小者可遊而不失和矣」，張伯行即認為，橫渠對《論語》此段的詮釋不妥，批判曰：「四者，學之有其序也。張子作兩事分說，未當」[154]。又如對〈大心〉「體物體身，道之本也」段，他則先徵引朱子之言曰：「非以身體道。蓋是主於義理」。次引伊川之言：「除卻身，只是理。縣空止是箇義理」，並加按語批判曰：「以身體道，必如朱子說方貼實。橫渠本意，恐未必如此。他將體身、體道，分作兩樣看，未免將身與道，作二見矣」。又從橫渠論述之邏輯性，推論曰：「既說：『體物體身，道之本也』，則體身分明是道了，又何須再說：『以身體道』？身乃道之軀殼也，無此身，則道亦無挂搭處。故聖人但說：『修身則道立』，一語便了！」[155]。三者，就「天地之性」與「氣質之性」而言，他承繼朱子「性即理也」詮解「天地之性」，並以「氣質之性」僅是天地之性墮入形質（「氣質」）中。故對〈誠明〉「形而後有氣質之性，善反之則天地之性存焉」，他即引朱子之言闡發之，曰：「天地之性，則專指理而言。論氣質之性，則以

153　〔清〕張伯行，〈太和〉，《張橫渠集》，頁 8。

154　〔清〕張伯行，〈中正〉，《張橫渠集》，頁 47。

155　〔清〕張伯行，〈大心〉，《張橫渠集》，頁 43。

理與氣，雜而言之」[156]。四者，就宗法程朱理學批判陸王心學而言，張注屢屢徵引朱、張之言以批判陸、王。例如，對於世人多以陸王心學乃直承孟子盡心之說。但在注〈大心〉「大其心則能體天下之物」段時，他則力陳程朱、張子才是真能承繼孟學大義者。張載以大心說闡發「盡心何以知性知天」之學，但「象山新建之學，誤人不少，不可不戒」[157]。

　由上述可知，張伯行注《正蒙》，是宗法程、朱，會通周、張，而能斷以己見。這與他將濂、洛、關、閩歸本於孔孟道統，批判陸、王、老、釋，以立正學的精神相符一致。但張注的優點，也是他的侷限。他先以朱子對《太極圖說》與《通書》的詮釋，理解周濂溪思想，已經與周子思想隔了一層。又依此詮解《正蒙》，對橫渠言氣實貫通形而上下，並無法體會。因此，他先入為主的依照「形而上／下」乃異質異層的關係，將理學家共用的「理／氣」、「道／器」、「太極／陰陽」等核心概念之關係，依程朱之義理架構，詮釋張載之虛氣關係。依此，他在詮解《正蒙》全書總旨時，不僅接受程朱「《正蒙》論道體處」不如「周子說無極而太極最好」，而批判此為張載「當時立言之過」。更於按語中表示：「《正蒙》所說道理，如〈太和〉、〈參兩〉、〈天道〉、〈神化〉等篇，皆不出周濂溪《太極圖說》範圍之中」，「苟熟通《太極》，以意會之，則《正蒙》精奧，無不可了然於心目」，而總結曰：「『形而上者謂之道；形而下者謂之器』，聖人已斷之矣。《正蒙》窮天地萬物之理，亦只撐搘這兩句道理，別無他巧」

---

[156]　〔清〕張伯行，〈誠明〉，《張橫渠集》，頁39。
[157]　〔清〕張伯行，〈大心〉，《張橫渠集》，頁42。

158。這顯然並非對橫渠氣論作最適宜的詮解。基於此，張注對於辨析橫渠與濂溪、伊川、朱子之異處，往往顯得較為支絀了。

七、《正蒙集說》

《正蒙集說》十七卷，為清儒楊方達所纂釋[159]。本書採用「清雍正十年武進楊氏復初堂刊本」，收入於《續修四庫全書》第951 冊[160]。

楊方達，字符蒼，江蘇武進人。清雍正二年（1724 年）舉人，卒年七十九。據《清儒學案》所載，楊氏為學嚴謹，長年「閉戶著書，絕干謁」而為「鄉里重之」。學宗程朱，尤善於《易》學。著有《周易輯說存正》、《易學圖說會通》、《尚書約旨》、《春秋義補注》，以及《正蒙集說》等書。

依據楊方達的〈序〉文可知，他作《正蒙集說》主要出於兩項原因：一者，他推崇張子作《正蒙》之功，能承繼《五經》、《論》、《孟》之儒學大義，精辨理氣、性命、理欲、義利等理學核心議題。不僅在論理上，《正蒙》「義理精微」，在引領學者主

---

158 〔清〕張伯行，《正蒙一》（釋「書名按語」），《張橫渠集》，頁 7-8。

159 據胡元玲考察，此書版本有：「清雍正乾隆間（1723-1795）武進楊氏復初堂《楊符蒼七種》刻本，現藏上海圖書館；另有乾隆五年（1740）復初堂刻本，現藏清華大學圖書館等。通行本有《續修四庫全書》第 951 冊」。胡元玲，〈《正蒙》注本考〉，頁 248-249。

160 〔清〕楊方達，《正蒙集說》，收入《續修四庫全書》第 951 冊（上海：上海古籍出版社，1995 年）。

敬、徙義之實踐上，更是「工夫嚴密」[161]。二者，他惋惜《正蒙》書雖承繼儒學道脈，其精彩之處不雅於周、程、朱子之作。但或由於朱子對《太極圖說》、《通書》、《西銘》，皆有詮解，卻對《正蒙》未一一注釋。加上二程、朱子多推崇《西銘》義理精純，而《正蒙》大醇小疵。終導致「《正蒙》之言，人多略之不知」。依此，他先指出朱子亦推崇《正蒙》「規模廣大」；其次，則表示朱子亦以「橫渠論氣與《太極圖說》、《西銘》，各自發明一事」，故「不可以此廢彼，優劣亦不當輕議也」。最後，他批判世人以《正蒙》不易讀而輕忽《正蒙》，實非志道樂學者所當為。故他廣採前賢注釋《正蒙》之作，擇其精微、捨其支離，而作《正蒙集說》。以期能闡發《正蒙》「察之陰陽之變之間，審之言行樞機之始」的道學要旨。依此，楊方達《正蒙集說》之特色，吾人可分為兩面理解：

其一，就編輯體例而言，楊注有五項特色：一者，他綱舉目張的另立〈例言〉，詳細說明《正蒙集說》編輯、注釋之體例原則[162]。二者，至於為何不採《張子全書》的編列形式，廣錄橫渠著作？他以《正蒙》乃張載所手撰者，而《文集》、《語錄》與《經學理窟》則為門人記錄之書。所以，他擇由詳注《正蒙》，聚力闡發橫渠義旨。但他亦表明，《正蒙》與《文集》、《語錄》在義理上，仍有前後相貫、彼此互發之處。不可因在文字上有小出入，而

---

[161]《正蒙集說》由〈太和〉至〈乾稱〉篇，共分十七卷。每卷皆獨立由頁碼「一」，而起算。下文為避免混淆各章頁碼，採標明篇名、卷數及頁碼的形式，徵引《集說》。〔清〕楊方達，〈序〉，《正蒙集說》，頁1-3。

[162] 此〈例言〉由楊氏口述，二子（楊友潞、楊友涑）手記。

偏廢之。三者，他承認《正蒙》「書多難解」，往往使得學者「讀
之或不足業而廢」[163]。但《正蒙》不易為學者所接受的另項關
鍵，卻是「俗本承訛襲舛」，而舊《注》又良莠不齊。前者之失，
在於對《正蒙》中本屬義當連貫之文句，斷為兩條，或是將不當連
屬的文句歸於一句，使《正蒙》本文語意割裂、不清。後者，則或
是「註解不備」，或是「好為曲說」，反使《正蒙》義理遮蔽隱
晦。所以，他特別表明，在注釋《正蒙》時，文字表述上，乃是
「依文順解」，期以「平實說理」為主。對於《正蒙》文句屬「理
深詞渺者」，在注解上「必詳至明白易曉之語」。四者，對於《正
蒙》屢採正文夾雜徵引古籍之形式，詮釋《五經》、《論》、
《孟》等經典。楊氏則從兩方面，表明自己注釋這些文句的原則。
一方面，他對《正蒙》「斷章取義」之處，必「詳明本注」，以
「欲學者因此識彼，而且易於考證」。例如，〈誠明〉「莫非天
也，陽明勝則德性用，陰濁勝則物慾行。領惡而全好者，其必由學
乎」段，楊氏即先注明「領惡而全好」乃出於《禮記‧仲尼燕
居》。使讀者能區分何者為張載本人的論述，何者又是《正蒙》徵
引自儒家經典之文獻。其次，楊氏則引用鄭玄注《禮記》所曰：
「『領』，猶理治也」，闡釋張載此處文意，乃是指「學」乃進德
之必然途徑。因「學」方能使人以好善之德，對治恐流於物慾之惡
[164]。另方面，對於〈至當〉以下八篇雜引《四書》經傳之處，乃
採「按節分釋」，不敢為求通貫文義而任意分節或合併文句，以避
免勉強牽合之蔽。五者，他認為《正蒙》舊注雖不乏優秀之作，但

163　〔清〕楊方達，〈例言〉，《正蒙集說》，頁1。
164　〔清〕楊方達，〈誠明〉，《正蒙集說》，卷6，頁9。

仍各有所不足之處。例如，劉近山《正蒙會稿》雖「平易明曉」，但「失之淺」。高雲從《正蒙集注》能「取諸《會稿》而剪裁之」，但「失之疎」。徐德夫之《正蒙發明》雖有劉、高為前引，且屢有批判高氏之言，但「亦未盡中肯」。至於李安溪之《注解正蒙》雖「自出心裁」且「闡明要旨，多發前人所未發之處」，可惜「略而不詳」，使「初學者未能得其條理」。基於評論前引《正蒙》舊注之得失，楊方達以李《注》定本最能符合《正蒙》本文語意，故選擇《注解正蒙》為底本，並兼採劉、高、徐《注》等諸說，以「煩者，節之；略者，詳之；疑者，辨之；謬者，正之」為原則，編《正蒙集說》。務求能使進德者能涵泳橫渠文意，初學者能得其條理[165]。

其二，就義理詮釋而言，楊注有五項特色：一者，闡明《正蒙》整體思想的義理架構，以及各篇章間的邏輯一貫性；或由於楊氏作《正蒙集說》時所預設的讀者群，不僅是飽學之士，還包含初學者。所以，他不僅一次強調《集說》在文字表述上，務求簡易流暢，而在論理上，必條理分明以求達意。依此，在〈序〉中，他即扼要的展示〈太和〉至〈乾稱〉十七篇間的義理一致性[166]。若更

165　〔清〕楊方達，〈例言〉，《正蒙集說》，頁5。

166　楊氏此段論述扼要精彩，故原文採錄，以利讀者閱讀。楊〈序〉曰：「〈太和篇〉首以太和、太虛言道。體用已備。為全書綱領。〈參兩篇〉言天地運行，陰陽五行消長之理。〈天道篇〉合天人而一之，總歸於誠。〈神化篇〉合言天、地、聖人之神化，而以內外交養，仁義交脩為成性之功。〈動物篇〉申言陰陽屈伸之理。〈誠明篇〉申言誠明合一，盡性至命之旨。〈大心篇〉言不可以見聞梏其心，而推而精之，至於成心悉化。〈中正篇〉統論始學至成德之事。〈至當〉以下八篇，雜引四書經傳而截以己意。〈乾稱篇〉括全書之意，統論神化、性命、人鬼、死生，而終及

精練的呈現楊氏所論《正蒙》思想架構，又可再濃縮為四項環節：
首先，他以「太和」為陰陽氣化之事，《正蒙》首句言：「太和所
謂道」，實是藉氣化狀道之用（「生生之德」），非認氣為道體。此
所以他主張，〈太和〉正文所論，實是「體用已備」而可為「全書
綱領」。其次，他以〈參兩〉、〈動物〉專言天地運行之道，陰陽
屈伸之理。由今日觀之，可歸為自然哲學領域。復次，他以〈天
道〉、〈神化〉、〈誠明〉、〈大心〉以至〈中正〉各篇，乃從天
人合一之旨，闡發窮理盡性之大義。

　　由此向始學者展示儒者下學而上達之道。作為全書最末的一
篇，〈乾稱〉則擔負總括《正蒙》義理架構之責，楊氏以「聖學之
本於誠，而其要在於主敬徙義」，統歸之。就楊氏之〈序〉可見，
他應以上述九篇，已然展示《正蒙》全書的義理架構。至於〈至
當〉以下八篇，則僅是橫渠雜引經典，呼應《正蒙》各篇所欲暢明
的儒學大義。皆屬於舉例以示讀者，非純為論理。值得注意的是，
楊氏將《正蒙》視為學者實踐儒道之書。不同於今日研究多從辨析
橫渠思想範疇，研讀《正蒙》。因此，在閱讀視角上，楊注認為
《正蒙》最核心的部分，不是屬於形上學、宇宙論的論氣之言。反
而是「主敬」、「徙義」的實踐精神，而通歸於一字，即是
「誠」。

　　二者，對於《西銘》與《正蒙》何者為橫渠思想至為精華所
在？學者是否應重《西銘》而輕《東銘》？楊注或由於屬明清《正
蒙》諸注中，較為晚出之作。因此呈現相對調和、折中的態度。例

　於言、動。總見聖學之本於誠，而其要在於主敬徙義，則直內方外夾持而
　上天德者，實在此焉」。〔清〕楊方達，〈序〉，《正蒙集說》，頁1。

如，在編集體例上，他雖似重《西銘》而輕《東銘》，承繼程朱以
《西銘》體段宏闊，可獨立自為一書，而《西銘》屬言動實踐之
事，當附屬〈乾稱〉篇末，無須獨立成書。故《集說》並未將《西
銘》歸附〈乾稱〉首段。但在〈序〉、〈凡例〉，以及〈乾稱〉篇
首、末兩段中，楊氏則表示，《正蒙》義理乃「徹上徹下」之論，
故與《西銘》理當「並行而不可偏廢」[167]。至於東、西二《銘》
是否有高低、優劣？他則採李光地的見解，從橫渠原以「訂頑」、
「砭愚」為二《銘》篇名解起。由「愚則不智，頑則不仁」觀之，
聖學既以主敬徙義以上天德，明合天人之道，則《西銘》以所論盛
大而實為「《正蒙》一書之體」。但《東銘》由「戲動戲言」明
「持重改過」，亦為儒者「初學之門」。二《銘》實當合併觀之，
而此也為橫渠將其列於〈乾稱〉首、終之用心[168]。

　　三者，楊注對〈至當〉以下八篇詳加辨析。不同於《正蒙》舊
注，對〈太和〉至〈大心〉，以及〈乾稱〉等篇，楊氏認為前賢已
辨理明晰、各有所見。因此，除〈太和〉、〈參兩〉與〈誠明〉
篇，他有「按語」。對於《正蒙》首八篇文句，他多採取融貫、裁
剪前人注文的形式，表明自己對此段文獻的理解態度，不逐一另作
異解。對於前人較忽略的〈至當〉以下八篇，楊注反而著墨多。例
如，對〈大易〉「造化之功，發乎動，畢達乎順」段，楊氏依據
〈例言〉，先指明張載所論經典，乃出自《周易・說卦》「帝出乎
震」段，探討八卦之用。由此使讀者能明經知義，且便於考訂。其
次，則批判橫渠以「順」解「巽」，而「巽字之義，非『順』所能

167　〔清〕楊方達，〈序〉，《正蒙集說》，頁3。
168　〔清〕楊方達，〈乾稱〉，《正蒙集說》，卷17，頁9。

盡」。在《易程傳》中，伊川亦有此蔽。他認為這是由於兩人解此段，皆承襲王弼之故。最後，他則徵引李注的易學見解，並輔以自己的佐證，曰：「巽象為風，為木。天地間，善巽而入者，莫如風。其次莫如木，木之入以根。故解巽，以入為正」[169]。

　　四者，《集說》雖以《注解正蒙》為底本，而增修之。但仍以批判精神，審視李光地的注文。例如，對〈王禘〉「享嘗云者，享為追享朝享，禘亦其一爾」段，他不僅於按語中徵引李注，曰：「〈王制〉此條，注家甚誤」，認同李光地觀點，以《禮記・王制》此段，過往注疏，多未能掌握其旨。更又再加按語表示：「享有二：禘，謂之追享；祫，謂之朝享。追享者，追遠之義；朝享者，朝於太祖也。安溪本改『朝享』『朝』字為『則』字，不知何據？」，指出李注此段有文獻不足之嫌[170]。

　　由上述可知，楊注以程朱之學為宗，又以李注之創見為闡發己意的基礎。在詮解《正蒙》時，能後出轉精，是其優點。但楊氏於〈例言〉中表明，《正蒙集說》中之注解，雖「多採前人之說」，但基於「惟務貫串，故不載所著姓氏」，僅針對「有全錄先儒一段者」，才「特書其姓氏」。然而，這就使讀者不能明確區分同段注文中，哪些是楊氏自己的洞見？哪些則是取自於前賢詮釋《正蒙》的成果？雖楊氏旨在使學者能流暢的涵泳橫渠文意，但由今人審視

---

[169] 楊氏按語徵引李注的易學見解，指出王弼與伊川、橫渠皆未能盡得《易・說卦》此處義蘊。曰：「程（伊川）、張（橫渠）皆以『順』解『巽』，襲輔嗣也」；又曰：「巽者，入也。陰伏於內，陽必入以制之。故其德曰：『入』」。〔清〕楊方達，〈大易〉，《正蒙集說》，卷14，頁10-11。

[170] 〔清〕楊方達，〈王禘〉，《正蒙集說》，卷16，頁3。

學術著作的標準而言，則難免予人引證混淆之憾[171]。

八、《正蒙分目解按》

《正蒙分目解按》一卷，為清儒方潛（魯生）所撰。本書採用「清光緒丁酉年重校續印本」[172]，收入於《毋不敬齋全書》第 14 卷[173]。

---

[171] 例如，釋〈樂器〉「卷耳，念臣下小勞則思小飲之」段，楊氏注文首言：「此詩之義，以為后妃為使臣作者。朱子辯之詳矣。」，次接以「張子釋之，謂酌以金罍，小勞則思小飲之也；酌以兕觥，大勞則思大飲之也。甚則知其怨苦噓歎，非酒可解。婦人能此，則可見其貞靜專一之至矣。險詖私謁害政之心，何從而生哉」。然而，前者為李光地《注解正蒙》之言；後者，則是劉璣《正蒙會稿》之注文。《集說》為求注文流暢，夾雜徵引不同注解本，而未言出處，易使讀者混淆同出一人之注。實則，在《正蒙》17 篇中，《集說》僅有 8 篇 20 處，明確注明為楊氏本人之「按語」。分別為〈太和〉1 次，〈參兩〉3 次，〈誠明〉1 次，〈作者〉1 次，〈三十〉3 次，〈大易〉3 次，〈樂器〉2 次，以及〈王禘〉6 次。其餘注文，或引用一人舊註，或混用多人注解，皆因未說明出處，而易使讀者誤以為均屬楊氏之獨見。例如，注〈乾稱〉末段（即《東銘》），他不僅混用〈例言〉中已提及的劉近山、李光地之注文。更採用〈例言〉中所未提及的《正蒙》注本，混用王植《正蒙初義》轉引自沈貫珤（毅齋）《正蒙疑解》之言。不僅增加讀者辨明《正蒙》諸注異同的閱讀難度，也忽略各家注《正蒙》時，所可能存在著的詮釋理路上之衝突。〔清〕楊方達，〈乾稱〉，《正蒙集說》，卷17，頁1；頁9-10。

[172] 依胡元玲所考察，收錄方潛所撰著述的《毋不敬齋全書》，原在光緒十五年（1889），由方潛第三子方敦吉，開雕刊印於濟南。現藏中國國家圖書館及北京大學圖書館等。胡元玲，〈《正蒙》注本考〉，頁249-250。

[173] 〔清〕方潛，《正蒙分目解按》，收入《毋不敬齋全書》第 14 卷。

　　方潛，字魯生，本名士超，桐城人。生卒年不詳。由他自序
〈毋不敬齋全書總序〉與〈毋不敬齋全書再序〉，皆在清同治元年
（1861 年），而他作此書時，已過 58 歲，可粗略推知他大約生於嘉
慶（1795-1820）年間，而至少至同治元年尚在人世。在〈毋不敬齋
全書總序〉中，方潛自述其學思歷程，曰：「竊以無師之學，由程
朱而陸王，由陸王而老佛，由老佛而孔孟，於是恍然若有所得」。
因此，他對周、張、二程、朱子等人，早年出入佛、道兩家，而學
問終歸《五經》、《論》、《孟》，實有親身呼應之感。據《清儒
學案》記吳廷棟（竹如，1793-1873）交游情況時，稱方潛早年「通貫
釋、老，勇於著述」，但仍自感有惑而未能得解。至晚歲遇恪守程
朱之學的吳拙修（竹如），見其所著《心述》，又經與竹如往復書
信十餘次[174]，方豁然開釋，而終身以程朱之學為正，以陸王為
歧，而以力辨老釋之失為己任。《清儒學案》記吳廷棟曾與友人文
端提及此事，而曰：「學子中挽回此一人，亦大幸也」[175]。關於
《正蒙分目解按》之特色，吾人可分為兩面理解：
　　其一，就編輯體例而言，方注有三項特色：一者，有意識的安
排《正蒙分目解按》在《毋不敬齋全書》之論述架構中的思想位

---

[174] 在〈毋不敬齋全書總序〉中，方潛自述其老釋、陸王之學，重歸孔孟儒教
　　　後，原自以為人生學術方向已「庶幾無疑」。但「惟於『性即理也』四
　　　字，未能釋然於心」，及遇「霍山吳，反復、辨難、沉潛、體驗，乃一旦
　　　於此四字究委窮源，剝膚透髓，而始爽然悟」。在〈毋不敬齋全書再序〉
　　　中，他則曰：「小子弱冠志學，不幸久困多歧。五十有三，遇霍山為解深
　　　惑。又五年乃爽然脫其累焉」。見〔清〕方潛，〈毋不敬齋全書總序〉，
　　　頁 2；〈毋不敬齋全書再序〉，頁 2。
[175] 徐世昌，《拙修學案》，《清儒學案》第 6 冊，卷 159，頁 6183-6203。

置。在《毋不敬齋全書・凡例》中，方潛自作〈序言〉、〈凡例〉
表明所著、所解之書的撰述動機與體例。依此，他表示自己所著
《全書》「皆有次序」且「各卷互相發明」。依此，他不僅提醒讀
者，所著各專書專卷雖各依所論主題不同，而必須分別獨立為文，
但內部實蘊藏論述邏輯一貫的整體架構。更對欲重新刊印其書者宣
稱：「後來君子勿另編抽刊，以致顛倒隔塞」。所以，根據《毋不
敬齋全書・總目》所呈現的篇章架構可知，他將《正蒙分目解按》
列在《毋不敬齋全書》中的第十三卷，並非隨意編輯。他以《全
書》第 9 至 16 卷為《性述》，所論範圍乃是以「性即理也」為
本，以「心無生滅」為題，力辨佛老論心性之非。他甚至表示，由
於《全書》是「為剖析聖學與異端歧途而述」，若讀者不明全書論
述架構，而任意更動或閱讀之，不僅恐難明其「為辨宇宙公是公
非」的用心，更可能陷入誤導學者之困境[176]。二者，他不僅於
《全書》自作〈序文〉、〈凡例〉，於各書亦自作〈序〉以明撰述
動機與體例。在〈全書凡例〉中，他認為古人著書皆自述其所論動
機，這是由於唯有作者自知「立言必有不得已於中者，非他人所能
代宣」。所以，他作《正蒙分目解按》時，亦依據「全書及各集皆
有自序，亦聊白其不得已之衷」的原則，表明撰述動機。依此，他
在《正蒙分目解按・序文》中，自述其撰注《正蒙》之動機，乃是
出於「今因明『性即理』之旨」，而「感橫渠張子深入二氏，得交
明道兄弟乃盡棄焉」的學思歷程，實「與予固合也」。吾人可從兩
方面曉明方潛此〈序〉：一方面，方潛與其說是洞見張載哲學之
要，基於闡明橫渠之學而注《正蒙》；毋寧說，他是出於學思歷程

---

176 〔清〕方潛，《毋不敬齋全書・凡例》，頁 1。

的相似性，而選擇性地從《正蒙》中，節錄與自身經歷相呼應的文句，而詮釋發揮之。二方面，吾人可順前點得知，方潛何以將張載泛論心性的文句，視為佐證朱子「性即理也」之語，而未能洞悉朱張在理氣心性論上，本有義理型態上的根本之異。三者，以李光地《注解正蒙》為底本，採節錄的形式詮解《正蒙》。他以《正蒙》本為學子不易曉之書，故以「李安溪《解》附管見，以『按曰』分目」。在注解形式上，先列《注解正蒙》中之張載原文；其次，採擇要性地載錄李光地的注文；最後，若對李氏注文有所呼應或批判時，再列「按曰」，表示自己對《正蒙》原文的見解。至於他為何採此節錄述要的注解形式，在《全書》凡例中，他表示是源於「《性述》為判歧異而述，非解經傳也。故訓詁從略」。四者，他未注解《西銘》，對《東銘》亦僅附於〈乾稱〉中，擇要解之。值得注意的是，李光地在《注解正蒙》中，已經是以節錄而非全文注解的形式，注釋《正蒙》。方潛以《注解正蒙》為底本，又再次節錄《注解正蒙》中的張載原文、引文與注文。因此，《正蒙分目解按》不僅出現多處與《正蒙》原文不同的地方，也出現與李氏《注解正蒙》有異之處。例如，對〈作者〉、〈有司〉、〈樂器〉與〈王禘〉等四篇，他則不取，而未有注解。又如，〈天道〉首句原文為「天道四時行，百物生，無非至教」，李光地原文照引[177]，但方潛則改原文為：「天道時行物生，無非至教」，脫落「四時行」之「四」，以及「百物生」之「百」兩字[178]。李注為「時行物生無非至教，故天體物而不遺也。聖人之動無非至德，故仁體事

---

[177]　〔清〕李光地，〈天道〉，《注解正蒙（上）》，頁26。
[178]　〔清〕方潛，〈天道〉，《正蒙分目解按》，頁30。

無不在也。天之明命，觸目而存。凡所出往游衍之處，皆天理也」，方潛則不僅刪減「而不遺也」與「無不在也」的兩個「也」字。對李注「天之明命」起始的注文，也全部刪除。雖說此更易未必形成思想詮釋上的謬誤。但以專書注解而言，注者未能呈現原文的真實性，亦未加說明地更刪所引「注文」，不僅使人遺憾，也有可能誤導讀者。

　　其二，就義理詮釋而言，方注有兩項特色：一者，以程朱「性即理也」為宗，以力辨「心無生滅」為斷，而徵引、發揮《正蒙》文句以為佐證。所以，他注解《正蒙》，意不在於闡明橫渠哲學，而在於力辨程朱與陸王之異，批判老釋二家之空虛。因此，他不僅對橫渠有關形上學和宇宙論的論述興趣缺缺，甚至對張載詮釋《五經》經傳的文獻，也略而不談。例如，他不僅大幅刪減〈參兩〉中有關自然天文知識的討論，對於張載泛論《詩》、《書》、《禮》的〈樂器〉與〈王禘〉等篇，他更本未曾列入注解。至於對橫渠氣論，他所重者不過三點：第一點，以「太虛」與「太和」之關係，呼應濂溪「無極」而「太極」之說，印證朱子以「理」不離不雜於「氣」的本體與作用關係。例如，對〈太和〉「太和所謂道」，方潛即按曰：「太虛與太和，即周子無極而太極之旨」[179]。第二點，在於發揮張載以虛氣無二，闡明天道性命通一無二之旨。例如，對〈太和〉「天地之氣，雖聚散、攻取百塗，然其為理也順而不妄」，詮解者多視為橫渠闡發氣化論之言。但方潛則緊扣「性即理也」而發揮此段氣論文字，表示橫渠此處所言，旨在「斥異端之

179　〔清〕方潛，〈太和〉，《正蒙分目解按》，頁20。

妄」，並曰：「理氣二字，宋賢論性之宗」[180]。第三點，在於張載以氣之真實無妄，駁斥釋氏以「世界為幻妄」與老氏言「有生於無」。例如，對〈太和〉「知太虛即氣，則無無」段，方潛則全部略過李注，而直接下按語，曰：「此語是張子作《正蒙》要旨」。他批判「二氏皆緣認虛為無，故厭棄一切。不知虛即氣，何得謂之『無』乎？」，更直指李光地此段注文的缺失，曰：「安溪既謂『太虛無形之中，氣之本體存焉』，而又曰：『虛生氣，氣生物』，則分虛與氣為二，已失張子有無混一之旨」。乍看之下，他似乎掌握張載「太虛即氣」說，透曉張載虛氣本一的關係。但由前述第一點可知，方潛實以朱子理氣二層存有架構，詮解橫渠虛氣一體關係。所以，若就存有層而言，他也是二分太虛與氣為形而上下兩層。在詮釋架構上，方潛與李光地同採理氣不離不雜論，二者並無根本差異。只是李注此處所論，是從本體之「太虛」經陰陽氣化而發用，又由氣化凝成萬物的宇宙生物論述。但方潛未能辨明此點，只是將此處所言之「虛」或「虛空」，先視為感官經驗所及皆無物之虛空（或「空無」）。其次，緊抓「虛生氣，氣生物』」一語，認為李注此處氣化宇宙論式的虛氣生物關係，已經陷入主張萬物皆由虛無中創生的異端之說。所以，他毫不客氣的批判李注：「墮老子道生一，一生二，二生三，三生萬物」之說，他甚至指李注此論，實與五代道教學者譚峭的《化書》所言：「虛化神，神化氣，氣化形」之說不謀而合[181]。

180　〔清〕方潛，〈太和〉，《正蒙分目解按》，頁 22。

181　〔清〕方潛，〈太和〉，《正蒙分目解按》，頁 25；可參看〈大心〉，頁 38。

　　二者，從窮理盡性詮解《東銘》[182]。並依此闡明「程朱何以為儒學正宗？」，辨析「陸王之學何以未盡？」，以及「老佛之說何以有虧？」等議題。或由於李光地《注解正蒙》即未收入《西銘》，而方潛注《正蒙》又是以安溪注本為底本。因此，《正蒙分目解按》並未收入與注解《西銘》。但卻順著李注對《東銘》的詮解，進一步發揮。雖然張載已自將東、西二《銘》節錄，以示學子。經二程、朱子高抬《西銘》，而促成《西銘》獨立成書的發展。至明清時，甚至已有學子僅讀《西銘》，而未見《正蒙》的現象。但由於朱子對東、西二《銘》評價之異，注解詮釋《正蒙》者，仍多將《東銘》作為〈乾稱〉末段，一併討論之。然而，若就《正蒙》之整體性而言，張載以首句「太和所謂道」，揭舉全書實以虛氣本一，闡明儒者天人相貫之道。《東銘》作為《正蒙》末段，則是以「戲動戲言」為戒，闡明儒者高明博厚之學，實起於人倫日用之中。學者合天人之道，不離日常生活中，以敦敬篤實的態度而視聽言動。此即《中庸》所謂：「君子尊德性而道問學，致廣大而盡精微，極高明而中庸」之理。李光地注〈乾稱〉「戲言出於思也，戲動作於謀也」段時，已進一步發揮《東銘》所論，從「戲動戲言」之所以為害至深，乃在於有過者忽略「無心之失」，且「自以為當然，而欲人之己從」。方潛則更進一步，從三方面發揮此段文意：第一點，他順「戲動戲言」之戒，直指佛老之過正在於

---

[182] 對〈中正〉「儒者窮理，故率性可以謂之道」，方潛即先徵引李注：「性即理也。理在心為仁義禮智信之性，率而行之，則為父子，君臣，兄弟，夫婦，朋友之道」，並按曰：「惟窮理故能盡性以至命也」。〔清〕方潛，〈中正〉，《正蒙分目解按》，頁41。

此。方潛先表示：「言行，君子之樞機，不可不慎也」，並依此擴張性地解釋張載何以由《東銘》此論，總結《正蒙》全書之旨，曰：「張子《正蒙》剖二氏之非，闡《大易》之奧，而終之以此。垂戒深矣」。由此，他不僅有別於多數《正蒙》注家，而高度肯定《東銘》在《正蒙》全書中的重要性，更將橫渠當以言行之敦厚篤敬實踐儒學的精神，緊密回扣《心述》所論朱子「涵養須用敬」之大旨。

　　第二點，方潛再次強調「張子深入二氏而出者」，故對老釋之學「剖析最精到」。至於張子最精道之處，則是「知太虛即氣，則『無無』」一句。因為此說可批判佛老陷入「有『有無』之分」的淺妄之見，不能體悟儒者「窮理之學」。故老子「萬物生於有，有生之於無」之論，以及釋氏「掃識明心，以全真空妙有之覺體」，仍不免於「皆判天人道器為二」，而「不知體用一原，顯微無間之道」。但二氏所論真正為害之處，更在於「外禮義，棄倫常，而不違惜也」[183]。此實同於《東銘》所論「戲動戲言」所導致「長傲」、「逐非」之害。

　　第三點，他從批判釋氏明心、老氏守氣之不足，指出陸王「心即理」說之缺失。方潛認為，儒學之所以為正學，正在於能「修己以敬以安人安百性」，以為此所以《禮記·曲禮》曰：「毋不敬，儼若思，安定辭」，已備含「敖不可長，欲不可從，志不可滿，樂不可極」而得以「安民」之大義。且張載《正蒙》最末段以「長傲逐非」為戒，正呼應於此。故方潛以「毋不敬」一語，為「聖功王

---

[183]　〔清〕方潛，〈乾稱〉，《正蒙分目解按》，頁 25

道一言已盡矣」[184]。佛老之失，在於「自私其神，而歸於虛寂」，脫落安己之後，學者更當以安人、安百性的義理承擔。然而，陸王既倡言「心即理也」，並斥程子以持敬為病。實則顯露陸王不識程朱「性即理也」，即已然揭露「性體」方是吾人學貫天人之本體。故陸王雖以儒者自許，卻也同樣陷入「認性字不真，本體多含胡」，並導致「認敬字不真，工夫必多病痛」之蔽[185]。所以，方潛藉《正蒙》最末段，批判性地總結曰：「窮理盡性以至於命，乃天人一貫之道。陸王以為心即理也，正窮理未盡處」，而對象山雖與朱子同時，且屢有書信往來，卻終因「信心太過而不肯思索」，深表惋惜[186]。

　　方潛並非為了注《正蒙》而作《正蒙分目解按》。他是從闡發自身理論思想架構的高度，指出張載之學對自己辨述心性的影響，並納入《毋不敬齋全書》的整體架構的一環中。單以此而論，這種由思想架構中的「整體－部分」觀詮釋《正蒙》，可說是方注的特色。順方潛的詮釋脈絡，亦可見他節錄注釋《正蒙》的聚焦性與狹隘性。他以「性即理也」四字，為《毋不敬齋全書》辨述心性的主軸。依此，他從理氣論詮解《正蒙》虛氣論，以「太虛／太和」為「理本體（形而上）／氣化之用（形而下）」的兩層關係。由此，一方面肯定天地萬象皆以形而上之理保障，力批佛老崇虛尚無之論，只是不明橫渠「知虛空即氣，則無無」之理。另方面，則由「性即

184　〔清〕方潛，〈毋不敬齋全書總序〉，頁4。

185　方潛甚至批判：「陸王之徒反因竊二氏之似，以亂吾道之真」。〔清〕方潛，〈毋不敬齋全書總序〉，頁2。

186　〔清〕方潛，〈乾稱〉，《正蒙分目解按》，頁50。

理也」，揭露性體才是吾人根源於天地之理的真本體。心體
（「氣」）之真實（「實存」）與無妄（「發用」），實由性體所保障與
貞定。在心性論上，他以「張子復析義理氣質之性」使唐宋心性之
辨乃明，並可破釋氏「直指人心，見性成佛」混淆心性之說[187]。
所以，他肯定「君子之學為能變化氣質而已」，並引《正蒙‧誠
明》「德勝氣質」之說資為佐證[188]。但在詮釋橫渠的論性架構
時，卻是全按朱子詮釋脈絡，將氣質之性視為義理之性墮入氣質中
[189]；並無新意，也未合張載兩面論述人性之意。在工夫論上，方
潛特重「敬」字對實踐儒者「窮理盡性以至於命」之學的必要性。
他不僅以程子「涵養須要敬，進學則在致知」，揭舉心性工夫實踐
之兩面。更徵引朱子「如車兩輪，如鳥兩翼，缺一不可行」，指出
「敬」在實踐盡性窮理之學中的必要性。實際上，「毋不敬齋」與
《全書》之齋名和書名，亦即在以「敬」解「主靜歸寂」之蔽，強
調「持敬之篤」亦即是「敬合內外道大光也」的聖敬之極功。因
此，他有別於其他《正蒙》注解者，以「敬」字為《東銘》精神所
在，由橫渠特指戲言細動、長傲逐非之戒，為儒者窮理盡性之學的
入路。凡此，皆是方潛注《正蒙》的特色與立意所在。然而由此亦
可見，與其說《正蒙分目解按》是方潛注釋《正蒙》之專書。毋寧

187　〔清〕方潛，〈毋不敬齋辨心性書序〉，《毋不敬齋辨心性書》，收入
　　　《毋不敬齋全書》，卷1，頁1。

188　〔清〕方潛，〈乙卯復存之書〉，《毋不敬齋辨心性書》，收入《毋不敬
　　　齋全書》，卷1，頁10。

189　對〈誠明〉「形而後有氣質之性」，方氏直引李注「知天地之性，故渾具
　　　於氣質之性中」為證。〔清〕方潛，〈誠明〉，《正蒙分目解按》，頁
　　　36。

說，方潛乃是引《正蒙》自證《毋不敬齋全書》辨述心性的參考文
獻。

九、《宋元學案‧橫渠學案》

　　儘管就撰述主旨而言，《宋元學案》並非以《正蒙》注釋為目
的。但就〈橫渠學案（上）〉第十七卷所呈現的內容而言，實較不
少《正蒙》注本在體例規模上更為嚴謹。而黃百家於之案語，更是
對橫渠思想論說深入詳實。例如，收入近 30 家詮釋或注解《正
蒙》之言，已具備「集注」之規模[190]。再者，基於學案本即蘊藏
「宋元明理學發展史」的論述主軸。在文獻資料上，學案此卷不僅
通同於歷來《正蒙》注，徵引周子、二程、朱子等理學理論奠定
者，所使用的共通概念與論證，用以使《正蒙》的關學特色與濂、

---

[190] 經本書歸納，〈橫渠學案（上）〉所徵引者，除二程、朱子與濂溪之言
外，還包含《正蒙》注家，以及雖未以專書注解《正蒙》，但曾詮釋《正
蒙》部分段落文句的理學家等。其中包含：高忠憲、劉近山、劉蕺山、沈
毅齋、趙伯循、張橫浦、吳臨川、孫鐘元、葉六桐、葉雨垓、翁石、真西
山、張南軒，以及陳潛室等人。此外，由於黃百家嫻熟於數學與天文曆
算，在詮釋〈參兩〉等屬於自然哲學的段落時，百家還徵引鮑雲龍的《天
原發微》等天文科學資料，甚至是哥白尼等西學作品，點明橫渠所論與科
學知識不符之處，辨析《正蒙》之非。這種以革新性的科學資料「補正」
《正蒙》，而非將橫渠原文視為不可異動之經典，使得《正蒙》在新的時
代中，仍能透過「百家謹案」，增入新的知識活力，實現儒家經典不朽的
利用厚生精神。〔清〕黃宗羲，《橫渠學案（上）‧參兩》，《宋元學
案》，收入《黃宗羲全集》第 3 冊（杭州：浙江古籍出版社，2005
年），17 卷，頁 813。

洛、閩學相互會通。並且在詮釋架構上，黃宗羲等人以〈泰山學案〉等「學案」形式，有意識的區分不同理學分派，呈現共通理學概念中的歧異與區分。更是「《正蒙》注」專注於單一作品之規模，所不能及。至於〈橫渠學案〉所收入《正蒙》注解家數之豐，舉凡劉近山《正蒙會稿》，方氏《正蒙》注，以及高攀龍的《正蒙集注》等，學案均有引證，在引述之質與量上，已然超過許多以「正蒙注」為書名者。尤其難能可貴的是，學案大量徵引高忠憲的《正蒙集註》，使高氏注成為流傳最為廣布的《正蒙》注解之一[191]。

　　從〈宋元學案考略〉中可知，《宋元學案》從撰寫至定稿刊刻的過程坎坷，期間歷經黃宗羲與黃百家父子、楊開沅、全祖望、王

---

[191] 經本文作者對照《正蒙釋》與《宋元學案》所引注文，《學案》所引證者，幾乎皆採高氏《集注》。僅在注〈中正〉「篤信好學」段時，《學案》引用徐必達之《發明》「篤信只是志仁，未能造好惡之甚也」（《宋元學案》，頁850）。不過，《學案》以此為高忠憲所言，但《正蒙釋》於本條僅有徐必達之《發明》，而無高氏《集注》（《正蒙釋》，頁1-715）。此條應為徐氏依據「同者去之，異者存之」的原則，對橫渠思想所作之詮釋。此外，由浙江古籍所出版的《黃宗羲全集》第3冊所收的《宋元學案》可見，《學案》引高氏之言，有時亦與《正蒙釋》文字有所出入，或轉引高氏《集注》中的其他注，而未加說明的狀況。例如，在注〈有德〉「引調而後求勁焉」段，《學案》引文為「高忠憲曰：『調者木心正』」（《宋元學案》，頁872），對照《正蒙釋》可見，原文當為「調者『本』心正」（《正蒙釋》，頁1-739）。至於在〈王禘〉注「殷而上七廟」段，《學案》引劉近山之語（《宋元學案》，頁892），與高氏《集注》相同（《正蒙釋》，頁1-762）。在注「據《玉藻》，疑天子聽朔於明堂」段，《學案》所引方氏《注》（《宋元學案》，頁893），亦同於高氏《集注》所徵引者（《正蒙釋》，頁1-764）。

梓材、馮雲濠等人的努力，前後超過一百餘年。在此歷程中，第十七卷的〈橫渠學案（上）〉卻意外有別於其他學案，成為與〈序錄〉一起最早試刻的內容之一[192]。此雖屬因緣際會，而無關乎學術本質，但就關懷《正蒙》注解發展之研究者而言，仍不免心有戚戚。

由於就編輯體例上，《宋元學案》與《明儒學案》之「學案體」，早已發展為研究專題，甚至是近十年學界的顯學之一。本文無意在此贅述。所以對〈橫渠學案（上）〉之探討，主要以義理詮釋為中心，以下分三方面展開：

其一，就自然哲學而言，百家以其豐富的數學與自然科學知識，批判《正蒙》的自然哲學。相較於其他明清《正蒙》注本，百家詮釋最鮮明出之處，即在於理學家注釋〈參兩〉等篇所涉及自然哲學的論述時，或從徵引儒家五經取證（例如，《尚書·堯典》），或從形上學、宇宙論的模型中，以二氣五行的氣化活動解釋自然萬象。有時雖亦徵引張載之後的自然科學資料，嘗試補正或呼應《正蒙》所述。但整體而言，多是在朱子自然哲學的詮釋中解讀《正蒙》，而非以最新的自然科學資料檢視或批判〈參兩〉等篇。這或許與注解者是否具備足夠的專業知識相關。理學家雖熟通儒家經典，但仍以文字訓詁與思想義理為主，即便對數理有興趣，卻未必能專精於數理之學。因此，雖然能理解某些較新的自然科學論點，也缺乏相應的數學知識，可以檢證這些論點。所以在注解詮釋《正蒙》時，數理之學並非理學家最核心的詮釋入路或工具。而且《正

---

192 〔清〕王梓材、馮雲濠合撰，〈宋元學案考略〉，《宋元學案》，收入《黃宗羲全集》第 3 冊，17 卷，頁 5-12。

蒙》合天人之道之大旨，乃在貞死生以定人道，窮理盡性以至於命。張載對自然萬象的解析，是《正蒙》正德利用厚生之學的加分部分，卻並非最核心不可取代的部分。但黃宗羲、黃百家父子皆嫻熟於數理之學，並著有專書。在詮釋《正蒙》時又以徵實補正，而非曲意維護為主。所以，對橫渠論自然萬象有誤之處，多能給予更為深入的批判。甚至能呼應清代經學家對宋明理學詮解五經自然觀的批判。例如，注〈參兩〉「地有升降」說時，他有足夠的自然科學知識，能評判在解釋潮汐與地動之關係時，朱有中之《潮嘖》的論點，比余襄公《圖序》更完備，藉此批判張載持「地有升降」論，乃引用尚不及余襄公論點的「地有四游」說，而實屬「荒唐之說」[193]。百家又能由橫渠所論，指出張載此言出自何者的論點。例如，注橫渠所云：「日質本陰，月質本陽」，他即指出此出自「鮑雲龍《天原發微》比日月于離、坎卦中畫之陰陽」之說[194]。

　　對於七政（「日」、「月」、「五星」）是順天左旋？或右旋？擅長天文科學的步算家與理學家間，向來有爭議。清儒凌廷堪（仲子，1757-1809），即作〈正蒙七政隨天左旋辨〉，舉蔡沈（九峰，1167-1230）在《尚書書集傳》中的「天繞地左旋」說為例，批判理學家對自然萬象的解讀不合經驗事實，並誤導後世儒者至深[195]。

193　〔清〕黃宗羲，《橫渠學案（上）・參兩》，《宋元學案》，頁812。
194　〔清〕黃宗羲，《橫渠學案（上）・參兩》，《宋元學案》，頁813。
195　朱子取《正蒙・參兩》「地在氣中」承氣機而「順天左旋」之說，甚至影響蔡沈（九峰，1167-1230）所編修《書集傳》中的宇宙圖像。由於自元代以迄明清科舉考試，書經之考題，即以《書集傳》之注說為準。書中對天地四時的觀點，廣泛影響明清知識分子。凌廷堪即指出，蔡《傳》雖受朱子影響，但朱子此論卻是導源於《正蒙》。若依橫渠之臆說，天左旋，

百家在注〈參兩〉「地在氣中，雖順天左旋」段時，亦先批判「恆星不動，純繫乎天，此舊說也」，指出橫渠所採用的解釋模型已不合新的科學發現。百家當時之曆算學者已知：「恆星亦動，但極微耳，此歲差之所由生」。其次，他批判多數明清《正蒙》注解者所徵引元儒黃瑞節之論。對黃瑞節以日月五星皆順天左旋，只是其行稍遲，故呈現反移徙而右，彷彿逆天而行的現象。百家認為「此言大謬矣！」。因為天左旋，乃是以北極為樞，至於恆星與七政右旋，乃皆以黃道極為樞紐。若依黃瑞節之論，天象不僅無所謂「黃道白道，躔離次舍」，且「地亦隨偏，顛倒宇宙，亦不得成世界矣」。故可知凡徵引黃瑞節之論以證《正蒙》的詮釋者，實則悖離自然現象運行之道而不自知。最後，他批判性地指出：「蓋諸曜右旋是曆家從來本論，儒者未得以臆見強奪之」，呈現以科學精神檢證《正蒙》的必要性[196]。他甚至表示自己另有〈天旋篇〉為專

而日月亦左旋，則不僅未先辨明「所謂日左旋者循黃道而行？抑循赤道而行？」，依此解釋自然現象的模型，必導致「終古如春秋分，無寒暑進退、晝夜永短」（循「赤道」而行者），或呈現「朝為冬至，左旋至午，退而為秋分，又左旋至暮，退而為夏至」（循「黃道」而行者）。無論何者，皆與吾人經驗觀察不合。但由於蔡《傳》自元明清三朝，影響儒者至深，不僅明太祖朱元璋與群臣論天與七政之行時，《明史・曆志》記群臣「皆以蔡氏左旋之說對」。即便是批判理學家者，也由於數理知識不足，而未能在解五經時正確取論。他即舉批判程朱理學最激烈的毛奇齡（西河，1623-1713）為例，曰：「毛大可世稱專攻宋儒者，而左旋之誤，獨從蔡氏，此蓋出於不知耳」〔清〕凌廷堪，〈正蒙七政隨天左旋辨〉，《校禮堂文集》，收入《凌廷堪全集》第 3 冊（合肥：黃山書社，2009年），卷 14，頁 126-128。

196　〔清〕黃宗羲，《橫渠學案（上）・參兩》，《宋元學案》，頁 810-811。

論，可駁斥相關諸謬論。此外，他還能吸收西方科學知識，增廣評
述《正蒙》自然哲學的理論寬度。例如，他能徵引哥白尼、「多祿
茂」（托勒密）等人的理論，探討「地轉」之說[197]。凡此，皆非多
數不嫻熟數理之學的《正蒙》注解者，所能達到的詮釋深度。

　　其二，就理氣論而言，又可分為兩項重點：一者，黃百家有別
於多數尊朱的《正蒙》注家，並不以形而上下的兩層存有論，釐判
理與氣之不離不雜關係，也不依朱子理氣論架構詮解橫渠思想中的
太虛與氣。他重視橫渠以一氣貫穿形而上下之思想要旨[198]。《正
蒙》思想特色之一，即在於以氣之真實無妄駁斥佛老重空尚無之論
[199]。例如，對〈太和〉「太和所謂道」，他接受高攀龍以「太

---

[197]　〔清〕黃宗羲，《橫渠學案（上）‧參兩》，《宋元學案》，頁 811。

[198]　誠如陳德和所指出，在宋明理學的傳統中，理為形而上，氣為形而下，本
　　　屬常見，他特以「理氣的超越區分」稱之。但明末清初的學者，卻往往抱
　　　著強烈的實踐關懷而特重氣概念。隨著氣概念的不斷豐富化，也減殺了理
　　　概念的優位性，使理氣間的超越區分也相對弱化。黃宗羲的「理氣同體而
　　　二分」之創見，也是在這條軸線上發展出來的。陳德和，《儒家思想的哲
　　　學詮釋》（臺北：洪葉文化事業公司，2003 年），頁 217-218。

[199]　所謂氣之真實無妄，則包含兩項要點：第一點，「氣」即恆存之真實
　　　（「實有」），保障萬象之實有非幻。天地萬象（包含有形體之物與無形
　　　體之現象），皆是由氣之聚散流行而生成壞逝。故〈大易〉言「《大易》
　　　不言有無。言有無，諸子之陋也」，乃是張載藉氣之隱顯皆恆為「有」，
　　　批判佛、老不明此理，竟以氣之幽隱時的樣態，宣稱「萬象本自空幻」或
　　　「有生於無」。對此，歷來詮解《正蒙》者，皆引為共識，無太大爭議。
　　　但關於第二點，氣之無妄，則是詮解《正蒙》者意見紛歧的交鋒點。有論
　　　者以為，理氣為形而上下兩層關係。雖在氣化發用層中，理不離於氣。但
　　　理屬自存恆存的形上本體，縱使山河大地都塌陷仍獨立於本體層。在存有
　　　位階上，不可與形而下的氣相雜混淆。凡宗朱子詮釋理路者，多以此觀點
　　　詮解《正蒙》虛氣關係。

和」並非直指道體，而僅是由氣化之用所呈的「陰陽會合沖和之氣」的論點。並徵引《正蒙集注》曰：「理無形而難窺，氣有象而可見。假有象者，而無形者可默識矣」。依此，〈太和〉首句僅是「張子本《易》，以明器即是道，故指太和以名道」，而理氣關係乃是「蓋理之與氣，一而二、二而一者也」[200]。在詮解「太虛無形，氣之本體」時，他不僅對橫渠此段文字表示讚揚：「此則最為諦當」，更直言：「天地之間，只一氣之循環而已」[201]。然而，百家亦不同於王廷相等元氣論者。他並未將「理」僅視為「氣之理」，以「理」為氣化流行的副現象，僅是依附於氣的第二序存有。百家仍以「理」為貞定氣化發用的「本體」。只是理本體並未離氣獨存於本體層，而總是在形器世界萬象共存，寓於氣化流行中。例如，解〈參兩〉「一物兩體，氣也」段，他即徵引高忠憲之言曰：「一物兩體，即太極兩儀也。太極，理也；而曰氣者，氣以載理，理不離氣也」[202]，並不認為理與氣是本質可以相互化約的同一者。在解〈太和〉「由氣化，有道之名」時，更徵引朱子之言曰：「氣化是陰陽造化。寒暑晝夜，雨露霜雪，山川木石，金水火土，皆是。只此便是太虛，但雜卻氣化說。雖雜氣化說，而實不離乎太虛。未說到人物各具當然之理處」[203]，百家不僅認同朱子對橫渠的批判，表示「由氣化，有道之名」，有誤導讀者將「氣化」

200　〔清〕黃宗羲，《橫渠學案（上）・太和》，《宋元學案》，頁 803。

201　〔清〕黃宗羲，《橫渠學案（上）・太和》，《宋元學案》，頁 804-805。

202　〔清〕黃宗羲，《橫渠學案（上）・參兩》，《宋元學案》，頁 809-810。

203　〔清〕黃宗羲，《橫渠學案（上）・太和》，《宋元學案》，頁 807。

即視為「道體」之嫌。更以「太虛」才是「道體」，亦即濂溪之太極本體。所以他順此承繼朱子的批判，以張載此段僅能講到萬物皆由氣化所成，但尚未就從存在的根源處，直指太虛本體如「理一分殊」的形式，不僅存於整體氣化流行之中，以宇宙秩序之形式呈顯天之道，更是已然全然寓於每一個體中，作為個體之所以能存在於世的性體、理體。此所以說橫渠「未說到人物各具當然之理處」[204]。

二者，百家以理氣論言「生之為性」未嘗為非。在解〈誠明〉「以生為性，既不通晝夜之道，且人與物等。故告子之妄，不可不詆」時，百家曰：「生者，氣也；生之理，性也」，人、物之生雖由氣凝而成，但氣化發用僅指向變化生成之真實。至於氣之真實之所以順而無妄，則是由理所貞定。所以，單就人物之生而言，人、物是由氣凝而有生命形軀。但若進一步追問：人之所以為人，物之所以為物，何也？則人之生命形氣的各面向，均由本然而有的生之理所規範。例如，鳥飛，魚游，皆是由於此物類據此性理方可能為之。亦僅在此性理所範限內，而得以為之。故推本至人、物各源於天之理，則實存萬有皆是受天之命以有性。此所以說：「人有人之生，物有物之生，則人有人之性，物有物之性」。由此而言，則百家以為：「『生之謂性』，未嘗不是」。告子之說並非全然有誤，

---

204 換言之，若吾人將朱子理氣論粗歸為兩層存有關係，理本體可外在超越於氣化之用，獨立於「本體層」。黃百家則承繼明儒對朱子理氣論之反省，醒覺此說將造成形而上下間的緊張關係。因此，當百家詮解《正蒙》時，拒絕另有一離氣獨存的本體層，而是預設形氣所成的形器世界，即是唯一獨存的世界。形而上之理總已在形而下之氣中，作為貞定氣化發用流行的恆存秩序。

而在於他言性不夠精準。若僅以「生之謂性」，則人、禽之分，將蕩然無存。此所以百家批判其言曰：「告子渾羽雪玉于白，同牛犬于人，入于儱侗，開後世禪門之路徑，所以可詆」。

其三，就人性論而言，百家詮解《正蒙》又至少有三項轉化與發揮：一者，以「天命之性」轉化「天地之性」的概念義涵。在張載「天地之性與氣質之性」的架構中，不僅是將人物之性推本至天，更藉「由太虛而有天之名」（〈太和〉），將「性」指向「氣之性」。所以他不僅主張，人的氣質之性所呈現的欲望需求，可推本至氣之性本涵蘊「攻、取」之性。他亦以人性之至善、真實，以及能感通遍潤他人他物，皆源於吾人的天地之性。由人的天地之性與天同質，故言天人本無二。此所以〈乾稱〉曰：「感者性之神，性者感之體。在天在人，其究一也」。依此可知，在張載思想中，「性」概念並不侷限於言「有生之物」。「天地之性」是可指向天之性徵，或氣之本然者。在朱子的詮釋中，已可見將「天命之性」與「氣質之性」視為對舉概念。例如，《朱子語類》即載曰：「如有天命之性，便有氣質」，「天命之性，若無氣質，卻無安頓處」[205]。朱子順《中庸》「天命之謂性」，詮解《正蒙》「天地之性」，旨在將橫渠論人性本然且定然為善之根源，從太虛概念移轉至為形而上之理，由此扣入「性即理也」之理論架構。但在朱子的詮釋中，「天命之性」或「天地之性」所含蘊的概念範圍，都未將天或形而上之理剔除於外。朱子對後儒詮解橫渠者影響深遠，在

---

[205]　〔宋〕朱熹，〈性理一〉，《朱子語類（一）》，收入朱傑人等／主編，《朱子全書》第 14 冊（上海：上海古籍出版社；合肥：安徽教育出版社，2002 年），卷 4，頁 192；頁 195。

《新刊正蒙解》中，劉儓便想當然爾地將「天命之性」與「天地之性」視為內容相通的互換概念[206]。但他仍是在朱子詮釋脈絡的概念內容範圍中，使用此概念。

可是在明代中晚期至明清之際，以「天命之性」詮解「天地之性」，則涉入「天是否可以『性』言？」，以及由「『存理去欲』」形成天地之性與氣質之性緊張對立」的議題。例如，在《張子正蒙注》中，王夫之便從字義學的方法上，直指「性」概念所含蘊的範圍僅及「有生之物」，而謂：「有生斯有性可言，無生何以言性」。《讀四書大全說》更表示：「在天地直不可謂之性，故曰天道，曰天德。繇天地無未生與死，則亦無生。其化無形埒，無方體，如何得謂之性！」[207]。換言之，王夫之認為「天地之性」根本犯了定義上的邏輯錯誤，將「性」概念僅可及「有生之物」，錯誤地擴大了概念範圍，使「性」可及於無死無生、無有方體的天與地。但為了維護《正蒙》詮釋上的一致性，加上他又高度肯定橫渠論性之功。所以他對《正蒙》「天地之性」一詞，作了較強的解釋，並以「天命之性」轉化「天地之性」的概念義涵。他以《正蒙》所言「天地之性」，實只是指人性之根源可推本至天，凡天地間有生者之性，皆本於天之所「命」。故凡人與有生物類之性，皆根源於天地。由天授命於人、物以性，由此順通〈誠明〉所謂：「性者萬物之一源，非有我之得私也」，並以人與物類所受天之命有異，而言人與萬物所受性分何以有異。

206　〔明〕劉儓，〈乾稱〉，《新刊正蒙解》，頁 242。

207　〔明〕王夫之，《讀四書大全說》，收入《船山全書》第 6 冊（長沙：嶽麓書社，2011 年），頁 863-865。

　　至於在《宋元學案》中，以「天命之性」詮解「天地之性」，黃百家不同於朱子與王夫之。百家曰：「夫所謂氣質即性者，謂因氣質而有天命之性，離氣質無所謂性也。性既在此氣質，性無二性，又安所分為義理之性、氣質之性乎？」[208]。就與朱子之同而言，百家承繼朱子以「氣能載理」，而言天命與氣質之性。蓋人性雖由天之所命，但人若無形氣以承此天命，則無從具體實存於世，亦根本無有實現天命之可能。依此，百家以氣質之性指向人之形軀生命，作為可承載天命，實現天授命於人之存在性分的必要條件。「天命之性」才是在人人形氣殊異的氣質之中，人人皆普遍共通的性理、理體，作為貞定吾人形氣（「氣質」）之所當為的形上依據。此所以說：「性是氣質中指點義理者，非氣質即為性也」。

　　就與朱子之異而言，百家引楊東明（晉安，1548-1642）之言：「氣質之外無性。盈宇宙只是渾淪元氣」，主張理在氣中，而「氣靈妙，自有條理，便謂之理」，故「理氣一也」。由此佐證「性」本無不善，且「離氣質無所謂性」。由此嘗試解消「存天理；去人欲」，所導致「天地之性與氣質之性的緊張對立」[209]。百家認為，既然人受命於天之性理或性體，必在氣質之中方能實現，且人無二性，則根本無須刻意區分「義理之性」或「氣質之性」。因為

---

[208]　〔清〕黃宗羲，《橫渠學案（上）‧誠明》，《宋元學案》，頁 836。

[209]　「存天理；去人欲」，本在純化人之德性生命的脈絡中，主張人之道德實踐活動，本即是以德行趨向德性而非私欲為正。並未以全稱的形式，宣稱在人的生命中，天理與人欲僅能是互斥的關係。但後儒為了凸顯「存理去欲」的主張。妄自高抬「天地性」或「義理之性」，而視抑止、甚或否定「氣質之性」為正之說。終造成假道德之名而否定氣質之性，或形軀生理的一切欲求。

此兩項概念乃是相互貫穿的關係，且氣質為實現性理的必要條件[210]。此所以百家以反詰性的方式，曰：「性既在此氣質，性無二性，又安所分為義理之性、氣質之性乎？」。但他又緊接著批判張載對舉「天地之性與氣質之性」之失，在於將「氣質」與「性」概念在人身實存上的一貫關係，混淆為「氣質」與「性」概念可同稱為「性」。並認為張載並非不知此間區別，只是論述時，不夠精準所致。此所以百家曰：「雖言有氣質之性，下即言『君子有弗性焉』，是仍不以氣質之性為性也」。張載之意，即含蘊此二概念仍有區別。當言「氣質之性」時，是從人具形氣性質的諸面相而言。當言人之形氣生命實以實現天所命之性理為正，則可由「天地之性」或「天命之性」稱之。但後儒強分「性」有「天命之性」（或「義理之性」）與「氣質之性」，以存天理而必須排斥氣質，則反而將「氣質」上抬至「性」概念，卻不自知陷入人有二性，離天人以為二的困境。此所以百家以「性是就氣質中之指其一定而有條不紊，乃天下古今之所同然無異者而言，故別立一性之名」，詮解〈誠明〉：「故氣質之性，君子有弗性者焉」。並引劉蕺山（宗周，1578-1645）之「以氣質言性，是以習言性也」而證之[211]。

　　就與王夫之通同處而言，儘管黃、王在理氣論上仍有本質差異。但二者皆以「理在氣中，不在形氣世界之外」，與「盈天地之間皆氣」為基本論調。並藉此詮解由氣凝化而有生的人、物之性

---

[210] 凡就實存於世之人而言，必以形氣氣質載天命義理之性，故非有形氣氣質，「天命義理」亦無從實現。基於邏輯上以「~P 則 ~Q」指「必要關係」，則可說氣質之性為人實現義理之性的必要條件。

[211] 〔清〕黃宗羲，《橫渠學案（上）・誠明》，《宋元學案》，頁 836-837。

212。所謂「天命之性」，在黃、王皆視為人性何以本然通透形而上之理序（宇宙秩序），由此呼應理學「性即理也」的共法。就與王夫之相異處而言，王夫之以「性」為物類概念，亦即人類與馬類、牛類之所以有別的類概念，但百家尚未有此區分。再者，若非曲意維護《正蒙》所論，王夫之以「天命之性」轉化「天地之性」，是從字義學上否定「天地之性」的概念定義正確性。但百家未主張「天地之性」定義有誤，而是以「天命之性」否定「義理與氣質之性」可從實存於世之人身上相互截斷分離。並且主張「氣質」不是「性」，僅是載性理之「氣」。此所以他批判曰：「蓋橫渠之失，渾氣質于性」。然而，既然在實存世界中，氣質之外無可言「性」，因性體無著落處，則豈非反證「氣質之性無須變化」？或「變化氣質實屬空言」？此即下一點中，百家所辨析者。

二者，由「變化氣質」發揮「身心一如」、「性即理，本然至善」之說。百家承其父宗羲之論，藉批判呂巾石以「變化氣質為宗」的論述，闡明「氣質之善，無待于變化」213。他先扼要指出呂懷主張曰：「氣質由身而有，不能無偏，猶水火木金，各以偏氣

---

212 王夫之雖重氣以論性，但有別於王廷相等人，以氣化之順而無，妄純屬氣之屬性與活動所致。在王廷相思想中，所謂：「理者，氣之理也」，即是將氣之理序推向取決於偶然性所呈的副現象。王夫之以氣之化仍受終極之價值所貞定。所以，萬物順氣凝得生而有性，並非出於氣化活動之偶然，而是天這一至高的存有價值，授命於人、物之類。所以，存在世界乃由天命物以性，而呈現「天地正，萬物育」的整體和諧秩序。

213 此處的「巾石」，即明儒呂懷（汝德或作汝愚，1492-1573）。據《明儒學案·甘泉學案二》所載：「呂懷字汝德，號巾石，廣信永豐人」。呂懷為湛若水弟子，主張儒學工夫「只在變化氣質，故作《心統圖說》，以《河圖》之理明之」。《明儒學案》，頁181-192。

相勝。偏氣勝，則心不能統之矣。皆因心同形異，是生等差。故學者求端于天，不為氣質所局矣」，呂氏之論述可概分三項環節掌握：首先，他以「氣質」之殊異解釋個體之差異性。此本即承接橫渠氣質之性說的論述脈絡。呂氏又以人身氣質之殊異性，指「性」雖為普遍共通之理體，在統之於形氣殊異者之「心」，則每一個人之心在實現此性體時，則會受限於形氣氣質之殊異，而在行為上呈現偏、全、凡、聖之差異。此所以說：「心同形異，是生等差」。最後，呂氏以「偏氣勝，則心不能統之矣」，指出德行實踐不可以人人殊異的氣質為根據，故推本至人人普遍共有之「天命之性」或「天地之性」，作為人之所以能復性成德的本然依據。「變化氣質」，即是以天命之性為氣質可變而當變之理由與依據。但百家認為巾石之言「似是而有辨」，並引其父之言曰：「氣之流行，不能無過不及；故人之所稟，不能無偏」。但依據「理在氣中」以貞定氣化流行，可知「氣質雖偏，而中正者未嘗不在也」。故可「以此證氣質之善，無待于變化」。再者，基於理不離於氣，而可知「性（性理）」亦不離於「身（形氣）」。「心」本即與「身」一體相連，離身無可言「心之實存」。「心」既為人身載性之處，就實存於世的每一個人而言，性、心與身皆是一體相貫之關係。依此，則人身氣質與此身中之心，若推究其本然而言，皆得至天之理而有此生、有此性，故當無不善。若依巾石所言，認為「心之本來無病，由身之氣質而病」，則是將人之所以為不善的根源推向「氣質」，這顯然是犯了視「身與心判然為二物」之誤。此所以百家批判曰：「巾石之失，離性于氣質」[214]。然而，若說氣質本無不善，那又

214　〔清〕黃宗羲，《橫渠學案（上）・誠明》，《宋元學案》，頁835-

張載何須言「變化氣質」呢？更有甚者，若持論者進一步類推，以氣質本得自天而為善，則豈非導致「氣質即性，又不須變化，然則人皆聖人、無不善之人與？」的謬論。百家承前點說明，首先以「性」雖不離於「氣質」，但「氣質」並不等同於「性」，「性」是在人之形氣內，貞定氣質活動之順而無妄之「理」。其次，他則從「本然」與「後天習成」兩面，論述氣質何以須變化之。他指出，若就之本然處而言，氣質得自於天而無有不善。此所以說：「所謂：『氣質無待于變化者』，以氣質之本然即人之恆性，無可變化」。但凡實存於世之人，必難脫周遭環境與官能積習之影響。所以隨著人之年齡成長，則形軀養成的積習，也就如同形氣雜揉入各種習氣，此「積習所呈現的氣質」，理當與「無不善的氣質本然」有所分別。積習所呈的形氣，雖未可言必然為惡，但容易流之於惡。所以，人當變化此積習所導致的氣質，使其復顯氣質本然之無不善，進而朗現性理之善。又由於實存於世之人，幾乎難脫積習影響。所以，「變化氣質」實為人之所以成賢躋聖的必要條件，而正為儒者德行修養工夫之所在[215]。

　　三者，從辨析「盡性」與「成性」之異，批判橫渠成性之說失《易》之本旨。在〈誠明〉中，張載串言《孟子‧告子上》之「若夫為不善，非才之罪也」，以及《周易‧繫辭上傳》「一陰一陽之謂道，繼之者善也，成之者性也」發揮之，而有「性未成則善惡混」之論。百家批判其非如下：首先，他指出橫渠乃是就「氣質之

836。

215 黃百家案曰：「若氣質之雜糅偏勝者，非氣質之本然矣」。〔清〕黃宗羲，《橫渠學案（上）‧誠明》，《宋元學案》，頁837。

偏」言「才」。但「氣質之偏」不僅不可言「性」，甚至不可言「氣質」。因為「蓋氣質之偏，習也」，此雜揉入習氣的氣質（「形氣」）。雖誠屬人在生老病死中的實際形軀生命所有。但由於皆屬後天習氣積累所成，而非如人初生於世，似赤子般的純然無惡，屬「氣質」之「本然」。故「氣質之偏」與「氣質」概念不能等同。若以「氣質」解釋個體形氣之殊異性，則「氣質」與「才」兩項概念可互通，皆本然「無有不善」，且不可將「氣質之偏」（「非氣質之本然者」）與「才」等同。所以，既不可將人之為惡歸本於氣質，自不可將人之為惡歸咎於「才」。此所以說：人之為不善，「非才之罪也」。張載混淆二者，就「氣質之偏」言「才」，此為其非之一。其次，由於氣質方可言才，「才」雖為每一個體各有其異，但均為人得天之命而獨有之。故「才」自因人本然固有存在於世的存有價值，而有獨立自存的價值。依此而言，凡言「才之本然」，則僅是指向天賦予個體形氣各有差異性。並不可作「才」與「不才」的價值區分。再者，百家引其父之言，曰：「氣質即是情才。由情才之善而見性善」指出，由於人之性理非外顯行為，故不易見。但人之情性則可由日常經驗得以觀察驗證。故先儒依「氣質情才」之本然，通同於「性」。由情才之善，作為佐證人性為善的實證。最後，他主張：「盡性」與「成性」實大有分別，曰：「盡性屬人力，成性則本成之性，是天之所生，人力絲毫不得而與」。由引文可知，百家將「成性」之「成」，視為「本成」或「現成」之「成」。故所謂「成性」，他解讀為「本成之性」，乃是指性在人初生時已本然如此。這顯然與張載不同，橫渠是將「成性」之「成」視為動詞，取實現義或成就完成義，將「成性」視為人生之初雖無不善，但以其素樸天真，亦尚未發展為人文化成後，

能實踐道德仁義的道德主體之善。此所以說：「性未成則善惡混」。故須變化氣質之工夫，使人能經儒家禮樂之教化，成為知善以實現善的道德主體，甚至躋位天德以成聖人的境界。但由於百家在此對《正蒙》作了較強的詮解。故認為橫渠之第二項缺失，在於混淆「盡性」與「成性」概念，使「人力可為」與「人力無從為之」者，混同於一，方有「性未成則善惡混」。此所以批判橫渠，曰：「之言性，由人而成，失《大易》之旨矣」[216]。

除前述三點之外，在評析《西銘》、《東銘》之義理時，他引劉蕺山之言曰：「張子精言心學也」，不僅高看橫渠論「心」的理論意義，也嘗試拉近橫渠與劉宗周論理氣心性之學間的通同關係[217]。在解讀《正蒙》論義命關係時，黃百家則提醒讀者，千萬別忽略《正蒙》所論之精，其言曰：「『義命合一存乎理』一語，此破荒之名言，先儒多忽略看過，不得其解」。他認為，前人詮解《正蒙》時，往往將〈誠明〉「義命合一，存乎理」一語輕易帶過。但他在讀《明儒學案》之〈孫文介淇澳傳〉時，方體悟「斯語之精」。這主要是由於「世儒說天命，義理之外，別有一種氣運之命，雜糅不齊」，而為善之人未必能在此氣命中，必得善報，成就善業。就現實經驗而言，世事運轉無外乎氣化流行，而有德者因氣命之不濟，未能得其時、得其地，而遇其人。氣化之聚離雜糅，能解釋世事之多樣性與偶然性，卻也同樣直指為善未必能成善的非必然性。更有甚者，若世事僅是氣化所成，且氣化僅是二氣之偶然聚

---

216 〔清〕黃宗羲，《橫渠學案（上）・誠明》，《宋元學案》，頁 837-838。

217 〔清〕黃宗羲，《橫渠學案（上）・東銘》，《宋元學案》，頁 802。

合離散，則有德者未必有善終，豈非成為現實之必然？而在德性實踐上，凸顯德福不一致的現實困境。但百家受孫慎行（淇澳，1565-1636）所言啟發而指出，若從階段環節的方式看氣化流行，則氣命所成者似呈現雜糅不齊[218]。但若從氣化流行實為連續性的整體歷程觀之，則氣化之中實存在著貞定整體氣化發用之理。故先儒以氣化所呈的天道流行，即是生生之大德的自我呈現。氣化流行並非中性的二氣運化活動，而是天理創化價值的整體發用歷程。依此，有德者不以氣命為命，未將氣命際遇之得與不得，視為體道證德的必要條件。正是知「理在氣中」，而將此生生之理視為天所命我之性，而我當以義行朗現此性，承擔此命。所以，百家再次從橫渠理氣關係詮解義命關係，並以淇澳之言：「此萬有不齊中一點真主宰」，乃「此即『義命合一存乎理』之真詮也」。凡此皆可見，儘管《宋元學案・橫渠學案（上）》並未以《正蒙》專注為撰述之旨。但此卷卻已然具備專書注釋的規模。基於此，當吾人研究明清《正蒙》之理氣心性論時，實無可忽略〈橫渠學案（上）〉對《正蒙》之詮解與價值。

218　孫文介曰：「蓋氣之流行往來，必有過有不及，故寒暑不能不錯雜，治亂不能不循環。以世人畔援歆羨之心，當死生得喪之際，無可奈何而歸之運命，寧有可齊之理。然天惟福善禍淫。其所以福善禍淫，全是一段至善，一息如是，千古如是。不然，則生理滅息矣。此萬有不齊中一點真主宰。」〔清〕黃宗羲，《橫渠學案（上）・誠明》，《宋元學案》，頁829。

結 論

在程朱與陸王之外，《正蒙》之「理氣心性論」，可以替明清儒者開啟哪些思想助益？是貫穿本書各篇章的反思主題。由於《正蒙·太和》之「由太虛，有天之名；由氣化，有道之名；合虛與氣，有性之名；合性與知覺，有心之名」，是張載以虛氣論貫穿「天」、「道」、「心」、「性」等概念，最明確的主張[1]。歷來詮釋《正蒙》者，亦皆於此段文獻中多作發揮。依此，在全書之末，作者也藉此分為四項研究環節，回顧與總結前文所論。

一、由太虛有天之名

在〈太和〉中，張載原論要點有三：一者，由「太虛無形，氣之本體」不僅揭露天地萬象皆由「氣之聚散」（「氣化」）所成，更直指「太虛」即為「氣之本體」。二者，由「知太虛即氣，則無無」，從存有之最根源處，反駁老氏「有生於無」之言，以及釋氏「以心法起滅天地」（〈大心〉）之論。三者，由「知虛空即氣，則有無、隱顯、神化、性命通一無二」，建立起以虛氣論為基礎的理

---

[1] 在《正蒙補訓》中，冉覲祖即迅解此句曰：「此舉天道性心之名，不外乎理氣二者而已」。轉引自〔清〕王植，《正蒙初義》，卷1，頁37。

論模型，揭舉出貫穿宋明理學核心之「天道性命通一無二」思想。並且也拓展儒家「下學而上達」的實踐進路，闡明「合天人之道」者，如能由「大其心」的心性工夫，直就性命之真上契萬有之源。

　　然而經朱子的詮釋，則將《正蒙》此句解為「『由太虛有天之名』，只是據理而言。『由氣化有道之名』，由氣之化，各有生長消息底道理，故有道之名」[2]。本書指出，朱子此項新詮的意義有二：一者，以「太極」或「理」詮解《正蒙》之「太虛」。不僅將張載之虛氣論，一轉為理氣論。更由於朱子視「理」與「氣」本屬「形而上／下」，以及「本體／作用」的「不離不雜」關係。所以，「太虛」與「氣」由思想概念上的可區分，轉為存有論範疇上的「一」判為「二」[3]。二者，通過「理」與「氣」兩概念，將「氣本」（本體）與「氣化」（萬象）由「一」析為「二」[4]。換言

2　或曰：「『由太虛有天之名』，這全說理。『由氣化有道之名』，這說著事物上」。

3　例如，勞思光在分析「由太虛有天之名」四句時，便指出：「張氏之『氣』與『太虛』原不可分」，但「朱熹解此段，則以『理』配『太虛』，以『氣』配朱氏自己系統中所說之『氣』」，又「因朱氏之『氣』純就『形而下』而言，非張氏言『氣』之本意也」。勞思光，《新編中國哲學史（三上）》（臺北：三民書局，1984 年，頁 176-177。

4　例如，當朱子答學生問「先有理後有氣之說」時，雖先針對問題的精準性，批判性地表示曰：「不消如此說」，因若依據時序先後追問：「是先有理，後有氣邪；後有理，先有氣邪？」，乃是「皆不可得而推究」的追問。但他亦緊接著指出理氣關係，曰：「未有天地之先，畢竟也只是理」，若說實存世界皆是由氣化凝聚而成，則「只此氣凝聚處，理便在其中。且如天地間人物草木禽獸，其生也，莫不有種，定不會無種子白地生出一箇物事，這箇都是氣。」，甚至依此不得不將理本體推向實存世界之外，而推導出：「若理，則只是箇淨潔空闊底世界」的結論。〔宋〕朱

之，在北宋周、張等人泛論客觀天道的努力下，至南宋中期，存有世界之真實無妄，已然不再是理學家駁斥佛、老之學的首要議題。朱子對「存有」的最初關懷，反而是在變化萬千的實然世界中，探究遍常不移的「所以然」之理序與理據[5]。

　　在前述兩點的基礎上，明清《正蒙》詮釋者所共通接受的論點有三：一者，以「氣」所含蘊之實有義，肯認世界所包含之有形與無形萬有的真實實存性。二者，雖以「太虛」直指「氣之本體」，反駁日常所見之「虛空」真是「實無一物」的「絕對空無」[6]。但也接受程朱對張載的批判，認為以「清」、「虛」、「一」、「大」等具象化的概念，描述形而上之本體，在概念界定仍不夠精準。所以，儘管《正蒙》詮釋者對「氣之本體」是否等同於「氣之本然樣態」？仍有爭議[7]。但對張載使用此概念，多抱持同情性的

熹，《朱子語類（壹）》，頁116。

5　就理學發展的趨勢而言，朱子的世界觀更進一步的回應了儒學的核心關懷，亦即：儒家倫理的決斷依據，以及儒者下學上達之工夫中，工夫具體的實踐原則之所在。因為對世人而言，否認自然世界的真實性反而是悖離感官直覺的怪論。但道家自然無為之論，或是釋氏因緣和合之說，所根本破壞的卻是孔孟儒學用以安立世間穩定性的人倫之常。朱子透過「理」概念所含蘊的普遍義、秩序義與不變義，以「物物一太極」與「性即理也」的論斷，將形上之理落實於人間禮法倫常之中。使實存世界有如一本隨時待吾人無限敞開的理則總彙，儒者下學上達之工夫所在，即著落在由格物致知窮盡天道與人道之理上。這顯然有別於張載志以「氣」概念所含蘊的實有義與能動義，呈現世界的真實無妄與生機盎然。

6　例如，《正蒙補訓》注解〈太和〉「太虛不能無氣」此段時，清儒冉覲祖即曰：「太虛非真虛也」。轉引自〔清〕王植，《正蒙初義》，卷1，頁15。

7　亦即是否接受朱子之詮釋論點，將「氣之本體」（太虛）推本於「氣」之

理解。三者，明清理學家多反對在吾人實存的世界之外，另有一更
為真實的理體或本體世界。這不僅是力駁朱子學者的觀點（如王廷
相、吳廷翰等）。對於承繼發揚朱子哲思的《正蒙》詮釋者而言，也
不乏傾向此立場之人。例如，徐必達、方潛等人。因此，拉近甚或
彌合形而上下世界間的縫隙，可說是在朱子學影響下的明清理學家
們共通的努力[8]。

外？或仍以「氣之本體」即是「氣之本然」？詮釋者立場有異，而思想交
鋒亦正見於此。

[8]　在《中國近世宗教倫理與商人精神》一書中，余英時便指出，中國思想傳
統中本存在著獨特的「此岸與彼世」間的緊張關係，自宋代以後的近代儒
學發展中，發展為「形上世界與形下世界」間的內在緊張性。鄭宗義不僅
認為余氏此項洞察十分正確，並更進一步指出三項要點：(01)宋明儒不僅
要全面地建構形上世界，基於儒學安立天下的傳統，更要對形下世界有所
安頓。(02)宋明儒視形下世界為一陰陽氣化的世界。但形而上之天道卻又
必須藉陰陽氣化，才能表現其不已的創化生生。故形上之天道是既超越於
形下之氣化之外，又內在於陰陽氣化之中。(03)宋明儒並非將形而上下世
界的內在緊張，視為永恆的拉鉅戰爭。相對者，他們所嚮往的正是消融緊
張已達至純乎天理流行的終極境界（頁 2-3）。基於此三點，他將「形上
─形下」、「理─氣」的天道論議題，轉向境界論範疇，認為明儒旨在消
解形而上下的緊張關係的努力，必走向一種終極境界的追求。他不僅以王
廷相「萬理皆出於氣」為例，指出這正充分顯現以形下唯氣論為基礎，將
形上世界往形下世界拉的意圖。他也舉羅整菴「理只是氣之理」為例，認
為整菴之所以獨獨非議朱子的理氣觀，正是由於他有感形上與形下世界斷
裂的危機，才認為「（理）當於氣之轉折處觀之」，才是補正朱子「理一
分殊」與「格物窮理」的斷裂危機（頁 6-7）。不過，鄭宗義也批評，余
英時將新儒學的範圍連清儒也包括在內，則「有欠簡別」，因為「清儒已
整個把宋明儒所建立的形上世界割裂掉」。但本書以為，若以《正蒙》注
釋發展而言，不僅在王夫之這位跨越明清之際的儒者思想中，仍屢屢可見
嘗試解消形而上下世界間的緊張關係的努力，即便是在李光地、張伯行與

　　但是，明清詮釋《正蒙》者亦在闡發「由太虛有天之名」的形上思想時，呈現以下兩方面的思想交鋒：

　　其一，以「太極」或「理」詮釋「太虛」是否適宜？明清學者便有爭議。例如，在明儒胡廣奉命所編的《性理大全書》中，則引宋儒陳埴（潛室）之言，曰：「從太虛上看，則謂之天。天為太極是也」[9]，認為張載此段所言之「太虛」是可與「太極」互換的概念，皆指萬有之存有本體。清儒張伯行為強化濂洛關閩之學義理血脈相連，故串言周子之「太極」與張子之「太虛」，不僅認為《正蒙》形上思想「皆不出周子《太極圖說》範圍之中」，甚至認為「苟熟通太極，以意會之，則《正蒙》精奧，無不可了然於心」。他以朱子學為宋明理學之宗傳，而順程朱批判橫渠以「太虛」概念界定「道體」，雖「意則實說道體」，但終不免有「立言之過」[10]。但本書「第壹編」之第〈陸〉與〈柒〉篇中，分別以李光地與王植為例指出，即便同為朱子學者，且接受朱子詮釋《正蒙》之進路。但是，對「太極」與「太虛」在概念內涵是否等同？即有不同見解。在《注解正蒙》中，李光地首次有問題意識地探討「太虛是

王植等，活動於康熙乾隆年間的清儒，其《正蒙》注釋中，這種精神也屢見不鮮。余英時，《中國近世宗教倫理與商人精神》（臺北：聯經出版公司，1987 年），頁 57-58；鄭宗義，《明清儒學轉型探析——從劉蕺山到戴東原（增訂版）》（香港：香港中文大學出版社，2009 年），頁 1-35。

9　〔明〕胡廣，《正蒙（一）》，收入《性理大全書》，卷 5，頁 124-125。

10　〔清〕張伯行，《正蒙》，《張橫渠先生文集》，《張橫渠集》，收錄於王雲五主編，《叢書集成簡編》第 116 冊（臺北：臺灣商務印書館，1965 年），頁 8。

否等同於太極？」，並指明橫渠「太虛之說與周子太極不同」[11]。
他認為，橫渠與濂溪之學在儒學義理上雖可互通，但《太極圖說》
中的「太極」與《正蒙》中所使用的「太虛」，並非概念內涵全然
等同的兩概念。後儒全盤接受朱子《太極圖說解》之觀點，以「無
極而太極」詮釋「太虛無形，氣之本體」，乃是後世詮釋者之疏
漏。此說無疑批判了包含張伯行在內的《正蒙》詮釋者。然而，李
光地與張伯行等程朱理學家所同者，在於均以濂、洛、關、閩之學
具一體義理血脈。因此，他雖指出：「太虛無形而無極之真在焉，
非以太虛為太極也」。但是，仍嘗試縮合周、張之學，由此依體用
關係下的「理（形上）－氣（形下）」架構，將《太極圖說》之「太
極」視為「形上本體」，而將《正蒙》之「太虛」安立在「本體之
發用流行」的氣化層。在此新詮中，他雖正視了《正蒙》中「太
虛」與「氣」的一體關係，也明辨了「理」或「太極」不等同於
「太虛」概念，卻也再次在張載以虛氣一體涵蓋整體實存世界的宇
宙圖像之外，另立了超越形下氣化的形上本體。仍呈現出「形上－
形下」、「本體－客形」世界間的內在緊張性。相較於此，略晚於
李光地的清儒王植，則藉鬐清「太虛」之三層義，辨析「太虛」與
「太極」概念之「不可強同」[12]。他認為歷來《正蒙》諸注之爭
端，多源於未能詳辨「太虛」概念的各層意涵。所以，不僅表示：
「『太虛』是張子主見」[13]，還進一步指出「太虛」含蘊三層意
義，亦即：「太虛有以未發之體言者，有以流行之用言者，有以究

極之歸言者」[14]。依此，王植批判李光地之注，以「體／用」二分架構辨析「太極」與「太虛」之義，將「太虛」僅視為流行發用之氣，而非形上本體，終使本兼含體用二義的太虛概念，陷入體用二判的困境[15]。

　　其二，此句中的「太虛」是「理」？是「氣」？明清批判與承繼朱子論點者，亦有爭議。在思想交鋒上，「理」究竟當屬第一序的存有，而為氣所源出且依存的本體？抑或者是正好相反，「理」僅是「氣之理」，屬於依附「氣」而得存的第二序存有或副現象？認同朱子論點者認為，即便在吾人實存的世界之外，並無所謂淨潔孤懸的理本體界。但是，在吾人的實存世界中，「理」雖不離於「氣」，卻也不可混同於「氣」。「理」與「氣」間，仍有體用、本末的關係，二概念仍有形而上下的區別而必當辨明。例如，本書在「第貳編」中即以《新刊正蒙解》為例，指出明儒劉儓便依照朱子理氣論的架構，不僅一次地表示「太虛者，理也」，或「虛，理也」[16]。《正蒙會稿》亦詮解〈太和〉此句，曰：「天即理也」[17]。至於對張載何以未使用「理」，而是使用「天」概念？劉璣則進一步藉「本體之本源」與「本體之發用」的架構，認為「理」概念主要是指造化流行中，有形或無形之物、象，所呈顯的條理、秩

---

[14]　〈太和〉，《正蒙初義》，卷1，頁13-17。

[15]　〈臆說〉，《正蒙初義》，頁6。此外，作者另有專文探討王植對李光地《注解正蒙》之批判。詳見陳政揚，〈王植對《注解正蒙》神化觀之批判——以「太虛」三層義為進路〉，《國立臺灣大學哲學論評》第47期，2014年3月，頁1-37。

[16]　〔明〕劉儓，〈太和〉，《新刊正蒙解》，頁144，148，146。

[17]　〔明〕劉璣，〈誠明〉，《正蒙會稿》，卷2，頁45。

序而言。此皆屬於本體已然發用時的體狀。但若依儒家思想傳統，「天」可直指形而上之本體，為造化之源。所以，劉璣認為，當吾人舉首瞠目蒼穹，以張載選擇由「天」言「太虛」，既能推本萬化之本源，又可駁斥以蒼空為無物之妄。但即便是曾與陽明論辯朱子晚年定論，為明代程朱學巨擘的羅欽順（整庵，1465-1547），對朱子「終身認理氣為二物」的思想架構，也不無疑慮。他曾自述曰：「愚也積數十年潛玩之功，至今未感以為然也」。依此，他從朱子詮解進路以觀《正蒙》時，即批判曰：「張子《正蒙》『由太虛有天之名』數語，亦是將理氣看作二物」，故「雖求之不為不深，但語涉牽合」[18]。至於對朱子理氣論嚴加批判者，如吳廷翰（蘇原，1491-1559），則更明確指出，後儒詮解《正蒙》此句若涉理氣二分之嫌，乃是源自朱子詮釋之誤，而終導致其後「詮釋者之分別太過」，並非張載本有此意[19]。

二、由氣化有道之名

若說在「由太虛，有天之名」中，《正蒙》是立基氣論直指存

---

[18] 〔明〕羅欽順，《困知記》（北京：中華書局，2013 年），頁 37-39。

[19] 在《吉齋漫錄》中，他先指出：「張子：『由太虛，有天之名；由氣化，有道之名；合虛與氣，有性之名；合性與知覺，有心之名。』本意以太虛為氣之始」，故曰：「天」。其次，他認同性地表示：「張子言：『知虛空即氣，則有無、隱顯、神化、性命通一無二』，蓋未嘗截然分虛與氣為二也」。最後，他批判詮釋者以理氣二分詮解橫渠虛氣一如的思想，乃是：「詮釋者之分別太過，獨以虛與氣兩言之，猶未免於理氣之失也」。〔明〕吳廷翰，《吉齋漫錄‧卷上》，收入《吳廷翰集》（北京：中華書局，1984 年），頁 17-19。

有之本體。在「由氣化，有道之名」，則是由陰陽二氣之聚散、屈伸的交互運動，而言本體之發用流行。所以在張載思想中，「氣化」即是在氣之實有義上，而言世界萬象之運動變化皆源於氣之蘊化與運化[20]。在此所言之「道」，乃是取「道者，路也」之意象，指出一陰一陽之氣循環不已的活動，正呈顯出本體創化萬有之軌跡與秩序。順此，明清詮釋《正蒙》者的共識有三：

其一，由「理在氣中」詮解《正蒙》以「氣之化」言「天之道」。若說張載虛氣論以氣化言天道，旨在從陰陽二氣的動用流行上，揭露天地萬化的真實性與秩序性。明清《正蒙》詮釋者，則藉「理」概念所含蘊的理序義與理想義，闡發氣化所成的世界，並非中性義的實存體。由天道生生之德所保障的世間萬有，即以其所呈顯的秩序性，彰顯出宇宙之秩序即是價值之秩序。例如，《正蒙·參兩》論「日質本陰，月質本陽」段時，張載原僅就氣化之理，解釋自然世界中的月有朔望現象，並舉「虧盈法」中的科學知識印證之。但在《橫渠張子釋》中，呂柟則進一步強調自然之理與人事之理的一貫性，不僅於此表示：「釋天地人事亦然」，甚注曰：「釋『夫感婦』、『君感臣』亦是『理』乎」[21] 又如《正蒙·太和》之「氣塊然太虛」段，旨在由氣化生物闡述天地所呈顯之風雨雪

---

[20]　嚴格來說，船山對於「運」與「化」亦有概念上的分別。他以「運」表示貞定氣化之動的綱紀與理序，而將「化」視為一陰一陽以化生萬物的活動。因此，他認為言「天」方用「運」，而言「地」則曰「氣」或「氣化」但依據〈太和〉注曰：「理在氣中，氣無非理」可知，「氣之化」總伴隨著「理之運」。故本文此處以「運化」合言氣化之動用流行。船山之區分，可參見《思問錄外篇》，頁 464-465。

[21]　〔明〕呂柟，〈太和〉，《橫渠張子釋》，頁 14-15。

霜、萬品流形，山川融結，皆「無非教也」。但當《正蒙補訓》注解此段時，清儒冉覿祖不僅表示：「此節極言氣。末（段）『無非教』結到『理』上」，更進一步闡明：「氣本非教，氣有至理，即為教也」[22]。換言之，明清詮釋者在「體」「用」本不可相離而論，且有感於朱子理氣論架構中，形而上下世界間的內在緊張性。他們均同意在實存世界中，理必在氣中以顯。諸詮所別者，在於是否從「理氣不離不雜」而言「理在氣中」。

其二，由「聖人本天道神化以為用」闡發「天人合一」之理。當《正蒙・天道》言：「天道四時行，百物生，無非至教；聖人之動，無非至德，夫何言哉！」，非僅止於從氣化言宇宙秩序即價值秩序，更指出由下學上達以至德合天人，正是實現儒家理想聖人典範之道。明清《正蒙》諸詮多順承張載此論，並更進一步建立各自心中最能貼合儒家合天人之道的為學工夫。例如，在《正蒙分目解按》中，清儒方潛注〈太和〉之「鬼神者，二氣之良能也」段時，即一方面由「『神化』，太虛妙應之神所化也。天地法象，皆其凝聚而形者耳」，從氣化以言天地造化之神妙不測。另方面則指出：「學至於合天乃為『至』。《中庸》所謂『至誠如神』，所謂『上天之載，無聲無臭，至矣』，此之謂也」[23]。

其三，由「氣化之原始反終」闡發「儒者知死生」之大義。〈乾稱〉所謂「『原始反終』，故知死生之說」，本出於《周易・繫辭上》。張載藉此一方面說明萬有之生死皆屬氣化之聚散，乃必

---

[22]　轉引自〔清〕王植，《正蒙初義》，卷1，頁25。

[23]　〔清〕方潛，《正蒙分目解按》，收入《毋不敬齋全書》，卷14，頁37。

然不可違背者。另方面則順氣化之道表明「推是足以究死生之說」[24]，並批判道家追求「久生不死」，乃是「徇生執有者物而不化」，駁斥釋氏輪迴解脫之論，乃是源於不知天道天德之蔽[25]。然而，朱子雖高度肯認《西銘》「存順歿寧」之旨，但也批判橫渠以氣之出入太虛而言死生一如，其說類通於另種型態的「大輪迴」。明清《正蒙》詮釋者則是先從《正蒙・太和》與《西銘》「存順歿寧」精神本一貫相連，皆是從《周易》而「推本之所從來」，進而闡發儒家「死而不亡」之旨。諸詮所別者，在於或嘗試綰合周、張與朱子之論，或以橫渠氣論批判朱子所評之非。在本書「第壹編」之〈貳、《正蒙釋》中的氣有生滅之爭〉中，即以專章討論之。

依此，明清詮釋《正蒙》者在闡發「由氣化，有道之名」時，亦可見以下三方面的思想交鋒：

其一，是否接受朱子「理氣不離不雜」架構，而言「理在氣中」？持肯定論者認為，理雖不離於氣化之中，但理仍為本體，不可與氣化渾一而論。批判朱子之論者又可再分兩條詮釋進路：一者，主張「氣先於理」者，如王廷相持元氣論，則一掃「理」之本體義，主張「理」僅是在氣化流行所呈顯的條理與秩序性[26]。二者，反對「理在氣先」，但仍以「理」為「氣之主」者，如王船

---

[24]　〔宋〕張載，〈動物〉，《張載集》（北京：中華書局，1978 年），頁 19-20。

[25]　〔宋〕張載，〈乾稱〉，《張載集》（北京：中華書局，1978 年），頁 64-65。

[26]　《雅述・上篇》曰：「天地之先，元氣而已矣。元氣之上無物，故元氣為道之本」。〔明〕王廷相，〈太極辯〉，收入《王廷相集》，第 3 冊，頁 835。

山，則是反對朱子以「理」可獨存於未有物之先的論點[27]。依此，在《張子正蒙注》解「知虛空即氣」段時，所謂「理在氣中，氣無非理」，乃是以氣之真實為第一序的存有性[28]。依此注「由氣化，有道之名」時，他承繼宋儒「道者，路也」的意向，認為氣化之運行必敞開所行之路，如同山中之路是由人所走出來的一般。「道」並非存有論上優先於氣之存在。就天而言，則謂之「天道」。就人、物而言，則人有之道，物有物之道[29]。然而，若天道無外於氣

---

[27]　唐君毅即指出，船山《正蒙注》言氣而重理，雖去除橫渠之太虛義，以太極即為陰陽二氣之化之渾合，但仍以「理」為「氣之主」。唐君毅，《中國哲學原論・原教篇》（臺北：臺灣學生書局，2004 年），頁 516-520。

[28]　前輩學者，如唐君毅、勞思光先生皆已指出，船山哲學具有實在論之傾向。因此在闡述船山形上思想時，都以道器論為依據，指出「道」乃「器之道」，肯定「器」為「最基本之實有」。例如，勞思光先生即言：「船山即『器』而言『道』，其最初之認定即落在特殊存在之『實在性』上，此其所以為『實在論』立場也」。唐君毅先生亦表示：「（船山）即器以明道，以形器概念為首出，而以道為形器之道」，又說：「可知其思想，乃先肯定現實一切存在之真實性，先肯定個體事物的真實性」。依此，本文以為，船山本儒學肯定天道至誠與拒斥異端虛妄之義理進路，其氣論並非出於純粹形上學之旨趣。無論是以「太極」推本萬有之本根，或是以「道」闡明造化之妙運，皆須先肯定太極與道之至實非虛，否則其後之論皆屬空言。船山以「氣」為首出概念，即在於以「氣」為拒斥「空無」與「虛妄」之「實有」，建立肯定世界之真實無妄的論述基礎。勞思光，《新編中國哲學史（第三冊上）》（臺北：三民書局，1998 年），頁686；唐君毅，《中國哲學原論（原教篇）》（臺北：臺灣學生書局，2004 年），頁 518。

[29]　〈太和〉注曰：「氣化者，氣之化也。陰陽具於太虛絪縕之中，其一陰一陽，或動或靜，相與摩盪，乘其時位以著其功能，五行萬物之融結流止、飛潛動植，各自成其條理而不妄，則物有物之道，人有人之道，鬼神有鬼

化，「有」何以不直接名之曰「氣化」，而須另立「道」之名呢？
船山認為，張載此言既揭舉了「氣化」與「道」在本質上的一致
性，也指出二者在思想概念上的差異性。由於「氣化」概念僅標示
出氣之活動義與生成義，卻尚未能全然呈現氣化活動中必然涵蘊的
理序義。所以，在辨析氣化中包含殊別與普遍之理序，使天地萬物
所「能行」與「當行」之道（亦即「皆循此以為當然之則」），故「雖
其實氣」也，但於此則稱之以「道」[30]。

　　其二，是否接受橫渠天道觀對自然界現象的解釋。近年學者已
然指出，《正蒙》豐富的自然哲學，是當代張載氣論研究另項值得
開展的主題之一。實則在《朱子語類》中已可見，朱子與門人論答
自然萬象之成因時，即廣泛徵引《正蒙》之〈太和〉、〈參兩〉、
〈神化〉與〈動物〉諸篇。朱子某些得自張載自然哲學中的宇宙圖
像，甚至在中國解經學史上留下深遠影響。例如，對於「諸曜是否
順天左旋？」理學家與曆算學者間，歷來即有爭論。朱子取《正
蒙・參兩》「地在氣中」承氣機而「順天左旋」之說，甚至影響蔡
沈所編修《書集傳》中的宇宙圖像。本書「第貳編」評述《宋元學

神之道，而知之必明，處之必當，皆循此以為當然之則，於此言之則謂之
道」，頁 32-33。

[30] 在《讀孟子大全說・盡心上篇》中，船山則對此有更深入的發揮，曰：
「張子云：『繇氣化，有道之名。』而朱子釋之曰：『一陰一陽之謂道，
氣之化也。』《周易》『陰』『陽』二字是說氣，著兩『一』字，方是說
化。故朱子曰：『一陰而又一陽，一陽而又一陰者，氣之化也。』繇氣之
化，則有道之名，然則其云『繇太虛，有天之名』者，即以氣之不倚於化
者言也。氣不倚於化，元只氣，故天即以氣言，道即以天之化言，固不得
謂離乎氣而有天也」。〔明〕王夫之，《讀四書大全說》，收入《船山全
書》第 6 冊（長沙：嶽麓書社，2011 年），頁 1109。

案》對《正蒙》之詮釋時，即舉清代經學家凌廷勘對此現象的批判為例，讀者可參看之。然而，自然哲學雖包羅天地萬象，卻也是最容易經由經驗觀察，或自然科學理論的發展，所直接檢證。依此，明清詮釋者對橫渠思想批判最力與交鋒最多的焦點之一，即是《正蒙》中的自然哲學。例如，在《宋元學案‧橫渠學案（上）》中，黃百家即對〈參兩〉「天左旋」段，有案語指出：「蓋諸曜右旋是曆家從來本論，儒者未得以臆見強奪之」[31]。就連推崇張子之學最深的王夫之，在《張子正蒙注》中，亦不僅指出：「與曆家之說異，未詳孰是；而與前地旋而見天之左，抑不相通」，他甚至在闡明〈參兩〉通篇要旨時，表示：「愚謂在天者即為理，不可執理以限天。《正蒙》一書，唯此為可疑，善讀者存之以待論可也」[32]。本書在「第壹編」之〈伍、《張子正蒙注》五行觀論析〉中，即順此以五行觀聚焦，探究王夫之對《正蒙》解經學與自然哲學的詮釋態度。

　　其三，是否接受朱子以新氣說詮釋〈太和〉「知死之不亡者」段。肯定朱子所言者主張，「理」方是恆存者，主張氣化中生生相繼的是理而非氣。一物之新生，乃是新氣承繼恆常之理的「生意」，使「氣」依「理」凝聚生成「新物」，而非此物又再次依過往之氣由「氣聚成形」的方式復生。例如，在《正蒙發明》中，徐

---

[31] 黃百家亦表明曾作《天旋篇》專文探討此議題。〔清〕黃宗羲撰，全祖望補訂，〈橫渠學案（上）〉，《宋元學案》，卷 17，收入沈善洪主編，《黃宗羲全集》（杭州：浙江古籍出版社，2005 年），第 6 冊，頁 810-811。

[32] 〔明〕王夫之，《張子正蒙注》，收入《船山全書》（長沙：嶽麓書社，2011 年），第 12 冊，頁 45-51。

必達即藉朱子之詮解，而指出：「氣有聚散，氣散為鬼，非既散之氣復為方伸之氣也。佛氏以覺為性，謂人雖死而覺性不散為鬼，重復受生輪迴循環，遂指為苦海求免，是不知鬼也」[33]。至於由《正蒙集解》注曰：「性，即太虛之道。不亡者，即此道也。非謂吾死猶有精靈不亡，如佛氏所云也。此等處皆湏精別，蓋以其強探力索所得，故言有此未瑩者耳」，吾人更可見明儒余本的詮釋態度有三：一者，先順承朱子對橫渠此段「言有未瑩」的批判立場。二者，卻對橫渠此說採取同情性的理解。最後，辨析橫渠與釋氏之異，指出橫渠以氣之聚散言人死僅是形潰反原，與釋氏以人死為寂滅之說絕不相同[34]。至於批判朱子之詮釋者，如王夫之，則不僅曰：「朱子以其言既聚而散，散而復聚，譏其為大輪迴，而愚以為朱子之說正近於釋氏滅盡之言，而與聖人之言異」，更依「理在氣中，氣無非理」之論斷，肯定《正蒙》此章當為〈太和〉「一篇之大指」，闡明「貞生死以盡人道」正是「張子之絕學」，而得以「發前聖之蘊，以闢佛老而正人心者也」[35]。

33　〔明〕徐必達，〈太和〉，《正蒙發明》，收入《正蒙釋》，頁 697。

34　〔明〕余本，〈太和〉，《正蒙集解》，收入〔清〕王植，《正蒙初義》。此外，王植亦從太虛之三層義，更進一步闡發此詮釋立場，曰：「愚按：『散亦吾體』，乃太虛第三層正義也。既以太虛立言，其歸結必至於此。正其立論不能無弊處。然所謂『死之不亡』，即末篇（〈乾稱〉）『形潰反原』、『游魂為變』意。正以此明輪迴之妄，非反拾其殘瀋也。宜善會之」。〔清〕王植，《正蒙初義》，卷 1，頁 17-18。

35　〔明〕王夫之，《張子正蒙注》，收入《船山全書》第 12 冊（長沙：嶽麓書社，2011 年），頁 21-22。

三、合虛與氣有性之名

　　若說「由太虛，有天之名」，是直指存有之本體與本源，而「由氣化，有道之名」，是指出存有本體之發用與創化活動。在「合虛與氣，有性之名」中，則是承前兩點而指明，一切個體得以實存，皆源自存有之本體之創化活動所成。張載以氣凝成形而言萬物之生，由「性」概念指出個體稟氣初生所本有者。並依此建立起「天地之性」與「氣質之性」之兩面論性架構。雖然在此架構中，張載解釋萬物之性。但是，他最重要的關懷是以此闡明人之性，尤其是總結性地處理自孔孟以來，儒學在「人性究竟是善？是惡？或善惡混？」等議題的爭議。從文獻上溯源，《正蒙・誠明》曰：「形而後有氣質之性，善反之則天地之性存焉。故氣質之性，君子有弗性者焉」，是張載首將「天地之性」與「氣質之性」對舉的文獻。張載並非主張「人有二性」，而是指人之性包含「道德性」（道德生命）與「生理性」（「自然生命」），且基於〈太和〉「合虛與氣，有性之名」，則人性之兩面皆歸本於「氣」（「氣之本體」與「氣化之道」）。依此，在人性論上，張載能解釋三項關鍵議題：

　　一者，對於人之道德性是普遍相同？或相對殊異？他由根源於天之道的天地之性，指出人無分聖賢才愚，皆本然具有相通同的普遍道德性。

　　二者，既然凡人本有之道德性無質與量之別，人於世間卻有為善與為惡之不同表現？他則由氣質之性指出人之個體差異性，由個體氣稟清濁厚薄之差異，既解釋個人行為表現與各方面才能上的差異。故凡人之為惡，既非如「性三品論」所主張，人在道德性上有異；或如性惡論、性善惡混論所主張，人性具有本然為惡的根源。

僅是由於人之氣稟有異,而在呈現人性之善時,有聖賢凡俗之差異。

三者,依「天地之性」主導「氣質之性」的架構,既能由人受命於天而有其性,闡發人當依其性命之理,應然且定然地為善。由此銜接《中庸》「天命之謂性」的義理進路。又能在人理當以道德生命主導形軀生命的架構中,不因強調人之道德性而抹煞人之生理性。更重要的是,基於張載學貴有用的精神,《正蒙》論合天人之道時,不是道德教條式的規範人何以應當本天之道以為善,而是提供了開放且內容豐富的自然科學理論模型,既能解釋人之個體生理形軀生命的各種面向,又能由萬物之性歸本於一氣所化的理論模型,解釋人何以在實現人之所以為人的道德行為中,即是與至誠無息的天之道相通合以為「一」。

張載此論性架構之所以廣泛影響南宋至明清的理學家,除了架構本身的明晰性外,朱子對橫渠此論性架構之推崇,應當是最關鍵之一。有別於張載,朱子雖採取「天地之性」與「氣質之性」的論性架構。但是,他以天地之性既通同於形上之理,基於理氣心性當為一貫之論,則《正蒙》泛論「天地之性」與「氣質之性」,實不出兩種可能:

一者,主張人本然具備兩種本質互異之性。「天地之性」與「氣質之性」屬「形上之理」與「形下之氣」的關係。然而,此說雖能順承理氣不離不雜之架構。但在論性架構上,極可能滑轉為人有二性說的困境。

二者,就「天地之性」與「氣質之性」擇一作為人性的本質,而兩面論述之。

對此,朱子是採後者為詮釋《正蒙》人性論之進路。朱子曰:

「氣質之性，便只是天地之性」[36]。所謂「氣質之性」，僅是天地之性墮入人之形氣（「氣質」）中。天地之性與氣質之性的關係，並非平行並列以為二的關係，而是天地之性在實存之人的形氣中，經薰習沾染了氣質之雜，已非本然純粹的天地之性，即稱為氣質之性。朱子曾引伊川之言，舉水為例，以純水譬喻天地之性，鹽、醬等雜質則為人之形軀氣質與人生經歷。當純水經鹽、醬等雜質所混入，純水本質雖未變且無可改變，但自已非本然之純水[37]。依此，「天地之性」與「氣質之性」之所以有二名，乃為辨析此一性之前後樣貌的差異，故將天地之性混入形氣雜質者，稱之為「氣質之性」。

　　朱子雖為強調僅有「人之道德性」才配為「人之性」，並由「性即理也」直指此性的形上根源，以及人本然身為道德主體的性分所在。但他對橫渠論性架構之新詮，卻形成一項新的理論困境，亦即：「性」（「天地之性」）雖是根源於形而上之理，具有普遍性、恆常性以及真實性等特質。基於「性即理」且「理不雜於氣」，天地之性即便是人之所以為人的存在依據，每個具有形氣而實存之人，皆必本此性以有生。但是，此性僅能作為人實存於世的存在之理，並作為體察天理與判斷眾理（「事理」、「物理」）的形上理據。換言之，天地之性僅具準則性，而不具備能動性[38]。所以，

36　〔宋〕朱熹，《朱子語類（壹）》，收入朱傑人等／主編，《朱子全書》第 14 冊（上海：上海古籍出版社；合肥：安徽教育出版社，2002），頁197。

37　〔宋〕朱熹，《朱子語類（壹）》，頁 196。

38　有學者主張，既然朱子視性體不雜於氣，又有存天理去人欲之說。則在人性論上將性體超越化，以純化人性之道德性，亦連帶的貶抑人之生物性。

人並不能由此天地之性獲得道德實踐上的動源，或直接即性之能動而言人本然即是道德主體或主動者[39]。當代學者對此，已有十分深入的探討。反觀《正蒙》人性論，依〈太和〉「合虛與氣，有性之名」，〈動物〉「凡物能相感者，鬼神施受之性也」，以及〈誠明〉「〔物所〕不能無感者謂性」。依此，人即便身為實存於世者，而在氣質上不可能免除形氣之所限。但人依天地之性的創化性，人本即有自為道德決斷的動源與依據。人本然地即是道德的主體與本體。因此，張載雖說：「氣質之性，君子有弗性者焉」（〈誠明〉）。但卻也順此帶出「變化氣質」為成性踐形等一切德行修養工夫的總綱。並斷言：「氣質之不可變者，獨死生修夭而已」。

由於「天道心性之通貫」正是宋明理學的核心，明清理學家對

故持論者批判朱子，繼理氣論上陷入「形上／形下」兩層對裂的緊張關係後，也在人性論上，造成道德生命與自然生命衝突的困局。但本文以為，朱子並未陷入否定人之現實性的危機。相對者，他是洞察人之實存性與有限性，而言人性。關於這一點，既可由他新詮橫渠「心統性情」時，旨在使心性論中能為人「尋得箇『情』字著落」印證。也能由工夫論上，他直以人之形氣為學者下工夫的對治與超越對象而得知。

39　例如，牟宗三先生即以人之所以為人的性體，是本於「即活動即存有之理」？或「只存有不活動之理」？判析張載與朱子雖皆以「天地之性」為「性體」，但張載屬前者（頁 61）。二者所論，在義理型態上並不相同。值得注意的是，在宋明理學之分系上，牟先生雖將伊川、朱子判為一系，而有別於橫渠。但對所謂「氣質之性」，他則以橫渠伊川皆是就氣質之剛柔緩急之殊而說一種性。但朱子是意解氣質之性為「氣質裡邊的性」，即牟先生言：「義理之性之在氣質裡面濾過而受氣質之限制」（頁94）。參見牟宗三，《心體與性體》第 1 冊（臺北：正中書局，1990年），頁 61-113；488-510，以及《心體與性體》第 3 冊，頁 464-485。

朱子人性論的反思與交鋒，亦為之最盛。這也呈現在後儒對《正蒙》之徵引與詮釋上。認同朱子人性論者，多將濂、洛、關、閩之學相互串言，不僅以「天地之性與氣質之性」的論性架構為伊川與橫渠的共識[40]，甚至以《正蒙》之言佐證朱子之論。令人玩味的是，批判朱子論點者，亦通過徵引《正蒙》性氣一貫之說，直指朱子論性之非。這或許是源於後儒發現，朱子既然藉新詮《正蒙》的論性架構，以闡發自身理氣人性論的體系。駁斥朱子論點的有效方式之一，即是採取一種刨根式的進路，從引證《正蒙》批判朱子之非。在本書「第壹編」之〈參、《張子正蒙注》對張載人性論的承繼與新詮〉中，即以船山為例，呈現明清理學家如何藉《正蒙》反思朱子之學。並由船山對「氣質之性」的新詮指出，若回歸《五經》、《論》、《孟》等儒學經典，吾人之形氣與氣質之性，皆是源自於上天之德、父母之恩。故儒學首重仁孝為本。人之道德普遍性並不應立基於氣質之外。由此既修正朱子將「性」推至淨潔孤懸之「理」的進路。也指出朱子從「理一分殊」論解《西銘》時，將〈乾稱〉首段與《正蒙》氣論切割之有疑處。並在批判佛、老論性之誤觸，亦從儒學內部批判那些倡言「復性說」者，反而是誤入佛老歧途，遮蔽了人性之究竟真實。

依此，如以朱子對張載人性論之詮釋為參照，明清《正蒙》詮釋者的共識有三：

---

40 例如，在《宋元學案》中，黃宗羲即引朱子之言表示：「朱子曰：氣質之說，起于張、程，極有功于聖門，有補于後學。前此未曾說道，故張、程之說立，則諸子之說泯矣」。〔清〕黃宗羲撰，全祖望補訂，〈橫渠學案（上）〉，《宋元學案》，卷17，收入沈善洪主編，《黃宗羲全集》（杭州：浙江古籍出版社，2005年），第6冊，頁810-811。

　　一者，「性即理也」已成為諸儒論性時的共通語。但何謂「理」？究竟是可化約為氣之理？或是依理氣之不離不雜，指「理」墮入形軀氣質中以為「性」？則諸家所詮各異。

　　二者，肯定橫渠論性，是由客觀天道論，拓展孟子性善說。但人性之善是否當推本至形而上的天地之性？又如何調解孟子已直指人性之善根相同，但孔子僅言「性相近」間的理論差距？至於〈誠明〉所謂：「性未成則善惡混」，亦是否未能貫徹孟子性善說本旨？諸家說解亦各異。

　　三者，明清理學家多接受「天理」與「人欲」並非相互排斥的關係。但是，如何在「天地之性」與「氣質之性」的架構中，重新安立「人欲」？朱子「存天理，去人欲」之論，是否與張載由「上達反天理，下達徇人欲者」明「天人之本無二」之言相悖[41]？諸儒亦有不同看法。

　　在此三項共識之下，諸儒通過反思朱子理氣論所得之異，也連帶呈現在詮釋《正蒙》人性論之交鋒上，以下分三點說明之：

　　其一，辨析「氣質之外，是否別有天地之性？」。承繼朱子性即理者認為，氣質之性僅為「天地之性」的「載具」或「消極限制」。甚至以為，在嚴格意義下，「氣質」不可名之為「性」。例如，在《正蒙分目解按》中，清儒方潛不僅明文表示：「理氣二字，宋賢論性之宗」[42]，更承朱子「性即理也」詮解〈中正〉何以

---

[41]　〔宋〕張載，《張載集》（北京：中華書局，1978 年），頁 22。
[42]　〔清〕方潛，《正蒙分目解按》，收入《毋不敬齋全書》第 14 卷，頁 22。

言：「儒者窮理，故率性可以謂之道」[43]，並主張「氣質之性」是
「渾具於氣質之性中也。故氣質之性，君子不謂性」[44]。但反對朱
子在氣質之外，另立性體者則認為，否認氣質為性，實即減殺形軀
生命在道德實踐上的積極性。持論者並引證儒家經典而就字義主
張，「性」字本指向有身體形軀之有生命者，若言「天地之性」，
則是以「生生者」為「有生者」，反陷入形上與形下指稱混淆的謬
誤[45]。再者，孔子僅言「性相近」而未言「性相同」。若以天地萬
物皆共有普遍同一的「天地之性」，乃是陷入老莊、釋氏之言，非
儒家正傳[46]。依此，批判朱子所詮「天地之性／氣質之性」架構
者，反而主張「天地之性」用詞有誤，否定人有天地之性說。然
而，在張載論性架構中，本用以指明人之所以本然且應然為善的依
據，反而因為取消了人人本有且相同的普遍道德性（天地之性），使
「人人皆可以為堯舜」失去了根源天地的形上依據，也截斷了人以
道德生命之不朽超越形軀生命之有限的向上一路。更重要的是，當

43　〔清〕方潛，《正蒙分目解按》，頁 40。

44　〔清〕方潛，《正蒙分目解按》，頁 36。

45　例如，明儒吳廷翰（蘇原，1491-1559）不僅認為「性一而已」，而且表
　　示「性即是氣，性之名生於人之有生。人之未生，性不可名。既名為性，
　　即已是氣，又焉有『氣質』之名乎？既無氣質之性，又焉有天地之性
　　乎？」。〔明〕吳廷翰，《吉齋漫錄》，收入《吳廷翰集》（北京：中華
　　書局，1984），頁 28。

46　更有甚者，反而依據朱子所詮，而將批判「天地之性」說的矛頭直指張
　　載。例如，在〈答惲仲升書〉中，陳確（乾初，1604-1677）便說：「弟
　　欲求性於實，宋儒求性於虛」，而其〈氣情才辨〉更批判張載與二程：
　　「彼自以為識得本然之性，而已流入佛、老不自知，斯賊性之大者」。
　　〔清〕陳確，《陳確集》（北京：中華書局，2009），頁 608；頁 454。

論者僅以氣質之性為人之性，則人之「善」將受人之「才」所影響。雖屢屢徵引橫渠氣論以為理據，但《正蒙》上承孟學所開展的性善論，反因持論者之詮釋，一轉滑陷為趨向性有善有惡論[47]。

　　其二，辨析「人性是善？或善惡混？」。由於〈誠明〉所言「性未成則善惡混」，替後人留下寬廣的詮釋空間。因此，儘管張載本欲以氣論闡發孟子性善論，反而使明清批判朱子人性論者強調，人之為惡亦出於人性中蘊含行惡的能力[48]。例如，王廷相則是

---

[47]　例如，王廷相（浚川，1474-1544）即曰：「故有生則有性可言，無生則性滅矣，安得取而言之？是性之有無，緣於氣之聚散。若曰超然於形氣之外，不以聚散而為有無，即佛氏所謂『四大之外，別有真性』矣，豈非謬幽之論呼？」在《雅述・上篇》中，王廷相更直接表示曰：「明道先生曰：『性即氣，氣即性，生之謂也。』又曰：『論性不論氣，不備；論氣不論性，不明。二之，便不是。』又曰：『惡亦不可不謂之性。』此三言者，於性極為明盡。而後之學者，梏於朱子本然、氣質二性之說，而不致思，悲哉！」〔明〕王廷相，〈橫渠理氣辯〉，收入《王廷相集》（北京：中華書局，1989 年），第 2 冊，頁 602；《雅述・上篇》收入《王廷相集》，第 3 冊，頁 837。

[48]　在朱子理氣人性論架構中，以形而上之理詮釋天地之性，其理論意義不僅在於上提人性即人之道德性，更由「理」所具備的普遍性與恆常性，作為人純化道德生命以駕馭生理欲求的理據。這種由「以理御氣」闡發橫渠以天地之性駕馭氣質之性的觀點，也與《正蒙》「德不勝氣，性命於氣；德勝其氣，性命於德」的理路，可一一扣合。由《朱子語類》所記可知，在與門人弟子討論「天地之性」與「氣質之性」的關係時，朱子最常徵引《正蒙》以為佐證者，即是「氣質之性，君子有弗性者焉」，以及「性天德，命天理」（〈誠明〉）。依此可知，朱子的詮釋雖有異於橫渠，但並未悖離或與橫渠以德言性的思想相互衝突。換言之，真正的問題不是朱子的詮釋是否合於橫渠，而是在「氣質非性」的前提下，他能否既主張氣質之性僅為天地之性的消極限制項，又接受人之形軀生命亦本含蘊自發創化

採取告子「即生言性」的詮釋進路[49]。他不僅認為「性者緣乎生者
也」（《慎言‧問成性篇》），表示「誠以性善之說不足以盡天人之實
蘊矣」（《家藏集‧答薛君采論性書》）。他更重新闡發孟告論性之
辨，認為自己即生言性的進路，實可由明道先生上溯源至告子[50]。
依此，王廷相提出「善惡皆性」的論性架構，在〈答薛君采論性
書〉中，曰：「夫性，生之理也」。並於〈橫渠理氣辯〉引證張載

價值的動源？答案顯然是否定的。相對者，〈乾稱〉所謂「感者性之神，
性者感之體」，正揭舉人既可依天地之性，領會天地化育之道。又可由人
的氣質生命指出，心之知能含有「人同此心，心同此理」的同理心。設若
同類相感的同理心，是人體諒他人，知理守禮的必要條件。且道德實踐的
必要面相之一，即是由人與他人共創互動和諧的有序世界。基於「天地之
性」向人與萬物之性共歸本於天，而「氣質之性」才指向「人類（人與他
人）」間的共通性。人與人之間通過人類氣質上的相通性、相類性（而非
相同性），正是人依同理心達成社會共識，共創社會道德秩序。依此，氣
質形軀就不僅僅是人之德性的消極限定或載具，而是具有正面且積極意義
的創化價值之動源。

49 在《慎言‧問成性篇》中，對於「子以生之理釋性，不亦異諸儒乎？」的
提問，王廷相表示：「諸儒避告子之說，止以理言性，使性之實不明於天
下，而分辨於後世，亦夫人啟之也。」由此可知，王廷相在人性論上，是
採取告子「即生言性」的立場。

50 例如，〈問成性篇〉即曰：「程子曰：『惡亦不可不謂之性』，得之
矣」。王廷相如此行文，或許是出於這樣的論辨策略，亦即以朱子既然總
喜將理論推本至二程，且伊川對其兄明道之言無不服膺。依此，儘管伊川
與明道之論實有差距，但引證明道與己相若之言以批判朱子，即是從朱子
論述的文獻證據中，找到字句確證的反例。但王廷相這樣的引證與詮釋，
顯然包含著對明道思想的創造性詮釋。對此，作者另有專文探討之。陳政
揚，〈程明道與王浚川人性論比較〉，《國立臺灣大學哲學論評》第 39
期，2010 年 3 月，頁 95-148。

之言，批判朱子性即理之說，乃是不明「造化之秘」與「人性之源」[51]。

其三，辨析「人欲是否有違天理？」。由於朱子常藉天理與人欲並舉，強調道德意識的純化，在道德判斷與行為上的必要性。因此，儘管他並非主張天理與人之基本欲求間，具有根本性的相互排斥關係。但他既從理氣論上說：「既謂之大本，只是理善而已。才說人欲，便是氣也」[52]，則天理與人欲似乎在人之生命中成為相互不並容的關係。尤其是當他將「人欲」歸本於天地之性墮入氣質之中，實激化德性生命與生理欲求間的緊張關係。使人之性本當兼攝德性與生理兩面，在他凸顯純化德性的論述中，滑轉為德性與生理對立，貶抑形軀生命的斷言[53]。甚至影響清儒對理學家「以理殺人」的批判[54]。明清《正蒙》詮釋者已然發現，若要在修養工夫

51　〔明〕王廷相，《王廷相集》（北京：中華書局，1989 年），第 2 冊，頁 602-603。

52　〔宋〕朱熹，《朱子語類（壹）》，頁 197。

53　雖然無論是周、張、二程，或是朱子等理學家，皆從未建立「道德生命與形軀生命不可並立」的謬論，也未曾將棄絕形軀生命作為實踐道德生命的可能進路。他們甚至認為，捨離形軀乃是入了佛老之徒的歧途。但朱子：「聖賢千言萬語，只是教人明天理，滅人欲」，「學者須是革盡人欲，復盡天理，方始是學」之言，難免啟人疑慮。〔宋〕朱熹，《朱子語類（壹）》，頁 366；頁 390。

54　例如，清儒戴震（東原，1724-1777），即曰：「後儒不知情之至於纖微無憾，是謂理」，終導致「酷吏以法殺人，後儒以理殺人」的困境。此外，他亦批判宋儒持「本然之性」的觀點乃是「雜乎老、莊、釋氏之言，終昧於六經、孔孟之言故也」。〔清〕戴震，〈與某書〉，收入《戴震全書》卷 6（合肥：黃山書社，1995 年），頁 478-479；戴震，《孟子字義疏證》，收入《戴震全書》卷 6，頁 128。

上，倡言學者修德以合天，辨清天理與人欲間的緊張關係，是無可
迴避的必要關鍵。其中，有些詮釋者順朱子之言，更進一步在行文
上強化「存天理，去人欲」，由此貫徹德性工夫當掃除人欲者。例
如，在注釋〈誠明〉「性其總」段時，宋瑞臣表示：「離氣以言性
與即氣以為性，皆不知性也」[55]，更徵引朱子之詮解，強調天理與
人欲在德行上的不並容。但在《正蒙會稿》中，劉璣雖主張：「理
欲不兩立。人惟無私意，然後可進於道」[56]。但他已將「人欲」的
範圍限縮在「人之私意」，而非人之所有欲求。由此安立人之生存
基本需求源自於天，當與天理相合，而無不善可言。至於質疑朱子
之詮解者，如王船山，則是在注〈大易〉之「陽偏體眾陰，眾陰共
事一陽，理也」時，指出：「天理人欲，從心不踰，則為理之大
宗」[57]。

四、合性與知覺有心之名

　　若說「由太虛，有天之名；由氣化，有道之名」是從氣之本體
與作用上，藉天之道，指出包含人與萬物在內的萬象本真實無妄。
就人之道而言，則是先由「合虛與氣，有性之名」，從「性」概念
揭舉出人之實存於世，乃本然具有根源於天之內在依據。再在「合
性與知覺，有心之名」中，由「心」概念所含蘊的知覺義，指出人
當如何由「大其心」之實踐工夫，在「知性知天」中，體現儒家合

55　《正蒙初義》，卷6，頁17。

56　〔明〕劉璣，〈序〉，《正蒙會稿》，卷1，頁1。

57　〔明〕王夫之，《張子正蒙注》，《船山全書》第12冊，頁141。

天人之道。順此，張載將人之知區分為「天德之知」與「見聞之知」，至少包含以下四項理論意義：

一者，基於道器之別，明辨人對道體與形器世界之知。從「見聞之知」指出，人具備感官知覺與知慮思辨之能，故多慣於倚之觀察與知解世界。但所知者，僅為對形器世界的理解。至於形而上的道體，本非感官與思慮推理能力所能窮盡。若此，則若非人不可能盡知道體之意蘊，即是人之體道證德實有賴於見聞之外的另一種知能，此即「天德良知」。

二者，就良知與見聞之關係而言，良知為主，見聞為從，故張載有「心御見聞」之說。但見聞之知雖非吾人體道證德的充分條件，卻缺之不可。故又有「知合內外」之說[58]。

三者，由良知與聞見之廣狹可知，人實以良知體證道體，故一切朗現天理、創化價值的決斷，均應以天德良知為依循。故儒者不僅應以充擴良知良能為工夫所在，更須留意不為見聞之狹所侷限。

四者，藉此批判佛老崇虛尚無之論，皆是限於以見聞之狹，故未能見道體之實。

張載以「天德良知」與「見聞之知」的架構，廣泛為明清儒者所沿用。在本書「第貳編」中則指出，當宋明理學發展至陽明心學為高峰，明清理學家往往藉由張載篤實卻蘊含豐富形上思想的學風，通過再次詮釋《正蒙》，批判王學之空虛。依此，明清《正蒙》詮釋者間，亦多在下述共識的基礎上，展開思想交鋒：

---

[58] 〈大心〉曰：「耳目雖為性累，然合內外之德，知其為啟之之要也」。〔宋〕張載，〈動物〉，《張載集》（北京：中華書局，1978 年），頁25。

　　其一，從「心性之辨」闡發「性」之理則義與心之靈動義。明
清《正蒙》詮釋者均接受「心」不僅是人感知的被動官能，更是人
主動能知的決斷主宰。因此，當論及人之判斷，尤其是價值決斷
時，多以「心」為身之「主」。但諸儒均僅接受在此所謂「主」
字，乃指心在行為上之主動性，但不可由將「心」更推高為「性之
主」。例如，清儒華希閔解〈誠明〉「不以嗜欲累其心」時，即注
曰：「氣之湛一，即性之本體也；氣之攻取，亦性之發用也」[59]。
但反對朱子理氣心性論者，如吳廷翰，亦串言「生之謂性」與「性
本是氣」[60]，以人稟生而有者俱屬於性，皆成於氣。故主張心之官
能，雖是能知與感知。但「心」既屬人之有生而得之者，即不出於
「性」概念之範疇外。依此，他有別於華希閔等朱子學者，批判朱
子由「理／氣」將「性／心」割裂為二物，乃是使性虛懸於心之上
的怪論，曰「必有超然一物立於天地之先以為理，爍然一物懸於形
氣之上以為性，終屬恍惚，終屬意見，近於異說」[61]。更以「人君
與朝廷」類比「性與心」之一體關係，批判朱子詮釋「心統性情」
說之誤[62]。

59　轉引自〔清〕王植，《正蒙初義》，卷6，頁18。
60　〔明〕吳廷翰，《吉齋漫錄》，收入《吳廷翰集》（北京：中華書局，
　　1984），頁24。
61　〔明〕吳廷翰，《吉齋漫錄》，收入《吳廷翰集》（北京：中華書局，
　　1984），卷上，頁34。
62　換言之，他以「性」為大範疇，而「心」與其他屬之於身者，皆為此範疇
　　內的子範疇。故心、性在本質上都屬於氣，而非朱子以理氣區分心性為本
　　質相異的二者。但基於心、性屬同一範疇內的子類與母類，則又不可混
　　心、性以為一。依此，他舉人君與朝廷的關係為例，批判朱子對張載「心
　　統性情」說的詮釋。曰：「天下無性外之物，心之在人，亦是一物，而不

　　其二，從「格物致知」批判釋氏以「知覺言性」與陸王言「心即理也」之空虛。當前儒將張載思想要旨歸結為：「以《易》為宗，以《中庸》為體，以孔孟為法」[63]時，已標示出〈大學〉並非張載著作中較常徵引的文獻。但朱子對宋明理學最關鍵的影響之一，即是編修融鑄「四書學」。誠如前賢早已指出，他不是從文獻上將相異的四份著作合併為一，而是藉《四書》合構為整一的著作，闡發自身的思想體系。並以〈大學〉為統貫其他三書的基礎架構。依朱子對明清《正蒙》詮釋者的影響，他們多將《正蒙》論心之知德與《大學》「格物致知」相互串言。舉例而言，承繼朱子心性論者，如劉璣，在總述《正蒙》全書要旨時，起首便曰：「《大學》之所謂『格物致知』，《孟子》之所謂『盡心知性』，無不備於此矣」。但即便是反對朱子心性論者，如吳廷翰，亦認同朱子對釋氏以知覺運動言性的批判。儘管在詮釋心性關係時，他與朱子學者之交鋒仍處處可見。例如，他以朱子分屬「性」「心」為「理」「氣」，是誤陷「性」為「空寂之物」。故批判朱子之言：「是亦不足以破佛之謬」[64]。再者，明清注釋《正蒙》者，亦多反對陸王

　　在性之外，性豈心之所能統乎？故常辟之：心則朝廷，性則人君。朝廷，政教號令之所自出，而君實主之。若以政教號令之所出，而謂朝廷統乎人君，可乎？要之，朝廷者，人君之所建立，而因以居之者也。非人君不知朝廷之為尊，非性不知心之為大。此可以知心性之辨」。〔明〕吳廷翰，《吉齋漫錄》，卷上，頁 23。

63　參見《宋史・張載傳》，收入《張載集・附錄》，頁 386。

64　例如，吳廷翰對朱子言：「佛氏原不認得這理上一節，便認那知覺運動做性」，肯定地表示：「此處辨得心性、儒佛頗明」。他也認為佛教以萬象皆心識所變現，雖能發現「心」之虛明靈覺的特質，卻因為心的浮動變化，而誤將世間皆視為幻化，實源於不知「心」雖能知「世間萬象」，但

心學將儒家篤實的學風講得太過簡易輕浮。例如，在注釋〈大心〉
「德性所知，不萌於見聞」時，張伯行不僅順張載原論，闡述天德
良知對見聞之知的主導性與異質性，更不忘強調橫渠對「見聞之
知」的重視，主張學者「入德須有次第，方有實地可據」，由此批
判「象山新建之學，誤人不少，不可不戒」[65]。張伯行將濂、洛、
關學皆匯歸為朱子學，是以在注解《正蒙》時，不忘對陸王之學有
此批判，並不令人意外。但對朱子學採取修正以超越之立場者，如
王船山而言，也同樣藉注釋《正蒙》，批判象山、陽明喜語帶圓頓
渾融，卻失漸進之功，並於此表示：「張子之學所以異於陸王之孤
僻也」[66]。在本書「第壹編」中，特以〈肆、《張子正蒙注》
「心」概念論析〉為專題，聚焦探討王夫之對張載論心的承繼與闡
發。

　　基於上述四節歸結可知，《正蒙》提供明清理學家的遺產有
三：首先，張載從理論形式上，建立起「德合天人」的思想架構。

「性」才是使世間之所以然的「萬象之實理」。依此，批判釋氏以「知覺
言性」，是混心性為一，而不知世間之究竟真實。故於《正蒙》辨明心、
性之異同時，連帶舉出儒者當以《大學》格致工夫，矯正釋氏所見未盡之
非。但由他亦緊接著曰：「若以理為性，知覺運動是心，則性反緣心而
有，理無所著落，反為空寂之物」可知，他的論點在於若離「生」而言
「性」，則性不屬於氣質。順此，則不僅使「性」必須依附「心」才得以
實存，而且「性」包含人身之一切生理機能所含蘊的感通知覺義，也隨
「性」與「生」割裂為「二」，而為之消失，導致「性」成為與人身無關
的死物。〔明〕吳廷翰，《吉齋漫錄》，卷上，頁 33。

65　〔清〕張伯行，〈大心〉，《正蒙》，《張橫渠集》，頁 42。

66　〔明〕王夫之，〈大心〉，《張子正蒙注》，收入《船山全書》第 12 冊
　　（長沙：嶽麓書社，2011 年），頁 147。

張載猶如思想建築師，使《正蒙》呈現出立體性的思想架構。就貫通「形而上／下」而言，他以氣之連續性與一體性，言「天人合一」。就吾身之內省自修與建立外在事功而言，他從「知合內外」之德，闡發儒學內聖外王之學。就人之生與死而言，他則從存順歿寧，開展儒家視死生為一如，體現德性生命之不朽的大義。他在「虛－氣」對言以明辨「天－人」無二的整體架構中，又層層建立起包含：「天地之性與氣質之性」、「天德良知－見聞所知」等架構。凡研讀理學史者皆可見，自兩宋至清的理學家，無論是否接受張載原論，但多接受《正蒙》所建立的思想架構，作為闡發自身理氣心性論的形式架構，或作為與他人論辯的共通平臺。尤其是當明清儒者面臨：程朱高提「理」，而有形上與形下世界間之內部緊張；陽明重言「心」與「良知」，而有佛家以心法起滅天地之嫌，以及禪者過言頓悟之蔽。張載以「氣」之一體性解釋世間之真實性的理論，讓明清理學家在反思程朱與陸王之學時，可以藉「理在氣中」，另覓資源以彌合形而上下世界之進路。並且從「變化氣質」，重新申論學者必經窮理盡性之積累，方足以德合天人之道。再者，張載從學貴有用處，闡發「知合內外」的篤實學風。張載雖倡言「大其心」以「體物我」、「合天人」。但是，卻以見聞之知為實現天德良知的必要項。所以，即便張載罕言《大學》，但深受朱子影響的明清儒者，卻多將《四書》格物致知之學，與《正蒙》大心窮理的思想架構，相互串言。更重要的是，張載大心說具有重視知識開拓，與工夫積累的思想特色。使明清儒者，無論是否接受朱子理氣心性論，皆能通過再次詮釋《正蒙》，矯正陸王言「心即理也」過於簡易直截，而輕忽知識積累之蔽。三者，張載為萬世開太平的儒者胸懷，則從道統之承先啟後上，替後世儒者再次顯豁儒

學正德以利用厚生的淑世精神。

　　至於明清詮釋者對《正蒙》思想的推拓，亦可由三方面掌握：其一，在理氣論上，明清儒者一方面延續朱子《伊洛淵源錄》的嘗試，在建立濂、洛、關、閩之學的義理道脈中，縮合《太極圖說》「太極」與《正蒙》「太虛」。另方面也承繼二程、朱子對橫渠氣論的批判，以「太極」或「理」取代「太虛」。由此在形上概念的明晰性上，批判《正蒙》確有「欲言形而上，反陷形而下」之蔽。然而，本書亦指出，雖有近七成明清《正蒙》注皆為朱子學者。但他們對「太極」或「理」是否在概念義涵上等同「太虛」，也有警覺與爭議。這是過往研究較少觸及，但本書以李光地、王植等人的注釋為專題，深入探討之處。本書以為，從理氣論詮解虛氣論，這項詮釋進路的轉向，不僅是單純的概念替換，也意味著問題意識的轉變。在《正蒙》以「太虛」為首出概念中，張載哲學問題的首要問題是闡明世界的真實非幻。但在明清《正蒙》詮釋者以「理」取代或淡化「太虛」，則將哲學問題轉向了世界之秩序性的形上根源為何？以及吾人如何能本然且全然的領會此形上理序？並依此建立起人世間的秩序？依此，明清《正蒙》注釋者不僅從心性論上，對《正蒙》回應孟學「盡心何以知性知天」的進路多有發揮。明清《正蒙》注釋的發展趨勢，也可與理學史從天道觀、本性論走向心性論的發展相互參照。此外，過往研究《正蒙》虛氣關係，學者多留意太虛之本體義。但本書藉當代船山哲學的研究成果，重新聚焦於《張子正蒙注》，則發現《正蒙》言氣之出入太虛，所彰顯的太虛之目的義，不僅是張載由天人合一闡發宇宙秩序即價值秩序的關鍵。也是在反思如何彌合形上與形下世界之緊張性時，明清理學家的思想入路。

　　其二，在人性論與心性論上。明清《正蒙》詮釋者重新反省了「天地之性」是否語未精當？以及檢視「氣質之性」是否足以為「人之性」等議題。由於《正蒙》以萬物皆有「天地之性」，使張載原欲闡明萬物一源、天人本一的論述，有滑轉為釋氏以草木瓦石皆有佛性之嫌。尤其是張載以孟子學為論性本要，而孟子又以「人禽之辨」作為闡發性善論的基礎。重新詮釋張載天地之性說，讓積極闢佛的理學家，在此有不少的申論與交鋒。本書亦以專題指出，他們不僅從字義上，重新由「性」字僅能由有生者處言，反對「天地」有「性」可言。甚至對批判朱子學者，如王廷相、王夫之與吳廷翰等人，也藉批判「天地之性」，將朱子推本人性於形上理體的論調，拉回至「有生方有性可言」，重新建立「氣質之性」的積極義。再者，由於理欲之辨實為理學家的核心議題之一，藉由新詮《正蒙》之氣質之性，他們一方面能在德性論上，兼顧以德駕馭氣質，及避免陷入佛老棄絕形軀之論。另方面，能復言儒家以身體髮膚受之於「天」、「親」的仁孝之道。此外，某些理學家，如王夫之已然察覺，在宋明理學由「性即理」至「心即理」的發展中，理學家從心性聚焦言人如何實踐天人合一的工夫進路，有「道德心性化」之蔽。所謂「道德心性化」，意指當持論者由過於強調道德意識之純化，使得一切論述皆將道德根源收攝於心性中，則吾人所見者，不再是以「人」為道德主體，反而是以「心性」為道德主體。換言之，「道德的心性」化也隱含著「道德的非人化」之危機。因此，在反思朱子性即理說時，也通過重新詮釋《正蒙》，再次返回孔孟是從人之「德行」，強調學者工夫之進路。並從肯定氣質之性，將「人」而非部分的人（「心性」），視為實現人間價值的完整主體。這也是本書「第壹編」中，以王夫之為三章專題，所聚焦討

論之處。

　　其三，在理氣心性之貫通上。明清《正蒙》詮釋者多數仍沿用張載的論述進路，以客觀天道保障人之道。但部分詮釋者，如王船山，則由人道之成化開顯天道之義蘊。然而，詮釋《正蒙》理氣心性論者，無論是從天道或是人道入手，仍遵循儒家天人合一的論理傳統，並未將自然世界與價值世界二分，仍視宇宙秩序即價值秩序。所以，多將《正蒙》天道觀所蘊含的豐富自然哲學，視為闡發儒家正德利用厚生之學。然而本書指出，由於自然哲學是以經驗世界為參驗基礎，也隨著自然科學知識的發展，而受到檢視。《正蒙》中的自然哲學亦然。依此，如何在天人合一架構中，兼顧《正蒙》理氣心性論所闡發的道德形上學與自然哲學？既是明清《正蒙》詮釋者在闡發〈參兩〉、〈天道〉、〈神化〉，以及〈動物〉諸篇時，所面對的困難所在。也呈現出理學家面對科學新知時的態度。此外，由於朱子學對明清科舉的影響，而朱子又通過徵引《正蒙》中的宇宙圖像，以詮解《四書》、《五經》。所以，《正蒙》視域中的自然世界，不僅為士子廣泛襲取，甚至影響他們對《五經》之解讀。本書結合理學史、科學史與經學史，探討明清《正蒙》諸注的觀察視角。在過往宋明理學研究中，是較少見的嘗試。本書則在「第壹編」中，以王夫之對橫渠五行觀之詮解為專題，聚焦討論之。

　　基於以上各點，本書認為，朱子對橫渠理氣心性論之新詮，是影響明清《正蒙》詮釋發展的關鍵。無論是支持、批判或否定朱子學者，都通過引證《正蒙》闡發自身論點。依此，吾人也可發現明清詮釋《正蒙》的三條路徑。但儘管明清《正蒙》注解者多為朱子學者，在這些學者之中，也各自呈現出對朱子詮解《正蒙》是否確

當的反思與疑慮。近五年，學界對明清《正蒙》注釋的研究有兩種不同的觀點，一者以明清《正蒙》注解者近七成為朱子學者，另一者則主張明清《正蒙》注實趨於多元。經由本書前述觀察可知，當前學界這兩種貌似衝突的觀點，並非相互排斥之論。

　　最後，雖然在明清《正蒙》諸注中，王植的《正蒙初義》才是集釋最廣，考據最詳的《正蒙》註。並且在明清《正蒙》注釋者，幾乎全未徵引《張子正蒙注》。但王夫之從強調人道之尊印證《正蒙》天道之真的詮釋進路，卻是最能開拓張載氣論與儒者精神的注解。基於此，本書分別以多章探討王植與王夫之的《正蒙》注。由此呼應當代學界對《張子正蒙注》的研究與肯定，並且指出《正蒙初義》這本過往學界較少留心的著作，在研究明清《正蒙》詮釋之理氣心性論中的重要性。

參考書目

一、古籍文獻

〔漢〕孔安國，〔唐〕孔穎達正義：《尚書注疏》（影印阮元校刻《十三經注疏附校勘記》本），臺北：藝文印書館，1986 年。

〔漢〕鄭　玄，〔唐〕孔穎達正義：《禮記注疏》（影印阮元校刻《十三經注疏附校勘記》本），臺北：藝文印書館，1986 年。

〔魏〕王　弼，〔唐〕孔穎達正義：《周易正義》（影印阮元校刻《十三經注疏附校勘記》本），臺北：藝文印書館，1986 年。

〔宋〕周敦頤，《周敦頤集》，北京：中華書局，2009 年。

〔宋〕張　載，《張載集》，北京：中華書局，2006 年。

〔宋〕程　顥、程　頤，《二程集》，北京：中華書局，1981。

〔宋〕衛　湜，《禮記集說》，北京：商務印書館，2006 年。

〔宋〕朱　熹，《四書章句集注》，收入朱傑人等／主編，《朱子全書》第 6 冊，上海：上海古籍出版社，合肥：安徽教育出版社，2002 年。

〔宋〕朱　熹，《太極圖說解・圖解》，收入朱傑人等／主編，《朱子全書》第 13 冊，上海：上海古籍出版社，合肥：安徽教育出版社，2002。

〔宋〕朱　熹，《朱子語類（壹）》，收入朱傑人等／主編，《朱子全書》第 14 冊，上海：上海古籍出版社；合肥：安徽教育出版社，2002。

〔宋〕朱　熹，《朱子語類（貳）》，收入朱傑人等／主編，《朱子全書》第 15 冊，上海：上海古籍出版社；合肥：安徽教育出版社，2002 年。

〔宋〕朱　熹，《朱子語類（參）》，《朱子全書》第 16 冊，上海：上海古籍出版社；合肥：安徽教育出版社，2002 年。

〔宋〕朱　熹，《朱子語類（肆）》，收入朱傑人等／主編，《朱子全書》
　　　第 17 冊，上海：上海古籍出版社；合肥：安徽教育出版社，2002 年。

〔宋〕朱　熹，《朱子語類（伍）》，收入朱傑人等／主編，《朱子全書》
　　　第 18 冊，上海：上海古籍出版社、合肥：安徽教育出版社，2002 年。

〔宋〕朱　熹，《晦庵朱文公文集》，收入朱傑人等／主編，《朱子全書》
　　　第 23 冊，上海：上海古籍出版社、合肥：安徽教育出版社，2002 年。

〔宋〕朱　熹，《知言疑義》，收入〔宋〕胡　宏著，吳仁華點校《胡宏
　　　集》，北京：中華書局，2009 年。

〔宋〕陸九淵，鍾哲點校：《陸九淵集》，北京：中華書局，2008 年。

〔宋〕葉　適，《葉適集》，北京：中華書局，2010 年。

〔宋〕陳　淳，《北溪字義》，北京：中華書局，2009 年。

〔明〕胡　廣，《性理大全》，收入《文淵閣四庫全書》景印本，冊 710，
　　　臺北：臺灣商務印書館，1983 年，子部，卷 5。

〔明〕劉　璣，《正蒙會稿》（惜陰軒叢書本），臺北：臺灣商務印書館，
　　　1966 年。

〔明〕羅欽順，《困知記》，北京：中華書局，2013 年。

〔明〕王陽明，《傳習錄》，收入《王陽明全集（新編本）》第 1 冊，杭
　　　州：浙江古籍出版社，2010 年。

〔明〕王陽明，《大學問》，收入《王陽明全集（新編本）》第 1 冊，杭
　　　州：浙江古籍出版社，2010 年。

〔明〕王廷相，《王廷相集》第 1-4 冊，北京：中華書局，1989 年。

〔明〕呂　柟，《橫渠張子釋》，臺北：中國子學名著集成編印基金會，
　　　1978 年。

〔明〕吳廷翰，《吉齋漫錄》，收入《吳廷翰集》，北京：中華書局，1984
　　　年。

〔明〕劉　儓，《新刊正蒙解》，臺北：莊嚴文化事業有限公司，1995 年。

〔明〕王　畿，《王龍溪全集》，臺北：華文書局，1970 年。

〔明〕高攀龍集註，徐必達發明，《正蒙釋》（明萬曆刻本）收入《四庫全
　　　書存目叢書》，臺北：莊嚴文化事業有限公司，1995 年。

〔明〕高攀龍，《高子遺書》，臺北：臺灣商務印書館，1983 年。

〔明〕徐必達，《周張全書》，臺北：廣文書局，1979 年。

〔清〕陳　確，《陳確集》，北京：中華書局，2009 年。

〔清〕黃宗羲撰，全祖望補訂，《宋元學案》，收入沈善洪主編，《黃宗羲全集》第 3 冊，杭州：浙江古籍出版社，2005 年。

〔清〕黃宗羲撰，全祖望補訂，《宋元學案》，收入沈善洪主編，《黃宗羲全集》第 4 冊，杭州：浙江古籍出版社，2005 年。

〔清〕黃宗羲撰，全祖望補訂，《宋元學案》，收入沈善洪主編，《黃宗羲全集》第 5 冊，杭州：浙江古籍出版社，2005 年。

〔清〕黃宗羲撰，全祖望補訂，《宋元學案》，收入沈善洪主編，《黃宗羲全集》第 6 冊，杭州：浙江古籍出版社，2005 年。

〔清〕黃宗羲撰，全祖望補訂，《明儒學案》，收入沈善洪主編，《黃宗羲全集》第 7 冊，杭州：浙江古籍出版社，2005 年。

〔明〕王夫之，《周易外傳》，收入《船山全書》第 1 冊，長沙：嶽麓書社，2011 年。

〔明〕王夫之，《尚書引義》，收入《船山全書》第 2 冊，長沙：嶽麓書社，2011 年。

〔明〕王夫之，《禮記章句》，收入《船山全書》第 4 冊，長沙：嶽麓書社，2011 年。

〔明〕王夫之，《讀四書大全說》，收入《船山全書》第 6 冊，長沙：嶽麓書社，2011 年。

〔明〕王夫之，《四書訓義》，收入《船山全書》第 7 冊，長沙：嶽麓書社，2011 年。

〔明〕王夫之，《張子正蒙注》，收入《船山全書》第 12 冊，長沙：嶽麓書社，2011 年。

〔明〕王夫之，《思問錄・內篇》，收入《船山全書》第 12 冊，長沙：嶽麓書社，2011 年。

〔明〕王夫之，《思問錄・外篇》，收入《船山全書》第 12 冊，長沙：嶽麓書社，2011 年。

〔明〕王夫之，〈自題墓石〉，收入《船山全書》第 15 冊，長沙：嶽麓書社，2011 年。

〔清〕李光地，《周易折中》，成都：巴蜀書社，2010 年。

〔清〕李光地，《注解正蒙》，臺北：臺灣商務印書館，1979 年。

〔清〕張伯行，《正蒙》，《張橫渠集》，收錄於王雲五主編，《叢書集成簡編》第 116 冊，臺北：臺灣商務印書館，1965 年。

〔清〕朱　軾，段志熙校，《張子全書》（據高安朱氏藏書本校刊），臺北：臺灣中華書局，1998 年。

〔清〕王　植，《正蒙初義》（《文淵閣四庫全書》影印本），臺北：臺灣商務印書館，1983 年。

〔清〕方　潛，《正蒙分目解按》，收入《毋不敬齋全書》，濟南：桐城方敦吉、方剛中，〔清〕光緒 15 年（1889）刻本。

〔清〕楊方達，《正蒙集說》（乾隆 5 年復初堂刻本），收入《續修四庫全書》，上海：上海古籍出版社，1995 年。

〔清〕戴　震，〈與某書〉收入《戴震全書》（修訂本），第 6 冊，卷 6，合肥：黃山書社，1995 年。

〔清〕戴　震，《孟子字義疏證》，收入《戴震全書》（修訂本），第 6 冊，合肥：黃山書社，1995 年。

〔清〕阮　元，《揅經室一集》，《揅經室全集》，臺北：臺灣商務印書館，卷 8，1965 年。

〔清〕郭慶藩輯：《莊子集釋》，臺北：華正書局，1997 年。

二、當代專書

丁為祥，《虛氣相即——張載哲學體系及其定位》，北京：人民出版社，2000 年。

丁為祥，《超越與實踐——王陽明哲學的詮釋、解析與評價》，西安：陝西人民出版社，1994 年。

方東美、馮滬祥譯，《中國人的人生觀》，臺北：幼獅文化事業公司，1980 年。

王俊彥，《王廷相與明代氣學》，臺北：秀威資訊科技公司，2005 年。

朱建民，《張載思想研究》，臺北：文津出版社，1989 年。

牟宗三，《心體與性體》第 1-3 冊，臺北：正中書局，1990 年。

牟宗三，《智的直覺與中國哲學》，臺北：臺灣商務印書館，2000 年。

余英時，《中國近世宗教倫理與商人精神》，臺北：聯經出版公司，1987 年。

李紀祥，《明末清初儒學之發展》，臺北：文津出版社，1992 年。

杜保瑞，《中國哲學方法論》，臺北：臺灣商務印書館，2013 年。

杜保瑞，《北宋儒學》，臺北：臺灣商務印書館，2005 年。

杜保瑞，《南宋儒學》，臺北：臺灣商務印書館，2010 年。

束景南，《朱熹年譜長編》，上海：華東師範大學出版社，2001 年。

周　兵，《天人之際的理學新詮釋：王夫之《讀四書大全說》思想研究》，成都：巴蜀書社，2006 年。

周熾成，《復性收攝——高攀龍思想研究》，北京：人民出版社，2007 年。

屈萬里註譯：《尚書今註今譯》，臺北：臺灣商務印書館，1997 年。

林月惠，《詮釋與工夫：宋明理學的超越蘄嚮與內在辯證》，臺北：中央研究院中國文哲研究所，2008 年。

林安梧，《王船山人性史哲學之研究》，臺北：東大圖書公司，1991 年。

林樂昌，《正蒙合校集釋（上）》，北京：中華書局，2012 年。

林樂昌，《正蒙合校集釋（下）》，北京：中華書局，2012 年。

姜廣輝主編，《中國經學思想史（第三卷上）》，北京：中國社會科學出版社，2010 年。

姜廣輝主編，《中國經學思想史（第三卷下）》，北京：中國社會科學出版社，2010 年。

胡元玲。《張載易學與道學：以《橫渠易說》及《正蒙》為主之探討》。臺北：臺灣學生書局，2004 年。

唐君毅，《中國哲學原論·原性篇》，臺北：臺灣學生書局，1989 年。

唐君毅，《中國哲學原論·原教篇》，臺北：臺灣學生書局，2004 年。

唐君毅，《中國哲學原論·導論篇》，臺北：臺灣學生書局，1986 年。

唐君毅，《哲學論集》，臺北：臺灣學生書局，1990 年。

孫振青，《宋明道學》，臺北：千華出版公司，1986 年。

袁保新，《老子哲學之詮釋與重建》，臺北：文津出版社，1997 年。

袁保新，《從海德格、老子、孟子到當代新儒學》，臺北：臺灣學生書局，

2008 年。

高令印、樂愛國，《王廷相評傳》，南京：南京大學出版社，2003 年。

張立文，《中國哲學範疇發展史（天道篇）》，臺北：五南圖書公司，1996 年。

張立文，《正學與開新——王船山哲學思想》，北京：人民出版社，2001 年。

張岱年，《中國哲學大綱》，臺北：藍燈文化事業公司，1992 年。

張壽安，《以禮代理——凌廷堪與清中葉儒學思想之轉變》，臺北：萬卷樓圖書公司，2004 年。

張學智，《明代哲學史》，北京：北京大學出版社，2003 年。

陳　來，《詮釋與重建：王船山的哲學精神》，北京：北京大學出版社，2004 年。

陳　贇，《回歸真實的存在——王船山哲學的闡釋》，上海：復旦大學出版社，2002 年。

陳久金，《中國古代天文學家》，北京：中國科學技術出版社，2008 年。

陳俊民，《張載哲學與關學學派》，臺北：臺灣學生書局，1990 年。

陳政揚，《張載思想的哲學詮釋》，臺北：文史哲出版社，2007 年。

陳鼓應，《老子今註今譯及評介》，臺北：臺灣商務印書館，2004 年。

陳德和，《儒家思想的哲學詮釋》，臺北：洪葉文化事業公司，2003 年。

傅偉勳，《從創造的詮釋學到大乘佛學》，臺北：東大圖書公司，1990 年。

勞思光，《新編中國哲學史（第一冊）》，臺北：三民書局，1997 年。

勞思光，《新編中國哲學史（第三冊上）》，臺北：三民書局，1997 年。

勞思光，《新編中國哲學史（第三冊下）》，臺北：三民書局，1998 年。

曾春海，《陸象山》，臺北：東大圖書公司，1988 年。

曾昭旭，《王船山哲學》，臺北：里仁書局，2008 年。

湯勤福，《張子正蒙》，上海：上海古籍出版社，2000 年。

馮友蘭，《中國哲學史》上下冊，臺北：臺灣商務印書館，1999 年。

馮友蘭，《中國哲學史新編》第 5 冊，臺北：藍燈文化事業公司，1991 年。

馮達文、郭齊勇，《新編中國哲學史》，臺北：洪葉文化事業公司，2005 年。

馮耀明，《中國哲學的方法論問題》，臺北：允晨文化事業公司，1989 年。

黃忠天，《中庸釋疑》，臺北：萬卷樓圖書公司，2015 年。

楊儒賓，《從《五經》到《新五經》》，臺北：國立臺灣大學出版中心，2013 年。

楊儒賓，《異議的意義：近世東亞的反理學思潮》，臺北：國立臺灣大學出版中心，2012 年。

葉國良，《禮學研究的諸面向》，新竹：清華大學出版社，2010 年。

葛榮晉，《王廷相》，臺北：東大圖書公司，1992 年。

劉述先，《朱子哲學思想的發展與完成》，臺北：臺灣學生書局，1982 年。

劉榮賢，《王船山《張子正蒙注》研究》，臺北：花木蘭文化出版社，2008 年。

蔡仁厚，《王陽明的哲學》，臺北：三民書局，1992 年。

蔡家和，《王船山《讀孟子大全說》研究》，臺北：臺灣學生書局，2013 年。

鄭宗義，《明清儒學轉型探析──從劉蕺山到戴東原（增訂版）》，香港：中文大學出版社，2009 年。

蕭萐父、許蘇民，《王夫之評傳》，南京：南京大學出版社，2002 年。

錢　穆，《中國近三百年學述史》，臺北：臺灣商務印書館，1966 年。

戴景賢，《王船山學術思想總綱與其道器論之發展（上、下編）》，香港：香港中文大學出版社，2013 年。

龔　杰，《張載評傳》，南京：南京大學出版社，1996 年。

三、期刊論文

王昌偉，〈求同與存異：張載與王廷相氣論之比較〉，《漢學研究》第 23 卷第 2 期，2005 年 12 月。

何乏筆，〈能量本體論的美學解讀：從德語的張載研究談起〉，《中國文哲研究通訊》第 66 期，2007 年 6 月。

呂妙芬，〈〈西銘〉為《孝經》之正傳？──論晚明仁孝關係的新意涵〉，《中國文哲研究集刊》第 33 期，2008 年 9 月。

林永勝，〈惡之來源、個體化與下手工夫──有關張載變化氣質說的幾個思

考〉，《漢學研究》第 28 卷 3 期，2010 年 9 月。

林素娟，〈漢代感生神話所傳達的宇宙觀及其在政教上的意義〉，《成大中文學報》第 28 期，2010 年 4 月。

林樂昌，〈張載「心統性情」說的基本意涵和歷史定位——在張載工夫論演變背景下的考察〉，《哲學研究》2003 年第 12 期。

林樂昌，〈張載成性論及其哲理基礎研究〉，《中國哲學史》第 1 期，2005 年 7 月。

邱忠堂，〈明代關中《正蒙》三注略述〉，《陝西社會主義學院學報》第 3 期，2012 年 7 月。

施盈佑，〈王船山經典詮釋的歷史性與創造性——析論《張子正蒙注・序論》中的「正之惟其始」與「不得不異」〉，《鵝湖月刊》第 428 期，2011 年 2 月。

徐儀明，〈書評：林樂昌，《正蒙合校集釋》〉，《哲學與文化》第 490 期，2015 年 3 月。

張永奇，〈王夫之天道觀中的五行思想〉，《船山學刊》第 69 期，2008 年 3 月。

張永儁，〈莊子泛神論的自然觀對張橫渠氣論哲學的影響〉，《哲學與文化》第 387 期，2006 年 8 月。

張立文，〈王船山的體認論（上／下）〉，《哲學與文化》第 293-294 期，1998 年 10-11 月。

張岱年，〈張橫渠的哲學〉，《哲學研究》第 1 期，1955 年 1 月。

張瑞元，〈科舉理學化視域中的《正蒙》清代十六注簡論〉，《華夏文化》第 3 期，2013 年 5 月。

陳　贇，〈王船山理氣之辨的哲學闡釋〉，《漢學研究》第 20 卷第 2 期，2002 年 12 月。

陳政揚，〈《正蒙釋》中的氣有生滅之爭〉，《揭諦學報》第 40 期，2016 年 1 月。

陳政揚，〈《張子正蒙注》五行觀論析〉，《嘉大中文學報》第 11 期，2016 年 11 月。

陳政揚，〈《張子正蒙注》對張載人性論的承繼與新詮〉，《臺大文史哲學

報》第 82 期，2015 年 5 月。

陳政揚，〈王夫之對張載「心」論的承繼與新詮——以《張子正蒙注》為
　　　例〉，《陝西師範大學學報》第 215 期，2017 年 3 月。

陳政揚，〈王廷相對《正蒙》理氣心性論之新詮〉，《清華中文學報》第 12
　　　期，2014 年 12 月。

陳政揚，〈王植《正蒙初義》「太虛」之三層義〉，《臺大文史哲學報》第
　　　75 期，2011 年 11 月。

陳政揚，〈王植對《注解正蒙》神化觀之批判——以「太虛」三層義為進
　　　路〉，《國立臺灣大學哲學論評》第 47 期，2014 年 3 月。

陳政揚，〈李光地《注解正蒙》「太虛」概念辨析〉，《東吳哲學學報》第
　　　31 期，2015 年 2 月。

陳政揚，〈明清《正蒙》十注思想述評 –上–〉，《經學研究集刊》第 17
　　　期，2014 年 11 月。

陳政揚，〈明清《正蒙》十注思想述評 –下–〉，《經學研究集刊》第 18
　　　期，2015 年 5 月。

陳政揚，〈張載「太虛即氣」說辨析〉，《東吳哲學學報》第 14 期，2006 年
　　　8 月。

陳政揚，〈從相偶論反思張載天地之性說的倫理向度〉，《哲學與文化》483
　　　期，2014 年 8 月。

陳政揚，〈程明道與王浚川人性論比較〉，《臺大哲學論評》第 39 期，2010
　　　年 3 月。

陳德和，〈王廷相對朱子人性論之批判與侷限〉，《淡江中文學報》第 28
　　　期，2013 年 6 月。

彭文林，〈橫渠闢佛的氣化論〉，《臺大文史哲學報》第 45 期，1996 年 12
　　　月。

楊儒賓，〈檢證氣學——理學史脈絡下的觀點〉，《漢學研究》第 25 卷第 1
　　　期，2007 年 6 月。

寧新昌，〈二十年磨出來的學術精品——《正蒙合校集釋》漫評〉，《鵝湖
　　　月刊》第 456 期，2013 年 6 月。

蔡家和，〈船山《正蒙注》中對性的詮釋〉，《東海大學文學院學報》第 51

期，2010 年 7 月。

鄧立光，〈五行哲學新說〉，《鵝湖學誌》第 14 期，1995 年 6 月，頁 125-140。

戴景賢，〈論王船山性理思想之建構與其內部轉化〉，《文與哲》第 17 期，2010 年 10 月。

魏　濤，〈明代《正蒙》詮釋考略〉，《華夏文化》第 3 期，2012 年 9 月。

魏　濤，〈推動張載理學研究的奠基性學術成果——《正蒙合校集釋》評介〉，《孔子研究》第 23 期，2013 年 06 月。

魏　濤，〈清代《正蒙》詮釋發微〉，《河北師範大學學報（哲學社會科學版）》第 2 期，2013 年 3 月。

四、專書論文

何乏筆，〈何謂「兼體無累」的工夫——論牟宗三與創造性的問題化〉，收入楊儒賓、祝平次主編，《儒學的氣論與工夫論》，臺北：國立臺灣大學出版中心，2005 年。

余英時，〈唐宋轉型中的思想突破〉，程嫩生、羅群（譯），《人文與理性的中國》，臺北：聯經出版公司，2008 年。

肖發榮，《論朱熹對張載思想的繼承和發展——以朱熹對《正蒙》的詮釋為中心》，西安：陝西師範大學歷史文化學院〔學科類別：專門史〕博士論文，2007 年。

林樂昌，〈通行本《張載集》整理方法得失論——兼擬《張載集》訂補方案〉，國立嘉義大學中文系主辦，「第四屆宋代學術‧國際研討會」，2015 年 10 年 16-17 日。

張岱年，〈朱熹寫過《正蒙解》嗎？〉，收入《張岱年全集》，卷 8，石家莊：河北人民出版社，1996 年。

張岱年，〈關於張載的思想和著作〉，《張載集》，臺北：漢京文化事業公司，1983 年。

陳　來，〈王船山《正蒙注》的思想宗旨〉，收入《儒學、文化與宗教——劉述先先生七秩壽慶論文集》，臺北：臺灣學生書局，2006 年。

陳弱水，〈「內聖外王」觀念的原始糾結與儒家政治思想的根本疑難〉，

《公共意識與中國文化》，臺北：聯經出版公司，2005 年。

陳榮灼，〈氣與力：「唯氣論」新詮〉，收入楊儒賓、祝平次主編，《儒學的氣論與工夫論》，臺北：國立臺灣大學出版中心，2005 年。

馮耀明，〈「致知」概念之分析——試論朱熹、王陽明致知論之要旨〉，收入《中國哲學的方法論問題》，臺北：允晨文化公司，1989 年。

楊儒賓，〈兩種氣學、兩種儒學〉，《異議的意義：近世東亞的反理學思潮》，臺北：國立臺灣大學出版中心，2012 年。

劉又銘，〈宋明清氣本論研究的若干問題〉，收入楊儒賓，祝平次主編，《儒學的氣論與工夫論》，臺北：國立臺灣大學出版中心，2005 年。

鄭宗義，〈論儒學中「氣性」一路之建立〉，收入楊儒賓、祝平次主編，《儒學的氣論與工夫論》，臺北：國立臺灣大學出版中心，2005 年。

五、西文資料

A. C. Graham, *Later Mohist Logic, Ethics and Science,* Hong Kong: The Chinese University Press, 1978.

A. C. Graham, *Studies in Chinese Phiolsophy and Philosophical Literature*, Albany, N. Y.: State University of New York Press, 1990.

Benjam A. Elman, *From Philosophy to Philogy*, Cambrige and London: Harvard University Press, 1984.

Chung-ying Cheng, 'Model of Causality in Chinese Philosophy: A Comparative Study', *Philosophy East and West*, Vol XXVI, No1, Jan 1976.

Kai-wing Chow, *The Rise of Confucian Ritualism in Late Imperial China: Classics, and lineage Discourse*, Standford: Standford University Press, 1994.

Kasoff, Ira Ethan. *The Thought of Chang Tsai* (1020-1077). Cambridge: Cambridge University Press, 1984.

Lee H. Yearley: "A Confucian Crisis: Mencius' Two Cosmogonies and Their Ethics", Robin W. Lovin and Frank E. Reynold ed., *Cosmogony and Ethics Order: New Studies in Comparative Ethics*, The University of Chicago Press, Chicago, 1985.

P. E. Pfuetze, *Self, Society, Existence*, N. Y.: Harper & Brother, 1954.

David S Nivison, *The Ways of Confucianism: Investigations of Chinese Philosophy*, ed. By Bryan W. Van Norden, Chicago: The University of Chicago Press, 1996 .

國家圖書館出版品預行編目資料

明清《正蒙》思想詮釋研究：以理氣心性論爲中心

陳政揚著. － 初版. － 臺北市：臺灣學生，2017.10
面；公分

ISBN 978-957-15-1705-6 (平裝)

1. 理學 2. 明代哲學 3. 清代哲學

126   105011278

明清《正蒙》思想詮釋研究：以理氣心性論爲中心

著　作　者　陳政揚
出　版　者　臺灣學生書局有限公司
發　行　人　楊雲龍
發　行　所　臺灣學生書局有限公司
地　　　址　臺北市和平東路一段 75 巷 11 號
劃 撥 帳 號　00024668
電　　　話　(02)23928185
傳　　　眞　(02)23928105
E - m a i l　student.book@msa.hinet.net
網　　　址　http：//www.studentbook.com.tw
登記證字號　行政院新聞局局版北市業字第玖捌壹號
定　　　價　新臺幣六五〇元
出 版 日 期　二〇一七年十月初版
I　S　B　N　978-957-15-1705-6